术语前沿

——第八届中国术语学建设暨术语与认知国际学术研讨会论文精粹

王 琪 叶其松 主编

乔远波 副主编

黑龙江大学出版社

HEILONGJIANG UNIVERSITY PRESS

哈尔滨

图书在版编目（CIP）数据

术语前沿：第八届中国术语学建设暨术语与认知国
际学术研讨会论文精粹 / 王琪，叶其松主编．-- 哈尔滨：
黑龙江大学出版社，2023.10
ISBN 978-7-5686-0951-7

Ⅰ．①术… Ⅱ．①王… ②叶… Ⅲ．①术语学－国际
学术会议－文集 Ⅳ．① H083-53

中国国家版本馆 CIP 数据核字（2023）第 041965 号

术语前沿——第八届中国术语学建设暨术语与认知国际学术研讨会论文精粹
SHUYU QIANYAN——DI-BA JIE ZHONGGUO SHUYUXUE JIANSHE JI SHUYU YU RENZHI GUOJI
XUESHU YANTAOHUI LUNWEN JINGCUI

王　琪　叶其松　主编　乔远波　副主编

责任编辑　王瑞琦　邢会芳　蔡莹雪　范丽丽
出版发行　黑龙江大学出版社
地　　址　哈尔滨市南岗区学府三道街 36 号
印　　刷　北京虎彩文化传播有限公司
开　　本　720 毫米 ×1000 毫米　1/16
印　　张　27.75
字　　数　440 千
版　　次　2023 年 10 月第 1 版
印　　次　2023 年 10 月第 1 次印刷
书　　号　ISBN 978-7-5686-0951-7
定　　价　108.00 元

本书如有印装错误请与本社联系更换，联系电话：0451-86608666。

前　　言

我国从 20 世纪 80 年代开始关注和引进国外术语学理论,时至今日,不少专家已做出了具有创新性的研究。中国术语学建设学术研讨会自 2004 年创办以来,已经成功举办八届,一方面为术语研究人员提供了交流平台,另一方面也在不断培养后续研究力量,在中国术语学学科建设和术语事业发展进程中起到了重要推动作用。

2021 年 7 月 17—18 日,全国科学技术名词审定委员会与黑龙江大学联合主办的第八届中国术语学建设暨术语与认知国际学术研讨会在哈尔滨举行。会议采取线上线下相结合的方式,邀请国内外专家学者百余人参与线下会议,线上会议平台高峰量达 200 人次。会议以"东西方科技文化交往中的术语互动"为主题,议题涉及术语学理论研究、计算术语学与术语资源库建设、术语政策与规划研究、外来术语的吸收与本土化、术语翻译与传播研究、文化视角下的术语翻译、人文学科术语研究、学科术语及术语史研究、术语知识工程与术语编纂、术语管理与教育等。

本论文集在会议论文基础上遴选整编而成,论文的收集与整理是在会后进行,个别文章的作者力求严谨,将数据进行了更新,以此突出学术的前沿性。论文所涉内容极广,充分体现了术语学的跨学科、交叉性特征;既关注社会热点,又聚焦科研、教学及应用,是对术语学前沿研究成果的全方位展示;对于确立术语学的独立地位、预测学科发展趋势、引领学科建设方向、创新学科研究路径,都具有重要的启发意义。本届收录的会议论文覆盖多个学科领域,如地质学术语、植物学术语、新闻传播学术语、食品学术语、天文学术语、医学术语、军事术语、音乐术语等等。术语管理、术语翻译理论和教学研究、术语教育和多语词典编纂应用,都是术语学研究的重要领域。此外,在中国术语学理论构建、国外术语学发展史梳理研究方面,也都涌现了不错的成果。中国术语学理论研究和术语事业发展正在引起越来越广泛的关注。本论文集所汇编的论文体现了中国术语学建设所取得的阶段性成果,反映了目前我国术语学研究的发展现状,具有一定的前瞻性和开拓性。论文集的出版得到黑龙江大学出版社的大力支持,在此表示诚挚的感谢!

编者
2022 年 9 月

目　　录

第一部分　术语基础理论研究与应用

第二部分　术语比较和传播研究

第三部分　术语规范与标准化

第四部分　术语翻译

主题论文

VIVID PROBLEMS OF
TERMINOLOGY SCIENCE

—WITH SPECIAL REFERENCE TO RUSSIAN SCIENTIFIC HERITAGE

S. D. Shelov（С. Д. Шелов）

（Institute for Russian Language）

This article is a slightly modified version of the report made at the conference concerning "China's Terminology Construction & Terminology and Cognition" held in Harbin, China, on July 17th and 18th, 2021. Sponsored by Heilongjiang University, Russian Academy of Science, and the China National Committee for Terminology in Science and Technology, the conference has been organized by the Center for Russian Language Literature and Culture Studies of Heilongjiang University. The conference has been the sign of the great attention paid in China to research and practical applications of terminology. I am especially grateful to the specialists and employees of the China National Committee for Terminology in Science and Technology, workers of Heilongjiang University, who for a number of years have greatly facilitated the contacts between Russian and Chinese terminologists — Mr. Liu Qing, Professor Zheng Shupu, Mr. Ye Qisong and Ms. Sun Shufang.

In the beginning of my contribution, I have to make two preliminary remarks. First, I would like to note the great role that the well-known linguist and terminologist and my long-term co-author Vladimir Lejchik played in my views on terminology. He died in 2013, but his scientific legacy is actively being addressed today. I am very much obliged to him and to a certain extent he is a co-author of this paper. (В. М. Лейчик 1986) Second, I will focus on the theoretical problems of terminology and will not discuss the numerous and diverse problems of applied terminology.

Ⅰ. In the first part of this paper, I will touch on terminological problems that seem to have been the focus of the science of terms in the last 50 years. Here is a list of them:

Ⅰ.1. **Nature of the term.**

Ⅰ.2. **Term and definition of the term.**

Ⅰ.3. **Language structure of the term.**

Ⅰ.4. **Nature of terminological system.**

Ⅰ.5. **Infancy and development of terminologies and terminological systems.**

Ⅰ.6. **What is spontaneous/conscious and what is natural/artificial in terminologies and terminological systems.**

Ⅰ.7. **Terminology systems and scientific knowledge.**

Ⅰ.8. **The term and the text.**

Ⅰ.9. **Terminology as a science.**

Ⅰ.10. **Terminology and culture.**

Discussion on these issues, in my opinion, has brought the most significant results to the Russian terminology science. In the second part of this review I will try to list the most pressing problems of the terminological domain to circumscribe its futures in the years to come.

For the last twenty years many articles have been published, striking the balance and marking out perspectives of terminology science and its schools. So I do not need to do it again speaking on the discipline dealing with terms and collections of terms (this discipline is generally known as terminology or terminology science). In any case, one should reckon that 80% – 90% of new lexis entering developed languages (at a conservative estimate of some experts) is terms and other special lexical units, the intellectualization of the language acknowledged by many scientists being primarily referred to the wide usage of special terminology in it.

I.1. **Nature of the term.** This problem has been discussed in Russian terminology science already in the first publications by D. S. Lotte and E. K. Drezen and since that time it was repeatedly highlighted in works by different linguists and logicians. In a number of works the term is accepted to be a word or word collocation of a natural language, in other words the language nature of term is maintained, and the differences in opinions are reduced to the acceptance of greater or smaller specificity of substantial, formal and functional structure of term. So, D. S. Lotte (Д. С. Лотте 1961, 1971, 1982) held the view that the term is a special word, but the Russian outstanding linguist G. O. Vinokur (Г. О. Винокур 1939) considered the term to be not a special word/words, but only a word/words with the specific function, and claimed that any word could perform a role of a term, however trivial this word might be.

In recent decades, the number of supporters of the indispensable unambiguity of the term and its absolute accuracy has been steadily decreasing. Yes, there are terms absolutely strict and absolutely accurate in their meaning. Yes, the quality of unambiguity and accuracy is especially important in the normalization and standardization of terminology, where these properties become the most important goal of this work itself, its essence, its raison d'être. But do these properties constitute the nature of the term? Obviously, not if we recognize that not all terms are unambiguous and not all of them are accurate in their meaning. It seems that the view of the informational nature of the term is more attractive, according to which there are "clots of sense", that the very property of being a term is associated with the amount of information (but in the linguistic, not in the Shannon sense!) necessary for understanding the meaning of the term.

Ⅰ.2. **Term and definition of the term.** Until recently there was no unambiguous answer to the question — whether the definition of a terminological concept is an obligatory attribute of a term. A rather typical wording was speaking of the term we mean a word (or a word collocation) naming special concept and requiring its definition. This was the opinion of Danilenko (В. П. Даниленко 1977).

Some special investigations however demonstrate that there can be terms which have no definition at all (especially, when a special area has just come into being or is in the process of radical reorganization). There exists some definition of a concept, for which there is no verbal term (i. e. term expressed by a word or a word collocation of natural language) to designate this concept at last. There are terms having a set of definitions for their concepts even within the framework of the same area of knowledge.

Besides, it is worth reminding that some terms have been convincingly demonstrated to be completely motivated; consequently, they need no definition at all. These terms are usually qualified as completely motivated, as their concepts are absolutely motivated by their conceptual constituents. For example, if we understand the meaning of the terms *product of groups* and *simple group* we do understand the meaning of the collocation *product of simple groups*; if we understand the meaning of the terms *spectrum of the operator* and *normal operator*, we do understand the meaning of the collocation *spectrum of the normal operator*. The same holds true for the term *carrier magnetic record* with its parts *carrier of record* and *magnetic record*. Here *product of groups* and *simple group* are constituents of the term *product of simple groups*; *spectrum of the operator* and *normal operator* are constituents of the term *spectrum of the normal operator*;

carrier of record and *magnetic record* are constituents of the term *carrier magnetic record*, etc. Thus the terms *product of simple groups*, *spectrum of the normal operator* and *carrier magnetic record* in their entirety do not need definitions at all.

From the time of D. S. Lotte to the present day the corresponding term constituents are often treated as terminological elements of terms; the concept of "subterm" as a term component of a separate terminological unit has been brought forward in some of my publications. However these constituents are called, the matter is they absolutely motivate conceptual meaning of the terms which therefore lack no definition at all (С. Д. Шелов 1998, 2018).

In other words the triad "term-concept-definition" does not reflect rigid one-to-one correspondence, but, more likely, mobile interdependence of the members in the triad where each place can be occupied by one, two or more members or not occupied at all.

I.3. **Language structure of the term.** Linguistic analysis of special lexicon, first and foremost, of terminology and terminological system (in separate disciplines and narrow industry branches), has ever been the subject of Russian dissertations. A large proportion of these works have been devoted to the linguistic description of the language structure of terms — their word formation and syntactic and semantic characteristics.

At the same time it has been found out that in order to assess and select the term properly the analysis of the language structure of the term should entertain specific terminological aspects of special lexicon. In particular, introduced by D. S. Lotte, the above mentioned concept of term element [терминоэлемент (terminoelement), in Russian] turned out to be extremely fruitful. Referring to a morpheme in a one-word term, to a word (or even a word collocation) in a multiword term, term element also should sort well with a corresponding concept or a concept character within a special domain. If this is the case, we disagree with one of the traditional recommendation "the term should be short" and consider it as erroneous and inadequate to the nature of the term. Moreover, the tendencies in term formation of the recent years manifest that more and more frequently we meet multiword terms and term collocations. One-word terms occur more seldom than multiword terms and term collocations that hold their ground and do not concede a single point to one-word terms.

Thus, linguistic analysis of language structure of multiword term, oriented to principal concepts of motivation and term element enables to detect semantic differences between multiword compound terms and term collocations. These differences are extremely important since, for example, in drawing up terminological dictionaries, compound terms are included in the dictionaries, while term collocations are not.

In a number of publications various types of formal structures of the Russian terms have been analysed and assessed, some of them being very far from characteristics of the common language. Among the types of the formal structures we find underivative words, derivatives provided with new affixes, compound words, word collocations, abbreviations of different types, telescopic words, symbol words and some others. It is worth paying attention to the fact that in Russian word collocations from 2 up to 12-15 words are attributed as multiword terms.

I.4. Nature of terminological system. Already D. S. Lotte(Д. С. Лотте 1961) discussed the nature of scientific terminologies, meaning the ordered sets of the terms as opposed to the non-ordered ones.

Major advances have been also achieved in discussing terminological system. Initially the conceptual structure of any terminology was thought by some authors as a generic hierarchy of a tree type. Later on it has been demonstrated that the conceptual structure of terminology is of much more general type — it is basically determined by the term definition system. It can be represented as a level structure where the notion of conceptual level is a natural generalization of the common idea of level in a generic term hierarchy/monohierarchy. Levels in the conceptual structure of terminology could be evolved and justified, and then successfully used for different applications — to represent conceptual hierarchy in a thesaurus or an ideographic dictionary, to specify the order of terms to be grasped as this or that discipline is taught, etc.

I . 5. Infancy and development of terminologies and terminological systems. Nowadays there exist a lot of researches devoted to the state of the art and history of terminology formation and development. Here I have to mention the names of O. N. Trubachev, N. I. Tolstoy, Ju. S. Sorokin, L. L. Kutina, A. S. Gerd, F. P. Sorokoletov, etc. This problem is illuminated in two different ways: either the author's terminology [for example, in the monograph of Ju. K. Lekomtsev (Ю. К. Лекомцев 1983) some individual authors' terminological systems in linguistics have been described — the systems are of L. Jelmslev, S. Z. Harris, R. Jacobson and M. Halle] or the language development of terminology in different periods of time is described. In particular, it has been manifested that the semantic ways of term formation prevailed in Russian terminology in the XVIII century, word derivation was dominant in the XIX century, and borrowing and integrating devices of creating terms was the most typical method in the XX century (С. В. Гринев 1993; С. В. Гринев-Гриневич 2008).

In some works the most important (consequently, most productive) terms and term elements were singled out. A large number of terminological microsystems (terminological nests) are constructed by means of these terms [with regard to Russian terminology they are called "key words (or terms) of the current moment"]. For example, in the 1980s these were information and robot, in the 1990s — space (field) and virtual reality. Currently such terms are, apparently, pandemic, vaccine, and vaccination.

These processes are objects of investigation within historical terminology science. It studies, first, history of the separate terms: changes in their semantics, facts of renaming and the reasons — including subjective and social factors, reasons for coexistence of both old and new terms, etc. Second, it studies as well the development process of terminology and terminology system formation as a whole.

What is highly peculiar to the special spheres of knowledge and activity is a special period of initial concept designation. In this period, quite often extended enough, there are lexical units which could be considered as "preterms" (for example, the German physicist W. C. Roentgen coined a name for the beams he had opened "X-beam"); subsequently "preterms" can be replaced by the terms optimal in their semantic and formal structures (X-ray radiation) — in particular, by short variants or get naturalized as the terms, and even normative terms.

I.6. What is spontaneous/conscious and what is natural/artificial in terminologies and terminological systems. Opposing term and common word, some linguists, regard consciousness (in creating term) as the distinctive feature. Actually, consciousness is not absolutely specific to term formation (the process of word formation is conscious on the whole); in contrast to spontaneity consciousness is the characteristic of selection of this or that way to coin terms since in the sphere of terminology word formation devices are limited and specialized as compared with all the expedients of the common language. So one should not discuss the opposition "spontaneous / conscious", but specific demonstration of consciousness in terminological activities. Besides, while designing terminological systems, lexical units of a common (natural) language are used equally with some artificially created items which are constructed to occupy vacancies amid the natural language signs.

I.7. Terminology systems and scientific knowledge. This problem is examined basically by logicians and philosophers specialized in methodology of science. As it has been demonstrated, there is no direct relation between the growth of scientific knowledge and the development of terminology system (its perfection or increase in volume) (В. В. Петров 1982).

On the whole terminology system mirrors the deepening of human knowledge and the process of world exploration, and terminological theory should analyse the way terminology does it. The processed set of terms (for example, normalized or standardized terminology) does not merely reflect this or that knowledge domain, but its theory or theories lying in the foundation of the subject field. In this context, it is correct to state that no highly developed scientific theory can do without a terminological system, though there do exist disciplines and subject fields which have not developed their theories or do not require any. It should be also emphasized that some disciplines may simultaneously exploit several term systems that approximately correspond to different schools or directions of researches (as it takes place, for example, in physics, in linguistics, etc.).

I.8. The term and the text. Within the framework of this problem the foundation of terminological theory of text was laid down in Russia. Its development has manifested that terms occur not only in scientific and technical texts, but as well in public texts and even in textual pieces of art [this was maintained by A. D. Hajutin (А. Д. Хаютин) as far back as 1972]. It has been demonstrated that two approaches can be applied which give different theoretical and practical results — textual analysis of the term ("from term to the text") and terminological analysis of the text ("from text to the term"). Terminological theory of the text, gradually turning into the foundation of the functional terminology theory, has enabled terminologists to study terminological structures of various texts, to investigate terminological saturation of the text and to carry out statistical terminological research of the text. This problem has acquired special significance after the emergence of cognitive terminology.

I.9. Terminology as a science. This question is well presented in the works of V. M. Leychik, S. V. Grinev, L. A. Manerko, who distinguished five stages of the development and formation of terminology in Russia, starting from the preparatory stage of the second half of the XVIII century and ending with the appearance and rapid development of cognitive terminology in the 1990s and up to the present day. So I will not dwell on this issue.

Ⅰ. 10. **Terminology and culture.** The question of the relationship between terminology and culture has a rather short history. It can be said that the very study of this issue on theoretical grounds became possible only after the emergence of cognitive terminology and the criticism on the traditional terminology of Ms. Temmermann. Until that time, in the Wüsterian terminology it was still assumed that terminology was founded on logically pure notions and thus culturally independent. I can't talk about this much, but I am glad to mention the author on this subject my Chinese colleague Mr. Ye Qisong.

Ⅱ. In spite of the significant results achieved by the Russian terminology science that I have been talking above, it would be totally wrong to claim all the problems have been solved in this young and quickly developing discipline. The century that passed has left a century to come a lot of hard missions and problems in terminology. Making no pretence to completeness, we should note the following ones among them as the most topical.

Ⅱ. 1. **Integrated analysis and classification of the language units in science** need to answer the questions: what other units, except for the terms, are available in the language of science; what place do they take in the classification of scientific lexicon; what role do they play in scientific communication; how do they correlate with proper terms and how should terminography deal with them? Presumable classes of these units are nomenclature, pragmatism, professionalisms, items of professional vernacular, units of scientific and technical substandard language and slang, etc. (С. Д. Шелов 2018)

Ⅱ. 2. In connection with the problems already discussed it is necessary to continue language studies **in variation of the terms and the limits of variation in terminology.** From this point of view the concept of ***termeme*** introduced by some researchers deserves close attention (В. П. Скуиня 1988). The term of *termeme* was introduced to denote a unit more general than a separate term and to cover not only the designation of identical special concepts but denotations that preserve the specificity of the conceptual contents within the limits of the same denotative situation (cf. parallel straights, parallelness of straights, straight parallel to a straight, etc.). Linguists' attention has been involved with the similar semantic relations in everyday language for a long time as the special conceptual and terminological devices for its investigation had been developed from long ago (cf. concepts of nexus and junction in linguistics).

Ⅱ. 3. It seems extremely necessary to launch **a systematic study of different interpretations of the same terms** (i. e. terms identical in the form, but different in meaning) used in the various scientific theories within the framework of the same subject field. The arguments to expect important results here in a lot of researches in the so-called cognitive terminology — results, that in particular — contribute to the highly disputable question of whether it is necessary to distinguish between terminological concept and terminological notion. However, the problem is not just to demonstrate different meanings of the terms identical in their form in various theories; the problem is quite different — to demonstrate that **the same term, keeping its meaning completely unchanged at some level of understanding, still can be interpreted in a totally different manner at a deeper level of understanding.** It looks rather plausible that exactly in this way great variety of views and conceptions come into being, on the one hand, and unity and totality of a science is still supported, on the other hand.

In a general way the idea that some part of terminology was open to various interpretations and different comprehension was maintained (though in very unlike words) by many authors — L. M. Alexeeva, B. Ju. Gorodetsky, V. V. Nalimov, S. E. Nikitina, Ju. A. Shreider — however the linguistic investigations of concrete terminological data from this point of view are very few.

II.4. The significant part of researches in terminology science should be aimed at **practical missions of knowledge presentation and processing.** The information workers, employees of libraries and publishing houses, programmers working out computer information technology or developing electronic libraries and directories, etc., hence, all appropriate state and non-state enterprises might apply for appropriate terminological devices functioning within the knowledge presentation and processing systems.

Due to necessity and time limits my presentation gives a very short review of the present state of art in the Russian terminology science. In no way it exhibits the treasure of scientific thoughts in this field of knowledge for more than 7 decades of its development.

Now let me focus on the issues of Russian-Chinese cooperation in the field of terminology. As it was mentioned, several international symposia "Terminology and Knowledge" were held and collections containing the materials of these symposia were published. All of them are multilingual and contain the materials of different authors in the three languages — English, Russian and Chinese. Hereat to give the readers a clearer idea of these materials, I would like to cite the titles of some articles contained in these publications:

IN ENGLISH

Kudashev I. S. , Mikhailov M. N. (Tampere, Finland). Terminology course as an integral part of master in translation programme // Word and Term. -Moscow: Pervyj Tom, 2021. -P. 103-115.

Liang Ailin (Huizhou, China). On the translation strategy of the Chinese numeral abbreviations // Терминология и знание: Мат-лы Ⅲ Межд. симпозиума / Отв. ред. С. Д. Шелов. -М. , 2013. -С. 247−260.

Qiu Bihua (Beijing, China; Harbin, China). How we understand terminology as a developing discipline? And it is becoming robust ... // Word and Term. -Moscow: Pervyj Tom, 2021. -P. 116−129.

Shelov S. D. (Moscow, Russia). How much do we know when we know nothing but term definitions // Терминология и знание: Мат-лы Ⅲ Межд. симпозиума / Отв. ред. С. Д. Шелов. -М. , 2013. -С. 169−182.

Ye Qisong (Harbin, China). The culturological approach to terminology: foundation and application // Word and Term. -Moscow: Pervyj Tom, 2021. -P. 29−40.

Zhu Jianping (Beijing, China). Standardization of traditional Chinese medical terminology in China // Терминология и знание: Мат-лы Ⅳ Межд. симпозиума / Отв. ред. С. Д. Шелов. -М. , 2014. -С. 300−312.

IN RUSSIAN

Е Цисун (Харбин, Китай). Культурологический компонент значения терминов древнекитайской архитектуры // Терминология и знание: Мат-лы Ⅵ Межд. симпозиума / Отв. ред. С. Д. Шелов, Е Цисун. -М. , 2018. -С. 277−284.

Е Цисун (Харбин, Китай); Шелов С. Д. (Москва, Россия). Ближайший род и его видовые признаки: об одном синтаксическом методе анализа терминологических определений // Терминология и знание: Мат-лы Ⅵ Межд. симпозиума / Отв. ред. С. Д. Шелов, Е Цисун. -М. , 2018. -С. 100−115.

Е Цисун (Харбин, Китай); Шелов С. Д. (Москва, Россия). О классификации номенов и номенклатурных наименований (на материале наименований товаров) // Научно-техническая информация. Сер. 2. Информационные процессы и системы. -2015. -N 6. -С. 32−36.

Лу Исинь (Санкт-Петербург, Россия; Сюйчан, Китай). Характеристика терминологии гуманитарных наук в аспекте их гармонизации // Терминология и знание: Мат-лы VI Межд. симпозиума / Отв. ред. С. Д. Шелов, Е Цисун. -М. , 2018. -С. 33−41.

Синь На (Харбин, Китай). Эмпирическая основа исследования переводов ключевого слова « жэнь » в памятнике « Лунь Юй » // Терминология и знание: Мат-лы VI Межд. симпозиума / Отв. ред. С. Д. Шелов, Е Цисун. -М. , 2018. -С. 199−209.

Сунь Шуфан (Харбин, Китай). Словообразование как способ терминообразования в компьютерной лексике русского языка // Терминология и знание: Мат-лы IV Межд. симпозиума / Отв. ред. С. Д. Шелов. -М. , 2014. -С. 123−137.

Сунь Шуфан (Харбин, Китай); Сунь Минжуй (Шанхай, Китай). О термине языковая личность в современной лингвистике // Терминология и знание: Мат-лы V Межд. симпозиума / Отв. ред. С. Д. Шелов. -М. , 2017. -С. 81−89.

Сунь Шуфан (Харбин, Китай); Шелов С. Д. (Москва, Россия). Термин как основная единица терминологии: разнообразие определений и единство понимания // Вопросы языкознания. -2017. -N 6. -С. 102−114.

Шелов С. Д. (Москва, Россия). Очерк теории терминологии: состав, понятийная организация, практические приложения. -Харбин: Изд-во Хэйлунцзянского ун-та, 2015. -597 с.

IN CHINESE

信娜（中国,哈尔滨）. 中国文化关键词俄译策略的语料库实证研究 //

Word and Term. -Moscow: Pervyj Tom, 2021. -P. 90-101.

郑述谱,叶其松(中国,哈尔滨). 中俄术语合作的杰作 // Academic Journal of Russian Studies. -2016. -N 1. -P. 94-96.

孙寰 (中国,哈尔滨). 汉语术语研究溯源 // Терминология и знание: Мат-лы Ⅲ Межд. симпозиума / Отв. ред. С. Д. Шелов. -М. , 2013. -С. 124-134.

张明权(中国,镇江). 从语言符号的任意性和象似性看术语的非术语化现象 // Терминология и знание: Мат-лы Ⅲ Межд. симпозиума / Отв. ред. С. Д. Шелов. -М. , 2013. -С. 135-144.

The joint Russian-Chinese terminological products are not limited to articles, but also include monographs. Thus, my monograph in Russian «Очерк теории терминологии: состав, понятийная организация, практические приложения» (*An essay on the theory of terminology: composition, conceptual organization, practical applications*) was published in 2018, and in this connection I bring my deepest thanks to Professor Zheng Shupu of Heilongjiang University and to the current head of the Center for Russian Language Literature and Culture Studies of Heilongjiang University, Doctor Ye Qisong. Also I am very much obliged to Mr. Liu Qing, who introduced me to the activities of the China National Committee for Terminology in Science and Technology.

The periodical *Word and Term* is also trilingual and contains materials in Russian, Chinese and English. Chinese and Russian colleagues highly value the international character of these materials, which are presented by authors not only from China and Russia, but also from other countries.

I bring my deep gratitude to all the people mentioned.

Russian terminology science has entered XXI century updated and disposed to optimism. The qualification of "terminologist" is recognized by some international educational bodies. In assessing future development of terminology science for a decade to come, there are reasons to believe that Russian terminologists will keep strengthening their connections with foreign colleagues and, in particular, with terminologists from the Southeast Asian countries. It is extremely important to orient some terminology applications to the development of new generation texts and knowledge processing systems, as well as artificial intelligence systems. As a scientific discipline Russian terminology has ever passed from description of facts (significant results have been achieved in this sphere) to their explanation, to articulation of general laws concerning term formation and functioning, to submission of scientifically based solutions and recommendations to social practice.

BIBLIOGRAPHY

[1] Даниленко В П. Русская терминология: Опыт лингвистического описания[M]. М. :Наука, 1977.

[2] Гринев С В. Введение в терминоведение[M]. М. : Московский Лицей, 1993.

[3] Гринев-Гриневич С В. Терминоведение: учеб. пособие для студ. высш. учеб. заведений[M]. М. : Изд. центр «Академия», 2008.

[4] Хаютин А Д. Термин, терминология, номенклатура [M]. Самарканд:СГУ, 1972.

[5] Лейчик В М. О языковом субстрате термина [J]. Вопросы языкознания, 1986(5):87-97.

[6] Лейчик В М. Терминоведение: Предмет, методы, структура [M]. Изд. 4-е. М. : Книжный дом «ЛИБРОКОМ», 2009.

[7] Лекомцев Ю К. Введение в формальный язык лингвистики[M]. М. :Наука, 1983.

[8] Лотте Д С. Вопросы заимствования и упорядочения иноязычных

терминов и терминоэлементов[M]. М. : Наука, 1982.

[9]Лотте Д С. Краткие формы научно-технических терминов[M]. М. : Наука, 1971.

[10] Лотте Д С. Основы построения научно-технической терминологии. Вопросы теории и методики [M]. М. : Изд-во АН СССР, 1961.

[11]Петров В В. Семантика научных терминов[M]. Новосибирск: Наука, 1982.

[12]Скуиня В П. Об отношении к частям речи в терминологии и о понятии терминемы[J]. Научно-техническая терминология, 1988(12): 5-8.

[13] Шелов С Д. Определение терминов и понятийная структура терминологии[M]. СПб. : Изд-во С. Петерб. ун-та, 1998.

[14]Шелов С Д. Очерк теории терминоведения: состав, понятийная организация, практические приложения[M]. М: ПринтПро, 2018.

[15] Винокур Г О. О некоторых явлениях словообразования в русской технической терминологии[C] // Труды Московского института истории, философии и литературы. Т. 5. М. :Литера, 1939:3-54.

术语学研究:琐忆与断想

郑述谱

(黑龙江大学)

我先后做过两个术语学方面的课题研究:一个是"俄国术语学理论与实践",另一个是"国外术语学理论研究"。做第一个课题,印象最深的是,俄国学者的理论成果;做第二个课题,收获最大的是,观察国外研究现状须拥有多重视角。

一门知识,能否够上一门学科,科学学是有判断标准的。第一个标准是具有明确的研究对象,第二个标准是有对研究对象做出阐释与预见的理论。可见,理论是学科立命之本。研究天文学的李竞先生,在首届"中国术语学建设研讨会"上谈过一个事例,说是在国际天文学术语研讨会上,外国人,特别是印度学者,无法理解他所说的中国人有自己的天文学用语的说法。后来,当我读到苏联学者关于区别"术语与名称"的论述时,我突然联想到李先生说过的这件事。原来,李先生是想说,中国人对一些天体有自己的命名,而国外学者一定误以为中国人另有一套自己的术语。这个事例充分显示了理论的解释力——它会让某些无谓的争论和误会轻松消释。这时,理论给人的感觉绝不是"灰色的",它鲜亮、生动,一些看似模糊不清的问题,用理论就可以很精准、透彻地说明白。反观国内"名词与术语"之争,我感觉处理得有些简单了。本可以趁势组织一场很有意义的学术讨论,我们却与这个好机会失之交臂,说不定还埋下了一个"坑",在以后的某个时候还会旧话重提。

具有坚实理论基础的学者,才能拥有更宽广的视野。苏联有一位术语学研究的经典人物,他同时也是著名的语言学家。在术语学刚刚问世不久,他就期待着,针对属于不同语系的汉语术语和阿拉伯语术语的研究,可以提高人们对术语的认知水平。这也正是今天的人们甚为期待的。但是,能在20世纪中期就怀有这样的期待,只能得益于他所具有的深厚的理论根基,以及由此而来的宏阔的研究格局。

术语教育的开展,在很大意义上,也受制于理论成果的丰硕程度。没有理论积累,拿什么去进行教育?我借用一个词典学的例子。据说,有些国家的一些很有影响力的学者断言,编词典只是一种技艺,不会也不可能成为一门学科。这样的认识可能会抹杀人们的理论意识,不利于把经验升华,也会妨碍词典人才的培养。反观苏联的情况,苏联解体后,在此前苏联的地域上,不少在术语研究方面引人注目的国家出现了。这与苏联的术语理论研究成就以及术语教育成果,肯定有直接的关系。

做第二个课题研究之前,我对国外术语研究现状的了解基本上仅限于所谓"四大学派"。开始做课题后,我阅读并研究了大量国内外资料,我的视野开阔了,视角的参项自然也发生了变化:抛开"学派"说,从地域角度着眼;从对学科的定位透视研究的深度与广度;从研究的侧重点看各自的优势;近年研究的大趋势与新方向;术语教育的状况;相关国际组织的活动;等等。这些都成为我观察现状的新视点。

回过头来再说"学派"。首先,我发现,"学派"名称中涉及的主要当事国,并不愿意接受对应的称呼。为什么它们会"己所不欲"呢?其次,我还注意到,仅凭地域进行命名,并不能反映其研究特点,如果依据哲学意义来命名某个学派(这可能是该派的理论创新点),就会另当别论。最后,各国的术语学研究实际上都出自同一个源头,而这个源头的领袖人物却从不认为自己是什么"学派"。非当事国也有学者提出,从不同国家广泛汲取先进成果,而不拘泥于某个所谓"学派",对进一步发展本国的术语学研究更为有利。正是基于以上情况,我才提出"慎用(学派)"的想法。

我很早就意识到,我这个学外语出身的人所搭建的知识结构,对于搞术语研究来说有很大的局限性。我在术语研究领域能做的,充其量只能是次要的辅助工作,类似大工程开工前的平整场地、修桥补路之类。在汉语界纪念孙常叙先生的词汇研讨会上,我曾表达过一个心愿——希望更多其他专业的学者,首先是研究汉语词汇的,也投身于术语学研究,早日开始中国术语学建设的主体性工程。令人高兴的是,我的期盼没有落空。与二十多年前相比,今日中国的术语学研究局面,已经大为改观。继冯志伟先生的《现代术语学引论》之后,《军语概论》《汉语术语学引论》等著述的问世,在我看来,都是具有标志性意义的。至于我不知道的研究成果,包括理论与应用等不同方面的,肯定更多。中国术语学研究的腾飞,是完全可以期待的。

与此同时,也不能不看到,中国术语学的研究现状,特别是理论术语学,仍然落后于国家发展的要求。虽说术语学理论研究式微是当今全球普遍性的趋势,但这丝毫不能减轻我们肩头的压力。一切有利于改变这一现状的努力,都应得到鼓励与支持。

如果有人问我,搞了二十多年的术语研究,主要有什么体会,我最可能的回答是:"术语意识提高了。"什么是"术语意识"?我把它定义为"基于对术语的性质与功能的认识而产生的严谨科学地对待本专业术语、慎重敬畏地看待其他专业术语的一种学术自觉性"。退休之后,我偏居一隅,与学界少有联系。但人还在,心未死,面对周遭发生的事,我时常不自觉地联想到个人经历,难免会心生感触。对知名词典的外译工作,也像翻译其他著作一样,平均分配,按字母切割,各管一段,然后由一人统稿——对于这种处理方式的合理性,我是心生怀疑的。国外词典学家,有人很强调词典编纂的"工程性"。字母排序,本来就是"最有序的无序",若真以工程相比,上述做法,不是有点像把一栋住宅楼按单元分开施工,然后再去连通吗?比照我的语文词典与百科词典的编纂经验,任务的分割是应该照顾到专业差异的,应该力求做到同一个专业的术语都由一个专人负责。有学者特别强调术语学的方法论意义,上述的不同施工路径,是否也与此相关呢?不过,词典学也好,术语学也好,毕竟属于软科学,讲的不是什么非此即彼的"硬道理"。看似不合理的做法,也未必就完全行不通,甚至还会畅通无阻。一个如履薄冰,一个浑然不觉,彼此之间可能也难以说得通。想到这里,我自己便首先失去了提出疑问来与人交流的勇气。

研习术语学的过程中，我不时想起"瞎子摸象"这个寓言。这是我读小学语文时的说法，现在改为"盲人摸象"了，用来比喻对事物了解不全面，以偏概全，乱加揣测。不过，现在，我却有了新的领悟。在对术语这样具有多维性的客体的认识过程中，似乎谁都难以超越个体认识的片面性，对于"大象"这个一般共同体，所有"盲人"都只能永远走在认识的路上。摸到大象躯干的也未必比摸到鼻孔的了解得更全面。我个人理解，可以将不同语言的术语研究比作用不同的滤镜来观察术语这个具有多面性特征的研究对象，得到的结果既包含共性，也具有个性，它们应该是互相补充、互为借鉴的。说到这里，我联想到常被提起的"个别"与"一般"、"民族的"与"世界的"关系问题。"民族的"有可能也是"世界的"，还可能"反哺"世界。但两者不可能互相替代，只能互相补充：互为依存，共存共荣。还是"各美其美，美美与共"的说法，更能体现它们之间的辩证关系。

作为一次国际学术会议，本次会议背景的特别之处是，它召开于世界处于百年未有之大变局之际。这是人类历史上的重要时期，全人类都在面对一个共同的重大的认知问题。单就"认知"而言，其中就涉及许多术语学理论。至于传统术语学关注的定名、定义、定位等问题，更是层出不穷。这个"样品"实在是太大了，以致让人有一种"老虎吃天"的感觉，其中的矛盾是复杂的、多重的，绝不是仅靠术语学就能解决的单纯认知问题。但无视如此重大的时代命题，那就是学者的严重失职。出席这次研讨会，我特别想听到关于这方面的论述。来自国内外的学者，特别是年轻人，他们是如何思考这些问题的，我尤其感兴趣。

第一部分
术语基础理论研究与应用

近代以来汉语名词术语译创一瞥

周　荐[1,2]

（1.北京师范大学；2.南开大学）

1　解题

"文章合为时而著，歌诗合为事而作"是唐代诗人、新乐府运动倡导者白居易在《与元九书》中所提出的著名论断和响亮口号。它含两层意思：一是文章要及时捕捉时事，反映当下，即如白居易在《秦中吟》序中所说的"贞元、元和之际，予在长安，闻见之间，有足悲者"；二是诗歌不能无病呻吟，要为现实服务，亦即《与元九书》中所谓的"裨补时阙"。

文学是这样，语言学也是如此。中国名词术语也是"为时""为事"而译创的，不是随便创造，更非无的放矢。它们应中国社会的进步而出现，应中国社会的需要而产生，宗旨是为中国社会服务，对中国社会的发展做出贡献。

2　文明互鉴，自有选择

中国作为一个文明古国，有着自己数千年辉煌的文明史。中华文明和世界上任何一种昌明的文化一样，都不是孤立的存在，都是在与其他文明的互动、交融中成长起来、发扬光大的。中华文明在悠久的历史中，曾深刻地影响世界，甚至改变世界。中国是虚心向世界各国人民学习的国家，绝不固步自封,因此中华文明也曾吸纳过世界上一些优秀的文化成分。古代社会时外国人带来的文明,对中国人认识外部世界,对推动中国与国际接轨,就曾起到过重要的作用。对猝然而至的西方文明,中国人并非囫囵吞枣一股脑儿地照单全收,而是根据自己的实际需要有选择性地吸收。明朝政要,上海人徐光启(1562—1633),在崇祯朝官至礼部尚书兼文渊阁大学士,又是天主教徒。《明史·徐光启传》说他:"从西洋人利玛窦学天文、历算、火器,尽其术。"在学习过程中,徐光启深感当时中国的落后,他"欲求超胜"(用今天的话说,就是弯道超车),"超胜"的方法就是"会通","会通"的基础就是翻译。徐光启并未首先选择西洋典籍进行他的翻译工作,而首先翻译古代西方数学之经典著作《几何原本》。他在《刻〈几何原本〉序》中说:"《几何原本》者,度数之宗,所以穷方圆平直之情,尽规矩准绳之用也……既卒业而复之,由显入微,从疑得信,盖不用为用,众用所基,真可谓万象之形囿,百家之学海……"[1,P924]徐光启抓住最需要翻译的科学著作来为中华服务,开始了他与意大利传教士利玛窦(Matteo Ricci,1552—1610)合作翻译希腊数学家欧几里得《几何原本》前六卷的工作。该书中出现了不少令时人耳目一新的新的科学术语,"几何"而外,该书还译创了其他一些术语,或使一些已有词语语义愈发明确,使用更加规范,例如点、面、角、垂线、平面、平角、直线、直线角、曲线角、杂线角、三角形等。《几何原本》是中国科技史上的丰碑,也是中西文化交流史上的不朽著作。徐光启的明智选择为当时和之后中国科学技术走向近现代起到了重要的奠基作用。

3 名词术语译创,视需求适

一个健全的、渴望向现代化方向发展的社会,当然是需要新名词和科学术语的。但渴望不意味着有病乱求医,所译创的术语必须满足我们自己的需要,才好为我所用。中国历史上"睁开眼睛看世界"的人很多,徐光启应算作明代的杰出代表,清代更不乏其人,如主持编译和审订《四洲志》的林则徐、编成《海国图志》一书的魏源。作为其中重要的一员,郑观应更值得大书一笔。郑观应诗文中使用了那一时代的大量新词,他本人也参与了不少新词的创造。《盛世危言》是郑观应撰写的一部堪称中国近代社会极具震撼力与影响力之巨著,是中国近代史上一部影响巨大的政论专集。《盛世危言》甫问世,即成为警世醒时、震动朝野、传诵数十载的一部巨著,几年之内刻印二十余次,共十多万册,科举考试也常以该书所序时务为题目。不久,这本巨著又流传到日本、朝鲜等地,风行一时。在之后的较长历史阶段,它都曾起到重要的启蒙作用。康有为、梁启超、孙中山等都从这部政论专集中获得教益和启迪,该书影响之深远在中国近代史上可谓是罕有其匹。

大时代孕育着大变动,大时代催生出反映大时代的众多新的名词术语。也正是在这个大变动的时代,我们的母语——汉语发生了巨变,尤其是词汇的面貌更发生了翻天覆地的变化。清末汉语的巨变,反映在词汇的大量增多,尤其是外来词(术语)的大量借入和新名词的大量创造上。这些新的名词术语的数量究竟有多少,过去始终没有一个准确的统计。最近有学者希望建立清末民初新名词术语的语料库,方法是对《汉语大词典》所收的近现代词条进行统计,借助《辞源》将古汉语词删汰,再借助《近现代汉语新词词源词典》《近现代辞源》等,将19世纪汉语文献中出现的新名词术语大致列出。这个数据虽不好确切估计,但笔者相信数量不会少于3 000条,实藤惠秀《中国人留学日本史》列出汉语中仅来自日本的外来词就有844个之多,其中不乏术语。郑氏虽世居澳门,但自幼受欧风熏陶,"究心泰西政治、实业之学",平生经验铸为不朽名句"欲攘外,亟须自强;欲自强,必先致富;欲致富,必首在振工商;欲振工商,必先讲求学校,速立宪法,尊重道德,改良政治",郑氏诗文著作中的新的名词术语十分可观。

郑观应的诗文语言,有一个很重要的特点,就是"撷采新词新语入诗"[4]。这些新词,其实不少就是新的名词术语。这样的新名词术语在郑观应的诗中可谓比比皆是,可举出很多。例如《述志四十韵》中有"西学""格致""抗议""铁路",《六十初度书怀》中有"化工",《感赋七律八章藉纪身世(八)》中有"飞机""潜水艇",《七十生日书怀(二)》中有"宪政",《答黄幼农黄花农蔡毅若岑馥庄四观察论时事》中有"鸦片烟""出口税""进口税""入教""改籍""逃捐""大书院""变政""商战""邦交""公法",《治乱歌》中有"专制",《与西客谈时事志感》中有"矿产""总税务""邮传驿""包工""国债""借拨",《时事孔亟殊抱杞忧妄陈管见以备采择》中有"议和""立约""通商""国体""铁道""制造局",《莫若篇》中有"外股",《与日本驻沪小田切领事论时事作歌并序》中有"联盟""文部""同志",《时事感慨(三)》中有"铁轨",《上孙燮臣师相、邓小赤师帅论时事》中有"经济""法律""专科""矿产""合股""分段租",《感时赠盛杏荪太常》中有"条约"。毕竟新词在诗中的使用会受到格律的限制,新词在郑观应的政论文章和游记中,更得到了广泛的运用。例如《盛世危言》中的"博士""当兵""公使""合同""火险""口岸""利权""手枪""小费""大学院""士官生""守旧党""鱼雷艇""国家银行"等,《长江日记》中的"保险""吃水""代销""钢船""买办""票位""洋餐""章程""船头官""大书院""电报局""官银号""红毛泥""三联单""新闻纸""执政者""条约专条""洋磨盘车""洋务风气""自主之权""脚踏独轮车""野鸡小轮船""新式机汽锅炉"等。

郑观应诗文中的新词新语之多,反映的是其眼中所看到的事物非常之广。举凡新生事物,他都付诸笔端。政治类的如《与朱晓南观察论时局》中的"政治",《与潘兰史征君论时事感怀得五绝二十六首》中的"下议院""议院""议员""元老院",《盛世危言》中的"顾问""总署""官膏局""实事求是",《庚申己未两岁秋感》中的"共和""中央""省长",《壬子暮春志感》中的"都督""专制",《读波兰衰亡战史书感》中的"内政""租界""公民",《书抵制美国禁华人入口》中的"国体""主权",《有友出山入宫来索赠言书此贻之》中的"议政院""选举""美洲""总统""巡捕";宗教类的如《庚申己未两岁秋感》中的"修真院""主教""上帝",《赠日本伊藤侯相三十六韵》中的"传教",《伍秩庸先生辞总裁仍护法巩固共和赋此志喜》中的"圣教会";经济类的如《庚申己未两岁秋感》中的"公司""股东会",《路矿歌》中的"股票""合同""集股",《乙未感事》中的"财政""矿路""利权",《盛世危言》中的"保单""税单""国库",《开矿谣》中的"招商",《寄寿叶誉虎交通部总长》中的"实业""国有",《水陆师学堂各艺大书院博物会机器制造厂栖流工作所皆富强始基急宜创办赋此志感》中的"专利"，《商务叹》中的"矿苗""轮船""电报""开平矿""轮船局"；法律类的如《庚申己未两岁秋感》中的"律师""驳论""公理""失真"，《赠日本伊藤侯相三十六韵》中的"公法"，《书中国医士讼师与泰西不同》中的"律师""立法""卒业""执照""注册""陪审"，《盛世危言》中的"故杀"；社会类的如《汉阳差次得沪友书》中的"增订""实践"，《愤世》中的"海关""邮政"，《大舞台曲》中的"殖民"，《读盛太常请变法自强疏》中的"铁轨""火轮"，《亚细亚协会歌》中的"地球"，《壬子暮春志感》中的"报纸""毛瑟""炸弹""都督"，《哀黄人》中的"专职"；外交类的如《哀黄人》中的"洋舰""洋商""领事官"，《盛世危言》中的"总领事""照会"；军事类的如《劝各名医仿泰西预筹军中救伤会歌并序》中的"后膛""水雷"。

郑观应对西学充满了热情，在《盛世危言》中有关于西学的成系统的学科术语。例如在其中的《学校上》篇中，有"经学""法学""智学""医学""重学""格物学""化学""算学""光学""性理学""声学""画学""诗歌学""气力学""测量学""师范学""书法学""药性学""金石学""草木学""机器学""治术学""文字减笔学""生物学""律例学""罗马律学""史学""出使章程学"等学科，有"农政院""丹青院""律乐院""师道院""宣道院""女学院""训瞽院""训聋喑院""训孤子院""训罪童院""养废疾院"等机构；在《西学》篇论到"泰西之学"，有"汽学""电学"，论到西方教育，有"富国学""交涉学""算学""格物学""动植学""地学""音乐学""农学""商学""体操学""外国语言文字学"等学科；在《考试上》篇中，有"矿学"；在《善举》篇中，有不少西方社会组织机构的新词，如"栖流所"、"施医局"、"养老院"（"养老所"）、"养老会"、"老儒会"、"育婴堂"、"抚孤会"、"童艺院"、"恤穷院"、"工作场"、"养病院"、"疯癫院"、"疯人院"、"训盲哑院"（"训哑院""训聋瞽院"）、"义学堂"、"绣花会"、"保良会"、"济贫所"、"劝世会"、"劝农会"、"虞后会"、"义学会"、"戒烟会"。这些反映西方事物对象的术语新词，今天读来确有眼花缭乱之感，有些恐怕已很难还原郑氏当初所写的西词。尽管如此，这些术语新词所反映的事物对象一般都是当时的中华所无或刚刚出现的，它们出现在郑氏笔端，表明郑氏对西学的敏感，表明他对西方事物的欣赏,也反映着中华之需,反映着当时汉语词汇中的缺失。它们成批出现,无疑是那个大变局时代的重要一页,也为汉语术语词未来的百年发展奠定了重要的基础。

4 名词术语发展,社会晴雨

名词术语是伴随社会的发展而发展的,可以说是社会发展的晴雨表。中国古代的土壤,除滋生出思辨性的哲学术语外,朴素科学的术语只分布在天学、算学、农学、中医学等一些领域。近代以来,产生出大量现代自然科学领域的术语和西医学、解剖学的术语,以及社会科学领域的新名词。上面谈到的郑观应,是政治人物,也是实业家,其著作中的新词,就既有科学术语,也有政治性的新名词,反映出清末整个社会对西方先进的科学技术和人文社会科学的全方位的需求。陈望道首译的《共产党宣言》(1920 年出版)晚于郑观应的《盛世危言》二十余年问世,因为是政治性的著作,其中没有太多自然科学的术语,而充满着政治等社会科学的新名词,反映的是中国共产党诞生前夜中国社会对救国真理的渴求。陈望道译本《共产党宣言》,据方红、王克非[5]研究,其中有不少译词,原是日语中的汉字词,也从另一个角度反映着新名词的国际交流。如下:

怪物 欧洲 徘徊 共产主义 神圣同盟 急进党 在野的政党 在朝的政敌 事实 共产党员 意见 目的 趋向 废墟 特征(特色) 农奴 特许市民 殖民地 贸易 工厂组织 近世产业 制造家 中等阶级 复杂 刺激 自治团体 交换机关 财产关系 劳动阶级 革命阶级 危险阶级 伦敦 历史 制造工业 商业 航海 共产党 谬见谬想 劳动者 权力阶级

陈力卫[3]认为陈望道中译本《共产党宣言》"是从日文直接翻译过来的";但据陈望道先生自己的说法[2]以及一些学者的研究[5],陈望道中译本

《共产党宣言》是根据日文和英文两个译本再进行汉译的。这也从一个角度说明,在伟大思想的推动下社会思潮正以势不可挡之势在全球范围内蔓延开来,并最终改变着世界。

　　一个正常的社会,它不仅需要新名词,也需要科学术语,以满足社会发展的需要。如果一个社会处于不安定的发展阶段,可能对人文社会科学的新名词和科学技术的术语的需求不相一致,有所失衡。例如中国十四年的抗日战争中,全民族几乎一切资源都用于抵御侵略,不可能进行经济建设,更无暇考虑科学技术的发展,因此那一时代几乎没有什么新的科技术语产生出来,倒是有不少社会科学领域的新名词被创造出来。随着中国改革开放步伐的加快,汉语新的名词术语如雨后春笋般出现,中国对世界科学技术的贡献会愈来愈大,对人类各个方面的贡献也会愈来愈大。全国科学技术名词审定委员会下设的学科名词审定分委员会已达98个,审定公布的学科名词近140种,词条总量超过60万条。[6]我们有理由相信,随着中国大踏步地前进,汉语新的名词术语会与日俱增,不仅能够更加满足中国社会和汉语的需要,而且能为今后的中西文化交流做出新的更大的贡献。(根据在第八届中国术语学建设暨术语与认知国际学术研讨会上的发言整理,有删节。)

参考文献

　　[1]欧几里得.几何原本[M].张卜天,译.北京:商务印书馆,2020.

　　[2]陈光磊,陈振新.追望大道:陈望道画传[M].上海:复旦大学出版社,2020.

　　[3]陈力卫.语词的漂移:近代以来中日之间的知识互动与共有[N].21世纪经济报道,2007-05-28(35).

　　[4]邓景滨.郑观应诗类编[M].澳门:澳门近代文学学会,2012.

　　[5]方红,王克非.《共产党宣言》中日首个全译本比较研究[J].中国翻译,2014,35(6):34-38.

　　[6]张晖.从术语词语的创制到术语学的创立——汉语术语学的历史、现状及趋势[D].天津:南开大学,2020.

[7]赵越.《天工开物》词汇研究[M].长春:吉林大学出版社,2017.

[8]周荐.清末大变局背景下的近代新词:以郑观应诗文为考察对象
[C]// 博学近思 知行兼举:田小琳先生八秩荣庆文集.香港:和平图书有限
公司,2020.

医学符号学视域下的医学术语学研究

李定钧

（复旦大学）

引言

据高似兰（Philip B. Cousland, 1860—1930）首版《医学辞汇》（1908）序言前所列"历史大事记"记载：

> 1850—1858 合信（B. Hobson, 1816—1873）医师在广州出版几种小型的医学教材，均附有英汉医学名词列表（《医学英华字释》），在业界长期享有盛誉。
>
> 1871—1898 1871 年后又有了新的发展，嘉约翰（J. G. Kerr, 1824—1901）医师在广州三十年从事西医书籍的翻译和医学术语的译编事业。

十九至二十世纪西方医学传教士为中国近代医学辞书的编撰做出过积极的贡献。"清末随着西风东渐，西医在华逐步拓展，教会医院和医学院校相继建立，西方医籍翻译随之增多，至 1890 年汉译的西医书籍已达 50 余种。由于中西医体系存在巨大的差异，大量的英语医学名词缺少现成的汉语对应词，译者只能自行音译或意译。为了便于读者理解西方医学术语，部分译者在译著后附录英汉词汇对照表，后逐步发展为早期的英汉医学词典。"[9]随着近代西医教育的发展和西医书籍翻译的增多，医学名词译名的统一问题日益引起医学界的关注。高似兰,1860 年出生于苏格兰的格拉斯哥,1882 年毕业于爱丁堡大学医学院,1883 年奉苏格兰长老会之命来到中国广东潮州的教会医院行医。他长达 40 年献身于中华医学名词译名标准化事业,献身于英汉医学辞典的编纂与审定工作。1896 年,他在上海《博医会报》上刊登"医学名词表"草案的六种方案,即(1)采用已有的本土名词,(2)根据英文名词的含义翻译,(3)音译,(4)按照合成法造新名词,(5)造新字,(6)采用一个已不用的旧词,表明选用中文中与原有意义相同的医学名词为最佳。[18]他在沪编写的《医学辞汇》(*An English-Chinese Lexicon of Medical Terms*,1908)平均每 4 年修订一次,至 1949 年共刊行了十版。据台湾第 37 版高氏本(1979)序言说:"二十世纪初年,中国博医会成立,开始推选委员,从事医药名词之编译工作,当时以高似兰氏主其事。民国四年,高氏又联合江苏省教育会、中华医学会、中华民国医药学会,组成中国医药名词审查会,每年暑假开会一次,每次历时两周。对于医药名词,精详讨论,审慎厘定,仍由高氏整理汇编。不幸成书之日,撒手西归,当时为纪念高氏之积劳起见,特将本书题名《高氏医学辞汇》。"[17,P3-4]本书成为中国二十世纪下半叶西医最主要的医学工具书,也为医学名词术语汉译标准化奠定了基础。

如果说二十世纪前半叶民国时期曾掀起过科学名词术语审定的第一次浪潮,那么二十世纪后半叶中华人民共和国成立掀起的第二次浪潮更为汹涌,医学名词术语译名的规范化日益引起医学界的重视。为了避免医药名词出现混乱局面,目前我国已有两个专门机构负责医药名词标准化的工作,一个是全国科学技术名词审定委员会(简称全国科技名词委),1985 年经国务院批准成立,下设医学名词审定委员会,代表国家对医学术语的名称进行审定、发布和管理;另一个是国家药典委员会,1950 年经国家卫生部批准成立,下设药品名词专业委员会,负责审定《中华人民共和国药典》(人民卫生出版社出版,1953)中的西药和中药的标准名称。为了准确表达医学概念,传播医学知识,这两个机构在推进医药译名规范化上做出努力,就医药名词在专业性、科学性和准确性三个方面进行严格的审定。在 1989—2020 年相继出版由全国科技名词委公布的与医学相关的各科名词和国家药典委员会公布的药名得到了全面采用,中国大陆地区医学词典编纂均以此为准,积极推进医药名词术语的规范化应用。

纵览百年英汉医学词典编纂史,从清末医学传教士开创高氏本——《医学辞汇》(1908)(见图1),到民国本——《医学名词汇编》(1931)(见图2),再到中华人民共和国成立后出版的《医学名词汇编》(1957—1963)、赵氏本——《赵氏英汉医学辞典》(1952,1968)、陈氏本——《英汉医学辞典》(1984,1997,2009)和《英汉医学大词典》(2015),医学名词术语标准化进程任重而道远,前有高似兰、孟合理、鲁德馨,后有赵师震、陈维益等众多学者,前赴后继,承接并推进前人所开创的事业。

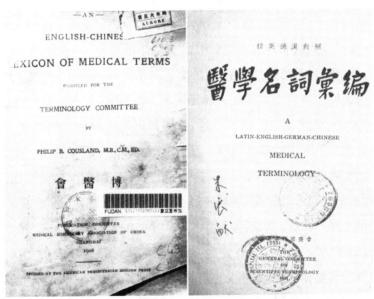

图1　《医学辞汇》内页(1908)　　　图2　《医学名词汇编》内页(1931)

1　医学术语学

1.1　中西医语词术语表达对比分析

医学语词,除了语言共核中的常用词之外,尤为强调"语",即医学领域的学科术语和行业用语。医学语词强调语言的实用性和有效性,追求的是语义透明,即指称的确定性和表达的明晰性。为了避免医药名词出现混乱局面,标准术语或名称在专业性、科学性和准确性三个方面经过严格厘定。国际标准化组织在涉及有关客体、概念、定义和称谓等术语学基础内容的约定上至今已颁发一系列的原则标准。"客体经过观察、抽象而成概念,概念在专门语言中用称谓表示,并用定义描述。同属一种专门语言的一系列相关称谓构成了某个特定学科领域的专门术语。"[7]此处约定的"称谓"与"定义"紧扣住现代语义学的指称客体和表达意义的两大基本功能。语词符号、指称客体和表达意义构成一种三角关系,即为现代语义学的一个重要原则。

　　医学语词体现某一民族的思维认知方式。语词蕴含着概念,概念正是逻辑思维的基础。"概念"在中国逻辑中称为"名","名正"即概念清楚准确,是华夏民族认识世界的基础。中西文化体系滋养出不同的思维认知方式,也造就了截然不同的医学理论,决定了医学语词某些语义场的特征。西医概念与指称客体的关系是唯一和确定的,而中医概念具有多样性,如"阴阳"可指结构、功能、性别、证候、药物等任何可以一分为二的事物和现象。阴阳观念成为中医学的基石与核心,阴阳学说则是中医学解释一切具有对立关系的物质、运动及其规律的工具。为了准确表达医学概念,传播医学知识,现代医学名词术语的确立遵循一定的命名原则,具有很强的科学性、逻辑性和单义性等特征,例如,国际疾病分类(ICD)、系统化临床医学术语集(SNOMED)一般依据疾病概念定位系统的层级结构,遵循其"种差与类属"原则、"部分与整体"原则及相关连带关系。"规范化的病名术语应清晰地标明该符号所指的类属、层级和区别于同类、同级疾病的各个具体特征。"[12,P54]以2003年"非典"和"SARS"命名为例,两者均不符合学名的规范化要求。前者"非典型肺炎"是一种类名,它包括由支原体、衣原体、军团菌、立克次体、腺病毒及其他一些不明微生物引起的十多种肺炎。因此,用一个外延过大、较为泛指的名词指称2003年突如其来的急性呼吸道传染病显然是不够科学的。后者"SARS"(重症急性呼吸综合征)的命名,笼统地称之为综合征,没有加以准确的类属定位,未能说明那是一种新的肺炎疾病,毕竟综合征不是一个独立的疾病,而是一组症状。查清病因、确定冠状病毒病原体后就应制定一个独立的肺炎名。事实上,现有肺炎类命名按照其病原体及相关病因、疾病的物理属性(如解剖部位、外观、性状、活动)、疾病的传播、群体、时间、地点等分类,不下十余类。众多医学专家首选病因性命名,因为这种命名法有助于对症治疗,后来"非典""SARS"就修正为"传染性冠状病毒肺炎"[16]。但是,"非典""SARS"这些暂时性的命名,却也符合语言学上的"约定俗成"原则与"惯性思维"原则,渐渐进入人们的日常语汇,成为指称这一传染病的"俗名"。2020年春新冠的命名过程也是如此,但显然要比2003年的应对迅捷得多。这与近年来医学语言学这一医学软科学的发展有较大的关系。

医学名词术语的构成方法取决于各种不同语言的词汇、语法和语音结构,从而,在不同语言中出现含一个词素的术语,或者含多个词素的结合体,或是由几个词排成一串词组或一个术语片语。英语医学名词术语大都取自希腊语、拉丁语或拉丁化的希腊语,构词能力强,具有"一词三式"的特征,即同一个概念或意义有多种不同的表达方法,词义固定,概念清楚,含义精确。它们通过派生法、复合法、缩略法、转换法、转借法等构词手法建立起一整套的术语标准化系统,该体系在词汇单位之间、意义与意义之间构成各种错综复杂的交叉联系,既有纵向联系,又有横向关联;反义中涉及相对、相反的关系,同义中涵盖近义、交叉、包容的关系。由于古希腊语和拉丁语的词汇丰富,构词能力强,西方学者喜欢采用希腊语或拉丁语的词根和词缀构造大量的医学术语。英语医学名词术语一般由2个或2个以上的希腊语与拉丁语词素搭配而成,其中"希腊语+希腊语"的方式最多,"拉丁语+拉丁语"的方式次之,混合式最少;当然也有一些普通英语词根被整合进医学语域,成为医学行业用语。因为欧洲文艺复兴时期,英国的文人学者更是推崇古希腊文明,崇尚用拉丁文演讲与写作,希腊语和拉丁语词汇大量涌入英语体系。英国科学界跟随整个欧洲使用新拉丁语———一种专用于科学(包括医学)的语言,以至于今日一些医学英语本族词语仍难登医学文献的大雅之堂,例如,人们不采用 eyeground(眼底),而宜用与它们相对应的拉丁语源或古希腊语源的词语 fundus oculi 或 ocular fundus(眼底),也常常避开 black lung、coal-miner's lung(黑肺病;矿工肺,炭末沉着病)等描述性术语,而采用规范的医学术语 anthracosis,才使文体显得高雅得体。随着现代医学的不断分化,虽然医学新词的词义结构变得越来越细化,越来越复杂,但是医学新词的构成大部分源自于拉丁语或希腊语,这一传统一直沿用到今天,成为创造医学术语的源泉。

表1 常用医学英语、拉丁源、希腊源词素对照表

英语	拉丁源	希腊源	汉语
belly	abdomen, abdomin(o)-	celi(o)-, cel(o)-, ventri-, ventr(o)-	腹
birth	parturi(o)-, -para	toc(o)-, tok(o)-	分娩
blood	sanguis, sangui-, cruor	haema-, hema-, hem(o)-, haemat(o)-	血液
body	corpus, corpor-	soma, somat(o)-, -some	体
bowel	intestine	enteron, enter(o)-	肠
brain	cerebr(o)-	encephal(o)-	脑
breath	respiration, -spir(o)-	pneum(o)-, pneumat(o)-	呼吸
breast	mamm(o)-	mast(o)-, maz(o)-	乳房
buttock	clunis, natis	glute(o)-, pyg(o)-	臀
cell	corpuscle	cyt(o)-, -cyte, -phil	细胞
chest	pect(o)-	thorac(o)-, steth(o)-	胸
death	mortality	thanat(o)-, necr(o)-	死亡
disease	morbid, -ia, -sis	path(o)-,-pathy, nos(o)-	疾病
ear	auri-, auricul(o)-	ot(o)-	耳
eye	oculus, ocul(o)-	opt(o)-,ophthalm(o)-	眼睛
fat	adip(o)-	lip(o)-, stear(o)-	脂肪
flesh	carni-, carn(o)-	sarc(o)-, creat-	肉体
foot	pedi-, ped(o)-	pod(o)-	足,脚

续表

英语	拉丁源	希腊源	汉语
hand	manus, man(o)-	cheir(o)-, chir(o)-	手
head	capit(o)-, caput	cephal(o)-	头
heat	fever, febris, calor, calori-	therm(o)-, pyret(o)-, pyr(o)-	热,发热
kidney	ren, ren(o)-	nephr-, nephr(o)-	肾
lung	pulmo-, pulmon(o)-	pneumon(o)-	肺
mass	tumor, tumor(i)-	cel(o)-, -cele, -oma, onc(o)-	肿块,瘤
menstruation	menses, men(o)-	catemenia, emmenia	月经
mouth	oralis, or(o)-	stomat(o)-	口
navel	umbilicus	omphal(o)-	脐
nose	nas(o)-	rhin(o)-	鼻子
seed	semen(o)-, semin(o)-	sperm(o)-, spermat(o)-, gon(o)-	精子
skin	cutis	derma-, derm(o)-	皮肤
sleep	somn(i)-,somn(o)-	hypn(o)-	睡眠
spleen	lien, lien(o)-	spleen(o)-	脾
stomach	stomach(o)-	gaster, gastr(o)-	胃
sweat	sudor, sud(o)-	hidr(o)-,-hidrosis,-drosis	汗
tear	lacrima, lacri-	dacry(o)-	泪
tongue	lingua, lingu(o)-	glossa, gloss(o)-	舌
vessel	vas(o)-	angi(o)-, angei-	血管
woman	fem, femin(o)-, estr(o)-	oestr(o)-, gyn(o)-, gynec(o)-, gynaec(o)-	雌,女性
womb	uterus, uter(o)-	metr(o)-, hyster(o)-	子宫

注:选自李定钧《医学英语词汇学》2006 年版,第 184-199 页,有改动。

汉语医学名词术语历经古医文和现代汉语的演变自成一个独特的体系。汉语是一种倾向意合的表意文字系统,汉语的句法不受形态成分的约束,不像西方的表音文字那样具有繁复的变位、变格,而主要取决于语义上的搭配是否合乎事理。汉语的字形结构与表意作用有着密切的关系,汉字是一种以字为中心的书写单位,其书写形式可以先于声音和意义形式。汉字以形象思维为主导,以"象"的保留为其符号的特性。汉字那种"观物取象""因象见意"的象征思维认知模式及其重构或再造功能,是西方其他表音符号语系所无法直接完成的。汉语语词以其覆盖率宽广、构词力强大的词素而著称于世,两三千个常用词素可以通过固有的规律,排列组合出成千上万词、短语乃至句子。

汉字特有的"六书"构词法,即象形、指事、会意、形声、转注、假借,蕴含着巨大的空间语形视象特点,其一字一音的单音节字可以巧妙地排列组合,产生出多姿多彩的视象效果,且义象的理喻十分丰满。一个汉字不是一个而可能是多个观念或概念的代表。汉字这种一个视觉记号对应于多个意义的结构显然不同于西方表音符号语系中声音-意义——对应的模式。汉语语词"形-音-义"的对立又统一使得其语义系统具有较大的语义构成自由度。一个汉字可以用极其灵活的复合方式,指称不同的客体对象和指示不同的意义,例如,汉字"炎"可以非常容易地构成很多复合词:脑膜炎、腮腺炎、扁桃体炎、肺炎、胃炎、肝炎、肾炎、胰腺炎、肠炎、阑尾炎、前列腺炎等。然而,医学英语因"一词三式"的特点创造出许多新词,例如,lung→pneumonia(肺炎),stomach→gastritis(胃炎),liver→hepatitis(肝炎),brain→encephalitis(脑炎),skin→dermatitis(皮炎),joint→arthritis(关节炎),heart→carditis(心炎),intestine→enteritis(肠炎),kidney→nephritis(肾炎),tongue→glossitis(舌炎),throat→laryngitis(喉炎),bone→osteitis(骨炎),ear→otitis(耳炎),vein→phlebitis(静脉炎),nose→rhinitis(鼻炎),mouth→stomatitis(口炎),等等。

当然,英语医学名词术语的生成能力也很强,也可通过其构词成分的分析揣度其意。纵观浩瀚的英汉医学词汇,有时即便不熟悉相关的医学含义,我们单凭英语构词成分或汉字独立的词素也能揣度其意。中医系统名称比西医系统名称更富语符的色彩。现代汉语多字符的出现成为突破东西方思想沟通的枢纽,多字符系统取代文言文中的单字词,使得词义系统内容大量扩增,并使词意所指确定化,因为两个以上字符的语义幅度比单字符的语义幅度缩小,从而使所指范围缩小,意义更为明确;原有单字通过组合搭配产生大量新的意义组合单元。现代西医文本中的绝大多数概念均由汉语单字固有字义组合成新的2—5个字符来表达,从而克服了中西医语义传统结构的差异,既完整地保持住汉语原字汇系统,又解决了表达西医复杂和抽象概念的记号问题。

1.2　中西医疾病认知表达机制

中西医是截然不同的两大医疗科技体系,西医诊断讲究从病入手,通过临床检测血液、尿液和组织切片判断某类疾病,从病因、病理、症状、诊断、鉴别、治疗、预后一路向前推进。西医源于古希腊,早期代表人物希波克拉底和盖伦强调的是心-身、人体-自然的相互联系,即整体医学,非常重视个体健康的特殊性,认为人之所以发病是机体内部出现了紊乱。这跟中医似乎大同小异,但在文艺复兴之后,西医走上了一条背离传统的路子,正统的体液说受到了猛烈抨击,一切都转以实证为基础,以观察、检查、证据收集来进行不断验证。

中医主要从症状入手,将其归类,探究其内在的联系,然后处方用药。虽然中西医对“标”的认知是一致的,即疾病的客观表现是症状和体征,但对“本”的概念却有着本质的不同。中医认为产生疾病的原因乃是阴阳的失调,具体的致病因素即所谓六淫、七情、疫疠、痰饮、瘀血等,最初这一切皆源自古人朴素的自然观。但是,中医学以阴阳五行审视人的生命之体,以四时水火升降穷究人体百病之理,更兼几千年医家的悉心观察与临床经验,终究发展成为一套完整的医学理论体系,并运用一整套独特的中医语汇,在脉诊、舌诊、审证、下药等方面创造出独特的认知表达方式。中医基础理论秉持中国人特有的类比思维模式,阴阳五行、脏腑经络、病因病机、辨证论治以及方药等等莫不如此。例如,《黄帝内经》乃中医阴阳学说的总纲,人的一切生理、病理的根源来自于阴阳的变化。又如,五行学说借用了五个名目作为世界元素的代表,木火土金水,东南中西北,青赤黄白黑,目耳口鼻阴,肝心脾肺肾等一一对应,构成了一个囊括一切而又和谐完整的理论体系,即脏象学说,其类比思维模式把天象、物象、体象、病象、社会现象等特征进行隐喻式的转移。

中医的辨证论治主要借鉴了《易经》的八卦衍生模式,是阴阳五行、气血津液和病因排列组合的结果。辨证包括辨证求因、审因论治、依证论法和以方遣药,即把有联系的症候群、病因、治法、方药串在了一起,提纲挈领,极大地方便了后人诊治。辨证论治是中医学的灵魂和核心,也是最为人们所津津乐道的,它代表着中医学的整体观。辨证论治的证候学说是中医医疗实践的理论核心,其证型分类与阴、阳、心、气、神、血、脏腑、经络,津液虚、实、盛、亢、寒、热、温、郁、滞、瘀相关。中医证候在方法学上相当于,而在内容上不同于现代医学的疾病。证候与疾病在内容上的差异具有深刻性和科学性,证病互补对人体病理的认知更为完善。[15,P301-323]

类比,作为描述和看待世界的一种认知方式,将某一领域的经验赋予另一领域。它是模仿、相似、区分和比较,其起核心作用的就是相似性原则。它使我们看到了因果,扩展了经验领域,赋予了自己和世界以意义。一般而言,中医理论中的阴、阳、心、气、神、血、脏腑、经络、津液等基本概念、范畴和术语并非来自于实验,其缺乏精确的定义,有时直接引用民俗间的自然类比语符。中医的类比思维还包含着隐喻,中医语汇总体上还是一个隐喻性的符号系统,其概念系统建立在隐喻之上。诚然,隐喻不只是一种修辞手段,更重要的是一种认知行为。借助隐喻,我们把熟悉的喻体的特点投射到了本体之上,从而使本体获得了相应的性质。"神经"是一个比喻,"生命体""纤维""组织"也是比喻。如此看来,中医和西医似乎也没有什么区别。其实不然,西医的概念来自实例和种属特点,从实例到种属特点的抽象恰好吻合人类的思维发展史。实例作为原型与原始思维的具象性是难分难舍的,根隐喻的实质就是这种语言的概念化过程。根据伽达默尔的理论,隐喻性语言向直义性语言的过渡是因为我们的经验实体化后对它们进行了指称、种属化和定量分析。所以西医的病因，无论是生物的、理化的、遗传的、免疫的、精神心理的，乃至今日的基因的检测，均要经得起实证的考验。西医是范畴化后的一种事理说明，比喻只是作为它感知世界和构造概念的辅助性工具。例如，西医通过科学的类比方法，已建立起疾病动物模型来比较研究动物与人类的生命现象。

2　医学符号学

2.1　医学信号/信息与语词符号

随着人类最初对疾病症状的描述，识别与显示这种疾病存在的符号诞生了，医学语词与非语词介质符号因医学诞生的需要而在语言中生成，在促成医学的形成与发展之后，最初的符号渐渐退出历史的舞台而在语言文化层沉积下来。一种潜在的力量促使那些医学语词自行筛选、优化，无效的语词被剔出去继而消亡，留下的便形成了强大的医学语群，将博大精深的医学现象统一起来，形成一门系统化的科学整体。

从医学符号学角度分析，医学的进步在某种形式上表现为一种语词与非语词概念的演变和医学符号系统不断增强的过程，医学的发展就是在科学的语词与非语词符号系统中构建起一种独特的思维认知表达方式。在现代医学中，疾病诊断和治疗成为人类追求健康的两大基石，然而，症状仅仅是疾病滞后的人体异常反应，今日的医学重点正由传统的基本症状治疗模式向以疾病信息为依据的治疗模式转变。医学信号/信息成为现代医学疾病认知表达机制的原点，一切医学语词与非语词符号的表达均围绕它们而进行。在今日迅猛发展的社会中，日新月异的医学新词如雨后春笋般破土而出，我们每一个人都可能随时随地在使用它，感知它，并且丰富着它。可语词如何一经说出便照亮了混沌之物的首次命名？语词背后存在着的一股强大的力量究竟是什么？超越医学信号/信息乃至语词表层意义的医学符号浸润着何种"能指"与"所指"的关系机制？

随着二十世纪旧学科的瓦解、分化与发展,自然人文社科之间相继出现互动、交叉与渗透,新的边缘学科层出不穷,一门具有强烈综合倾向的学科理论异军突起。那就是符号学(semiotics),即关于语言类和非语言类范畴内记号概念、记号过程及意义表达方式的学说。它自二十世纪三十年代以来,尤其在六十年代建立起一整套的符号学理论,同时在现行学科研究领域里展开具体的符号学分析,继而深入并跨越"文化"这一核心概念,悄然打通自然科学和社会科学的界限,成为贯穿自然人文社科学科门类、跨越民族和国家疆域的方法论。据语源学考证,semiotics 一词与医学的"症状学"同源,culture(文化)与医学的"培养基"同源。事实上,自古以来符号学一直被用于解决日常实用问题,符号学曾为医学、数学等自然科学的形成起过重大的作用。古希腊人最早运用符号学的记号方法,依据疾病症状或征候来确认疾病。医学记号曾为解释疾病的症状、识别疾病的概念继而确立各民族的医学思维完成它自身应有的使命。在西方,第一本关于符号学的著作是希波克拉底的《论预后诊断》,即症状学——讨论如何通过症候来判断病情,如何透过庞杂的表象看到疾病的本质。近代的临床医生面对一个个不同体征的患者,从表现各异的患者主观体验中概括出某一病种的概念,从众多生动的医学现象中,抽象出某种医学符号做出本质的陈述,并演变成以理性推论的语言逻辑为核心的医学科学思维。

从历史符号学角度看,语词符号对事物的"记号"或命名是人类对客观世界的认识不断深化的过程。人类对客体的命名历经漫长的名实之争,词与物的概念、语言与世界的关系愈加复杂化,人们对事物的命名不再简单地等同于事物本身,或轻易地等同于概念。二十世纪初,欧洲现代符号学创始人费尔迪南·德·索绪尔(Saussure F. D)在《普通语言学教程》(1916)创造出一个普遍性的术语"符号"(sign)来代表或表示语言类和非语言类单元概念。就语言类符号而言,语词正是表示思想观念的符号,语言即为表达思想的符号系统。索绪尔创造出"能指"和"所指"一对语言学术语,认为任何一个符号都是能指和所指这对双面体的合二为一。能指为知觉音像,含听觉符号的声音和视觉符号的字符,所指为意念心像,即某一概念或思想的元素,不直接等同于事物却又与外在所指者相联系。因此,符号、外在性的能指和内在性的所指在心理场上构成一种三项的关系,即符号为形、音、义的结合体。索绪尔涉及符号、能指和所指三项关系的符号概念揭开了现代符号学的新纪元。

虽然现代符号学作为一门学科发轫于索绪尔语言学理论,但它真正成为研究人类语言及非语言符号系统,揭示符号及其文化发展一般规律的科学,应当归功于美国哲学家皮尔士(Peirce C. S.)经典符号学理论和美国符号学家查尔斯·莫里斯(Morris C. W.)的推动作用。前者将非语言类符号划分为图像符号(icon)、标识符号(index)、象征符号(symbol),涵盖了本文所涉及的信号(signal)、症状(symptom)、影像(image)、图谱(mapping)等。后者基于对皮尔士符号意义理论的回应,在《符号理论基础》一文中首次明确划分出"符号学三分野——语形学、语义学和语用学"[2],成为至今仍被广泛采用的学科分类法。从此,符号学理论获得了飞跃性的发展,其不可估量的影响渗透到自然人文社科等不同领域。

美国学者尤金·巴尔(Baer E.)在《医学符号学》一书中专门从符号学论述症状的概念来阐述希波格拉底式医学症状现象的构成、笛卡儿式灵与肉二极背离的症状和弗洛伊德式被压抑症状的多维度回归。[1]美国符号学家波斯纳(Posner R.)在《符号学手册》的应用学科"医学符号学"里专门阐述了医学科学的记号概念及其过程的研究,内容涉及古希腊罗马医学中的记号概念、拉丁中世纪时代医学中的记号概念、从文艺复兴到十九世纪初叶医学中的记号概念、从十九世纪到现在医学中的记号概念。[3]意大利符号学家艾柯(Eco U.)还认为在医学科学之外研究症状意义系统编码规则是重要的,医学症状成为艾柯记号分类学的重要组成部分。[13]

实际上,人体是由饱含丰富医学信号/信息的生物分子、细胞、器官等层次组成的复杂生命系统。它依靠各层次的生物活动和功能及其有机配合,才能实现生命体的新陈代谢等基本功能,维持人体的健康。近代的生命科学研究表明,人体的内部存在物质流、能量流和信息流,而信息流控制物质和能量的代谢作用。信息常通过一定的物理量——声音/图像信号来体现，或者说信号是信息的物质体现及物理过程。孤立的替代刺激的信号仅仅是或将永远是信号，而不是符号。只有当信号涉及信息，其意义被使用者所关注解释时才真正成为符号。当信号与信息在医学符号学的视域下，成为索绪尔"能指"与"所指"音、形、义的结合体时，或者在皮尔士经典符号范畴内，转化为医学听觉或视觉信号的波形、参数、影像、图谱及其所蕴含的医疗信息时，信号的替代关系才上升至意指关系的层面，即赋予信号以一定意义，其信号传递就转化为符号交流。此时的信号不仅仅是信息的载体，而是意义的载体。从而，信号/信息这一特定医学符号的"双面体"成为现代医学疾病认知表达方式的原点，成为构建现代医学两大基石——诊断和治疗的基点。一切医学语词与非语词介质符号的表达均围绕它们而进行。医学非语词介质符号涉及症状或征候的信号、影像、图谱等疾病指征，符合皮尔士有关图像、标识、象征符号的研究框架。[9]

2.2 医学术语的文化意蕴

语言是文化的镜子，也是文化的核心，是一种承载社会文化信息的重要载体。语言不仅记载文化，语言本身在它发展过程中也变成了人类历史和文化的印迹。医学语词符号一方面力求清除歧义进入理性的科学表达思维，其语词要求语义透明，即语言符号所指的确定性、表述的明晰性、词义的单义性，杜绝一切不确定和模糊的表述；另一方面又在不断寻求文化的意义而进入隐喻性的思维，医学语词这片语言的活化石沉积了纷繁多彩的医学文化信息。我们从其语词符号的演变中探寻到医学文化的遗迹，捕捉到各种截然不同的民族心理与宗教信仰乃至各种特定的思维模式。诚然，医学语词体现了一种文化思维的烙印，包含着深刻而又丰富的医药文化信息。

远古的先民把所看到的或想象到的一切，甚至自己所做的一切都归于神。这是史前人用以命名事物的一种普遍记号方法。神话几乎在所有的传统文化中占有非常重要的地位，人们往往通过神话中那些富有寓意的传说，去探究并确定某一社会文化的特征。医学语词在特定社会文化背景下可反映一个民族风俗习惯、文化背景、宗教信仰和思维方式等诸多文化因素的隐含意义。许多早期的医学语词沉积了较多的民族宗教文化。例如,汉字"毉"形表医巫同源;而英语中 medicine 一词既指医学、医术、药物,又指巫术,表明西医发展史上同样是医巫同源,但汉语"毉"字所蕴含的丰富文化意义堪称是医学语言的活化石。

其次,饱含病理生理、临床诊疗及预防意义的医学语词概念,在它诞生之时起就从未停止过它在内涵与外延两方面的演变,有些语词概念沉积了其相应时代的文化意识。例如,西医的 disease(疾病)通常是一个客观的概念,它由细菌和病毒等病原体引起,以皮疹和发热等外观症状为特征;而 illness(病痛)通常是一个主观概念,指人们所体会到的身体疼痛不适等感觉。疾病和病痛就像是同一硬币的两面,常常是可以互换的,但并非始终如此,其语义有时是模棱两可的。人们在区分疾病和病痛这两个词的内涵的同时就已经揭示了两者概念的历史演变。因为 disease 这个医学术语是从 dis-ease 演化而来,同样,malaise 是从 mal-aise(ill at ease,一种不适感)演变而来。现代 disease 这一科学概念蕴含了 illness、sickness、malaise、malady、ailment、trouble、affection、complaint、ill-health、upset、disorder、indisposition、infirmity 等较为温和的疾患、病痛、小恙、不适、失调、体弱。因此,追溯 disease 从 dis-ease(相当于 illness)演化为如今中性的科学术语,它们都与 ease(舒适、安逸)的含义相对或相反,从中也可窥探语言不同文化概念的时空演变。[14]

从中西方文化角度辨析医学语词"证""症""征"可加深我们对疾病的认识:"证"与"症"首先属中医术语,"证,疾病证候也,俗作症"。"症,俗字,读如正,病之征验也,古皆作证。"(《辞源》)"证"指中医学的证候,是医生根据中医理论及望、闻、问、切的四诊,概括病因、病性、病位、病理的诊断术语,如"循证医学""主证""虚证""适应证""禁忌证"等。"证"是中医学术思想中非常独特而重要的概念,是西医所没有的概念。"证"反映中医疾病的本质,目前约有 311 种主要证型。它不仅有病理的概念,还有生理的概念。因而,证候既等同于证,又可理解为证的外候,是疾病的外在表现。"症"指症状,即病人的临床主观异常感觉,属于现代医学术语,如"临床病症""重症""主症""并发症"等。"征"是"徵"的简化字,在古词源中没有病象意义,是现代汉语移译西医典籍时创造的术语,如 syndrome 译成"综合征",indication 译成"指征",sign 译成"病征""体征""征候",sign and symptom 译为"征象",等等;但是 symptom 常译成"症状",因为中西医之间存在概念重合的现象,又如"适应证(症)""禁忌证(症)"对中西医都适用。

从医学符号学的角度分析,疾病是一个整体,疾病以"症状"和"征(证)候"的能指方式呈现给我们周围的世界,它们之间的区分既在于它们主客观呈现的形态差异,也在于它们内含的语义价值。症状是疾病最自然的外显状态,征(证)候往往是预示性的,正是意识的介入将症状变成征(证)候,共同描述着疾病的未来,最终以所指方式的"证"指向疾病的核心或生命的本质。法国当代思想家福柯(Foucault M.,1926—1984)曾在《临床医学的诞生》一书中,以一种"知识考古学"的方法进入医学符号学的考古层。他认为:"在 18 世纪的医学传统里,疾病以症状(symptôme)与征候(signe)的形式出现在观察者面前。"[6]症状是可见的,是疾病某种外在的表现,而征候是最逼近疾病本质的东西,具有预后性、既往性和诊断性。征候通过不可见者表明远景、里面、后来者。它关注结局、生命与死亡,还有时间,涉及僵化的真理,即已知隐秘的真理,这种真理是症状在其显象之上重建起来的。症状建立了能指与所指不可分离的表面现象,显示疾病本身就是一种现象,一种独立于健康而自成一体的现象。而医生的介入使疾病成为诊治对象,也就是说,医生在临床场所的"看与知"把疾病因素整合起来加以分析和诊治,将症状改变为征候,从而抵达疾病的本质。

因此,医学语词连同涉及症状、征(证)候的医学信号、影像、图谱等疾病指征,不仅是联结医学知识的介质符号,而且直接化为需要重新认识的客体。词与物、语言与世界之间的那种想象被一种更纯粹的目光所渗透,并得到还原、强化与延续。当我们的目光进入语言符号最基本的层面,考察词与物尚未分离、说与看浑然一体的状态时,一种新的空间豁然开启,在语言的各个层次上,能指与所指的全部关系得以重新排列。

医学符号学研究表明,人体疾病不是单纯的病理生理现象,而是作为一种社会的符号表征,隐喻着人们对于疾病的不同文化理解及其治疗的文化实践。随着人类对于人体健康状况与社会关系的深入了解,医学人类学关于疾病文化隐喻及社会符号象征的哲学阐释已步入当代科学的前沿,并致力于社会健康政策的跨文化发展。现代的医学建立在一种医学检验工具的理性基础之上,强调疾病背后的身体征候及其转化,所有这些又都是建立在对于医疗制度的完善以及医学知识和经验的积累之上。就医学而言,身体的不舒服是某种疾病的征兆,医学的治疗功能在于修复和恢复身体的正常生理指标;然而,就现代医疗意义而言,个人的疾病更多地成为一种隐喻的平台,身体的疾病通过西医的治疗实践逐渐变成了形形色色的现代知识精英、普通民众发挥想象的场所。疾病不再是疾病本身,而成为一种符号性的判断,成为一把衡量人类道德的尺子。例如,饮酒、吸烟、肥胖等本属自然发生的社会现象,此刻都成为医疗整治的对象。

3　结语

Semiotics(符号学)一词与医学的"症状学"同源,culture(文化)与医学的"培养基"同源,似乎早已打通人文社科与自然科学门类的边界,穿透医学术语系统的跨文化研究必将有助于揭示医学人文学科的本质及其发展。二十世纪初,索绪尔创造出一个普遍性的术语"符号"来代表或表示语言类和非语言类单元概念,而现代符号学真正成为研究人类语言及非语言符号系统,揭示符号及其文化发展一般规律的科学,应当归功于美国哲学家皮尔士的经典符号学理论。它将非语言类符号划分为图像符号(icon)、标识符号(index)、象征符号(symbol),涵盖了现代医学所涉及的信号(signal)、症状(symptom)、影像(image)和图谱(mapping)等。

从医学符号学角度分析,医学的发展就是在科学的语词与非语词符号系统中构建起一种独特的思维认知表达方式。今日的医学重点正从传统的基本症状治疗模式向以疾病信息为依据的治疗模式转变。人体是由饱含丰富医学信号/信息的生物分子、细胞、器官等层次组成的复杂生命系统。当信号与信息在医学符号学的视域下,成为索绪尔"能指"与"所指"音、形、义的结合体时,或者在皮尔士经典符号范畴内,转化为医学听觉或视觉信号的波形、参数、影像、图谱及其所蕴含的医疗信息时,信号的替代关系就上升至意指关系的层面,从而信号/信息这一特定医学符号的"双面体"成为现代医学疾病认知表达方式的原点,成为构建现代医学两大基石——诊断和治疗的基点。一切医学语词与非语词介质符号的表达均围绕它们而进行。

医学名词术语是确保医学研究及相关学术理论建设精密性与准确性的重要基础。外来的医学名词术语,一般先经翻译在译文或译界中使用,随后进入译语规范词典中。一百多年来,西医日新月异,新词不断涌现,词形不断更新,译名日趋规范。从严格意义上说,单纯的词典编纂还不能等同于术语学或词典学的研究,但也为这方面的研究工作提供了丰富的养料,结合辞书编纂在医学符号学框架下从事术语学的研究不失为一条行之有效的学术之道。

参考文献

［1］BAER E. Medical Semiotics［M］. Lanham：University Press of America,1988.

［2］MORRIS C. Foundations of the Theory of Signs［C］// Writings on the General Theory of Signs. The Hague：Mouton, 1971：21-22.

［3］POSNER R. Handbook of Semiotics ［M］. Berlin：Walter de Gruyter, 1998.

［4］李幼蒸.历史符号学［M］.桂林:广西师范大学出版社,2003.

［5］高似兰.医学辞汇［M］.上海:博医会出版委员会,1908.

［6］福柯.临床医学的诞生［M］.刘北成,译.南京:译林出版社,2011.

［7］术语工作原则与方法(ISO DIS 704)［EB/OL］.［2020-01-12］. http://www.term.org.cn/CN/abstract/abstract10420.shtml.

［8］李定钧,陈维益.医学语言学的构建——从"非典"、"疑似病人"的

译名谈起[J].上海科技翻译,2004(2):3-7.

[9]李定钧.医学英语词汇学[M].上海:复旦大学出版社,2006.

[10]李定钧.医学信号/信息及语词的符号学阐释[J].自然辩证法通讯,2006(4):19-24,110.

[11]李定钧,陈维益.医学语词的英汉翻译[J].中国翻译,2006,27(6):58-62.

[12]李定钧.百年英汉医学辞典史——从高氏本到陈氏本[J].东方翻译,2016(2):44-56.

[13]李幼蒸.理论符号学导论[M].北京:社会科学文献出版社,1999.

[14]罗伊·波特.剑桥医学史[M].张大庆,等,译.长春:吉林人民出版社,2000.

[15]施新猷,等.比较医学[M].西安:陕西科学技术出版社,2003.

[16]翁心植.对 SARS 制定科学术语的意见[J].科技术语研究,2003(2):6-7.

[17]新陆书局编辑部.高氏医学辞汇[M].37 版.台北:新陆书局,1979.

[18]张大庆.高似兰:医学名词翻译标准化的推动者[J].中国科技史料,2001(4):324-330.

俄语动词类法律术语词义的认知隐喻研究

历　燕

（哈尔滨师范大学）

1　俄语动词类法律术语的界定

在不同专业领域的研究中,术语以其严谨性和系统性等特征而占据重要的地位。目前,对于术语的定义还没有一个完全统一的解释,不同的学科对术语的定义也各有侧重。一般认为,术语是表达某一专业领域内概念、事物和理论的专业词汇。术语是概念在人的头脑中存在的必要条件,能反映出概念的内容以及它与其他概念的联系。[4,P157-158]法律术语是从事法律行业的人所使用的专业术语,在俄语法律术语中动词类的术语占据相当大的一部分,并且动词在句中起重要的支配作用,因此,动词类法律术语具有重要的研究价值。

俄语动词类法律术语包括单义词和多义词。单义的俄语动词类法律术语仅拥有一个作为法律术语的义项,这样的单义术语相比多义术语而言数量较少,例如 актировать（把……立案,记录备案）、амнистировать（赦免）、вымогать（敲诈,勒索）、легализовывать（使……合法化）、опечатывать（查封）、похищать（偷盗,盗窃）、уличать（告发,揭发）、фальсифицировать（伪造,捏造）、шантажировать（敲诈,讹诈）、штрафовать（罚款）、эксгумировать（开棺验尸）等;多义的俄语动词类法律术语包含多个义项,其中一个义项因常用于法律行业而被作为法律术语使用,其他义项则被作为普通词汇来使用。

2 具有多义性的俄语动词类法律术语义位派生机制

由于自然语言的经济性原则,大多数词都具有多义性,即一个语言符号对应多个意义。多义词是由相互关联的数个意义构成的结构体系。[2,P156]同其他多义词一样,具有多义性的俄语动词类法律术语各个义项之间具有一定的规律性联系,这种联系即义位派生关系。在词典中与义位相对应的是义项,因此本文中出现的义项与义位概念基本等同。义位派生也是一种词义演变方式,常见的派生方式有隐喻派生、转喻派生、义位扩大、义位缩小和词组缩合等。具有多义性的俄语动词类法律术语各义项之间存在较多的是隐喻派生方式。

隐喻派生以两个现实片段的相似性为基础。隐喻是词义演变的主要因素,任何一种语言的词汇,相对于复杂的客观世界来讲都是极其贫乏的。在这种情况下进行充分表达的一个重要手段就是隐喻,即发现源域和目标域之间的相似性。[3,P101-102]在认知语言学中隐喻被看作是一种认知机制,是人们对抽象概念认识和表达的工具。隐喻是一种跨域映射,一般是从熟悉的、有形的、具体的、常见的概念域来认知生疏的、无形的、抽象的、罕见的概念域。[1,P452]这种跨域映射理论更加明确了法律术语的隐喻本质,是日常生活领域与法律概念域的相互转换和替代。

俄语动词类法律术语的义位派生关系存在两种情况:一部分法律术语作为基本义位派生普通动词,另一部分法律术语是作为派生义位由普通动词派生而来。为了方便探析俄语动词类法律术语的隐喻派生规律,本文将分别对这两种类型展开论述。

2.1 由俄语普通动词隐喻派生法律术语义位

由俄语普通动词隐喻派生法律术语义位,实际上是从日常生活概念域向法律概念域的映射。由于法律概念不是为大众所普遍熟知的,而且词义比较复杂和抽象,因此,由俄语普通动词隐喻派生法律术语义位是比较常见的隐喻派生现象。如果术语是在日常词的基础上产生的,那么理据规则的作用要强一些。[4,P158-159]对民族大众语言的一般性词语改造和加工,使其丧失某些意义或添加某些新意义,从而获得鲜明的法律语言异质特征,这是法律语言变体的最通常途径。[3,P18]这种情况常伴随着词义范围的缩小(常常伴有动作幅度的增大或减小)或抽象化等现象。下面将分别列举隐喻派生之后,词义范围缩小和抽象化的法律术语词汇。

2.1.1 词义范围缩小

由日常普通词汇隐喻映射到法律领域派生法律术语义位时,术语对主体或客体的选择仅限于法律领域,因而词义范围缩小。不仅如此,某些派生的术语义位常常伴随着感情色彩从中性到贬义的变化。

(1)вешать/повесить 的基本义为"悬挂,吊",派生义为"绞死,处以绞刑"。这两个义项都有类似的动作和过程,但基本义项的客体可以是任何事物,隐喻派生义项的客体为人,词义范围缩小。

(2)вовлекать/вовлечь 的基本义为"吸引",派生义为"引诱拉入,骗入"。两个义项都有被某一特点吸引注意力的含义,但派生义项"引诱拉入,骗入"增加了贬义色彩,词义范围缩小。

(3)жаловаться/пожаловаться 的基本义为"埋怨,抱怨",派生义为"控诉"。两个义项都有因对某人某物不满而使主体产生某种行为反应的含义,但基本义仅指在口头上的行为反应且倾诉对象可以是任何人,派生义指主体采取某种行动且倾诉对象为法院等机构,词义范围缩小。同样,обвинять/обвинить 的基本义为"责备,指责,怪罪于",派生义为"控告,控诉,认为……有罪而对其起诉",隐喻派生情况与 жаловаться 类似。

(4)заблуждаться 的基本义为"想错,看错,误解",派生义为"误入歧途"。两个义项都有对某一事物的见解产生错误的含义,但派生义增加了贬义色彩且常常伴有行为动作,与基本义相比较程度加深,词义范围缩小。

(5)заявлять/заявить 的基本义为"声明,宣称,强调",派生义为"申述,申报"。两个义项都有向外界表达自己的想法和观点的含义,基本义的客体是普通大众,派生义的客体是法律机构,词义范围缩小。

(6) свидетельствовать/освидетельствовать 的基本义为"证明",派生义为"证实,(出庭)作证"。两个义项都有证明是否真实或正确等的含义,派生义增加了证明方式上的特殊性,词义范围缩小。

(7) осуждать/осудить 的基本义为"谴责,指责,斥责",派生义为"判罪,宣告……有罪"。两个义项都有因某人犯错而给以惩罚和回击的含义,但基本义仅指言语上的惩罚,派生义惩罚力度增大,词义范围缩小。

(8) пересматривать/пересмотреть 的基本义为"重新检查,——查看(许多)",派生义为"再审,复审,修改"。两个义项都有重新进行查看和验证的含义,但派生义的客体范围缩小,仅指对案件等的重新检查。

(9) помиловать 的基本义为"饶恕,宽恕",派生义为"赦免;给……减刑"。两个义项都有对犯错对象进行饶恕的含义,但派生义对客体增加了法律上的措施,词义范围缩小。

(10) угонять/угнать 的基本义为"赶到……去",派生义为"偷走(马、牛、交通工具等)"。两个义项都有把某物从某处挪动到另一处的含义,但派生义具有将不属于自己的东西据为己有的含义,词义范围缩小。

2.1.2 词义的抽象化

(1) захватывать/захватить 的基本义指"抓起,拿起,抱起(一定数量的……);(机器等)把……挂住,夹住,绞住",派生义为"夺取,占领,强占,捕获,逮捕;胁持"。两个义项都有通过某种方式控制住某事物的含义,基本义是用具体的事物对客体施加影响,派生义是通过无形的法律或武力控制住,词义变得更加抽象。

(2) защищать/защитить 的基本义指"保护,保卫,捍卫",派生义为"申辩,辩护"。两个义项都有采取某种行动保护客体权益的含义,但基本义是采取具体行动,派生义指通过陈述和发言而取得合法权益,词义更加抽象。

(3) ликвидировать 的基本义为"结束,清理,停办",派生义为"消灭,肃清,废除,取消"。两个义项都有取消或停止某事件的含义,但基本义的客体是具体事物,派生义的客体是思想或规定等抽象事物。

（4）маскировать（ся）/замаскировать（ся）的基本义指"戴面具，化装"，派生义为"伪装，掩饰"。两个义项都含有掩盖事实的含义，基本义指采取具体措施乔装打扮，派生义是指通过言辞或表情进行掩饰，词义更加抽象。

（5）бежать/сбежать 的基本义指"跑，奔跑"，派生义指"逃跑，逃生"。两个义项都有快速离开某地的含义，但派生义在基本义的基础上词义更加抽象，不仅指跑步，也可指通过其他方式快速离开危险事物。

2.2　由俄语动词类法律术语隐喻派生普通动词义位

由俄语动词类法律术语隐喻派生普通动词义位，实际上是从法律概念域向日常生活概念域的映射。在这个隐喻映射过程中，俄语动词类法律术语义项通常是比较具体的概念，而隐喻派生的其他义项通常是日常生活中的抽象概念。在俄语动词类法律术语隐喻派生之后，往往伴随着词义范围的扩大或词义的抽象化。下面将分别列举隐喻派生之后，词义范围扩大和抽象化的法律术语词汇。

2.2.1　词义范围扩大

（1）расстреливать/расстрелять 的基本义指"枪决，枪毙"，派生义指"猛力射击"。两个义项都有用枪击打目标物的含义，基本义用于法律领域，客体是罪犯，而派生义的客体可以是人或物，词义范围扩大。

（2）обыскивать/обыскать 的基本义指"搜查，搜索"，派生义指"找遍"。两个义项都有寻找某一目标物的含义，但基本义指法律领域寻找罪证等物品，派生义的客体可以是任何事物，词义范围扩大。

（3）опекать 的基本义指"监护，监管"，派生义指"照顾，关心"。两个义项都有对某人关怀、关照的含义，但基本义指法律规定的对人的照顾权，派生义指日常生活中自发地对人照顾和关心，词义范围扩大。

2.2.2　词义的抽象化

（1）казнить 的基本义指"处决，处死刑"，派生义指"以……使……精神上受折磨（痛苦）"。两个义项都有使某人受到打击的含义，但基本义指身体上受到惩罚，派生义指精神上受到打击，词义更加抽象。

（2）калечить/покалечить 的基本义指"致使残废"，派生义指"摧残,残害;损坏;损害"。两个义项都有使某人或某事物受到损害的含义,但基本义的客体为身体,派生义的客体为精神等抽象事物。

（3）нападать/напасть 的基本义指"进攻,侵犯;攻击,袭击",派生义指"攻击,抨击;指责,非难"和"(一二人称不用)(某种感情或心绪)突然袭来,涌上心头"。几个义项都有攻击某客体的含义,但基本义的客体为领土或身体等具体事物,派生义为人的精神等抽象事物。

（4）обезоруживать/обезоружить 的基本义为"解除……的武装",派生义为"使无法争辩,使无力反抗,使无法反驳"。两个义项都有削弱客体力量的含义,但基本义的客体为军队武器等具体事物,派生义的客体为人的言语和思维等抽象事物。

（5）обкрадывать/обокрасть 的基本义为"偷盗,盗窃",派生义为"使生活乏味"。两个义项都有使某人或某物失去所拥有事物的含义,但基本义指使人失去某物,即偷盗,派生义指使生活失去乐趣,词义更加抽象。

（6）обманывать/обмануть 的基本义是"欺骗,诓骗",派生义是"辜负……的希望、期望等"。两个义项都有使某人的预期落空的含义,但基本义指事物或事件与某人的预期不符,派生义指某种思想与预期不符,词义更加抽象。

（7）освобождать/освободить 的基本义为"解放,释放",派生义指"免除,使……摆脱"等。两个义项都有解除某种束缚的含义,但基本义指使某人的身体得以解除束缚,派生义指使某人的精神得以解脱束缚,词义更加抽象。

（8）подкупать/подкупить 的基本义为"贿赂,收买",派生义为"博得……好感,得到……同情"。两个义项都有因某事得到别人的支持的含义,但基本义指通过财力或物力得到别人的支持,派生义指通过某种思想或感情得到他人的支持,词义更加抽象。

（9）подстрекать/подстрекнуть 的基本义是"煽动,教唆,唆使",派生义是"激起"。两个义项都有使他人产生某种行为反应的含义,基本义产生的是具体行为上的反应,派生义是精神上的反应,词义更加抽象。

(10)душить/задушить 的基本义是"绞死,掐死",派生义是"使呼吸困难;使苦恼"和"扼杀,压制"。几个义项都有给予外力使某人或某物受到威胁的含义,基本义指使某人的呼吸受到外物的压力,派生义指精神或思想受到压力和威胁,词义更加抽象。

3 结语

俄语动词类法律术语是俄语法律术语中比较常见的一类术语,这类术语中既有单义的也有多义的词汇。其中,具有多义性的俄语动词类法律术语各个义位之间常包含着隐喻派生关系。这种隐喻派生关系既是义位之间的词义关系,也是一种常见的认知关系,包含着由普通俄语动词隐喻派生法律术语义位和反向派生两种情况。关于隐喻派生规律,前者通常是由熟悉和简单的日常生活概念域隐喻映射到陌生和复杂的法律概念域上,后者通常是由具体的法律概念域隐喻映射到更为抽象的日常生活概念域上。在隐喻映射的过程中常常伴随着词义范围的扩大和缩小,或者词义的抽象化。俄语动词类法律术语在法律事务的表述中有着举足轻重的地位,因此,研究这类术语词汇词义的演变规律对法律工作者和学习者有着重要的参考价值。

参考文献

[1]王寅.认知语言学[M].上海:上海外语教育出版社,2007.

[2]吴哲.现代俄语词汇的多义性研究[M].北京:商务印书馆,2007.

[3]张绍全.法律术语的认知与翻译研究[M].上海:复旦大学出版社,2018.

[4]郑述谱.俄罗斯当代术语学[M].北京:商务印书馆,2005.

术语编纂中的知识组织系统模型建构
——以中国语言学术语为例①

郑　洁[1,2]

（1. 南京大学；2. 西北大学）

1　引言

由于历史与现当代的内外因素,中国语言学的学科建设成效显著,但仍有广阔的发展空间。从历史而言,我国古代以语文学或小学为传统的文字研究在近代以前未成为一门科学。由先秦的童蒙识字课本阶段,于汉代发展为经学附庸并日渐形成训诂、文字、音韵三科分立②乃至清代的全面发展局面[1],虽"搜集编纂之功",却"少归纳概括之力","给人玄虚奥妙、烦琐紊乱"[2,P12]之感。从现当代而言,较之西方语言学,中国语言学的"学科话语体系"[3]有所发展但仍很有限。自章太炎以"中国语言文字学"之名称取代"小学"[4],杜定友[5]对杜威十进分类法进行中国化改造并增设"中国语言学"(Chinese Philology)这一与"普通万国比较方言学"(General International Comparative Philology)并列的类目,周法高[6]界定了广义(即包括中国境内各种语言文字)和狭义(即汉语语言学)的中国语言学,王力[7]等对中国语文

———————

①　本文英文版已发表于以下国际会议论文集,并已获得出版方授权可以不同语种发表。

Zheng J. 2020. The Model Construction of Knowledge Organization System in Terminography — Taking Chinese Linguistic Terminology as an Example ［C］. Proceedings of the 7th International Conference on Education, Language, Art and Inter-cultural Communication (ICELAIC 2020). Moscow, Russia: Atlantis Press, 154－163.

②　小学的三分较早见于《隋书·经籍志》:"……《训诂》……《音义》、《声韵》、《体势》等诸书。"

学的系统梳理和肯定给予中国语言学厚重的根基和广阔的前景,乃至新中国语言学发展参考西方模式、苏联模式,这种状态反映在我国语言学教材内容以及语言学词典的数量、类型和术语体系上,直至 20 世纪 90 年代以后,带有"中国"字样的语言学词典才纷纷出版[8]。

　　中国语言学研究意味着如何处理国别语言学与普通语言学的关系问题,这一问题若置于以语言学词典为代表的语言学知识组织/服务工具中,交错的时空要素汇集于一个以共时、共处视角为主的平台,处理难度大,尤以中国语言学术语这一承载不同时空维度知识的聚合体为矛盾的焦点。因此,以中国语言学术语为研究或编纂对象的"术语编纂"(terminography)[9]研究或实践,应结合词典这一平台的知识服务工具性和以共时视角为主的特性深入分析中国语言学术语的特性,从中发掘潜在用户认知及研究者和编纂者(简称"研编者")处理方面的真实难点,并基于这些特性、难点探讨解决方案并优化理论和实践,才能更好地致力于优质的语言学专业知识服务。然而,中国语言学术语词典编纂相关理论研究较少,仅有如"语言学术语的特点"[10]、"语言学词典的参量与类型"[11]、"语言学术语翻译标准"[12]、"新中国语言学词典的历史和进展"[8]等方面研究。同时,图书情报学的知识组织视角可供术语编纂研究借鉴。一方面,知识组织领域的术语相关研究涉及通用型(如图书分类法、学科分类与代码表等)、学科领域型[13]、学科领域交叉型知识组织系统(KOS)[14-16]的构建方法探讨;另一方面,知识组织可为术语编纂提供理论驱动,如郑述谱和叶其松[9]介绍了知识本体,Bowker[17]探讨了知识组织对加拿大术语学发展的重要作用,郑洁[18, 19]初步探讨了知识组织与术语编纂的跨学科研究的前提以及术语编纂定义的创新。基于上述现状,以及今后研究对语言学学科建设和词典编纂的预期理论价值与应用价值,本文基于知识组织理论视角,从分析中国语言学术语的特性出发,描述中国语言学术语(尤其聚焦现代训诂学术语)在语言学词典中的知识组织特征并分析其局限性,进而通过对比术语学与知识组织方法的结合研编路径,构建术语编纂中的知识组织系统模型,并设计术语样条。

2　中国语言学术语的特性

西方语言学术语形成于对印欧语系具体语言问题的研究中,与在以汉藏语系为主的汉语基础上形成的中国语言学术语有共性,但仍有不少差异性,正如陆宗达、王宁[2]所言之词汇与民族生活、民族心理和民族文化的密切关系。由于源流复杂,中国语言学术语体现出古今、中西术语及其概念、系统的杂糅性,迥异于以印欧语系尤其英语为主导的较为一脉相承的西方语言学术语。

中国语言学术语的杂糅性体现在源流类型、分支学科和单个术语三个方面。从源流类型而言,中国语言学术语由中国传统语言学术语(训诂学、音韵学和文字学)、中国现当代语言学术语(如民族语言学、方言学等)和西方语言学术语等子系统组成,而每个子系统又可按术语来源分为"固有术语"、"借入术语"和"混合术语"等[20,P65-66]。以训诂学为例,固有术语指诸如传注、义疏、集解、补注等原生于古代汉语尤其经学语境的术语,借入术语指如词(lexical word)、词项(lexical item)、意义(sense)、义素(sememe)等外来术语,混合术语指如类义素、核义素、表义素等术语。从分支学科而言,术语之间既有差别也有交叉,如"本义"涉及词汇学、语义学和训诂学,"推导"涉及语音学、计算语言学,"喉音"涉及语音学和音韵学,等等[4]。再从单个术语及其概念而言,不少术语属于混合术语,兼具中西两种知识体系,如类义素、核义素、表义素即为借入术语"义素"与汉语语素组成的混合术语;另一类是受西方语言学启发而发掘的中国本土概念,如义界、主训词、义值差等。

中国语言学术语的上述杂糅性对术语研编者意味着挑战与契机。中国传统语言学术语较之现当代术语由于主要旨在解释古代文献,理解困难,尤其需要采取结构化/系统化的概念表呈方式,这是索绪尔的结构主义语言观给予术语学的启示。费尔迪南·德·索绪尔等视语言为一个系统,即音响要素的系统,并在此基础上构成它的词,其各项要素都有连带关系。[21,P155-160]对于术语学而言,系统就是由基于术语的各类概念关系形成的概念系统,因此,对"任何一个术语"的正确理解需要考虑其"所属的整个系统"[20,P186]。然而,术语学分类的相关理论不够充分,即便是较新的框架术语学(Frame-based Terminology)的分类也仅限于特定领域,因此,原生于图书分类学和目录学并日渐形成分面、细颗粒化概念分析方法的知识组织理论视角的介入就具有必要性。在知识组织视角下,以国内出版的语言学词典用户界面为研究平台,以中国传统语言学术语这一分支系统为主要研究对象,描述其与中国语言学其他子系统术语(如中国现当代语言学术语、西方语言学术语)如何以结构化的方式共存——即知识组织特征(如知识分类、知识编排、知识描述),是下一节试图揭示的问题。由于中国传统语言学术语界定较为明确,即包括训诂学、音韵学和文字学,尤以训诂学为重中之重,而以章黄学派为代表的现代训诂学研究成果集中反映了中国近代学科转型以来的语言学知识构成特点,故以此为焦点,而其他分支系统暂时不做明确区分。

3 中国语言学术语的知识组织特征

知识组织是以知识为对象的诸如整理、加工、表示、控制等一系列组织化过程及其方法[22,P103],以简单适用的知识管理和知识服务为目的,其研究涉及分类表、目录、索引、主题词表、叙词表、本体等知识组织系统的构建原理及方法[23,24]。

知识组织旨在以简驭繁。上至古代哲学分类思想,图书管理员、知识组织奠基者 Bliss[25,26] 提出组织统一性(organization and unification)和最大功效性(maximal efficiency)等基本原理(principles),经王知津[27]、蒋永福[28,29]、苏新宁[30]等学者系统引介并理论发展,形式日益多样的知识组织方法背后始终潜藏着以简驭繁的思想。这一思想也体现在日渐以认知经济为主导的词典编纂理论与实践中,以及通过"一致性"原则以"节约成本"的术语管理思想及实践中[31,P7]。知识组织视角下的术语编纂实践,以简驭繁的宗旨主要通过以术语为载体的专业知识的组织方法——分类、编排和描述等,对离散、隐性的知识因子进行重组和整合从而成为系统、显性的专业知识,知识组织特征则是上述具体方法在词典用户界面不同结构维度的表呈。针对中国传统语言学术语,根据国内现有独立研编的中国语言学词典①,结合本文研究问题,主要从知识分类特征以及知识描述特征两方面来分别描述,从而发现优点与局限。

3.1　知识分类特征

知识分类方法通过对术语整体的学科、主题等内容分析,从整体搭建术语知识体系对应于词典宏观结构,即"辞书整体结构的主干部分","按一定排检方式对辞书所收录全部条目进行的布局和编排"[4,P94];知识分类特征即知识分类方法在词典用户界面的表呈。在所参考的词典中,中国语言学术语的知识分类特征可归纳为两大类型:

第一种类型属于隐性的分类,以汉语拼音音序或汉语形序作为宏观结构的编排顺序。这种类型在编纂过程中不同程度地根据术语学科分支选取术语条目,且往往在用户说明中有所提及,但是从以专业学习者和教学者为主的用户视角而言,这种隐性的知识组织方式虽有助于简单快捷的术语查检,但打破了术语及其概念的天然系统性。因此,这种类型从表层即术语条目的查检层面而言仅起到最基本的知识"贮存"功能,即王宁[32]所言"依据辞书的体例聚合"并以"供人查检"为"主要目的",然而从深层即概念/知识的获取层面而言实则仍处于无序状态。

第二种类型属于显性的分类,以学科分类法为主要分类方法,并呈现两方面特点,一方面是中西语言学分支学科平行共存,另一方面是日趋形成中西学科术语体系的"功能性同构"(functional isomorphism)[18,P86]。首先,在词典中,中西语言学分支学科平行共存的分类特征始于《辞海·语言文字分册》(中华书局辞海编辑所 1961 年试行本),经过《中国大百科全书》(第一

---

①　词典范围根据本文作者 2019 年 8 月 20 日对《中国工具书网络出版总库》及超星数字图书馆收录的汉语单语或汉英语言学专科词典,并参考李秋霞 2017 年发表于《中国科技术语》第 2 期的《〈语言学名词〉的音韵学术语体系——兼论辞书音韵学术语的编排原则》一文确定。

版)和 2011 年出版的《语言学名词》的拓展,中国本土学科日益丰富。《辞海·语言文字分册》将文字学、训诂学和音韵学与现代语言学分支学科如词汇学(附辞典)、语法学等并列,但其分类词目表只有一级类目,且凡例中未提及学科,仅谈及"所分类别及其排列次序主要从编写及查阅方便考虑";改革开放以来,中国语言学的本土探索渐趋深入,《中国大百科全书》(第一版)明确提出"按学科(知识门类)分类",在继承《辞海·语言文字分册》类目的基础上,增加汉语方言和应用语言学这两个语言学第一级分支学科,并对部分学科以逐级缩进格式尝试构建多级术语体系;《语言学名词》鲜明提出"清理传统学科"和"构建新兴学科"的工作性质,"大致参考《中国大百科全书·语言文字卷》的分类"[4],形成涵盖西方学科、中国传统学科和中国现当代学科,13 个语言学一级分支学科并列的中国语言学知识体系。其次,以《语言学名词》为代表,各分支学科的术语体系初具规范性,并呈现出中西学科体系的"功能性同构"。术语"同构"源于数学,较之于"结构性同构"的各元素的一一对应关系,"功能性同构用以解释主观感知对象属性的对应关系"[18,P86]。《语言学名词》的 13 个分支学科成熟度及学科特点有别,因此其术语体系目前难以实现各个层次的一一对应关系,例如发展较成熟学科"理论语言学"细分为"学科"、"学派"、"理论与方法"、"核心术语"和"交叉学科术语","语音学"分为六个二级分支学科,传统学科诸如"训诂学"分为"总论"、"训诂体式"、"训释"、"训诂所见字、词、句音义关系"和"训诂方法与禁忌";从整体而言,各学科术语体系大致呈现"总论+主题或分支学科"并辅以阿拉伯数字类号的特点,第二级类目的数量均值为 5 并控制在 3 至 11 个区间,"总论"在 13 个分支学科中出现 8 次,这些特点意味着中西学科体系的"功能性同构",即通过彼此参照,构建大致对应的学科术语系统层级。

3.2 知识描述特征

较之知识分类方法对于术语知识体系(对应于词典宏观结构)的系统性构建优势,知识描述方法则强调对于术语知识单元(对应于词典微观结构)的适应性概念表呈,即面向特定知识服务目的或用户需求而采纳适切的概念描述;知识描述特征即知识描述方法在词典用户界面的表呈。结合训诂学术语的实际情况,从形态着眼,选取两类术语作为研究对象:

第一类具有形态层面清晰可辨的术语系统,同处一个系统的术语往往共现。王宁[33]借鉴义素分析法而确立的三个术语——"类义素""核义素""表义素",由西方语言学术语"义素"前增加汉语限定词"类""核""表"组成。现有词典鲜有收录,根据相关文献,其知识描述特征根据参照系不同,可分为两大类型。第一大类型可称为以中释中,即以自身语言系统来描述,又可细分为三种组合类型:1)内涵定义,即属加种差的方式[34],如类义素是义项中表示义类的意义元素;2)内涵定义+注释材料,如除过上述定义,根据注释"渐,水索也。消,水尽也。漻,水虚也。汔,水涸也"分解出"水"这个类义素[33];3)至少两个术语按照上述两类彼此界定,如将类义素与核义素的相关描述要素结合。第二大类型可视为以西释中,如王东海[35]描述核义素时,将其与格雷玛斯(Greimas)提出的核义素对比,后者为相对语境义素而言,有如一个最小义素常量,而语境义素是变量,但是训诂学的核义素代表词源义,具有历时特点。由于此类术语源于西方,结合汉语特点而形成同形异义术语,因此,上述各类型的描述精确性逐渐提升。

第二类术语没有形态上清晰可辨的术语系统优势,以训诂学核心术语"义界"为例,主要有三种知识描述特征。第一种描述特征为通过释义(definition by paraphrase)[36,P43]引出其近义术语"下定义",例如"用下定义的方式来表述词义的内容和特点……"[37],"即下定义。用一组词语、一句话或几句话对词的概括意义作出界说……"[38,P604]。第二种描述特征是通过外延定义(extensional definition)[34]中的整体-部分定义方式来引出其组成部分术语,如"由主训词加义值差……组成"[39]。第三种通过对比来引出其反义术语,如"和'单字相训'相比较,义界是多字相训"[40,P514]。上述三种类型的描述效果明显依次递增:第一类虽借助一个更为通用的近义术语"下定义"来界定,但未能辨析义界与下定义的细微差别,或许可以满足普通大众的知识需求,但对于语言学专业用户来说辨析度不够;第二类通过分解引入两个组成部分术语"主训词"加"义值差",较第一类专业性有所提升,但若从更专业的角度来看,未能与西方近似概念"属加种差"关联和辨析;第三类通过反义术语准确揭示了概念的内涵。由此可见,各类结构化的知识描述方法将难以界定的术语置于特定系统中,与其他术语关联和对照,不同程度地提升了描述的精确性。

上文以中国出版的汉语或汉英语言学词典为平台,聚焦中国传统语言学术语,通过描述其与其他系统术语(如西方语言学术语等)的共存方式(知识分类特征和知识描述特征),发现局限和优点并存。首先,中国语言学术语的知识分类方法虽因组织目的有别而各有特色,但普遍割裂了中西语言学知识体系。第一类旨在通过词典最基本的知识"贮存"性能以提高术语条目的可及性,音序或形序保证了这一基本需求的满足,然而,基于术语条目而非概念系统的可及性难以满足用户深层次的知识需求,这就是第二类通过用户界面可见的学科分类法能够弥补之处。该类以中国语言学学科建设为目的,从宏观结构维度呈现出中西学科术语平行共存的局面,强调了中西相对性和差异性,实现了二分,但在以简驭繁为宗旨的知识组织视角下,它与第一类的局限都在于未能考虑中西知识体系的相关性和相似性,即合的问题,而这正是中国语言学术语的杂糅性给用户和研编者带来的认知难点和处理重点。其次,个别中国传统语言学术语的结构化知识描述方法对上述难点具有启发意义。传统语言学术语主要面向古代文献,较之现当代术语理解难度更大,若能将其与自身学科术语、中国现当代学科术语或者西方学科术语进行关联和对照,可以极大提高概念辨析度。在运用结构化知识描述方法时,编者需结合专业知识背景,选择适切的描述方法,例如上文"核义素"等以形态可辨的小型术语系统也可实现概念的准确理解,但其源于西方,且与西方概念有细微差别,若能相互关联、对比,则能达到精确性更高的概念描述;然而,术语"义界"与现代术语"下定义"及其组成部分术语"主训词加义值差"和"属加种差",这两对中西或古今概念较难辨析,根据该术语的来源特点,若用一对反义术语"单字相训"和"多字相训"则优化了知识描述精确性。因此,术语研编者应从语言学专业角度深切理解术语的特点,发现其对用户构成的潜在理解难点,结合编纂的功能、目的采取灵活的知识组织方法;同时,知识组织理论对于概念系统的科学组织方法适用于(西方)语言学术语自身的系统性,然而,该理论因研究对象以文献为主,却不能对中国语言学术语的杂糅性给予充分的学理支持,这就为对比术语学的介入提出了需求。

4　术语编纂中的知识组织系统模型建构

4.1　对比术语学与知识组织方法的结合研编路径

针对中国语言学术语的特点及难点,对比术语学旨在协调揭示异同的概念对比视角,与知识组织旨在以简驭繁的概念组织方法可以实现优势互补。对比术语学旨在协调揭示所对比术语的相同点与区别,与本研究试图解决的问题一致;对比术语学的研究视角以共时为主,这与词典的特点相符;对比术语学以"同属某一概念领域或其分支领域的不同语言的民族术语"为较为"合理的"研究对象[20,P85],适用于中国语言学术语的杂糅性,尤其针对中西语言学相似概念,但是正如上文分析,部分传统语言学术语需要结合其自身概念系统来实现适切、精准的描述(例如对于"义界"的描述),故本研究以中国传统语言学术语为本位和出发点,概念对比会涉及汉语及英语语言学相关领域的术语。由此尝试提出对比术语学与知识组织方法的结合研编路径,主要分为三个步骤,以训诂学术语为例:

步骤一,对比学科术语的分析与提取。通过综合分析专家文献,提取相互比较/对比的学科术语。在训诂学专著中,往往有关于其学科定位的表述,仅根据目前检索到的部分定义列举如下:"……研究我国古代语言和文字的意义……"[41,P1],"专门研究文字的含义"、"讲字义的学问"[42,P2],"从广义上说……也可以叫作汉语语义学……"[43],"……词义解释为主要研究对象……"[44,P3],"古汉语词义学"[2,P5],等等。总之,语言学者基本将其定位为语义研究,由此可提取出训诂学与语义学这对对比学科术语①。

---

① 本文旨在结合现当代语言学者的观点,探讨术语编纂方法,而不代表训诂学的实际学科定位。

步骤二,对比知识单元的分析与提取。知识单元是知识组织中知识控制和处理的基本单位,广义的知识单元泛指在知识内容和知识载体方面具有相对独立性的知识单位,狭义的知识单元特指构成系统知识的最小的、最基本的组成因素,或者概念思维形式的知识[45],它们往往蕴含于特定上下文中,因此在信息科学领域,可以通过对上下文句子的句法-语义进行人工或自动分析,转换连续的线性文本为离散而半结构化的语言单位,并对其分别赋予语义角色,进一步实现知识单元的自动抽取[46]。本文指狭义的知识单元,对术语编纂而言,知识单元相当于微观结构,即"条目的内部信息组织方式"[4,P94]。参考上述定义,就本文的研究对象而言,对比知识单元指同属某一概念领域或其分支领域的中西、古今语言学术语及其所蕴含的信息,例如训诂学与语义学的相似概念,它们往往蕴含在研究传统训诂学的现代转型的文献中,以学科术语相互对照的形式存在于特定句子或语篇中,而且随着研究的深入,往往作为一个小型术语系统共现。以训诂学为例,其借入术语和混合术语可从现代训诂学研究文献中提取,借入术语如"字"(character)、"词"(lexical word)、"词项"(lexical item)、"意义"(sense)、"义素"(sememe)这五种被汉字记录的单位等,因为它们是在吸取了现代语义学成果基础上产生的。[33]在系统化的术语识别基础上,提取可用于知识单元的语境,如下所示:

(1)"字"的语境——"'齐'被'禾麦吐穗上平也'来注释,注释的是它的构字意图(指 $\hat{\m_}$ 像禾麦吐穗时因人工种植而一般平齐),因而,'齐'在这里的身份只能是一个字,也就是书写形式(character)。"

(2)"词"的语境——"'品'被诸多义项所注释,它在这里是一个多义项的词(lexical word)。"

(3)"词项"的语境——"除'权舆'外,都是单个的汉字,它们同被'始'注释,因此,它们都只是一个仅具单义项的词项(lexical item)。"[33]

通过分析上述三条语境,可发现辅助知识单元提取的三大类信息,将其分门别类录入文档(或类似工具)中。1)知识单元构成要素:词目("字"和"词")、英文对应术语("character"和"lexical word")、释义("书写形式"、"构字意图"和"多义项")以及示例("'齐'被……来注释",等等)。2)语内概念关系:在训诂学中,"字"、"词"和"词项"彼此构成相对反义关系(contrary antonyms),若需进一步细分,则"字"相对于"词"/"词项"构成互补反义关系(complementary antonyms)①。3)语际概念关系:训诂学的"词"(lexical word)与英语语言学的"词"(word)属于同名异义词(homonyms)。

混合术语如"类义素""核义素""表义素"这三种义素,以及"义界""系连"等训释方式,因为它们是在"现代语义学启发下"、对"固有方法和规律"产生新知、"发掘普遍意义"的基础上形成的[33],分析及提取方式与上述类似,但尤其需要关联和对比西方语义学术语,本文不予赘述。因固有术语如"传注""义疏""集解""补注"等原生于古代汉语尤其是经学语境,形态、语义层面较之西方语言学术语具有较明显的差异性,本文囿于篇幅不做考察。

步骤三,对比知识单元的综合编排。结合编纂目的及需求,将上述分析及提取的信息类别及其要素组合为词条,并可对其内容或顺序进行调整。

4.2　术语编纂中的知识组织系统模型

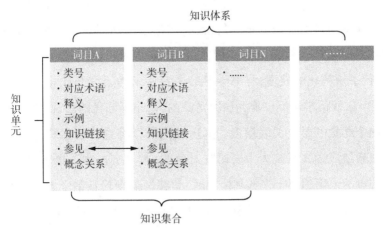

图1　术语编纂中的知识组织系统模型

---

① 相对反义关系指"assertion of one entails the negation of the other",但"negation of one does not entail the assertion of the other",如"长/短""新/旧";互补反义关系指"assertion of one entails the negation of the other and vice versa"(参考外研社2016年《语义学核心术语》一书18—19页)。

一级类号 **训诂学**

二级类号 **字（character）**：只有**构字意图**而无**意义**的汉字书写形式。如"齐"用"禾麦吐穗上平也"来注释其构字意图（《说文解字》）。与"**词**"（lexical word）构成**互补反义关系（complementary antonymy）**；参见"**词项**"，二者构成**对比反义关系（contrary antonymy）**。

二级类号 **词（lexical word）**：一个被**多义项**注释的汉字。如这句话中的"品"字："品：式也，率也，同也……"（《经籍纂诂》）。参见"**词（word）**"二者互为**同名异义词（homonyms）**；另见"**字**""**词项**"。

图2 样条设计

根据上述路径，本文初步构建出术语编纂中的知识组织系统模型（图1），并以训诂学术语"字"和"词"为例设计样条（图2）。本模型主要在以下模型基础上拓展：在知识组织领域，国际知识组织学会（ISKO）创始人Dahlberg[47,P12;48,P142]认为知识组织的对象可表示为知识因子（knowledge element）、知识单元（knowledge units）、更大的知识单元和知识体系（knowledge system）这四个层次；宋培彦等[46,49]基于现有术语词典编纂的知识描述深度和自动化程度不足的情况，构建了面向半自动化编纂和知识共享的术语词典知识组织结构模型，以科技术语为对象，针对词典的微观结构，进行了规范化的处理；辞书学界的内容和结构研究与此相关，如魏向清等[50,P180]以双语学习型词典为研究对象的，构建了词典的总观、宏观、中观和微观四个结构的层次关联模型。上述理论模型都是基于系统论原理，以知识组织系统或词典系统为主要研究对象的，本文突出中国语言学术语的杂糅性特点给术语编纂带来的具体问题，尤其聚焦现代训诂学术语，通过对比学科术语和对比知识单元的分析、提取与编排对知识组织模型相关研究进行了拓展。

本模型具有两个特点。第一，以中国语言学术语的杂糅性为出发点，以学科概念对比系统建构为特色。可通过图2所有黑体下划线的词汇（超）链接关联到所有中西或古今对比概念及其密切相关的概念（如指称概念关系的术语,属于语义学范畴),它们实则通过知识组织方法形成一个个知识集合乃至知识系统,尤其"知识链接"及其子类别实现了对比术语的互相参见(图1中的双向箭头)及其概念关系的注释,例如通过链接进入与其构成互补反义关系的"词"条目来对照学习"字",还可通过链接进入"互补反义关系"来了解这一(西方)语义学术语,从而通过改变知识因子间的原有联系优化了专业知识关联[28,P4]。第二,本模型针对中国语言学术语的杂糅性而提出,但从结构外观、可拓展性和标引符号等方面而言,对于术语编纂相关研究或实践具有通用性。从结构外观而言,本模型兼顾其他学科术语研编,但仍需结合其术语特点进行必要调试;从可拓展性而言,计算机文档或其他编纂工具使得各信息类别及其要素都可根据需求进行增、删、改,以"知识链接"为例,其下可视情况减少子类别或增加其他子类别如"图片""音频""视频"等[49];从标引符号而言,图2中的"一级类号"和"二级类号"可借鉴文献分类法等知识组织工具的分类和标引技术,以既可人读又可机读的字母结合阿拉伯数字等标引符号,提升助记性。

5　结语

融通乃中华文化之思想基因与时代精神。融:"炊气上出也。"(《说文解字》)"熔也,气上融散也。"(《说文解字系传》)通:"达也。"(《说文解字》)"彻也。"[《洪武正韵第一卷(明嘉靖四十年刘以节刊本)》]始于魏晋之表里融通、圆融通贯等表述,乃至一带一路之五通思想、高校"新文科"之"融合性"理念[51],无不蕴含着中华民族对宇宙之"变"与人生之"通"的深刻领悟。中国语言学的发展轨迹反映于《马氏文通》之求同、《辞海·语言文字分册》乃至《语言学名词》之求异,各有其合理性与必要性。在各学科日渐高涨的融通古今中西的探讨中,针对中国语言学术语日益突显的古今、中西杂糅性特质,尤以现代训诂学术语为焦点,如何处理术语所承载专业知识的同与异、分与合的辩证统一关系,实现以知识组织方法之简驭术语系统之繁,为术语编纂研究及实践提出了挑战与契机。知识组织理论的借鉴价值在于其概念系统构建方法,而对比术语学的概念对比视角则适用于术语的杂糅性特质,二者的结合研编路径以融通古今中西的思维构建出面向中国语言学术语知识服务的知识组织系统模型。今后的研究有待对术语进行系统整理并优化相应的形式化构建方法,模型的有效性也有待检验,以适应日渐多样化的术语知识服务需求。

参考文献

[1]王力. 中国语言学史[M].上海:复旦大学出版社,2006.

[2]陆宗达,王宁. 训诂方法论[M].北京:中华书局,2018.

[3]陈新仁. 试论中国语用学学科话语体系的建构[J].外语教学,2018,39(5):12-16.

[4]语言学名词审定委员会. 语言学名词[M].北京:商务印书馆,2011.

[5]杜定友. 图书分类法[M].上海:上海图书馆协会,1925.

[6]周法高. 论中国语言学[M].香港:香港中文大学出版社,1980.

[7]王力. 中国语言学史[M].太原:山西人民出版社,1981.

[8]叶其松. 新中国语言学词典的历史和进展[J].语言学研究,2017(1):73-82.

[9]郑述谱,叶其松. 术语编纂论[M].上海:上海辞书出版社,2015.

[10]郑述谱. 试论语言学术语的特点[J].外语学刊,2006(3):51-54,112.

[11]叶其松. 语言学词典的参量与类型[N].中国社会科学报,2012-12-10.

[12]胡叶,魏向清. 语言学术语翻译标准新探——兼谈术语翻译的系统经济律[J].中国翻译,2014,35(4):16-20,128.

[13]马创新,陈小荷. 基于学科本体的训诂学知识组织体系初步构建[J].图书情报工作,2013,57(12):118-122.

[14]SZOSTAK R, GNOLI C, LÓPEZ-HUERTAS M. Interdisciplinary

Knowledge Organization[M].Switzerland：Springer，2016.

[15]魏建香.学科交叉知识发现及可视化[M].南京：南京大学出版社，2011.

[16]郑艺.基于本体的学科交叉知识的组织与应用研究[D].武汉：武汉大学，2015.

[17] BOWKER L. How Knowledge Organization helped to shape the emerging field of Terminology in Canada[C]// Challenges and Opportunities for Knowledge Organization in the Digital Age：Proceedings of the Fifteenth International ISKO Conference. Porto, Portugal：Ergon Verlag, 2018.

[18]郑洁.知识组织与术语编纂的同构研究[J].图书馆理论与实践，2020(2)：85-89,120.

[19]郑洁.知识组织视角下的术语编纂新解[J].中国科技术语，2020，22(4)：12-17.

[20]格里尼奥夫.术语学[M].郑述谱，吴丽坤，孟令霞，等，译.北京：商务印书馆，2011.

[21]费尔迪南·德·索绪尔.普通语言学教程[M].高名凯，译.北京：商务印书馆，2009.

[22]图书馆·情报与文献学名词审定委员会.图书馆·情报与文献学名词[M].北京：科学出版社，2019.

[23]卜书庆.《中国图书馆分类法》发展史述要[J].图书馆建设，2019(6)：42-57.

[24]曹树金，刘慧云，张乐乐，等.知识组织与检索语言学术研讨会综述[J].图书馆建设，2019(1)：155-160.

[25] BLISS H E. The System of the Sciences and the Organization of Knowledge[J]. Philosophy of Science, 1935,2(1)：86-103.

[26] BLISS H E. The Organization of Knowledge and the System of the Sciences[M]. New York：Henry Holt and Company, 1929.

[27]王知津，李培，李颖，等.知识组织理论与方法[M].北京：知识产

权出版社，2009.

[28]蒋永福，李景正. 论知识组织方法[J]. 中国图书馆学报，2001(1)：3-7.

[29]蒋永福，付小红. 知识组织论：图书情报学的理论基础[J]. 图书馆建设，2000(4)：14-17.

[30]苏新宁，等. 面向知识服务的知识组织理论与方法[M]. 北京：科学出版社，2014.

[31]王华树，王少爽. 术语管理指南[M]. 北京：外文出版社，2017.

[32]王宁.《通用规范汉字表》与辞书编纂[J]. 辞书研究，2014(3)：1-8,93.

[33]王宁. 训诂学理论建设在语言学中的普遍意义[J]. 中国社会科学，1993(6)：193-200.

[34]冯志伟. 现代术语学引论（增订本）[M]. 北京：商务印书馆，2011.

[35]王东海. 核义素与辞书的义项描写[J]. 辞书研究，2006(4)：21-27.

[36] SAGER J C. A Practical Course in Terminology Processing[M]. Amsterdam, Philadelphia：John Benjamins，1990.

[37]中国百科大辞典编委会. 中国百科大辞典[M]. 北京：华夏出版社，1990.

[38]董绍克，阎俊杰. 汉语知识词典[M]. 北京：警官教育出版社，1996.

[39]马文熙，张归璧，等. 古汉语知识辞典[M]. 北京：中华书局，2004.

[40]许嘉璐. 传统语言学辞典[M]. 石家庄：河北教育出版社，1990.

[41]齐佩瑢. 训诂学概要[M]. 国立华北编译馆，1943.

[42]徐善同，王云五. 训诂学[M]. 台北：台湾商务印书馆，1970.

[43]冯春田，梁苑，杨淑敏. 王力语言学词典[M]. 济南：山东教育出版社，1995.

[44]周大璞. 训诂学初稿[M]. 5版. 武汉：武汉大学出版社，2013.

[45]文庭孝，李维. 基于知识单元的知识链接研究[J]. 图书馆，2014(6)：4-7.

[46]宋培彦. 术语计算与知识组织研究[M]. 北京：科学技术文献出版社，2018.

[47] DAHLBERG I. Knowledge Organization：A New Science？[J]. Knowledge Organization，2006,33(1)：11-19.

[48] DAHLBERG I. A Referent-Oriented, Analytical Concept Theory for INTERCONCEPT[J]. International Classification，1978,5(3)：142-151.

[49]宋培彦，李静静，刘宁静，等. 术语词典知识组织模型及辅助编纂系统设计[J]. 辞书研究，2014(2)：35-40,93.

[50]魏向清，耿云冬，卢国华. 双语学习型词典设计特征研究[M]. 北京：外语教学与研究出版社，2014.

[51]王铭玉，张涛. 高校"新文科"建设：概念与行动[N]. 中国社会科学报，2019-03-21.

地理学术语中基元隐喻构词元素的类别特征和构词价值

——以《地理学名词》(第2版)为例

彭 枫

(三峡大学)

引言

在地理学科术语命名的过程中,常常有一类语义凝聚性极强的语元被附着在用来构建术语的语义类别、形式框架上。从术语的构造形式上看,这类语元类似于语言学中的"类词缀",一般为自由的实语素,数量上以单数为主,有少量双数。从术语学的命名策略上看,这类语元通过现实世界的原型范畴在隐喻的基础上进行分类命名。信娜[1]认为:术语元素是术语词的最小表义结构单位,具有一定的构词能力,并在一定的术语系统中与概念或概念特征相对应。这一定义包含三个方面:(1)术语元素与术语系统密切相关,每一术语元素与一定概念系统中的概念或概念特征相联系;(2)术语元素表示一定的概念或概念特征,本身具有一定的术语意义;(3)术语元素是构成术语的最小结构单位,相当于构词学中的"词素",具有一定的生命力,可以构成新的术语。

因此,本文把运用隐喻来构词的这类术语元素命名为"基元隐喻构词元素"(以下简称"基元隐喻元素"),由于具有极强的归类(区别)性、精练性、隐喻性等特点,在术语命名过程中成为构建术语的重要手段之一。在此引入的"基元隐喻元素"概念中的"基元"指的是在某一学科术语命名过程中的最为典型的、最为基础的最小隐喻构词元素。构词元素的构成有许多种类型,而笔者在此只讨论其隐喻型构词元素。如"扇"的本义为"门扇",而在地理科技术语名称中"扇"是指"从出口顶点向外辐射的扇形堆积体地貌"。这里的"扇"已经是隐喻化的构词元素,且能够形成"迂回扇、冲积扇、洪积扇"等其他一系列的地理学术语。在对全国科学技术名词审定委员会发布的《地理学名词》(第2版)中的地理学术语进行语料分析整理后,发现基元隐喻元素这一术语命名的逻辑算子对于地理学术语有着重要的影响。因此,本文将"基元隐喻元素"定义为:在学科术语命名过程中具有系统性的典型最小隐喻构词元素。

1　基元隐喻元素的典型范畴

1.1　"圈"(-phere)

"圈"的本义是饲养家畜的有栅栏的地方。"圈"在《现代汉语词典》(第7版)中的释义为:①环形,圆圈:画个~。但作为地理学科中的基元归类隐喻构词元素,"圈"指的是"相互渗透、相互作用形成的统一整体"。这里"圈"已经不是指实物了,而是隐喻为一种更为抽象的系统关系,且还有进一步隐喻泛化的趋势。从《地理学名词》(第2版)中,我们可以看出"水圈、大气圈、地圈"是指由水、大气或土地构成的圈层,虽然不具有实体性,但从地图上可以凭借形象思维将其进行图画描述,如大气圈、水圈、岩石圈、生物圈,而"智能圈"指人类通过技术手段和社会化大生产使生物圈受到影响的部分。相比"水圈、大气圈、地圈"这一类的"圈","生物圈"里的"圈"更为抽象。由此可以看出,基元隐喻元素"圈"在地理学科的术语命名过程中起构建义素的作用,将"圈"的语义泛化从而组建抽象的难以表达的义项进而命名。

1.2　"线"(line)

"线"在《现代汉语词典》(第7版)中的释义为:①用丝、棉、麻或金属等制成的细长物:丝~、棉~。但作为地理学科中的基元归类隐喻构词元素,

"线"指的是"两点之间的距离"。在《地理学名词》(第2版)中,基元隐喻元素"线"所指的不再是具体的细长物,而是隐喻为抽象化的"线条"。从"经纬线、子午线、日界线、北回归线"等利用基元归类隐喻构词元素"线"命名,可以看出是受到地理学科所属性质的影响。由于地理学科中部分内容涉及数学的抽象计算,因此引入"线"这种抽象概念进行命名是必然趋势,这符合语言学中的经济原则。在地图上运用基元隐喻元素"线"可以凭借形象思维将其进行图画描述,如经线、纬线的划分,可以减少不必要的命名负担,以便于地理学科的后续发展。

1.3 "带"(zone/belt)

"带"的本义指腰带。"带"在《现代汉语词典》(第7版)中的释义为:①衣带;腰带:皮~。②(较细的)带子:鞋~、背包~。但作为地理学科中的基元隐喻元素,"带"表示"在地表大致沿纬线方向延伸分布,并且有一定宽度的地带性自然区划单位",这一定义可以从对地球区域划分的"北寒带、北温带、热带、南温带、南寒带"中看出。在《地理学名词》(第2版)中,"带"的隐喻构词用法十分显著,与语言学科中的"带"所表达的概念仍有联系,但更为抽象化,基本已经看不出与本义之间的联系,如热带、赤道带、山地带。

1.4 "面"(surface)

"面"的本义为用麦子粉碎成的细末,也就是面粉。在《现代汉语词典》(第7版)中,"面"的释义为:①脸:~纱,~不改色。②当面:~试,~谈。在《地理学名词》(第2版)中,基元隐喻元素"面"的内涵是"地表在被塑造和改变的过程中由于侵蚀剥蚀或堆积等作用而形成的地表形态",如夷平面、山麓面、山顶面、地貌水准面。在地理学科中,经常会运用到"面"的空间形象概念来进行抽象理解,对于地理学科而言,这种基元隐喻元素十分重要。

1.5 "扇"(fan)

"扇"的本义为门扇。在《现代汉语词典》(第7版)中的释义为:①装在门框、窗框等上面可以开关的部分:门～,窗～。②摇动生风的用具:团～,电～。在《地理学名词》(第2版)中,基元隐喻元素"扇"是指"从出口顶点向外辐射的扇形堆积体地貌",如迂回扇、冲积扇、洪积扇。从"冲积扇、洪积扇"等自然地貌中可以看出这种隐喻思维对于概念的转移。基元隐喻元素"扇"的形成是由于认知方面的概念相似性所导致的结果。

2 基元隐喻元素的特征

2.1 以具有区别性特征的名词性归类成分为主

从语形和语义角度看,基元隐喻元素的区别性特征是由地理学科术语所描述的客观事物的物理属性和语言象似性所决定的,因此多与性状表面特征有关。由于地理学科术语多涉及对某一具体客观对象的命名,而基元隐喻元素具有以简单表复杂、以具体表抽象的语义功能,可以满足地理学科术语的命名要求。例如:盆地(四周被山岭、高原环绕,中间为平原或丘陵的盆状地形)中的"盆"在《现代汉语词典》(第7版)中的释义为:①盛放东西或洗涤的用具:～景,～花,～栽,脸～,澡～。②中央凹入像盆状的东西:～地,骨～。因此,可看出"盆"在地理学中并不是其在现代汉语中的基础义,而是由具体化事物"盆"抽象表示"盆状"。

而语言的象似性指的是感知到的现实的形式与语言成分及结构之间的对应关系和相似性。换言之,它是指语言的形式(能指)和内容(所指)之间的联系有非任意、有理据、可论证的一面。名称和事物之间存在着既具有任意性又具有理据性的联系,正确的名称描摹了现实的本质属性,但由人的思维认知所引起的象似性在术语命名的过程中也起着极其重要的作用。地理学科与客观事物及现象紧密相连,术语的命名需要反映客观现实,以满足术语精确性的原则,但由于语言的象似性原则在构词中起着重要作用,因此基元隐喻元素多是名词性成分的特点也显而易见。例如:土地链(沿斜坡有规律依次更替的土地相组合)、山嘴(山区曲折的V形河谷中,向河流突出并同山岭相连的一侧山坡），这些地理学术语中的基元隐喻元素"链"和"嘴"并不表示"链""嘴"的具体词汇意义，而是通过其所指概念的具体形象在地理学科中隐喻为其术语意义进行构名。

总而言之，地理学（geography）是研究地理要素或者地理综合体空间分布规律、时间演变过程和区域特征的一门学科。因此地理学科的术语命名一定与世界或某一地区的自然环境（山川、气候等）及社会要素有关。而对于自然环境中要素的术语命名很大程度涉及性状的表面特征。因而术语的命名要体现该事物的特点才能便于大众记忆，提高大众的认可度和术语的普及率，促进地理学科的发展。

2.2　认知凸显性

从认知凸显观的角度看，根据"等级凸显假说"①的观点，运用基元隐喻元素构词之所以从专业学科和生活常识方面符合大众心理期待，是因为基元隐喻元素具有认知凸显性，其基本类型中的典型成员使得术语命名中的语义原子得以凸显。地理学的某些术语并不是通过其种概念的语义单位去认知整体，而是很大程度上受到认知凸显的影响，先识别基元隐喻元素，从而构建对于整个术语列的认知。例如：

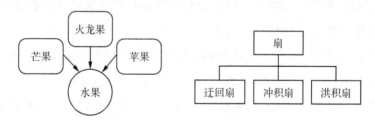

图 1　日常用语的认知顺序　　　图 2　专业术语的认知顺序

---

①　认知心理学家 R. Giora 是第一个深入研究认知凸显并提出"等级凸显假说"的学者。她认为意义的凸显等级不同于意义性质，它决定着意义进入大脑的顺序，最先进入大脑并被认知的应该是凸显意义。从凸显到非凸显应为一个连续体。决定意义是否凸显以及它的凸显程度取决于人们大脑中的认知语境。由于习惯性（conventionality）、熟悉度（familiarity）、使用频率（frequency）和典型性（prototypicality），在人们大脑中形成的编码意义越凸显，则其获得的速度越快。

　　从范畴等级上看,"扇"和"水果"都属于种范畴,但受人的认知顺序影响,其排列位置不同。这区别在于,图 1 中上方的"苹果、芒果、火龙果"都是人的大脑"直接认识"的产物,通过对其性质特征进行分类总结,人们认为这些成员有某些重合的典型特征,因此将它们归到"水果"这一大的种范畴之中。"苹果–水果"的认知顺序决定了尽管"水果"是上级范畴,但人们并不需要通过"水果"来认识"苹果"。在术语系统中,一般情况下人们对于基元隐喻元素有基本认知,对于"迂回扇、冲积扇、洪积扇"的认识是基于对"扇(基元隐喻元素)"这一基本范畴的继续细化,即认识基元隐喻元素这一基本范畴是认识该范畴次类成员以及其他子范畴的前提。

　　因此,这一认知语境决定了在术语系统中相对凸显的意义是基元隐喻元素的语义原子。一个表达式(expression)所涉及的客观概念内容叫作基体,语言使用者会选择基体的某一部分加以凸显,被凸显的部分叫作凸体。在习惯性(conventionality)、熟悉度(familiarity)、使用频率(frequency)和典型性(prototypicality)的共同作用下,地理学术语中的基元隐喻元素作为凸体在基体中被凸显出来,进而实现构词。

2.3　能产性与系统性

　　从构词功能角度看,基元隐喻元素具有能产性和系统性是由其本身的性质特征所决定的。"基元"是指在某一学科术语命名过程中的最为典型的、最为基础的最小隐喻构词元素。而"归类"的区别性特征则要求隐喻元素必须"系统"地、"能产"地构词。因此基元隐喻元素的形成必须具有能产性,否则不能被称为"基元";而"归类"则决定了该隐喻构词元素具有系统性。经过对《地理学名词》(第 2 版)中基元隐喻元素的系统归纳总结,可得出地理学科中术语命名运用该类基元语素的格式为:属概念[(主+谓)+归类词(类别/形象)]+种概念,如:扇(fan)(迂回扇、冲积扇、洪积扇……)中的种概念"扇"是上位概念,"迂回、冲积、洪积"是对于种概念"扇"的分类(即属概念),是"扇"的下位概念。该命名格式也可以看出地理学科中术语命名的系统性和能产性。实际上,从图 3 可以看出基元隐喻元素在地理学术语命名中的能产性和系统性。

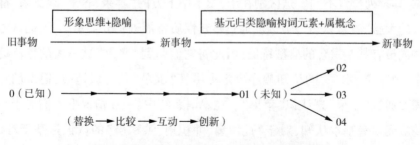

图 3　基元隐喻元素的能产性和系统性图示

3　基元元素的构词价值

3.1　功能优势

　　基元构词元素其实不止基元隐喻构词元素这一种,它还有其他的类型。如"种",表示"物种",而由该基元构词元素构成的术语有"世界种、关键种、特有种"等。对于这类呈系统性的由基元构词元素构成的地理学术语,其语义成分不单单是由前半部分的"世界、关键、特有"的属概念独立构成,而是由属概念的语义原子与后半部分基元构词元素的语义原子之间所蕴含的种差成分关系结合共同表义。基元构词元素顺应了术语的种差关系理据,在种差加属概念的逻辑方式下又可称为"逻辑理据"。在地理学术语系统中,这种按照"种差成分+基元构词元素"原则构成的地理学术语很多。如"进化"(基元构词元素)构成的"宏观进化、趋同进化、协同进化"等。基元隐喻构词元素相较于其他的基元构词元素的优越性在于它的构词理据是基于心理认知的,而其他类型的基元构词元素则不一定,因此在组织术语的外在结构时,其与术语的科学认知功能有着高度一致性,地理学术语中的自然地理术语尤为显著。

　　地理学科的现象多和人们的主观感知有关,当人们了解到一个新事物时往往急需快速地去给予新事物新名称,以求得沟通上的无障碍,这必然使得新名称具有准确性。如同数学中的用已知求未知一样,人们描述新事物的方式只能通过已知的事物或名称去描述,而不可能凭空捏造。因此以简单释复杂、以具体释抽象是语言最为经济有效的原则。地理学术语定名以具体的基元构词元素的语义形象来描述地理外貌、性质等方面正是科技术语精确化的体现。例如:"子午线""日界线"用"线"来命名,有利于人们去感知这类术语的概念含义。

3.2　构词优势

构词优势的探讨分为两个阶段:命名阶段和使用阶段。命名阶段的优势集中在新术语的构词上,而使用阶段的优势主要体现在其系统性和能产性上。

首先,在面对大量存在或突然发现的同类概念和事物急需命名时,地理学术语系统可以根据自身学科特点以及术语环境、客体特征等方面来择取其命名方式,如:某些外来地理术语可直接选择"翻译"中的"直译"手段进行构词,尤其是涉及术语中包含外国人名的情况,如格林尼治平时(Greenwich Mean Time,G. M. T)。通过考察《地理学名词》(第2版)发现利用基元隐喻元素来进行命名的术语不少,说明运用基元隐喻元素是地理学术语构词的重要手段之一,可以有效提高专业知识的传播速度和术语概念表达的接受程度。

其次,由于基元隐喻元素具有能产性和系统性的特点,因此在术语命名中的组配率高,包容度高,人们对运用基元隐喻元素所构成的术语的认可度高,运用这种具有系统性的构名方法所形成的术语普及性更强。根据基元隐喻元素构成的一系列"术语群"在地理学术语系统中的存活率较高,生命力更强,与人类记忆事物的分类方法一致,更利于地理学术语的传播。而且,这种定名方法可以借用到地理学所需的任意领域,可以形成逻辑性强的术语层级系统,便于地理学术语语料库的建设,使之更加经济、有效。

3.3 竞争优势

术语系统中的构词方法多种多样,目前关于术语的构词方式的明确分类并没有统一说法。大多是关于表音文字的构词类型,例如:将英语术语的构词方式分为"合成法、派生法、首字母缩略法、截短法、混成法"等类型。而汉语是表意文字,不同于印欧语系,因此对于汉语术语的构词方式进行类型总结是很有必要的,这样才能更好地完善汉语术语系统,使术语的交流传播更加规范。而利用基元隐喻元素进行构词在笔者看来就是汉语术语构词的类型之一,因此掌握其内部的典型成员和特征运用规则及内在形成机制,对于构词策略建设具有重要价值。

基元隐喻元素主要是通过唤起表象、想象或改变头脑中所固有的表象来提取语义原子进而在构词系统中起作用的。在构造术语的过程中,可将术语名称的构造词汇单位分为显象词和非显象词两类。"显象词"即那些被用来构建抽象复杂概念的常用简单词汇,而"非显象词"即运用基元归类隐喻构词元素构建形象性而形成的复杂词汇。因在理解非显象词时人们往往需要在大脑中进行意象的切换和综合,在一定程度上妨碍了"基元隐喻元素形象感"的迅速形成,因而人们在构造科技术语时偏爱使用显象词(即通过基元隐喻元素从而在头脑中构建相关的基本图式,如:上-下图式、容器图式等)。它能够帮助人们很快在头脑中生成相应的形象,以减少理解地理学科技术语所带来的困难。

4 余论

如何把握基元隐喻元素形象性与术语命名原则的科学性、准确性之间的关系是研究地理学术语构建的关键性问题之一。地理学科术语的命名首先要将术语的原则和要求放在首位,但术语的组成形式是语言结构,因此在命名过程中基元隐喻元素的形象性和精练性特点也是极其重要的方面。由于术语的命名既涉及专业人士科研实践和交流中严谨、精确、专业、规范的要求,又涉及向大众普及的现实需要,因此术语的命名需要协调好两者之间的关系。在不同的术语环境下,构建地理学术语时的形象性、科学性、准确性三者之间的优先排序是不同的,有时候形象性更重要,因此出现了一系列隐喻型地理学术语,在使用中逐渐按照内部构词规律固定下来,于是“基元隐喻元素”应运而生。

由于术语的本质作用是用于沟通交流,所以在其构名方面应尽量简单易懂,但术语不同于人们的日常用语,它的使用对象集中于从事某领域或某职业的专业人员,因此笔者认为术语首先考虑的应该是术语的科学性、准确性,在能够兼顾所涵盖事物的表达完整度的基础上来考虑隐喻的形象性,切莫分不清主次,因小失大。

结语

本文通过对地理学中基元归类隐喻构词元素进行界定分类,并总结其构词特征,以说明其在地理学术语中的功能优势及价值体现。但本文对于如何把握基元隐喻元素形象性与术语命名原则的科学性、准确性之间的关系仍处于浅层认识阶段,对于地理学中基元归类隐喻构词元素的运用以及隐喻类型的研究仍有不足。

参考文献

[1]信娜.术语元素:术语意译的最小单位[J].中国俄语教学,2010,29(4):86-89,93.

[2]赵艳芳.认知语言学概论[M].上海:上海外语教育出版社,2001.

[3]LAKOFF G, JOHNSON M. Metaphors We Live By [M]. Chicago:The University of Chicago Press, 1980.

[4]蔡晓燕.语言框架理论与英汉隐喻翻译探究[J].中国科技翻译,2017,30(2):47-49.

[5]刘立煌,刘燕.从隐喻的两大功能看科技术语翻译中的形象思维

[J].景德镇高专学报,2004(4):48-49.

　　[6]陈雪.认知术语学概论[M].北京:商务印书馆,2017.

　　[7]肖家燕,李恒威.概念隐喻视角下的隐喻翻译研究[J].中国外语,
2010,7(5):106-111.

多语种服装机械设备术语库研建分析[①]

张俊萍　王照敏

(北京语言大学)

1　引言

当今世界服装行业全球出口额约有一半来自发展中国家,其中最主要的有中国、孟加拉国、缅甸、印度等国家。孟加拉国在过去的十年服装出口量仅次于中国,位居世界第二。孟加拉国作为"一带一路"沿线的重要国家,是中国服装行业"走出去"的重要合作国家。近些年中国出口服装机械设备的数量日益增长,与孟加拉国的合作逐渐密切。每年孟加拉国都会举办多场与服装行业有关的国际博览会,吸引来自世界各国的服装企业前去交流,在合作交流的过程中服装机械设备的翻译成为亟须解决的问题。目前该领域急缺专业词汇的词典或电子数据库,因此服装机械设备中孟英多语术语库的开发与建设变得非常重要,它可为孟加拉国每年举办的多场服装纺织机械博览会提供翻译服务,有效促进中国与孟加拉国及其他英语国家的服装机械设备贸易,有助于服装产业智能化发展。本文主要探索服装机械设备术语库的构建原则与方法、概括服装机械设备术语的特征、分析术语翻译的问题及难点,据此对特定领域多语种术语库建设提出相应的解决策略。

①　本文受全国科技名词委"十三五"科研规划 2019 年度科研项目(YB2019012)、国家社科基金重大项目(18ZDA295)、北京语言大学梧桐创新平台项目(中央高校基本科研业务费专项资金,19PT03)、北京语言大学院级项目(中央高校基本科研业务费专项资金,20YJ010105)、2021 年度中外研究生创新基金项目(21YCX087)资助。文中不妥之处,由作者负责。本文的孟加拉语部分由来自孟加拉国的北京师范大学硕士研究生沙龙同学负责,特此致谢。

2 服装机械设备术语库的构建原则与方法

术语(term)指在特定专业领域中一般概念的词语。它具有一定的专业性,是根据各个领域的概念和事物命名的,使用的范围也是有限的。2019 年国家市场监督管理总局和中国国家标准化管理委员会联合发布《建立术语数据库的一般原则与方法》,该标准对术语库系统的设计提出了 8 个要求:目的性、科学性、易用性、经济性、可靠性、易维护性、安全性、可扩展性。[1]构建符合上述标准的服装机械设备术语库,首先要确定其构建原则、方法及流程,见图 1。

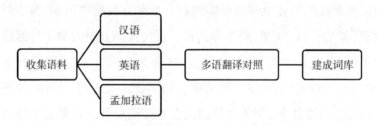

图 1　服装机械设备术语库的构建流程图

李宇明说,"当今社会任何民族的术语工作,都会牵涉三个方面:术语本土化、术语规范化、术语国际化"[2,P5]。因此在构建术语库时应确保术语范围覆盖较全面、术语来源可靠,翻译术语的过程中应力求术语准确且与国际接轨。

2.1　确定术语范围

本文集中在服装机械设备领域上,清楚地了解服装机械设备应用的场景,了解服装制造的过程,才能有针对性地收集术语。据调查,服装的制造过程主要分设计打版、面料选用、裁剪、缝制、熨烫、成衣打包等部分,服装机械设备术语也集中在这几个部分,将这几个部分所用到的机械设备术语进行分类整理,最终本文确定的服装机械设备术语范围主要分为缝纫前设备、缝纫中设备、缝纫后设备、缝制配套设备、后勤保障设备五种类别。以这五种类别为主,以纺织染色设备、机械零件等常用术语为辅来建立术语库,这些词语均为服装机械设备贸易中的常用术语。

表 1 部分语料示例

汉语	英语	孟加拉语	设备分类
APW 缝纫机	APW sewing machine	এপিডাব্লিউ সেলাই মেশিন	缝纫中设备
自动喷涂机	Automatic spray painting machine	স্বয়ংক্রিয় স্প্রে পেইন্টিং মেশিন	缝纫前设备
直刀切割机	Straight knife cutting machine	সোজা ছুরি কাটার মেশিন	缝纫前设备
真空烫台	Vacuum ironing table	ভ্যাকুয়াম আয়রনিং টেবিল	缝纫后设备
染色机	Dyeing machine	ডাইং মেশিন	纺织染色设备
称量台	Weight scale	ওজন স্কেল	缝制配套设备
退浆机	Desizing machine	ডেসাইজিং মেশিন	缝纫前设备
散布机	Spreading machine	মেশিন ছড়ানো হচ্ছে	缝纫前设备
热熔染色机	Thermosol dyeing machine	থার্মোসোল ডাইং মেশিন	纺织染色设备

2.2 语料来源的可靠性

明确术语范围之后,建立服装机械设备术语库的首要工作就是收集足够的语料,语料的来源要具有权威性和可靠性。这些术语主要来源于两个方面:一是已出版的与服装产业相关的书籍。在与孟加拉语相关的专业书籍中专业术语为服装行业的专业表达,大部分书籍中与服装设备相关的专业术语都配有英文翻译,这些英文翻译大都具有一致性,因此本文的一部

术语前沿

分语料是直接从这些服装专业书籍中提取出来的。二是来自于孟加拉服装纺织机械博览会官方网站。孟加拉国服装行业的发展形势良好,服装的出口量巨大,每年都会举办国际性的服装纺织机械博览会。这些博览会有自己专门的网站,参展的服装机械公司会将自己的产品介绍放在网站上供人们了解。由于博览会具有国际性的特点,参展的国家大都只用英文来介绍自己的产品,因此可通过官方网站搜索提取出所需要的专业术语。通过以上两种收集途径,汇聚形成了本数据库英语和孟加拉语领域术语的基础。

2.3 语料翻译的准确性

本文主要是研究建设汉语、英语和孟加拉语的术语库,因此在英语术语的基础上要对术语进行孟加拉语、英语和汉语的翻译参照工作。翻译过程中秉持翻译准确性的原则,要保证翻译的术语与行业相关人员的表达一致,翻译后的语言要准确简洁没有歧义,明确术语的译名,以帮助大家理解术语的概念。术语的准确翻译能够提高不同国家贸易时的沟通效率,促进该类术语的跨语种传播。

3 服装机械设备术语的特征

3.1 专业性强

服装机械设备术语属于特定专业领域的专业术语,应用场景有限,使用该词语的人群也有限。服装机械设备领域的词语具有很强的专业性。如:Lockstitch sewing machine(锁针缝纫机)、2-needle lockstitch machine(双针锁缝机)、Lockstitch buttonhole sewing machine(锁缝扭孔缝纫机)、Rectangular sewing machine(矩形缝纫机)等。非服装行业的人士可能只知道缝纫机的作用,但并不了解缝纫机的种类,这些机械设备词语的术语性强,在功用上对机械进行了更详细的分类,准确地表达了术语的概念,有助于人们准确地了解不同种类机器的作用。这种专业性的翻译有助于服装机械设备的分类，亦有利于行业的规范。

3.2 复合词多

服装机械设备的词语为专业性很强的术语，为了使术语符合语言经济性的特点，大部分术语采用了复合的方式构成，本文只讨论汉语术语的复合词情况。服装机械设备的汉语复合词大多数为多重嵌套的复合词，它们的内部层次主要分为以下三种：

3.2.1 V+N+机

三音节结构的术语主要是 V+N 结构，如：

梳棉机 烧毛机 浆纱机 结网机 染色机 切槽机 印花机 装箱机

三音节术语在服装机械设备中的数量较少，这类复合词简洁明了，概括性很强，能直接看出机械的作用，如装箱机、梳棉机、切槽机，从名字就能清楚地知道其功能分别是装箱、梳棉、切槽。它们还可作为机器分类的上位词使用，如热熔染色机、轻纱染色机等就是染色机的下位，辊筒印花机、圆网印花机、服装印花机等就是印花机的下位词。

3.2.2 属性词+三音节术语

高速编织机 立式裁切机 精细开棉机 气动压平机 自动喷涂机 单轴开棉机 辊筒印花机 圆网印花机 锥形量热机 手动编织机 往复(式)抓棉机

服装机械设备多重嵌套复合词中有一部分术语的构成离不开属性词，其内部词序为"属性词+三音节术语"，其中三音节术语多用来表示机器的作用，如开棉机、编织机、印花机、喷涂机等，从字面意思可以了解到机器的功能。属性词则通常表示的是机器的运作方式或机器及其成品的形状,如自动、手动、气动、高速、往复(式)等表示的是机器运作的方式,锥形表示机器的形状。

3.2.3　N+三音节术语

> 棉箱开包机　叶片打浆机　抹布撕裂机　经纱染色机　服装印花机　靛蓝染色机　胶水贴标机　袜子加工机　克里希纳打浆机　拉舍尔针织机

该结构的复合词中三音节术语也是表示机器的功用,但 N 所表示的内容相比之前所述的属性词更丰富,主要有以下几种含义:(1)N 表示的是三音节术语中 V 的受事,如经纱染色机、服装印花机、袜子加工机。染色、印花、加工的动作是针对名词经纱、服装、袜子产生的,N 为 V 的受事对象。(2)N 表示的是三音节术语中 V 的结果或工具,如靛蓝染色机指的是将布染成靛蓝色的工具,这里省略了染色的受事对象——布,但是用靛蓝表示了染色后的结果。胶水贴标机中名词胶水则表示的是贴标这个动作过程中所需要的工具。(3)N 表示的是人名,如拉舍尔针织机中的拉舍尔原是人名,法国女演员的名字。她的服饰曾经成为服装时尚的代表,后来拉舍尔逐渐演变成经编织物的一个种类,因此该结构术语中的 N 表示人名时也蕴含着一定的特殊含义。

3.3　有时必须使用字母或数字

为了表达的准确性或使术语符合国际通用的表达方式,部分服装机械设备术语在汉语翻译的过程中会使用字母或数字,如 Ch-200D 磁棒印花机、Ch-3000D 刮刀磁棒结合式平网印花机、Hck852S 双系统数字横织衣机、APW 缝纫机、Exacta 链接机、R.N 打浆机等。字母和数字组合使用的情况多是用来表示机器的型号或品牌,如 Ch-200D、Ch-3000D、Hck852S、Exacta。这些带数字或字母的词语专业性更强,使用的人群也有更大的限制。

4 服装机械设备术语翻译的问题及难点

4.1 已有文献少

在术语翻译的过程中,已有参考文献的数量很少,除了已出版的服装机械设备的书籍,很难找到服装机械设备的专门词典。在从英语到汉语的翻译过程中可参考的文献除了书籍之外,还有一些电子术语数据库,如词都、郑州大学在线英汉-汉英科技大词典等。但这些词典收录的服装机械设备的术语数量有限,供我们直接翻译使用的术语仅 137 条,不足 1/4,另外一部分汉语术语是通过查询参加孟加拉博览会的中国公司网站翻译的。孟加拉语的翻译主要使用了服装专业的相关书籍,书籍中有英语和孟加拉语的对照,除此之外我们很难找到孟加拉语服装机械设备的专业词典。外文参考文献的稀缺为我们的翻译工作带来了巨大的挑战。

4.2 一词多义

术语的翻译要遵循准确性和科学性,要明确术语的概念,从而避免一词多义,减少理解的差异,因此解决一词多义也是我们在翻译过程中需要克服的重要问题。在多义词中准确找出符合翻译标准的术语,实现术语标准化、规范化。例如 Reciprocating Bale Plucker 中的 Plucker 单独检索时,词典给出的解释有家禽脱毛机、拔取装置、采集装置、拔羽毛机这四个义项。根据这些义项我们很难确定该词的具体词义,通过"词都"检索 Reciprocating Bale Plucker 得到 6 条翻译:bale plucker(抓包机);Automatic Bale Plucker(自动抓棉机);Plucker(抓棉机);Plucker(拔羽毛机);Plucker(家禽脱毛机);拔取装置。结合翻译出的词义和建立服装机械设备术语的目的,才可确定 Plucker 的具体义项为抓棉机更合适。由多义词 Plucker 可以看出,一词多义的翻译不光要考虑词典意义,还要考虑语境等多方面的问题,因此具体词义的确定也是翻译过程中的一大难点。

4.3　词汇空缺

黎东良、孙春叶认为术语不等值的问题是客观存在的。[3]由于文化背景的不同,各国的思维差异也在语言中表现出来,在翻译的过程中会出现词汇空缺的现象,即出现术语不等值问题。这些术语很难找到对应的翻译,各国服装设备制造技术发展情况的不同使得服装机械设备术语的翻译产生词汇空缺的现象。如 Saga Pin、Viessmann、Axo Flow Cleaner、Ugolini-Yarn Dyeing Machine、Velcro automatic cutting machine 这些术语中的 Saga、Viessmann、Axo、Ugolini、Velcro 很难找到准确的中文翻译。如 Saga 这个词来源于北欧冒险故事里的人物名称,后引申为"冒险故事;传说",而我们的文化里没有跟 Saga 完全一样的冒险故事,在与汉语对译时,就产生了词汇空缺。Viessmann、Axo、Ugolini、Velcro 这些词一部分为人名、一部分为外国企业的注册名称,翻译中也遇到了词汇空缺。这些词汇空缺的术语需要我们找到有效的翻译途径来解决。

4.4　翻译的规范性和准确性

翻译的规范性和准确性也是翻译过程中必须面对的问题。在服装机械设备术语翻译全部完成进行再次检验的过程中,我们发现不论是孟加拉语的翻译还是汉语的翻译都出现了同样的问题,即翻译完成后的部分词语与服装行业的专业表达存在一些差异。以孟加拉语为例,因为孟加拉国内并没有服装行业的专业词典,大部分的翻译靠人工查询电子词典完成,使用翻译后的术语与服装产业的专业人员交流时,他们有时并不能快速地理解这些术语的意思。术语的不规范与不准确将不利于使用者准确了解行业信息,破坏术语的专业性,影响术语库的应用与发展,因此术语翻译的准确性是需要解决的重要问题。

5　特定领域多语种术语库建设的策略

5.1　遵守已有的翻译标准

郑述谱认为:"翻译已规范的术语,关键要有规范意识……既然已经有规范,即相关机构已发布过具有约束性的文件,那就必须遵守。"[4,P103]要想保证术语的专业性与准确性就要遵守已有的翻译标准,遵守人们长期形成的约定俗成的表达方式,对现有文献中已有的翻译不宜随意更改,应充分利用已出版书籍(包括专业领域术语词典)、已有的电子翻译软件等。如Scissor,孟加拉语翻译为"কাঁচি",中文翻译为"剪刀";Dyeing machine,孟加拉语的对应翻译为"ডাইংমিশন",中文的对应翻译为"染色机"。对这种约定俗成、已有固定翻译标准的词语可直接收录进术语库。

5.2　多语对照、遵守各语言的构词规范

在各语言对照翻译的过程中出现了一词多义、词汇空缺等问题,这些问题在翻译的过程中会产生一定的翻译偏差,因此各语言间的相互对照可提高术语翻译的效率。在翻译过程中复合词的翻译是最大的难点,对复合词进行翻译时要遵守各语言的构词规范。以中英翻译为例,汉语中的多数服装机械设备的翻译结构为"属性词+三音节术语""N+三音节术语",因此在翻译过程中术语要符合汉语的构词结构,如 Sideseam Pressing Machine 在词典中给出的释义为:1. side seam(侧缝);2. side seam(边缝);3. side-seam(侧缝骨);4. pressing machine(压力机械);5. pressing machine(压呢机);6. pressing machine(压力机)。根据"属性词+三音节术语"的构词原则,Sideseam Pressing Machine 的汉语我们翻译为"侧缝压力机"。在翻译过程中进行语言对照能够帮助我们了解不同语言的构词规则,确保术语的准确性,符合各语言中术语表达的规范性要求。

5.3　参照具体语境

对术语进行翻译的过程中要参照具体的语境,这种方法能有效解决一词多义的问题。许多词语虽有很多的义项,但在具体的使用过程中,结合词语的上下文和术语应用的场景来筛选合适的义项是一种办法。如 Fabric Centering And Spreading System 中 Spread 的意思有传播、散布、展开、伸展、铺开这五个动词义项。该词为服装机械设备领域的词汇,上文中有 Fabric(面料、织物)和 Centering(对中、居中、集中),参照上下文语境 Spread 的义项选择"铺开"更合适。参照具体语境翻译能够提高翻译的效率,保证术语的科学性与可靠性。

5.4　加强对服装机械设备的了解

在服装机械设备术语库的建设过程中,翻译者不光要掌握翻译技巧,还要掌握服装机械设备领域的专业知识,加强对服装机械设备行业的了解,了解设备的功能和分类。对服装机械设备的了解能够保证翻译的准确性和适用性,使翻译后的术语符合业内人士的表达习惯。只有将翻译技巧和专业知识相结合才能使术语更加科学、准确。

6　结语

通过研建多语种服装机械设备术语库,可看出目前多语种术语数据库的建设还存在一些问题,一词多义、词汇空缺等术语翻译的问题需要找到更好的解决办法。多语种服装机械设备术语库的建设可弥补服装机械设备专业词典稀缺之憾,为孟加拉国每年举办的国际服装纺织机械博览会提供专业的翻译服务,提高翻译效率,促进中国与孟加拉等多国的服装机械设备贸易,有助于"一带一路"的语言文化和经贸交流。国际中文教育领域"中文+职业"方向目前快速发展,师资教材等各种需求强劲,因此急需此类专业术语词表。

参考文献

[1]全国术语与语言内容资源标准化技术委员会.建立术语数据库的一般原则与方法:GB/T 13725—2019[S].北京:中国标准出版社,2019.

[2]李宇明.谈术语本土化、规范化与国际化[J].中国科技术语,2007(4):5-10.

[3]黎东良,孙春叶.论多种语言间术语翻译之策略[J].中国科技术语,2014,16(3):39-44.

[4]郑述谱.术语翻译及其对策[J].外语学刊,2012(5):102-105.

[5]冯志伟.术语浅说[M].北京:语文出版社,2000.

[6]冯志伟.现代术语学引论(增订本)[M].北京:商务印书馆,2011.

[7]李宝发,刘歆.常用词汇的专业术语翻译[J].中国科技翻译,2016,29(1):60-61,46.

[8]刘宇红,殷铭.术语表研制的四个步骤——以英语语言学为例[J].中国科技术语,2021,23(2):11-19.

[9]孟凯.成组属性词的对应性及其影响因素[J].中国语文,2008(1):75-84,96.

[10]孙金阶.服装机械原理[M].4版.北京:中国纺织出版社,2011.

[11]王文博.服装机械设备使用维修手册[M].3版.北京:机械工业出版社,2010.

[12]徐建国.术语规定论与术语描写论的命名观对比研究[J].中国科技术语,2021,23(1):10-16.

[13]周韧.关于"纸张粉碎机"的切分[J].东方语言学,2007(1):125-133.

[14]Bangladesh International Garment & Textile Machinery Expo[EB/OL].[2021-10-20].https://10times.com/bigtex.

核心术语集的定义与数学模型研究

杨福义[1]　叶其松[2]

（1. 鞍山师范学院；2. 黑龙江大学）

引言

陈新仁在《试论中国语用学学科话语体系的建构》中指出："中国学者自20世纪80年代初将语用学引入国内后对西方的基本立场是借鉴套用，鲜有体现中国语用学特色的原创性成果，更遑论建构中国特色的语用学学科话语体系了。"[1,P12]

"从更为宏观的角度看，建构中国语言学学科话语体系至关重要，甚至更为重要，理由是这一问题涉及我们的语言学研究为谁研究、怎么研究、怎么呈现的问题。具体而言，中国语言学研究的学科话语体系涉及核心话题、对象语言、术语体系、学术元语言、理论框架、研究范式、方法论、发表渠道、学会组织等，而从这些方面看，当前中国语言学，至少其中很多的分支学科，尚未建构起自己的学科话语体系，在很大程度上还是被西方学界牵着鼻子。"[1,P12]

在中国科技术语的研究和审定体系中，核心术语的研究与实践应用，术语学的研究与审定，建立中国科技术语与世界科技术语相关联的术语研究架构，都是重要的研究方向。而核心术语集的研究具有更重要的意义。

"核心术语是学科的骨架，影响着理论的概貌展现和力量发挥。它一经形成便作为观察、描述、解释中不可或缺的器具发挥效用，其体系建构是其学科发展的一项核心工作。这项工作本身就是一种科学研究，须按照一定的科学原则来进行。核心术语的形成与科学分类是紧密联系在一起的。建构成体系且相关联的核心术语为学科确定了研究焦点,勘定了其研究边界。作为一个以经验为基础的从感性到理性的抽象过程,这是学科迈向科学的起点。"[2]

"核心术语的形成是一个主客观辩证统一的过程。术语将人类活动关系和事件联结到一个具有各种联系的世界里。术语与生活实践紧密相关。术语学属于人文社会科学和自然科学的交叉学科,并通过人类活动而不断完善,这就更加突出了其人文社会科学属性。人类以经验为基础对科学现象和事物进行体系化、术语化、概念化和范畴化,进而抽象形成关于事物和现象的术语。按照本体论的时序关系,学者将核心术语建构起来,从其发生和发展的角度来建立核心术语体系,是学科科学化发展的重要出发点。"[2]

任何学科的建立都离不开一套理论系统和可用于阐释相应理论的术语系统,它们是以少数核心术语为基础建立起来的。"术语学""术语""术语集""术语系统""术语编纂""术语标准化"等正是建立术语学学科必不可少的核心术语。[3]

做好核心术语集中每一个术语的定义,是术语工作的核心,对整个中国科技术语系统的定义起着重要的指导意义。

很多情况,由于各学科交叉,对集中反映中国科技术语的核心术语没有重点研究,因此出现了各学科自行定义,缺乏术语系统定义问题的协调统一的研究。这是当前术语研究工作迫切需要解决的问题。

1　核心术语的定义

1.1　术语的定义与释义

科学技术语言中最重要的是基本术语的定义。没有准确的术语定义,定理、推理和结论一系列的证明无法展开。《证明与反驳——数学发现的逻辑》这本书译者的话指出:"冲突可以促进数学生长,总有点费解。作者给你细讲了几条理解线索中的一条:证明与反驳互为触发剂,协同作用于数学知识的革新。""新概念(新方法)的形成是数学史上的里程碑。"[5,P2]

"在定义释义中出现的术语依然需要定义,这是无穷的递归,以至于某个环节出现循环定义而成为两个定义的循环映像。"[4,P11]

为了解决术语概念的定义递归的终结,先哲和前贤做了以下论述:亚里士多德是世界古代史上伟大的哲学家、科学家和教育家。亚里士多德指出:"定义是一个有关本质不可证明的陈述。"[5,P129]帕斯卡(Pascal B.)是伟大的哲学家、数学家、物理学家。为了纪念他对人类的伟大贡献,物理学以他的名字命名了国际单位制中表示压强的基本单位帕斯卡,简称帕,符号 Pa。计算机科学命名的语言语法严谨,层次分明,程序易写,可读性强,第一个结构化编程语言为 Pascal 语言。帕斯卡的定义规则:"凡是一目了然的现成术语,不要下定义。凡是有一丝一毫模糊性或多义性的术语,不准不下定义。在术语的定义里,只使用一目了然或做过解释的词。"[5,P128]

1.2　定义的原则

在全国科学技术名词审定委员会(以下简称全国科技名词委)《科学技术名词审定原则及方法(修订稿)》中指出[6]:

定义是对于一个概念的确切而简要的表述。科技名词审定工作中主要采用内涵定义,必要时也采用外延定义等方式。

内涵定义:说明某一概念的上位概念(即属概念),确定该概念在其概念体系中的位置,指出该概念的本质特征,使其同其他相关概念区别开来。

外延定义:用一系列众所周知、可穷尽列举的下位概念来说明某一概念。

全国科技名词委的定义叙述是科学而严谨的。在我国普遍实行中学教育的条件下,我们可以认为,递归循环退出的条件是,对于小学生所掌握的词语,在专业术语词典中无须定义或者只需要简要定义。

全国科技名词委给出了定义的四项基本原则:本质性(指该概念所反映的客体所特有的,能把该客体同其他客体区别开来的特征)、科学性(明晰、准确、客观、符合逻辑)、系统性(在概念体系中与上位概念及同位概念间的关系)、简明性(只需描述概念的本质特征或一个概念的外延,不需给出其他说明性与知识性的解说)。

全国科技名词委还指出:应当用已知概念来描述被定义的概念。定义中所用的名词,必须是已定义过的或是众所周知的。

ISO 标准是指由国际标准化组织(International Organization for Standardization, ISO)制定的标准。关于科技术语系统的一系列定义,中国国家标准予以等价采用。涉及的主要术语定义如下[10]:

定义【definition】:描述一个概念,并区别于其他相关概念的表述。

术语【term】:在特定专业领域中一般概念的词语指称。

专业领域【subject field】:专业知识领域。

概念【concept】:通过对特征的独特组合而形成的知识单元。

内涵定义【intensional definition】:用上位概念和区别特征描述概念内涵的定义。

外延定义【extensional definition】:列举根据同一准则划分出的全部下位概念来描述一个概念的定义。

上位概念【Superordinate concept】:广义概念。表示属概念或整体概念的概念。

下位概念【subordinate concept】:狭义概念。表示种概念或部分概念的概念。

1.3 核心术语的释义与定义

1.3.1 "核心术语"的释义

本文作者定义了核心术语:

核心术语(Core terms)的定义与解释的关键在于中国汉字所独有的汉字本体特征,在于汉字是客观世界实体图形描述的高度抽象。核心术语的关键解读在于"核"字。"核"是汉字典型的形声字,"核"字的表义部首分类属于"木"。核心术语的"核"字与木的关系是什么?

桃树、杏树、枣树等所结的果实之核,即桃核、杏核和枣核。

按新华字典的解释是:果实中坚硬并包含果仁的部分。

核:<名>(形声。从木,亥声。本义:果核)。

心:<名>(象形。据甲骨文和小篆,中间像心;外面像心的包络。本义:心脏)。

核心:核之心也,谓之"仁"。植物代代遗传繁殖之要也。亦有杏仁、桃仁、枣仁之称。食品则有杏仁酥等。核之心对于植物的代代繁殖最为重要。

1.3.2 "核心术语"的定义

核心(core):核之心也。

核心术语:起到中心作用,构词性能强的术语。

核心术语集合(core term set):核心术语的集合,简称核心术语集。

2 核心术语集合计算模型的理论基础

2.1 齐普夫定律

齐普夫定律(Zipf's Law),是 20 世纪 40 年代由美国哈佛大学语言学教授 George K. Zipf 对英语文献中单词出现的频次进行大量统计以检验前人的定量化公式而提出的一个数学公式,也是文献学三大定律之一。1948 年,46 岁的齐普夫完成了他的专著《人类行为与最省力法则——人类生态学引论》,1949 年首次出版。"最省力法则"较好地解释了齐普夫定律的内在成因和机制,是齐普夫定律的理论基础。由于他的贡献,人们称单参数词频分布定律为齐普夫定律。

中国著名语言学家冯志伟在《数理语言学》中对词频分布的三个公式进行了详细讲解叙述。[7]齐普夫根据中篇小说《尤利西斯》所编写的频率词典得到其函数表达式。在这本频率词典中,总计使用了 29 899 个单词,一个单词只出现一次,词次为 1。总计使用 26 万多词次(也称为文本容量 T,即条数)。按每个单词使用次数的多少进行排序,可以获得每个单词的序号(正整数)以及该序号单词在书中出现的次数,即该序号单词出现的频次,也称为频率。

这样,以单词序号(例如:n)为该单词横坐标上的点(x),以单词的频次为纵坐标上的点(y),那么这些点在直角坐标系下连接拟合后,就构成了一条曲线。描述这条曲线的方程,整个曲线在 1 到不同单词总数 W 区间曲线下的面积就构成文本容量 T,也就是 1->T 之间曲线的积分,便构成了词频分布方程中的总词次。

词频曲线方程的参数求解,在数学上多取对数将公式转换为直线方程,采用最小二乘法进行最佳拟合求解,从而获得曲线方程的系数数据,以反映词频分布变化的规律。

齐普夫定律的词频数学表达式如下所示:

$$f_r = cr^{-1}$$

公式中 f 表示词频数,r 表示单词序号,c 表示系数。

当试验次数增多或样本容量相当大时,频率 f 转变为概率 P,就得出如下公式,即齐普夫定律的数学表达式:

$$P_r = cr^{-1}$$

公式中 P_r 表示单词出现的概率,c 表示系数。

1936 年,美国语言学家 M. Joos 对齐普夫的公式进行修正得出双参数词频分布定律:

$$P_r = cr^{-b}$$

公式中 b、c 为系数。

英籍法国数学家 B. Mandelbrot 利用概率论和信息论方法来研究词的序号分布规律,通过严格的数学推导,从理论上提出了词的三参数词频分布规律:

$$P_r = c(r+a)^{-b}$$

公式中 a、b、c 为系数。

词频计算所求出公式的参数近似反映了词频分布的整体概貌。词频的统计与概率数据是离散的数据而不是连续的函数,所以具体的计算应根据离散数据求和的方法,而不能采取连续函数的积分运算。

这些公式都是数学的连续函数,实际上单词排序的级(序号)是从 1 开始的正整数。在计算核心术语集合的界点时,应使用离散函数的求和公式来计算。

齐普夫定律已经在语言学、情报学、地理学、经济学、信息科学等领域有了广泛的应用,而且取得了不少可喜成果。中国数学家和语言学家周海中曾经指出:齐普夫定律是描述词频分布规律的强大数学工具,作为经验定律,它仍有不足之处,有待进一步完善。

冯志伟指出,关于词的频率分布问题是比较复杂的。公式本身的性质决定了文本中不能存在频率相同的词,这与语言的客观事实是不符合的。频率的雷同数是随着序号的降低而减少的,越是序号高的单词,频率相同的越多。可见,词的频率分布规律还有必要进一步加以研究。[7]

齐普夫定律是对词频分布的近似描述,使用连续函数可以计算并求出特征数据。对于词频分布的规律,反映的是正整数的离散数据,词序是整数,频次(注:有些文章使用频率)也是整数。因此对齐普夫定律在计算上采用离散函数计算的方法计算,用数列的求和代替积分,获取不同单词序号的词集合数与频次总和之间的关系。

2.2　帕累托定律

帕累托分布(Pareto distribution)是以意大利经济学家维尔弗雷多·帕累托命名的,是从大量真实世界的现象中发现的幂次定律分布。这个分布在经济学以外也被称为布拉德福分布。帕累托因对意大利 20% 的人口拥有 80% 的财产的统计观察而著名。帕累托分布被约瑟夫·朱兰和其他人概括为帕累托法则,后又称为二八定律或 80/20 法则。帕累托法则(Pareto's principle)也叫帕累托定律、朱伦法则(Juran's principle)、关键少数法则(Vital Few Rule)、不重要多数法则(Trivial Many Rule)、最省力法则、不平衡原则等,被广泛应用于社会学及企业管理学等。

帕累托分布具有较长的尾部,也称为长尾分布。

帕累托分布在许多领域有着大量的应用。例如:学习一门外语,应该先掌握哪些单词最省力? 科学普及文献应该选用哪些科技词汇? 小学语文教材识字如何优选常用字的学习序列问题? 中文部首的学习教育如何选择顺序? 这些都需要数学模型。

2.3　幂律分布

齐普夫分布和帕累托分布都是幂律分布,具有长尾的特点。

幂律分布是自然界与社会生活中存在各种各样性质迥异的而具有相同规律的现象,因而对它们的研究具有广泛而深远的意义。借助有效的物理和数学工具以及强大的计算机运算能力,科学家们对幂律分布的本质有了进一步深层次的理解。

不平衡现象是客观世界的规律。银河系星球的大小和数量不平衡,地球上植物的大小和高度不平衡,不同人的智力发育不平衡,等等。分析不平衡现象,正确用于科技术语的研究审定和发布,可以加强术语工作的科学性,提高工作效率。

常用汉字是汉字总数的一小部分,为广大的人民群众在社会生活中使用,非常用汉字多用于各行各业的科技术语。因此,研究科技文献术语的汉字分布对术语定义也具有重要作用。

在长尾分布的水平方向上,越向右其专业深度性越强,普及性越差。越向左其普及性、通用性越强,而专业深度性越弱。在中国的汉字体系中,所谓的“废弃字”正是专业性极其深邃的科学技术用字。使用人数虽然极其稀少,但对科学研究极其重要。

术语也是这样,例如数学术语:子环,子域,同构。化学专业的术语:二棕榈酰磷脂酰胆碱,孕酮。气象术语:旗云,冷涡等。

2.4　术语经济律

中国学者冯志伟在《现代术语学引论》中提出的 FEL 公式,反映了高频词(核心术语)在术语系统中的构词规律。在术语系统形成的过程中,围绕核心术语而产生的词组性术语数量较高,约占 75%。核心术语的数量及其分布反映了术语系统的经济指数。

冯志伟的 FEL 公式表示为 E=T/W。公式中 E 的单位为"条/词",即系统中平均每个单词构成多少条术语。

杨福义对术语各个专业分别进行回归计算。对等式两边取对数后化为直线方程进行最小二乘法拟合,对计算结果进行比较分析,得出部分专业术语部件词频规律方程和术语经济指数。[8]

综上所述,齐普夫定律、帕累托定律和冯志伟术语经济律都反映了术语系统中单词分布的不平衡现象。围绕核心术语单词加以前缀(左部件)和后缀(右部件)产生大量与核心术语关联的词组性术语。核心术语集合的定义与计算模型,在词频表基础上提供了统一计算方法。通过验证,可分析和比较术语结构。使用齐普夫定律与帕累托定律,结合冯志伟的术语经济率,计算求出科技术语的核心术语集,其计算具有扎实的理论基础。

3 核心术语集合的数学模型计算公式

3.1 计算过程

核心术语集合的过程如下:

1)首先获取专业术语的全部词表,进行标准化的预处理(半角到全角字符的转换,夹杂标点符号与英文字母的处理),而后进行分词与词性标注。

2)对分词后的术语集合汇总统计,提取术语部件,即术语基本词汇,对基本术语频次进行排序,获得术语词频表。

3)在术语词频表的基础上,使用计算机进行计算,获取核心术语与非核心术语的分界点,从而区分核心术语集和非核心术语集。由计算机输出核心术语集。

3.2 计算公式

核心术语的数量和分布主要是计算核心术语的数量,确定核心术语集合的范围,核查审定最基本的、需要重点优先定义的术语核心词汇。

计算方法如下:

计算各词序号的累计频次数与总词次百分比,命名为 A。

计算各词序号与总序号(词总数)的百分比,命名为 B。

当 A+B 最接近于 100% 的点的词序号,就是分界点,简称界点。

界点的图示,参见图 1。

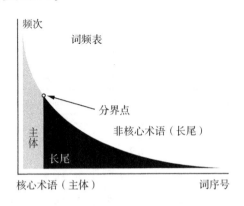

图 1　长尾模型分界点示意图

我们编写了计算软件,使用核心术语集和的软件工具可以方便地计算出核心术语、核心汉字、核心部首,以及各国语言中的核心单词等。

全部计算过程见表一,Unicode 10.0 汉字数(按部首分类统计):87 849。

部首采用康熙字典部首,汉字编码由国际标准化组织和 UNICODE 决定。

表 1　87 849 个汉字(按部首)分类统计表

序号	部首字	部首号	汉字数量	占总数百分比	字数累计百分比(A)	A+B=>百分比	序号累计百分比(B)
1	艸	140	3641	4.1446%	4.1446%	4.6119%	0.4672%
2	口	30	3274	3.7268%	7.8714%	8.8060%	0.9345%
3	水	85	3206	3.6494%	11.520%	12.922%	1.4018%

续表

序号	部首字	部首号	汉字数量	占总数百分比	字数累计百分比(A)	A+B=>百分比	序号累计百分比(B)
4	木	75	3087	3.5139%	15.034%	16.904%	1.8691%
5	手	64	2481	2.8241%	17.859%	20.195%	2.3364%
6	金	167	2344	2.6682%	20.527%	23.331%	2.8037%
7	心	61	2219	2.5259%	23.053%	26.324%	3.2710%
8	人	9	1892	2.1536%	25.206%	28.945%	3.7383%
9	火	86	1850	2.1058%	27.312%	31.518%	4.2056%
10	虫	142	1741	1.9818%	29.294%	33.967%	4.6728%
11	糸	120	1735	1.9749%	31.269%	36.409%	5.1401%
12	竹	118	1681	1.9135%	33.183%	38.790%	5.6074%
13	土	32	1679	1.9112%	35.094%	41.169%	6.0747%
14	女	38	1616	1.8395%	36.933%	43.475%	6.5420%
15	言	149	1607	1.8292%	38.763%	45.772%	7.0093%
16	鳥	196	1508	1.7165%	40.479%	47.956%	7.4766%
17	山	46	1434	1.6323%	42.112%	50.055%	7.9439%
18	魚	195	1375	1.5651%	43.677%	52.088%	8.4112%
19	肉	130	1343	1.5287%	45.205%	54.084%	8.8785%
20	玉	96	1236	1.4069%	46.612%	55.958%	9.3457%
21	日	72	1194	1.3591%	47.972%	57.785%	9.8130%
22	目	109	1167	1.3284%	49.300%	59.580%	10.280%
23	足	157	1159	1.3193%	50.619%	61.367%	10.747%
24	石	112	1107	1.2601%	51.879%	63.094%	11.214%
25	辵	162	1054	1.1997%	53.079%	64.761%	11.682%
26	衣	145	1031	1.1736%	54.253%	66.402%	12.149%
27	疒	104	964	1.0973%	55.350%	67.967%	12.616%
28	禾	115	906	1.0313%	56.381%	69.466%	13.084%
29	馬	187	904	1.0290%	57.411%	70.962%	13.551%

续表

序号	部首字	部首号	汉字数量	占总数百分比	字数累计百分比(A)	A+B=>百分比	序号累计百分比(B)
30	犬	94	874	0.9948%	58.405%	72.424%	14.018%
31	食	184	816	0.9288%	59.334%	73.820%	14.485%
32	車	159	780	0.8878%	60.222%	75.175%	14.953%
33	刀	18	779	0.8867%	61.109%	76.529%	15.420%
34	宀	40	763	0.8685%	61.977%	77.865%	15.887%
35	邑	163	751	0.8548%	62.832%	79.187%	16.355%
36	米	119	709	0.8070%	63.639%	80.462%	16.822%
37	阜	170	708	0.8059%	64.445%	81.735%	17.289%
38	貝	154	700	0.7968%	65.242%	82.999%	17.757%
39	頁	181	692	0.7877%	66.030%	84.254%	18.224%
40	門	169	667	0.7592%	66.789%	85.481%	18.691%
41	示	113	656	0.7467%	67.536%	86.695%	19.158%
42	广	53	631	0.7182%	68.254%	87.880%	19.626%
43	雨	173	625	0.7114%	68.966%	89.059%	20.093%
44	攴	66	624	0.7103%	69.676%	90.237%	20.560%
45	巾	50	566	0.6442%	70.320%	91.348%	21.028%
46	酉	164	556	0.6329%	70.953%	92.448%	21.495%
47	穴	116	528	0.6010%	71.554%	93.517%	21.962%
48	革	177	512	0.5828%	72.137%	94.567%	22.429%
49	田	102	498	0.5668%	72.704%	95.601%	22.897%
50	走	156	491	0.5589%	73.263%	96.627%	23.364%
51	牛	93	461	0.5247%	73.787%	97.619%	23.831%
52	彳	60	449	0.5111%	74.299%	98.598%	24.299%
53	毛	82	446	0.5076%	74.806%	99.573%	24.766%
54 界点★	髟	190	434	0.4940%	★75.300%	★100.5%	★25.233%

续表

序号	部首字	部首号	汉字数量	占总数 百分比	字数累 计百分比(A)	A+B=> 百分比	序号累计 百分比(B)
55	大	37	428	0.4871%	75.787%	101.48%	25.700%
56	耳	128	396	0.4507%	76.238%	102.40%	26.168%
57	尸	44	391	0.4450%	76.683%	103.31%	26.635%
58	网	122	380	0.4325%	77.116%	104.21%	27.102%
59	欠	76	365	0.4154%	77.531%	105.10%	27.570%
60	風	182	364	0.4143%	77.946%	105.98%	28.037%
61	歹	78	364	0.4143%	78.360%	106.86%	28.504%
212	艮	138	15	0.0170%	99.973%	199.03%	99.065%
213	鬯	204	13	0.0147%	99.988%	199.52%	99.532%
214	玄	95	10	0.0113%	100%	200%	100%

注:62-211 行数据略。

核心部首汉字数据集的确定,对我国对外汉语教学有着重要的指导作用,在汉语汉字教学改革的体系中,推进汉语汉字教学的科学化、规范化的系统设计和教材全面改革具有重要的意义。有关系统化、结构化和工程化的研究正在进行中。

4 应用计算实例

4.1 计算实例一

4.1.1 中国科技术语动物学专业核心术语的计算

界点位置 2509,误差:0.0116。

长尾定律分界界点值:40/60,界点:2508。

中国科技术语动物学专业核心术语词数:2508。

4.1.2 中国科技术语电工学专业核心术语的计算

界点位置1309,误差:0.0148。

长尾定律分界界点值:27/73,界点:1308。

中国科技术语电工学专业核心术语词数:1308。

两个专业比较,可以得出,电工学专业核心术语较为集中,构词能力强,经济指数较高。

表2所示是中国科技术语部分专业核心术语集合的统计。

表2 中国科技术语部分专业核心术语部件统计表

专业	术语总数	术语部件总数	核心术语部件数	界点值	经济指数
电工学	7296	4871	1308	27/73	1.50
动物学	6699	6276	2508	40/60	1.07
天文学	2275	2172	789	36/64	1.04
电子学	4725	3826	1165	30/70	1.23
计算机	14286	6272	1510	24/76	2.27
化学	5861	4868	1498	31/69	1.20
数学	8856	5359	1354	26/74	1.65
物理学	8259	6078	1795	30/70	1.36
自动化	1898	1290	352	27/73	1.47
农学	3070	2961	1162	38/62	1.03
化学工程	2161	2003	725	36/64	1.07

注:各专业术语数依据全国科技名词委曾经发布的光盘版统计资料计算得出。

4.2 计算实例二

中国科技术语120个最重要的核心术语。

2014年杨福义从科技术语数据库中抽取到10万条的术语部件,经过计算,其核心术语有22 705个,约占术语总数的10%,排序得到中国科技术语最核心的 120 个词汇,如下所示(按频数依次排列)。

系统	试验	细胞	控制	资源	系数	结构	作用	模型	装置
分析	生物	效应	测量	材料	时间	蛋白	数据	函数	土壤
空间	环境	反应	设计	曲线	因子	基因	方程	理论	信息
化学	技术	管理	植物	神经	电流	信号	强度	设备	复合
综合征	电子	纤维	自动	温度	保护	工程	免疫	处理	电压
生态	组织	卫星	通信	动脉	分布	指数	程序	数字	辐射
合金	运动	过程	静脉	激光	速度	自然	城市	安全	密度
网络	动物	中心	机械	压力	应力	循环	质量	地图	气候
状态	离子	海洋	计算机	地理	条件	连续	表面	频率	脉冲
传感器	电路	故障	轨道	测试	特性	DNA	动态	业务	振动
交换	方法	雷达	模式	混凝土	语言	平均	光学	运输	金属
序列	土地	噪声	规划	效率	地球	功能	操作	图像	分子

5 结语与讨论

我们认为:核心术语集合的计算依据理论基础扎实,可以在不同的专业词频表上予以验证和计算使用,是术语审定与科研工作的重要工具。

在术语定义中,需要参考 ISO 国际标准和国家标准,对基本术语做出严谨科学的定义。在此基础上做出符合科技术语的定义。对已经发布的术语定义有必要进行清理,以保证定义的科学性与逻辑性。例如:"计算机断层扫描"术语,进行结构分析可以得到三个术语,计算机、断层、扫描。也只能在这三个术语的定义与解释的基础上,定义"计算机断层扫描"。当然,通俗的释义是使用计算机用断层的方式进行的扫描,以此说明扫描使用的工具与方法。

根据我国多民族术语使用的需要,可以编写中国各民族核心术语翻译词典,解决各民族科技文献急需的术语翻译问题,并为各国语言核心术语的翻译工具库的建设做出贡献,以利于世界各国相互查询术语。

由于汉字反映出音义结合体和汉字构词反映出意合的重要属性,因此中国核心术语的集合可以译成英语、俄语、日语等世界各国语言对应的核心术语集和,有利于把中国科技术语核心术语的计算方法得以推广,以促进世界术语科研的交流。

核心术语与其相关联的术语构成了术语云团,例如:与"系统"相关联的术语有3 000多个,是科技术语系统中最大的术语云团。结构大小不同的术语云团及其相互的关联则构成科技术语云的系统模型。

中国科技术语的前6 000条术语占整个术语系统的60%,这些术语及其关联构成整个科技术语系统云结构的基本骨架,从而把科学化、系统化和结构化的理念深入地运用到术语科学研究中。

裴亚军指出:"科技术语云力图建设一个面向服务的体系结构,为一切抽象、自治和无状态的用户需求建立一系列易于理解并执行的组织原则和复杂的系统模型。"[9]任重道远,需要吾辈努力践行之。

核心术语集和中的每个术语定义涉及术语定义的科学与严谨,不仅需要语言学家,也需要数理逻辑学家的参与,应与几何证明与数学推理一样的严谨。只有这样,才能使中国科技术语反映概念本体映像的汉字进入国际术语研究的前列,这也是我们的殷切希望。

本文得到冯志伟导师的理论指导和帮助,在此表示感谢。

参考文献

[1]陈新仁.试论中国语用学学科话语体系的建构[J].外语教学,2018,39(5):12-16.

[2]句云生.加快发展中国特色术语学[EB/OL].(2020-08-11)[2021-03-20].https://www.cssn.cn/skgz/bwyc/202208/t20220803_5458680.shtml.

[3]叶其松.术语学核心术语研究[D].哈尔滨:黑龙江大学,2010.

[4]杨福义,叶其松.人工智能时代知识工程的初步探索[J].人工智能与机器人研究,2021,10(1):9-28.

[5]伊姆雷·拉卡托斯.证明与反驳——数学发现的逻辑[M].康宏逵,译.上海:上海译文出版社,1987.

[6]全国科学技术名词审定委员会.科学技术名词审定原则及方法(修订稿)[EB/OL].(2016-03-11)[2021-03-20].http://www.cnterm.cn/sdgb/sdyzjff/201603/t20160311_328780.html.

[7]冯志伟,胡凤国.数理语言学:增订本[M]北京:商务印书馆,2012.

[8]杨福义.大型术语部件库建设的实践与思考[J]中国科技术语,2014,16(4):9-13.

[9]裴亚军.科技术语云搭建21世纪科技知识管理平台[N/OL].中国社会科学报,2012-07-02[2021-03-19].http:// blog. sina. com. cn / s/blog_48e1bd7301010q7t. html.

[10]术语工作 词汇 第一部分:理论与应用 GB/T 15237.1—2000[S/OL].[2021-03-20]. https://www.doc88.com/p-1856817930936.html.

军语同义词群建构意义
及其在自然语言处理中的应用

向 音

（中南民族大学）

1 军语同义词群的含义

同义词群是指围绕相同义素所形成的词的集合。[1]在同义词群中,相同义素是词群的纲,它把意义相同、相近或类同的词聚合在一起构成一个系统。系统中的词语因具有词群的群义特征相互联系,同时又因具有独特的个性意义特征而相互区别。例如,军语"袭击"按样式分为伏击、偷袭、急袭、奔袭、破袭和袭扰,这些术语一起构成了"袭击"的下位词群。"出敌不意或乘敌不备突然实施的攻击"是这些术语共有的群义特征,而"袭击"的各个下位变体又有属于自己的个性语义特征。同义词群研究词汇语义的重要内容,而词汇语义一直是语言学本体研究的重要课题,由词汇语义资源构成的语义本体知识库是自然语言处理不可或缺的基础性资源。

2 同义词群研究是建设语义网的需要

大数据时代的今天,对于语言信息处理来说,国内现有的语义知识库远远不能满足应用需求。为了使计算机能够理解自然语言的语义内容,必须为机器提供一种语义描述机制和一套推理规则,这就需要将深层的语义显性地揭示出来,为词汇和文本语义的句法标注奠定基础。萧国政先生指出,对于计算机来说如何识别同义词是一个难点,只有详尽描述并识别同义词之间此义与彼义的细微差别,才有助于机器识解同义词在句子和文本语境中的确切含义。同义词群是围绕同一语义因子而形成的若干词的集合,同义词群的建构是语言信息处理、人工智能,尤其是机器翻译进一步发展所面临的新的时代性任务,是自然语言处理和人工智能继词语的自动切分、词性自动标注之后,实现新的奋斗目标——词义自动标注的攻坚性工程。如果此项工程完成不好,不管计算机有多先进,计算技术和算法有多高超,其努力都只能是在沙滩上构建高楼大厦。[1]从万维网发展到语义网,网络逐渐智能化,能够对网络信息进行理解和处理,使得人机交互也逐渐变得容易轻松,但是建构语义网是一项浩大复杂的工程,需要逻辑层面、技术层面和知识层面的多种基础来支撑。作为一个庞大的知识表现系统,语义网可以描述事实性知识、推理知识和术语知识,其中术语知识本体所描述的是概念和概念之间的语义信息,为语义网提供深层次的基础支撑,因此对语义的深层挖掘能够支持语义网建设和实现。

3 军语语义研究是国防和军队信息化建设的需要

信息时代的军事领域已融入作战决策和实施的各个环节中,其作用由服务决策发展到主导控制。信息的获取、传输、处理和运用成为作战活动的核心,信息对抗成为敌对双方斗争的焦点,网络战场成为决定信息作战成败的关键因素。在美国国防部呈国会的报告中指出,实施网络中心战的一个重要赋能因素是意义理解(亦称语义的互通性),也就是对相同的信息能够转化理解相同的能力,要使网络中心战形式具备共享态势感知,实现语义的互通性是非常必要的。[2]

军语的根本价值和作用在于为军队训练和作战服务,军语的规范统一和意义理解是军队信息化建设的基础和保障。可以说,没有规范统一和语义互通的军语,军事信息主题就难以标识、信息资源难以检索、信息传递难以顺畅,就不可能真正有效实现网络互联和信息共享,必将严重制约网络中心战模式的生成。因此,从语言科学、军事科学、信息科学等多学科角度开展军语的语义研究,建立军事术语在各军兵种之间的语义互通性,对于在信息化条件下和网络环境下联合作战模式的生成具有重要的学术探索意义。

4 军语同义词群建构在自然语言处理中的应用

4.1 实现搜索引擎的概念扩展

随着互联网的飞速发展,如何在网络海量数据中快速查询所需信息,就需要用到提供此类查询服务的搜索引擎。目前许多搜索引擎大多是基于关键词搜索,并通过索引找出与之相匹配的记录,但是各专业知识领域术语都有同义异形词的存在,同一个词语使用起来内涵可能也会有区别,因此搜索结果不尽如人意。有时可能遇到不知道具体关键词而进行检索的情况,这样检索的结果也不理想。而基于语义的搜索引擎,也就是概念检索,是以自然语言理解技术为基础,突破了基于关键词搜索局限于表面形式机械式匹配的缺陷,从语义的角度也就是更深层次的角度来理解和处理用户的请求,能解决基于关键词的搜索难以解决的问题。例如由于同一概念词形上的差异、同一词形概念内涵不同等不能满足关键词匹配的要求而影响查询结果。概念不是孤立存在的,它存在一定的系统中,并与其他概念有一定的联系。例如,指战员会把"进攻"与进攻对象、进攻的时空环境、进攻方式等联系起来。概念检索可实现语义的蕴含、外延及相关扩展。例如我们查询"急袭"时,也可以查询"袭击""攻击""进攻""作战"。概念检索包括同义扩展检索和相关概念联想检索两个方面,同义扩展检索可提高检索的查全率,相关概念联想检索能够加强搜索引擎与人的交互,使其具有一定程度的智能。[3,P526]

从概念层面进行语义扩展主要是对同义概念的扩展,概念检索的基础功能就是同义扩展检索。英文中同义概念扩展检索是基于 WordNet 词库进行的,国内也有基于 HowNet、HNC、CCD 等知识库进行同义概念扩展检索的,目前还没有专门针对军事领域的同义词库。本文建立的军语同义词群是以基元词"进攻""防御""军事侦察""军事训练"为核心,把众多意义相同或相近的军事术语或具有同一语义因子的军事术语集合起来而形成的聚合体,详细描写了各类军语同义词群各成员的共有语义特征和个性语义特征,满足概念扩展检索对语义形式进行细致描写的要求。例如查询"区域式防御"时,也能查询"防区式防御";查询"海上截击"时,也能查询"海上拦击";查询"前半球攻击"时也能查询"迎头攻击"。我们输入"袭击"一词,它的上位概念"攻击"、同位概念"强击"和下位概念"伏击、偷袭、奇袭、急袭、奔袭、破袭、袭扰"等相关信息都会返回给用户,因此,建立军语同义词群可帮助搜索引擎的概念扩展,通过扩展可提高查准率、查全率。

4.2 支撑信息自动处理

随着信息存储技术和通信技术的迅速发展,大量的文本信息开始以计算机可读形式存在,计算机信息加工和文本自动处理之间的关系越来越密切。在信息的搜集、整理、分析、存储中有大量的自然语言处理问题,信息自动处理要求必须能接近信息内容,以某种形式表达知识和语义信息,因此语义分析和语义解释系统、语义处理和内容分析的研究对信息自动处理的各分支都是必不可少的。

一是建立军语同义词群有助于提高军事信息自动检索的准确率。在使用信息自动检索系统时,经常会遇到这样的情况:对同一概念的描述可能会使用不同的方式来表达,例如"飞机或直升机从空中目标的前方任意角度对其进行的攻击"这一概念,可以用"前半球攻击"和"迎头攻击"这两个军语来指称。同一个词语使用起来内涵可能也会有区别,例如"空中攻击"这一军语在一定语境中,可以指称"飞机、直升机从空中对空中目标或对地面、水面、水下目标进行的射击和轰炸"这一军事概念;在另一语境中,又可以指称"空战飞机从占据有利攻击位置起至停止发射弹药的战斗阶段"这一军事概念。[4] 所以,为了提高信息检索的有效性和准确度,有必要通过概念及其语义关系建立不同领域的概念语义词典,反映同义词、近义词和反义词的关系。这样,在进行检索时,用户就可不必考虑同义词、多义词的情况,系统会依据检索的关键词,从概念语义词典自动调出相关词。[5]军语同义词群的功能实际与军事信息自动检索时所需的军事领域的概念语义词典功能类似。

二是建立军语同义词群有助于提高军事文本自动分类的精确率。文本自动分类特别是对中文文本进行分类时,高维的特征空间是需要解决的最大困难之一。在原始的特征空间,中文词条有时可能多达一二十万条,对于目前已有的分类算法来说,如此高维的特征空间需要寻找有效的特征抽取方法降低特征空间的维数。特征降维对降低计算代价有非常重要的作用,它能够帮助提高中文文本分类的效率和精度。[6]与基于统计的分类方法相比,运用扩展的向量空间模型的方法(即基于语义概念的文本分类,在向量空间模型中加入语义概念分析)可有效解决多义词和同义词对分类的干扰等问题,进一步提高信息自动分类效果。由于存在同义词、多义词、上下文隐含的语义关系等多种复杂情况,建立相关的语义知识库有助于从分类的信息中抽取关键词的相关信息,对概念进行排歧和降维,将文本中的关键词用更小的语义空间表示,使新生成的语义空间中的相关文本更接近。例如建立"攻防"类军语同义词群,"攻防"军语的上位、下位、同位关系形成树状网络,可描写军语词群中各成员之间的语义上的联系与区别以及各成员之间的上下位关系。在文本的自动分类中可结合同义军语词群系统对文本的特征词进行概念处理,排出同义词的歧义,降低特征空间的维度,从而提高信息自动分类的精确率。

总之,军语同义词群是以认知范畴的基本词为基元词,它将具有同一语义因子的术语联系起来,形成具有同义、类义、反义等关系的一个词群。这些词群的成员按一定的原则进行语义分类,在对军事术语进行类聚的同时,详细揭示词群内各成员的语义内涵。通过建构多个军语同义词群可使军事术语形成一个较大的网络,在这个军事术语网中,每个军语位置固定而且有机相联,能为计算机处理语义信息提供具体的路径。建构军语同义词群是为了建构人机共享的军语语义表述系统,当军语同义词群在进行军事术语类聚时,该系统可详细揭示军事术语的语义内涵,应用于语义网后可实现搜索引擎的概念扩展,增强人与引擎之间的交互,同时能够利用知识表示技术,使军事领域各系统之间真正实现语义的互通性和技术层面的互操作性。

参考文献

[1]萧国政. 动词"打"本义的结构描写及其同义词群建构———一种人机共享的"词群-词位变体"研究初探[C]//中国中文信息学会,新加坡中文与东方语言信息处理学会,武汉大学语言与信息研究中心. 中国计算技术与语言问题研究——第七届中文信息处理国际会议论文集. 北京:电子工业出版社,2007:3-9.

[2]杨晖. 网络中心战[M]. 北京:军事谊文出版社,2009.

[3]李蕾,王楠,钟义信,等. 基于语义网络的概念检索研究与实现[J]. 情报学报,2000,19(5):525-531.

[4]李苏鸣. 军语导论[M]. 北京:军事科学出版社,2010.

[5]冯志伟. 情报自动检索系统与自然语言处理[J]. 术语标准化与信息技术,1996(2):19-23.

[6]代六玲,黄河燕,陈肇雄. 中文文本分类中特征抽取方法的比较研究[J]. 中文信息学报,2004,18(1):26-32.

第二部分
术语比较和传播研究

中日间音乐术语的相互传播与发展

——以音符、休止符术语为例

国本延爱

(北京师范大学)

引言

中国和日本是一衣带水的邻邦,两国交流的历史源远流长。在古代,两国文化交流的流向是单向的,主要是日本引进中国的文字、政治及其他文化;而近代以来,交流模式由单向转为了双向。这种变化也给两国语言发展带来了新契机和新变化。

中日词汇交流有几种不同流向:第一是中日流向词,其流动方向可以表示为"中→日";第二是日中流向词,可以表示为"日→中";第三是中日互动词,即那些在词语形成及普及定型过程中,双方均以某种方式参与其间的词,可以表示为"中→日→中"。第三种类型还可细分为二:一是源于中国典籍(含佛经典籍)、白话小说、"好书"中的词语,日本借其做译词,赋予与西方语言相对应的新意义后又回流至中国;二是汉译西书中的译词,它们由于某种原因未在中国得到普及,或者译词没有最终定型,而在进入日语后与外语的对译关系得以确定,成为近代新词。[1]

音符是西洋音乐记谱法中"用以记录不同长短的音的进行的符号",休止符是"用以记录不同长短的音的间断的符号",常用的音符有"全音符、二分音符"等。本文作为中日音乐词汇交流史的尝试性研究,以音符、休止符方面的术语为例进行梳理和分析,试图解决以下问题:中日近代音乐术语是否也有"中→日"的流向？相关术语是如何发展的？以期对两国近代音乐交流史以及今后音乐术语翻译及其研究等有所助益。

1　早期传教士音乐术语的"中→日"流向

1.1　早期传教士所用术语

西洋乐理最早在中国的汉语文献记载。早期传教士徐日升所著的《律吕纂要》和德里格所著的《律吕正义·续编》，是介绍中世纪晚期至17世纪的欧洲记谱法及乐理知识的著作。《律吕正义·续编》部分内容取材于1650年出版的《音乐全书》，作者为基歇尔。《律吕正义·续编》主要涉及的与西乐相关的内容为音高、音长、变化音等记谱法方面的知识，其中关于音符的术语如下[7]：

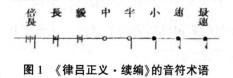

图1　《律吕正义·续编》的音符术语

如图所示，书中术语与现代音符术语"二分音符、八分音符"等不同。二者是两个完全不同的记谱体系。《律吕正义·续编》中介绍的内容是17世纪欧洲的白符定量记谱法，是在黑符定量记谱法基础上形成的。在13世纪中叶，黑符定量记谱法主要使用long（长音符）、brevis（短音符）两种音符①。14世纪以后，又产生了semibrevis（半短音符）、minima（最短音符）等时值更短的音符。[6]白符定量记谱法与现代记谱法不同，例如它以三分法为主，而现代记谱法主要用二分法；此法中最为常用的音符是semibrevis，虽然其英语指称形式与现代的"全音符"相同，但其内涵不同。可能出于上述原因，现代音符方面的术语没有继承早期传教士的术语体系。

---

① 括号中汉语译词参考任达敏（2011）。

马礼逊的《华英字典》收录了《律吕正义·续编》的音乐术语,其中包括"倍长、长、缓、中、半、小、速、最速"等[7],具体见下图:

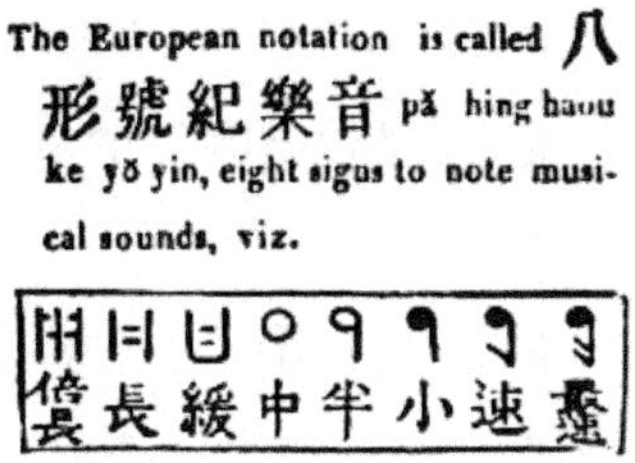

The European notation is called 八
形號紀樂音 pă hing haou
ke yŏ yin, eight sigus to note musi-cal sounds, viz.

倍 长 緩 中 半 小 速 蠚

图2 马礼逊《华英字典》notation 词条中的音符术语

随着学科发展,西方术语的使用也在发生变化。如日语地理名词"海流"这一指称形式的出现,与表汉语"洋流"义的术语原语由 stream 更替为 ocean current 有关。[8]由上述内容可知,术语史研究既需要考虑语言内部因素,即语言本身的影响,同时也还应该考虑语言外部,即学科发展的影响。这也再一次说明术语史研究与学科史发展有密切联系。

1.2 宇田川榕庵所用术语

1603 年,德川家康于江户建立幕府后采取严格的禁教、锁国政策,因而日本也只能从仅有的两个贸易对象国,即中国与荷兰获取世界的新信息、新知识。1720 年,注重实学的第八代将军德川吉宗放宽了对图书进口的限制,这才使海外新知识的传入有了一定的进展。他于 1740 年命学者学习荷兰语。日本试图通过荷兰书籍了解世界局势,学习西方的新知识,而这也促使了"兰学"的兴起。[1]

日本著名兰学家宇田川榕庵著有《舍密开宗》《植物启原》等科学著作。此外,他对音乐也抱有浓厚兴趣,曾对中西日三种音律进行比较和研究。宇田川榕庵与德国植物学家西博尔德(Philipp Franz von Siebold)有交流,很可能因此而与西方音乐结缘。[9]

宇田川榕庵的《和兰志略》是一部记录欧洲军事、社会、文化等方面知识的著述,大致著于 1844 年至 1845 年前后。[9] 书中的音乐术语受到早期中国术语影响,其中《和兰志略》卷五、卷十三中有"倍长、长、缓、中、半、小速、最速"等,与《律吕正义·续编》中的相同。[7] 宇田川榕庵可能参考了马礼逊的《华英字典》[7],根据江户时期《律吕正义》传入日本的记录,宇田川榕庵可能还参考了其他中国著述[9]。但是,无论是哪种情况,都可以证明中国西乐知识曾对日本产生影响。

以往中日词汇交流方面的音乐术语研究较多关注日本对中国的影响,较少谈及中方材料对日本的影响。而由上述内容可知,音乐术语的发展包括"中→日"流向。

2 现代音乐术语的"中→日→中"流向

2.1 新来华传教士所用术语

鸦片战争后不久,新来华传教士就开始在东南沿海进行传教活动,在此期间一些新编译的赞美诗集陆续出版。[3] 现存史料中有受关注程度较高的《西国乐法启蒙》,也有目前在中国关注较少的应思理的《圣山谐歌》等。[10]

《喇叭吹法》是由美国传教士金楷理口译、中国人蔡锡龄笔述的一本器乐演奏教材,在外国传教士为数不多的包含西洋乐理的教材中,体现了当时西洋乐理在中国的发展。[11]

上述教材中音符、休止符方面的术语如下:

表 1 新来华传教士音乐著述中相关术语

现代通用术语	《圣山谐歌》应思理 1858	《西国乐法启蒙》狄就烈 1872	《喇叭吹法》金楷理,蔡锡龄 1877
全音符	全备	全号	全音号
二分音符	半开	二分号	半音号
四分音符	四开	四分号	四分音号

续表

现代通用术语	《圣山谐歌》应思理 1858	《西国乐法启蒙》狄就烈 1872	《喇叭吹法》金楷理,蔡锡龄 1877
全休止符	全备歇	全歇号	—
二分休止符	半开歇	二分歇号	—
四分休止符	四开歇	—	—

如上表所示,几本书中均使用了四、八、十六等限定性成分,在1858年《圣山谐歌》中已经形成了现代术语的体系,而《西国乐法启蒙》《喇叭吹法》中的"号""音号""歇号"等,与现代术语"音符""休止符"等同义,形成了与现代术语相同的结构。不同的是,此前混用"半""二分"来表示二分音符,这可能是受英语half一词影响。新来华传教士教材中已形成现代音符术语体系。但是,由于《西国乐法启蒙》的教学对象只限于教徒、教友和少数的特定阶层,在当时没有产生更为广泛的社会影响。[11]

此外,新传教士的英华字典中也收录音符(note)相关词条,如1847年麦都思的《英华词典》用汉语"律吕、声音"对译note,而最早收录"音号"一词的则为1866年罗存德的《英华字典》,晚于上述音乐著述。[12]

2.2 泷村小太郎所用术语

服部幸三、吉川浩子等人指出,泷村小太郎(1839—1912)是首个系统地将西洋音乐学引入日本的人。[12]他的译著《西洋音乐小解》摘译自《钱伯斯百科全书》①中音乐词条的相关内容,其中的术语可分为四类:第一,直接使用日本音乐术语;第二,音译术语,其中包括假名音译和汉字音译;第三,借用中国的西洋音乐术语,主要参考了《西国乐法启蒙》;第四,创造新词语。[13]新词语又可以分为直译和意译。书中音符方面术语主要为第三

---

① 原著为"Chamber's Encyclopaedia. A Dictionary of Universal Knowledge for the People", Illustrated with Maps and Numerous Wood Engravings, London:1873。同时参考韦伯斯特(Webster)的字典("A Dictionary of the English Language")等多部著述(上田真树2007)。

种,其中"全号、二分号、四分号、八分号"等与《西国乐法启蒙》相同。[13]上田真树认为,《钱伯斯百科全书》中的 semibreve(全音符)、minim(二分音符)、crotchet(四分音符)为英式术语,而《西国乐法启蒙》中的为美国或德国的术语体系,即每个较大音值的音符与它接近的音值之比为 2∶1,例如全音符等于两个二分音符。该文还指出,泷村小太郎在书中进行了说明,认为使用的译词(即全号)与原词(即 semibreve)不完全对等,但为了便于理解,还是决定采用《西国乐法启蒙》的术语"全号"。[13]

尽管 19 世纪以后新传教士的术语未在中国普及,但被泷村小太郎借用,相关术语在日本演变并回流中国,间接为西洋音乐在中国的发展和普及提供了可供使用或借鉴的译词,为此后"学堂"或"学校"的音乐教育奠定了重要基础。

术语的系统性是指特定领域的各个术语,必须处于一个层次结构明确的系统中,其命名应体现出逻辑相关性。[17]从翻译角度看,泷村小太郎在选择准确、对等的术语和使用具有系统性的术语之间选择了后者,这一点对现代术语翻译也有启发意义。

2.3　其他明治时期音乐教材所用术语

1872 年,日本明治政府颁布了新的《学制》并开设"唱歌""奏乐"等科目,但当时没有可以从事相关教育的人才,因此派伊泽修二等人于 1874 年赴美考察。1878 年,待伊泽修二回到日本后,政府采纳其设立音乐调研所的建议,并从美国聘请音乐教师梅森。梅森为了到任后能够直接开展教学,希望音乐调研所做一些包括翻译音乐术语在内的筹备工作。[13]音乐调研所 1879 年成立,并购买了泷村小太郎的《西洋音乐小解》《约氏音乐问答》等译稿,后者经该所的神津专三郎校对、修订后改名为《音乐问答》,由文部省于 1883 年出版。文部省还于同年出版了内田弥一的《音乐指南》,1884 年出版神津元的《乐典》。音乐调研所为统一术语,对三位译者的术语进行取舍和大幅修改。[13]三本教材中的部分音符术语如下:

表 2　明治早期音乐教材中相关术语①

现代通用术语	《音乐指南》 内田弥一 1883	《音乐问答》 泷村小太郎 1883	《乐典》 神津元 1884
二全音符	—	—	二音符
全音符	完全符	全音符	全音符、一音符
二分音符	半ノ符、二分符	半音符、二分音符	二分符
四分音符	四分一ノ符、四分符	四分音符	四分符
八分音符	八分符	八分符	八分符
十六分音符	—	十六分音符	十六分符
三十二分音符	—	三十二分音符	三十二分符

　　如上表所示,上述教材的术语在体系上较为一致,有些教材使用了与现代通用术语相同的前缀,主要差异体现在"符""音符"等词根及前缀的选词表达上;而在笔者目前调查的资料范围内来看,最早使用"全音符、二分音符"等现代音乐术语的为《音乐问答》。有学者指出,日本的西洋乐理术语几乎从一开始就以比较完整统一的面貌出现。笔者也认为,三本教材虽然译者不同,在体系上却均采用了"二分、四分"等美式(或德式)的体系,主要与由文部省主导出版教材有关,但三本教材中细小的差异还需要进一步研究分析。对于音乐调研所的修改校对工作也有学者指出,泷村小太郎对一些较为难懂的词做了详细注释,但音乐调研所几乎全部删减了这部分内容,当时日本处于急需引进西洋乐理、推行学校音乐教育的阶段,为了达成上述目的,需要尽快培养音乐教育人才。该所编写教材的目的是产出用简洁的词语表述西洋音乐概念的教科书,而不是产出让每位读者都能通过阅读便能理解的读物。[13]尽管如此,术语统一工作很有成效,并使之很快得到普及,已有研究整理的若干明治时期音乐教材中的术语就对此有所体现,其中相关内容如下:

---

　　① 表格中的为文部省刊行版中的术语。

表 3　明治音乐教材中相关术语①

现代通用术语	《音乐之枝折·上》大村芳树 1889	《新编音乐理论》铃木米次郎 1892	《乐典入门》多梅稚 1899	《乐典教科书》入江好治郎 1902	《乐典大意》铃木米次郎 1906
音符	音符	—	音符	音符	音符
基本音符	—	—	—	—	—
二全音符	—	二全音符	—	—	—
全音符	全音符	全音符	全音符	全音符	全音符
二分音符	二分一符	半音符 二分音符	二分音符	半音符 二分音符	半音符
四分音符	四分一符	四分音符	四分音符	四分音符	四分音符
三十二分音符	三十二分一符	三十二分音符	三十二分音符	三十二分音符	三十二音符
全休止符	全音の休止符	全音休止符	全休止符	全默符	全休止符
二分休止符	二分一の休止符	半音休止符	二分休止符	二分默符	半休止符
四分休止符	四分一の休止符	四分休止符	四分休止符	四分默符	四分休止符

如上表所示,所有的教材已经固定使用"四分"等前缀,说明音乐调研所的术语被广泛接受,而这也反映了术语制定中"官方"的影响力。但是,二分音符的名称尚未固定,有的教材仍使用"半音符"。总体来说,明治时期音符、休止符方面的术语已经基本形成,这说明音乐调研所的术语制定工作起到了很好的作用。

2.4　20 世纪上半叶中国音乐教材所用术语

音乐教材在术语传播过程中起到了重要的作用。在甲午战争结束以后,开始有大量的中国学生留学日本,1896 年仅有 13 名留日学生,而 1906 年已达到 8 000 名左右[16],其中也有学习音乐的学生,他们中的一些人在回

---

① 此处指称形式参考李重光(1962)。

国后成为中国新音乐的倡导者。到了 1956 年,以中国音乐家协会和中央音乐学院名义编发了《音乐名词统一译名初稿》,译名统一工作告一段落,因此本文将调查范围限定在 20 世纪上半叶。

20 世纪之初的音乐术语引进阶段可以将 1904 年到 1919 年这段时间视为第一阶段,该阶段有"日译书一统天下""引进日本人创译的术语"等特点。笔者调查了此期的部分音乐教材,相关术语的分布情况如下:

表4 中国近代第一阶段音乐教材中相关术语

现代通用术语	《乐典教科书》曾志忞 1904	《音乐体操》江苏师范生 1906	《乐理概论》沈彭年 1908	《乐典》徐宝仁 1915
全音符	全音符	全音符	全音符	—
二分音符	二分音符或半音符	二分音符或半音符	二分音符	二分音符
四分音符	四分音符	四分音符	四分音符	四分音符
八分音符	八分音符	八分音符	八分音符	八分音符
十六分音符	十六分音符	十六分音符	十六分音符	十六分音符
三十二分音符	三十二分音符	三十二分音符	三十二分音符	三十二分音符
二全音符	二全休止符	—	—	—
全休止符	全音休止符	—	全音休符	全休止符
二分休止符	半音休止符	—	二分音休符	二分休止符
四分休止符	四分休止符	—	四分音休符	四分休止符
八分休止符	八分休止符	—	八分音休符	八分休止符
十六分休止符	十六分休止符	—	十六分音休符	十六分休止符
三十二分休止符	三十二分休止符		三十二分音休符	三十二分休止符

由上表可见,此期中国音符、休止符方面的术语基本统一,已经与现代通用术语基本一致。沈彭年《乐理概论》明确指出,"二分音符"一类是日本名称。因此我们可以认为,此期这些音符术语是源自日本

的,这也从另一个角度说明,来华传教士的音乐教育和音乐术语没有得到广泛普及,音符、休止符等术语是以"中→日→中"的流向回流并传播、普及的。

从 20 世纪上半叶整体来看,音符方面的术语也基本趋于一致。笔者调查了 1904 年至 1948 年出版的 29 本中国音乐教材中音符、休止符方面的术语,发现只有 5 本有 3 个以上的术语与现代通用术语相差较多,其余教材基本一致。在调查范围内,不同年代的教材在术语异同上没有明显的倾向性,说明自 20 世纪初,引进的西乐术语就较为统一,只是个别教材采用不同术语。有差异的如曾志忞《乐典教科书》中以"坿点"表"附点",沈彭年《乐理概论》中以"休符"表"休止符"等。

2.5 音乐教材所用同义术语

2.5.1 自源与他源的同义术语

如上所述,此期不同音乐教材所用术语也略有差异,那么具体有哪些术语有所不同? 这些差异造成的原因是什么? 冯志伟指出,在同一语言中,如果同一个概念用两个或两个以上的术语表示,这些术语就叫作同义术语。[17]以下根据其来源,分为自源同义术语和他源同义术语来进行讨论。

在笔者收集的材料中,自源同义术语主要为异形术语。"在汉语中,如果一个术语由形状不同的汉字表示,这种术语就叫作异形术语。异形术语是汉语中特有的一种同义术语。"[17,P59]日语也同样使用汉字书写,因而也有可能形成异形术语,因此在讨论和研究时,需要判明其来源。

例如曾志忞的《乐典教科书》转译自铃木米次郎的《新编音乐理论》,"以小坿点置于音符或休止符之后,则小附点前之音符或休止符当延长其本符二分之一"一句中并用"附点""坿点"这一对异形术语。根据网络词典《汉典》①,"附""坿"为异体字,而铃木米次郎使用的是"附点",没有使用

---

① 汉典网址 https://www.zdic.net/hans/%E5%9D%BF。

"坿点"①。因此,我们初步判定该词为自源异形术语,即是在汉语中形成的。

他源同义术语可以分为以下两类:

第一类是受到日语影响而形成的同义术语。20 世纪初期,汉语音乐术语多受日语影响,而日本教材也有同义术语并用现象。例如,徐宝仁的《乐典》并用"复附点音符""再附点音符",而日本多梅稚的《ヴワイオリン初步》(汉语为《小提琴初步》)中用"复附点音符",石原重雄的《新撰乐典大要》使用"再附点音符",文部省的《音乐问答》中用"再附点四分音符"等。再如"休符"与"休止符",沈彭年的《乐理概论》用"休符",陈邦镇等人的《音乐学》使用"休止符",而日本鸟居忱的《音乐理论》、铃木米次郎的《乐典大意》则分别使用"休符"和"休止符"。另外,"默符"也是中日双方都曾使用的"休止符"的同义术语。

第二类主要是上世纪 20 年代中国著名音乐家萧友梅使用的同义术语。萧友梅于 1902 年赴日,在攻读东京高等师范学校附属中学的同时,在东京音乐学院学习钢琴和声乐,而后又于 1912 年赴德国学习,成为第一个以音乐学论文获得博士学位的中国人。[18]其著述,如《风琴教科书》《新学制乐理教科书》使用"二分音符"的同义术语"半音符",而后者在 20 世纪早期的中国乐理教材中也曾使用,例如曾志忞的《乐典教科书》等。这可能有两方面的原因:一是因为萧友梅早期留学日本,受日本术语影响,如铃木米次郎也曾使用"半音符";二是萧氏留学德国多年,德语 halbe 除指二分音符②,也表"一半"之义,因此他可能认为"半音符"更为妥当。萧氏还对其他术语进行了改译,例如"附点音符"改为"加点音符"。20 世纪 30 年代柯政和的《音乐通论》、朱稣典的《新中华音乐课本》、吴伯超的《北新乐理》也使用"加点音符",说明萧氏在中国近代音乐史上的影响力。

2.5.2 为了细化概念而用的术语

某一概念引入日语或汉语时,既可以表达上位概念(A),也可以表达下

---

① 原文前半句为"小附点ヲ音符若シクハ休止符ノ後ニ置ク",并未使用"坿点"。
② 德语二分音符参照罗伯托·勃拉奇尼著,朱建、饶文心译,《音乐术语对照词典》,上海:上海音乐出版社,2007 年版,第 136-137 页。

位概念(a),在翻译时,为了区分与下位概念 a 相对的下位概念 b,通常会在 A 上添加一个标记,这样就形成一个新术语。例如,"附点音符"可以表示加一个附点的音符,但英语有 double dotted note①(复附点音符)一词,当汉语中区分音符是带一个附点还是多个附点时,有些教材就使用附点音符或复附点音符,而有些教材则在附点音符的概念下创造与复附点音符相对的单附点音符,形成一对相反或相对的术语。再如,有些教材使用"音符"表示"二分音符、四分音符"等没有附点的音符,有些则用"单纯音符"或"普通音符",上述术语在英文中都是 note,译为"音符"。早期为了区分"附点音符",添加限定成分,形成新的同义术语。但是,这也造成概念表述的不统一。有些教材用短句表述,如日书《楽典初步》表述为"通常使用スル所ノ音符ニ六種アリ"(通常使用的音符有六种),中国音乐教材《乐典大意》中则有"音符之普通用者"的表述;使用"普通音符"的日本教材如《乐典入门》《普通乐典教本》,中国音乐教材如 1905 年出版的《音乐学》,1916 年出版的《乐典》;使用"单纯音符"的中国音乐教材如《初等乐理教科书》等。

那么,上述同义术语是何时产生的? 据笔者调查,最早使用"单纯音符"的为田村虎藏的《近世乐典教科书》。该书将当时已有的"普通音符"改为"单纯音符",原因是"附点音符也是音符之普通用者",作者认为表述为"单纯音符"更为准确。因此,我们认为,先有"普通音符",后出现"单纯音符"。日语中现代沿用"单纯音符"这一指称形式,不再使用"普通音符"。现代的汉语音乐教材中,有些将音符分为两类,对全音符及对其二等分细分而得来的一类音符称为"基本音符""单纯音符"等,有些则未作区分,对全音符等不带附点的音符直接称"音符"。由此可见,音乐术语的统一在现代也仍是有待解决的问题。

---

① 英文 dotted note(附点音符)的定义为"a dotted note is a note with a small dot written after it"。

3 结语

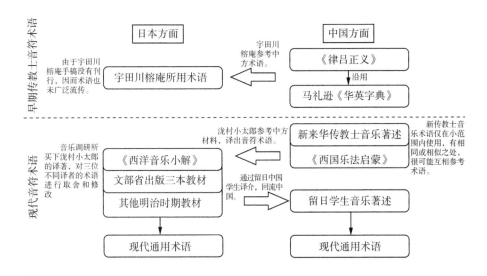

图3 中日音符、休止符术语的形成、发展、传播过程

通过对已有研究和教材用例的梳理,音符、休止符等术语的流向可以总结、归纳为上图,即中日现代通用的音符、休止符等术语的形成与演变中也存在中国对日本的影响。本文发现,音符、休止符等术语的传播可以分为两个阶段:

一是早期术语,即白符定量记谱法的术语,最早出现于《律吕正义》,为马礼逊的《华英字典》所继承,并对兰学家宇田川榕庵产生影响,由此形成"中→日"流向的传播。但是,因为其记谱法与现代通用的不同,后世也没有沿用相关术语。

二是现代通用相关术语的形成。它们在新来华传教士的教材中形成雏形,起初没有在中国广泛流传。然而,日本的泷村小太郎在创造译词时参考了新来华传教士的《西国乐法启蒙》并沿用了部分术语。音乐调研所对泷村小太郎、内田弥一、神津元三位译者的术语进行取舍和修改,形成与现代基本一致的音符、休止符术语。后来经过 20 世纪初留日中国学生的翻译,这些术语再次回流中国,形成了现代通用的体系。因此,现代通用的音符、休止符术语的传播呈现"中→日→中"的流向。以往中日词汇交流方面的音乐术语研究较多关注日本对中国的影响,未系统地梳理音符、休止符术语的形成过程,而本文对此有一定的补充作用。

通过本项研究,我们获得以下三点启示:

第一,术语史研究需要结合古今中外的资料。一是需要参考中、日等多方资料,二是需要参考学科史的资料。随着学科史研究的进展,术语史研究也应该有所前进。在术语研究中,需要多方考证。在语言发展的同时,学科也在发展,而伴随着学科发展,原语的术语体系也可能发生变化。这也再次证明,术语研究与学科史有着密切的关系。

第二,翻译专业术语需要充分了解学科史。例如,在翻译定量记谱法的相关文献时,如果按照现代的英文术语将 brevis 译为二全音符、semibrevis 译为全音符,minima 译为二分音符,会发生"历史错位"。[20]古今英式英语的音符术语在指称形式上有所继承,但因记谱法更替,表达概念范畴不同,不能只凭指称形式草率翻译。我们通过疏理术语史就可以发现这一问题,这对今后术语翻译也有一定的借鉴意义。

第三,术语史研究对术语翻译有推动作用。研究术语形成、发展这一过程会涉及前人的术语翻译观。例如,有学者指出,泷村小太郎在翻译时选择了便于理解的译词。[13]也有学者指出,单个术语表达个别概念,多个术语组成完整表述,继承更大的话语体系,因此术语翻译是一个系统工程,需要放在术语系统的大框架内进行。[21]译者在翻译术语时,更应注重整个术语的系统性,不能生硬地直译,这对现代的术语翻译有一定的借鉴意义。

参考文献

[1]沈国威.启微·新语往还:中日近代语言交涉史[M].北京:社会科学文献出版社,2020.

[2]李重光.音乐理论基础[M].北京:人民音乐出版社,1962.

[3]陶亚兵.中西音乐交流史稿[M].北京:中国大百科全书出版社,1994.

[4]王冰.《律吕纂要》内容来源初探[J].自然科学史研究,2014,33(4):411-426.

[5]川原秀城.「律呂正義」続編について:西洋楽典の東漸[J].中国研究集刊,1990(9):20-29.

[6]新造文紀.教養のための音楽概論[M].神奈川:青山社,2002.

[7]朱鳳.西洋楽理伝来における「律呂正義」続編の役割と影響——その音楽用語を中心に[J].或問,2001(11).

[8]荒川清秀.近代日中学術用語の形成と伝播:地理学用語を中心に[M].東京:白帝社,1997.

[9]塚原康子.宇田川榕庵の音楽関係資料について[J].東洋音楽研究,1988(52):3-77.

[10]宫宏宇.牛津大学饱蠹楼图书馆所藏十九世纪中国音乐教材述略[J].音乐探索,2017(4):9-22.

[11]刘绵绵.中国音乐基础理论教育发展脉络研究[D].福州:福建师范大学,2006.

[12]朱京偉.近代日中新語の創出と交流——人文科学と自然科学の専門語を中心に[M].東京:白帝社,2003.

[13]上田真樹.明治初期における西洋音楽用語の創成——瀧村小太郎と音楽取調掛[D].東京:東京芸術大学,2007.

[14]朱京伟.近现代以来我国音乐术语的形成与确立[J].中国音乐学,1998(2):98-113.

[15]田邊隆.明治期における音楽用語の研究:楽典事項の比較検討を中心にして[J].愛媛大学教育学部紀要.第Ⅰ部,教育科学,1986.

[16]实藤惠秀.中国人留学日本史[M].北京:生活·读书·新知三联书店,1983.

[17]冯志伟.现代术语学引论(增订本)[M].北京:商务印书馆,2011.

[18]榎本泰子.楽人の都・上海:近代中国における西洋音楽の受容[M].東京:研文出版,1998.

[19]王亮,吴焕贤.关于我国乐理教科书的学术规范问题[J].音乐探索(四川音乐学院学报),2000(2):78-84.

[20]任达敏.陷阱重重的音乐文献翻译[J].星海音乐学院学报,2011(2):16-23.

[21]杜薇.近代西方术语在中日翻译传播的路径及启示[J].上海翻译,2021(2):88-93.

语域视角下化学文本中术语定义的分类和翻译

高　巍[1]　刘祎明[2]

(广东外语外贸大学南国商学院[1];英国斯特林大学[2])

引言

术语是通过语音或文字来表达或限定专业概念的约定性符号,一般由一个词或词组构成,其含义是通过定义来体现。在科技文本中,术语的定义是最重要的部分,科学家和工程师需要使用术语定义来引入科技新概念或新技术,并且科技术语的定义是科技文本中定理、推理和结论展开的基础。

Trimble[3]通过界定科技语篇定义的构成要素和特性,将定义分为(1)正式定义,(2)半正式定义,(3)非正式定义三类。但是 Trimble 主要以句子为单位分析三类定义,在语篇层面讨论不足,尤其是没有从语言学理论视角阐述定义分类的理论依据。本文基于语域理论,以语篇段落为单位,为 Trimble 术语定义分类提供理论框架。同时通过奈达的功能对等理论,即关注翻译所传达的内容,以及 Newmark[5,P68-69]对直译的观点,即若能保证目的语的指称和语用与源语言对等且不能避免使用直译时,则可以使用直译来对化学文本中术语定义的翻译进行探讨,从而探究是否达到语用对等,即译文是否成功表达出原文本的内容和潜在内容。

Hatim & Mason[6]依据语域理论[7]认为任何文本都有功能,旨在交际。交际者有着共同交际目的和预期,在不同的场合为不同的主题(语场, Field of discourse)扮演不同的言语角色(语旨, Tenor of discourse),以口头或书面形式、特定的文本功能结构与语言形式(语式, Mode of discourse)完成交际任务。社会活动的性质和交际语境决定使用相应的体裁,交际者的态度决定使用的语篇,进而决定文本结构和语言正式程度。科技语篇翻译是特殊的语场(marked field of discourse)。对于科技译者来说,这不仅是双语术语对等的问题,而且涉及科技文本作者和使用者的背景和目的[6,P48-49;8]。笔者基于语域理论将科技文本范畴化,如表1所示:

表 1　基于语域理论的科技文本范畴

文本正式程度	语场:使用范围	语旨:交际者	语式:语言形式
高	科技论文、著作、报告	科学家之间	信息极为精确、术语较多、句法严密;概念翻译要精准。
中	产品说明书、操作手册	工程师、用户和商务人员之间	信息较为准确,句法简练,语言清晰;概念翻译要准确。
低	科普读物	科技专业人员与科普读者之间	信息较少,精确度较低,翻译简洁生动、易懂。

科技语篇语场指的是科学家所撰写的科技论文、著作及报告;工程师所撰写的操作手册和产品说明书;科技专业人员所撰写的科普读物,包括科技知识和日常生活中具有科技含量的产品。科技语篇语旨指的是科技英语的使用涉及不同群体,包括科学家、工程师、技师和使用技术产品的用户,以及缺少专业背景的读者。科技语篇语式指的是科学家发表的论文和著作专业性很强,概念信息极为精确、术语较多、句法严密,概念翻译要精准,文本正式程度属于高级;企业工程师撰写的操作手册、产品说明书信息较为准确,句法简练,概念翻译要准确,文本正式程度属于中级;科普读物的对象是非专业的读者,内容深入浅出,信息较少,精确度较低,翻译简洁生动、易懂,文本正式程度属于低级。

基于以上语域理论的科技语篇与文本范畴,可以看出 Trimble 对定义的分类情况。正式定义适用于科学家之间,在科技论文、著作、报告中使用,内容包含三个要素:(1)被定义概念,(2)概念所归属类别,(3)能区别于同类别事物的重要特征。半正式定义适用于工程师、用户和商务人员之间,在操作手册或具有一定专业水准的科普资料中使用,一般不包括正式定义中第二项概念所归属类别,只涉及所含三个要素中的两项,即(1)被定义概念,(3)能区别于同类别事物的重要特征。非正式定义适用于科技专业人员与科普读者之间,在科普读物中使用,包含内容有:(1)被定义的概念名称,(2)隐喻及修辞等。冯志伟对术语定义的结构进行了概括,即一个术语定义在结构上可被分为"被定义项"和"定义项"两个部分,提出了"定义的概念=属概念+种差"的定义模式。[1]另外在术语的定义中,有时会使用图示来作为术语定义的辅助手段,该形式相比于语言表达更加直观、形象、精准。[1]

1 研究方法

本文将定义模式与语域理论结合,从《科学分类手册·化学》的术语部分、发表在 RSC(Royal Society of Chemistry)上的专业论文、大英百科全书官网和《简明大英百科全书》《分子》等科普书籍、部分产品的公司广告宣传及TED 演讲稿等语料中,共采集 15 个化学术语,将其以文本正式程度高中低的顺序做成语料,进行分析。由于篇幅所限,本文仅以化学元素——钠元素作为案例,进行分析和讨论。

2 典型案例分析和讨论

2.1 典型案例

由于字数限制,本文在典型案例中仅给出钠元素的语料,在后文讨论中,将提供其他元素的数据分析从而对结论加以佐证。钠元素的正式定义、半正式定义以及非正式定义的三个语料分别列在下文表中。

表 2 钠元素的正式定义

ST(原文本)	TT(译文本,李芝芬、阮慎康等译)
Sodium; *Element symbol*, *Na*; *alkali metal*, *group* 1; soft, white, silvery, *metal*; *Z* 11; *A*(*r*) 22.99; *density* (at 20 ℃), 0.97 *g*/*cm*³; *m.p.*, 97.8 ℃; *reacts quickly with water and oxygen.* Name derived from the English *soda*; symbol derived from modern Latin *natrium*; discovered 1807; sodium *compounds* are very important.	钠:元素符号 Na。第 1 族。碱金属。(语序颠倒)软的,白色的,银色金属。Z 11。A(r) 22.99。密度(20℃ 时) 0.97g/cm³。熔点 97.8℃。与水和氧快速反应。根据英语 soda 而命名。符号由现代拉丁文 natrium 给出。1807 年发现。钠的化合物十分重要。

注:斜体加粗为术语。下画线部分为直译。

正式定义的文本选自光明日报出版社 2004 年出版的《科学分类手册·化学》中的术语部分。该书从属于科学分类手册系列,旨在让学者对科学分支的术语、人物、事件等有全面了解。

表 3 钠元素的半正式定义

ST(原文本)	TT(译文本)
Sodium (Na), chemical *element* of the *alkali metal group* (Group 1 [Ⅰa]) of the *periodic table.* (1) *Sodium* is a very soft silvery-white *metal.* (2) *Sodium* is the most common *alkali metal* and the sixth most abundant *element* on Earth, comprising 2.8 percent of Earth's crust. (3) It occurs abundantly in nature in *compounds*, especially common salt — *sodium chloride* (*NaCl*) — which forms the *mineral halite* and constitutes about 80 percent of the *dissolved constituents* of seawater. (4) *atomic number* 11; *atomic weight* 22.9898; *melting point* 97.81 ℃ (208 ℉); *boiling point* 882.9 ℃ (1,621 ℉); *specific gravity* 0.971 (20 ℃); *oxidation states* +1, −1 (rare); *electron configuration* 2-8-1 or $1s^2 2s^2 2p^6 3s^1$. (5)	钠(*Na*),周期表碱金属族(第 1 族 [Ⅰa])的化学元素。钠是很软的银白色金属。钠是最常见的碱金属,含量在地球上占第六位,占地壳的 2.8%。自然界中钠以化合物形式特别是食盐即氯化钠(*NaCl*)的形式大量存在于岩盐和海水中,它约占海水溶解组分的 80%(译文原为 31%)。原子序数:11,原子量:22.9898,熔点:97.81℃,沸点:892℃,比重:0.971(20℃),化合价:+1,−1(稀有),电子组态:2, 8, 1 或 $1s^2 2s^2 2p^6 3s^1$。

注:斜体加粗为术语,重复词计数。下画线部分为直译。

半正式定义的原文本选自大英百科全书官网(链接为 https://www.
britannica. com/science/sodium),译文本选自台湾中华书局 1988 年出版的
《简明大英百科全书》。

表 4 钠元素的非正式定义

ST(原文本)	TT(译文本,刘熙译)
Sodium is a degenerated metal; it is indeed a metal only in the chemical significance of the word, certainly not in that of everyday language. It is neither rigid nor elastic; rather it is soft like wax; it is not shiny or, better, it is shiny only if preserved with maniacal care, since otherwise it reacts in a few instants with air, covering itself with an ugly rough rind; with even greater rapidity it reacts with water, in which it floats (a metal that floats!), dancing frenetically and developing **hydrogen**...	钠是一种退化的金属。它的金属意义是化学方面的,不是一般语言指的金属。它既不硬也不韧;它软得像蜡,它不光不亮。除非你拼了命照顾它,不然它立刻和空气作用,使表面盖上一层丑陋的外壳;它和水反应更快,它浮在(一种会浮的金属!)水面跳舞,放出氢气......

注:斜体加粗为术语。下画线部分为直译。

非正式定义的文本选自译林出版社 2017 年出版的科普读物《分子》
一书。

2.2 分析和讨论

首先基于经典定义模式[6]对三个层级的术语定义模式进行归纳,得出
正式定义的定义模式为"待定义元素 = 元素所属 +(数学规约 + 外延性定义 +
普遍规约)";半正式定义的定义模式为"待定义元素 = 元素所属 +(数学规约
+ 外延性定义)";非正式定义并没有较为固定的定义模式。这个差异的产生
是受到语场、语旨和语式三者的共同影响。由于正式定义是供学者学习和

研究使用,其定义模式较为固定,涵盖的信息专业更全面;而半正式定义由于其专业性要求并不像正式定义那样高,因此部分内容会被省略,但由于其本身具有一定的专业度,定义模式也较为固定;而非正式定义由于其目的是在于对各个层级的读者进行专业知识的普及,因此为了读者更好地理解,其专业性较低,故其定义模式并不固定,如在钠元素中并没有显示出固定的定义模式,而在其他元素的定义中有的加入了外延性定义部分。

另外语场、语旨和语式三者的共同影响还体现在定义的内容上。在正式定义和半正式定义中,虽然二者定义模式中有很多相同的部分,但每一部分的描述都存在着差异。如正式定义中外延性定义部分是将元素性质作为被定义项的补充说明,如文中将钠与水反应的活泼性作为对比,而半正式定义中虽然也含有外延性定义,但并未涉及理论层面如化学反应的描述,而是以该元素的分布程度及对其常见化合物的描述来进行补充说明,更侧重于应用层面,且并未提及元素名称和符号的来源。通过对比二者的定义模式可以发现,其中所涉及内容整体相似,对此现象 Trimble 提到半正式定义也会给读者展现同正式定义几乎一样多、一样精准的内容,但会遗漏一些关键的内容[3],如对定义的命名以及上文提到的外延性定义部分的差异。同时,从定义模式的细化中可以看到半正式定义并未省略被定义概念的归属。针对此现象 Trimble 曾指出当所属类别在术语的定义中已经涵盖时或所属的范围太大没有意义罗列时,该术语的所属在定义中会被省略[3],但选段中对钠元素的所属类别描述不属于上述两种情况,是半正式定义中的特殊情况,故在定义中没有省略钠元素的所属。

接下来将从原文本的用词、句法以及术语的角度分别对三个层级的定义进行分析。正式定义的文本虽然简短但精确,主要由短语和简单句构成,句法严密,信息密集。从正式定义和半正式定义的语言上同样可以证实前文 Trimble 对二者内容大多相似的说法。半正式定义的句式同样以短语和简单句为主,使用了一个定语从句。非正式定义相较于其他两个层级的定义,原文本使用了大量的修辞手法来描述被定义项,整体使用了排比的方式对钠进行定义;在对韧度的描述中,将钠与读者常见的蜡进行对比,更加直观;在对钠与氧反应所生成氧化钠的描述中,则是用 ugly rough rind(丑陋的外壳)的比喻用法来更加形象地展现读者较陌生的概念;在对钠在水中上下浮动的状态描述时,则使用拟人的修辞,将其形容为 dancing frenetically(狂热地舞动)来描述其反应的剧烈程度。三个层级中术语占比情况统计见图 1。由该图的统计可以直观地看出,正式定义中术语占比最高,半正式定义其次,非正式定义最少,由此可佐证正式定义的正式程度最高,半正式定义的正式程度中等,而非正式定义的正式程度最低。

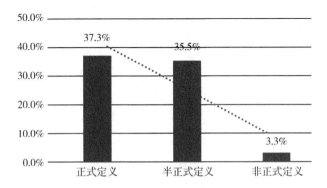

图1 钠元素各层级定义中术语占比

最后从翻译角度对三个层级的定义进行考量。正式定义的译文中大多采用直译的方式,以短句形式呈现并保留了原文本的结构,直译的词汇占比为80.4%,这是为了保证目的语的指称和语用与源语言对等,同时为了保证信息的准确性,无法避免使用直译。选段中按照目的语习惯进行调整仅有五处(共 10 词)(注:由于选段的直译为字字对译,故意译按照词数统计,后两个选段相同),共涉及三种方式:一是语序颠倒,将"alkali metal, group 1"译为"第 1 族。碱金属"。二是将被动译为主动。英文的科技写作中常常使用被动语态对一些概念进行定义、命名,也会用被动语态来表示作者的客观态度,而汉语当中很少直接使用被动语态。如将"name derived from the English soda"按照被动语态的方式直译,则其译文"名字被源于英语的 soda"不符合汉语的习惯,难以使读者接受,因此用主动的方式来表达被动。另外尽管同样是"derived from",但其译文结合语境分别译为"根据……而命名"

和"由……给出",同样"discovered 1807"中的被动"discovered"也用主动的表达方式译出,译为"发现"。三是译文对定义中的术语以及次级术语的翻译十分精准。在翻译中结合文本的语场,将"group"译为"族",而未译成"小组",将"oxygen"译为"氧",并未译成"氧气",综合考虑了语场和语旨的专业性要求。在科学家之间对化学反应的描述,更多是从分子和原子层面来进行描述和分析,故此处若译为"氧气"将有失专业性。除此之外,该平行文本在术语的符号用法识别和翻译中,也结合了语场、语旨和语式三个因素。译文中仅对术语的符号用法进行保留,如"Z"、"A(r)"、"℃"、"g/cm³"等的用法以及元素的名称来源"soda"(苏打)和符号来源"natrium"(钠)。在这些符号用法中,"Z"和"A(r)"都是为了描述元素而引入的,其中"Z"是原子序数(atomic number)的符号,"A(r)"是相对原子质量(relative atomic mass)的符号。由于原文本的语场具有严谨性,语式具有简洁性,以及原文本的语旨是具有化学知识背景的读者,故保留其符号用法。同理,对于单位名称如"℃""g/cm³"亦保留符号用法,未译为"摄氏度""克每立方米"。另外对元素的名称"soda"和符号的来源"natrium"进行保留,则是便于读者将其与现有名称和符号进行对比。但在翻译中,要求译者对非术语符号应准确辨别并将其准确译出,如原文本中的"density"和"m. p.",其中"density"是"密度"的英文名称,"m. p."则是"熔点"英文原名称"melting point"的缩写形式,二者都不是特定术语的符号,故在翻译中必须准确译出。总的来说,译文综合考虑了原文本的语场为专业程度高的定义文本,原文本的语旨是科学家等专业学者,以及原文本的语式句法极为严密,具有专业性和简洁性等三个因素。通过对词和句的精准翻译,几乎没有损失原文本的信息和功能,达到了信息对等和功能对等。

半正式定义中,译者采用直译与意译相结合的方式,整体直译的部分相比正式定义有明显下降,仅对于数学规约部分、所属以及外延性定义中简单句的翻译采用了同正式定义相同的直译。由于前文提及原文本在该部分内容相同,且译文本是以原文本为基础的,故在翻译中对术语的翻译与正式定义相同,故统计出半正式定义运用了直译的词汇占比为 36.4%。不同于正式定义,半正式定义中外延性定义部分采用了直译与意译相结合的办法。按照目的语习惯进行调整用了四种方式。一是语序调整。第(1)句中将介词短语作后置定语的用法,在译文中按照目的语汉语的习惯将定语提前;同样,第(4)句中译文也按照汉语习惯将状语"in nature"提前放在句首。二是略译。对第(3)句中"and the sixth most abundant element on Earth"表并列关系的"and"采用省略翻译,将其翻译为省略主语的分句并用逗号与上个分句并列,在语义上起到与原文本相同的并列作用;同样对于第(3)句中非谓语动词"comprising"的翻译省略了主语"钠"译为"占地壳的2.8%",在语义上仍可以表现原文本中包含的主动关系;另外第(5)句中译文本仅翻译了"熔点:97.81℃",省略了原文本中的华氏摄氏度"208°F",这是受到了目的语文化和语式的综合影响,由于该文的读者为汉语读者,且又因为汉语中习惯用摄氏度来形容温度,而省略了英语国家常用的华氏度的记法。三是改译。在复合句的翻译中并未将"the sixth most abundant element on Earth"这句话直译为"也是地球上第六丰富的元素",而是改译成"含量在地球上占第六位";另外对于定语从句"which forms…"译者也采用了改译,利用中文中的状语后置译为"存在于",将原来的主动语态改为译语的被动语态,同时将原文本两个句子合为一句对语序进行改变。四是在符号用法上根据译语进行了调整。第(4)句中"— sodium chloride（NaCl）—"的破折号用法,在译文中将其补充说明的功能用"即"字表达出,译为"即氯化钠（NaCl）"。使用以上这几种方式使得译文达到信息传递和语用功能对等。

在非正式定义的译文中,译者主要采用意译的方式,原文本中的修辞手法所传达的生动性和简洁性得以保留。非正式定义运用直译的部分是三类定义中最少的,运用了直译的词汇占比仅为12.2%。译文本为了达到语用功能对等,综合采用了四种方式按照目的语习惯进行调整。一是略译。翻译时将"indeed"省略,并未直译为"它确实是一种金属,只有在化学意义上才有这个词",而是将这两个分句合译为"它的金属意义是化学方面的",这样避免了直译的冗杂,且意译的语句同样可以传达原文本中"indeed"所表达的肯定含义;翻译时将"rather"省略,虽然译文中并未将转折词译为"相反",但译文"它软得像蜡"与前文"它既不硬也不韧"在语义上形成对比,读者在阅读中可自然而然读出转折的意味;翻译时将"better"省略,将其与"shiny"结合译为"不光不亮",从而与前文"既不硬也不韧"保持对仗;在从句的翻译中,将条件状语从句前的结果"it is shiny"在翻译时省略,保证译文本的简洁性。二是进行了改译。将"with maniacal care"意译为"拼了命","a few instants"意译为"立刻","ugly rough rind"意译为"丑陋的外壳";将"covering"译为"使表面盖上……"。这种主动表达法传达出原文本的拟人修辞用法,传达出了与原文本相同的生动性和科普性,达到功能对等。三是进行了语序调整。将"with"的复合结构用法中的"it reacts with water"按照汉语习惯将主语提前,状语置于动词之后,译为"它和水反应更快"。

最后综合探讨三者中术语的翻译。图 2 中统计了未翻译的术语在总术语中占比,可以看出正式定义的译文中保留的术语最多,随着正式程度降低,术语保留的也越少。这同样是由于语场、语旨和语式三者的共同作用,由于正式定义的读者对该领域的术语都有一定的了解,因此在翻译时为了保证定义的严谨性,大部分术语进行了保留,而随着语场、语旨和语式的改变,更多的专业术语被译出,从而更便于读者使用或理解专业术语。

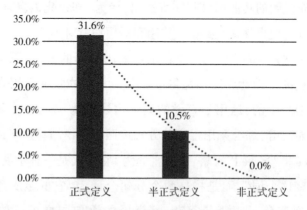

图 2　未翻译的术语在总术语中占比

图 3 中统计了结合语境翻译的术语在总术语中占比,可以看出正式定义的译文中结合语境翻译的术语最少,随着正式程度降低,结合语境翻译的术语占比也越多。与上一影响因素相同,这个区别也体现了三个层级的正式程度的差异。结合语境对术语进行翻译在一定程度上会对其专业性产生影响,因此正式定义中并不会对术语进行改译,而由于正式程度的降低,为了便于读者理解,术语翻译的精准度也有所下降。

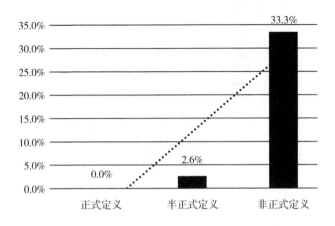

图 3　结合语境翻译的术语在总术语中占比

3　评估

前文也提到过,本文由于字数限制只选用了钠元素作为案例分析,而本文所有的总结是基于多个语料共同分析得出的。共选用了四个元素,分别从 7 本书中选择并组成语料,该选样方式可视为随机抽样,对应得出的结论具有一定的科学依据。下面其他元素术语翻译部分的统计图如图 4 至图 6,以对本文结论进行佐证。尽管其他语料的数据会与案例存在些许出入,但该误差综合来看是可以忽略不计的。

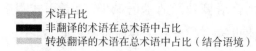

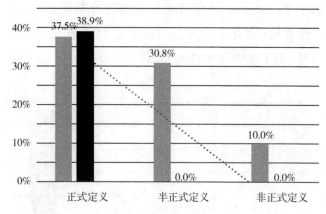

图 4　氢元素

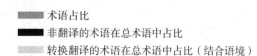

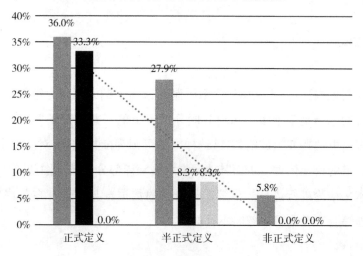

图 5　锂元素

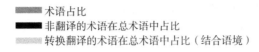

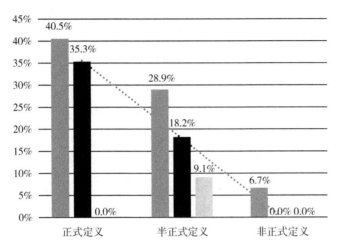

图 6　铍元素

4　结语

　　本文基于语域理论,通过案例分析,旨在探讨科技语篇中定义的分类和翻译。所选三个文本中原文本的专业性和正式程度由高至低,译文的语式正式程度也是由高至低。在翻译科学论文中的术语定义时,译者保留原文语序,以直译为主,从而在实现形式对等的同时达到功能对等,保证信息的精准性。在翻译供工程师查阅的百科全书中的概念定义时,译者通过增加意译的比例,结合语用功能传递原文本信息。在翻译科普读物中的概念定义时,译者主要通过意译来传达原文本语言简明生动的文体,保证译文本的科普性。

参考文献

[1]冯志伟. 现代术语学引论(增订本)[M].北京:商务印书馆,2011.

［2］杨福义, 叶其松. 人工智能时代知识工程的初步探索［J］. 人工智能与机器人研究, 2021, 10(1): 9-28.

［3］TRIMBLE L. English for Science and Technology［M］. Cambridge University Press, 1990.

［4］MUNDAY J. Introducing Translation Studies: Theories and Applications［M］. 北京: 商务印书馆, 2007.

［5］NEWMARK P. A Textbook of Translation［M］. New York: Prentice Hall, 1988.

［6］HATIM B, MASON I. Discourse and the Translator［M］. London: Longman, 1990.

［7］HALLIDAY M A K, HASAN R. Cohesion in English［M］. London: Longman, 1976.

［8］GREGORY M J. Perspective on Translation from the Firthian Tradition［J］. Metas, 1980, 25(4): 455-466.

［9］高巍, 张莉. 科技英语语篇与翻译［M］. 上海: 上海交通大学出版社, 2016.

［10］BAKER M. In other words［M］. USA and Canada: Routledge, 2011.

从东西文化交流角度看"华语电影"的术语创设

乔远波

(全国科学技术名词审定委员会)

1 引言

对术语进行定义,明确其概念的内涵是认识术语的关键。欧根·维斯特的普通术语学理论从静态和共时的角度,为分析术语的定义提供了理论工具。从术语构成模式来看,"华语电影"可被看作是两种构成模式相加的结果,一是"X电影"的构成模式,"电影"是中心词,作为属概念表示被修饰限定的内容为电影,通过前置的修饰性成分对电影类型、所属国家或风格等进行分类,类似的结构有"动作电影""美国电影""宝莱坞电影"等。二是"华语X"的构成模式,"华语"是修饰语,作为种差,对属概念做限定,表示以华语为区别特征的某类事物。这种构成模式多应用于文化领域,类似的有"华语音乐""华语文学"等。通过对于同一抽象种名的观察可知,"华语X"的构成结构并不是一个孤立的现象,它在文化领域内有广泛、稳定的应用。

同时我们注意到,20世纪90年代以来,学界对"华语电影"术语的争论经久不衰,相关议题包括"华语"的定义及"华语电影"所指称的范围;在东西文化交流中诞生的"华语电影"概念在中英语境下的接受史;如何认识"华语电影"在中国和国外电影学理论中的意义等。目前,还没有研究者使用术语学理论阐释"华语电影"的相关问题,本文借助普通术语学和交际术语学理论梳理"华语电影"术语创设的历史,分析该术语的内涵和外延,探讨术语创设的意义。

2 "华语电影"的定义与华语研究

对于"华语电影"定义的界定,离不开对华语的正确理解。"华语电影"术语和华语研究之间有共性,"华语电影"概念中"华语"如何限定和限定了哪些电影也是关键性的问题。华语研究的兴起与"华语电影"概念进入学术视野的时间接近,都始于 20 世纪 90 年代,源于全球范围内对华人社区的语言和文化的关注。两者也存在明显的差异。美国加州大学戴维斯分校比较文学教授鲁晓鹏和香港浸会大学电影学院教授叶月瑜在英语概念"Chinese-language Cinema"的基础上,借鉴了当时在中文语境中有一定接受度的日常词汇"华语电影",将其作为该英文概念的对应词翻译。华语研究则来自于国内一部分语言学家对中国、东南亚和欧美离散的华语语料资源的重视和再发现。因此,"华语电影"术语的提出建立在东西文化交流的基础上,概念的诞生先于理论,交流的目的是发挥最突出的功能,最大范围囊括不同国家和地区的使用者,达到更广泛意义上的共识。如今"华语电影"术语已经流行三十余年,在此期间,给因功能而创设的术语一个确切的定义是学界争论的主题之一。解释"华语电影"术语离不开对"华语"本身的理解,因而借助华语研究的结论,对于明晰"华语电影"术语的定义非常重要,特别有助于探讨该术语具有哪些方面的特点,在一定程度上使其内涵和外延发生偏移或者模糊,继而引起学界的争论。

对于"华语"的定义及其指代的对象,华语研究界有明确的说明。《全球华语词典》中收录"华语"词条,其词义为"全世界华人的共同语,以汉语普通话为基础"[1,P377]。由此可见,华语不仅包括汉语普通话,还包括以其为基础的全世界华人使用的语言。刁晏斌认为,目前的大华语研究不仅仅单指标准语,还涉及华语的变体,与"大英语""大法语"等类似,既揭示了华语研究的内涵,也指出了其用力的方向与目标。[2]以上两个举例说明,华语本身强调的是超越国别的,以同一源头语言为核心的共同体的概念。同时,它也存在可以进行类比的同类概念,比如"大英语""大法语",不同的是,英语和法语曾作为殖民语言使用,由此建立的语言共同体包含了殖民与反殖民的视点。而"华语"是以华人的离散为语言传播的途径,因而文化因素在其中更为突出。从研究范式来说,华语研究以汉语普通话为比较研究的出发点,尽可能记录、分析和研究各华语变体,拓展华语研究的理论框架。

反观华语电影研究,与华语研究不同,它不以一个类似汉语普通话的标准语作为基础,华语电影研究的视点是离散的,其中所有指涉的对象和主体有各自的起源和文化,仅仅是通过创作语言为中文这一点而相互联结。因此,华语电影研究不存在"标准"与"变体"的关系,而是将关注点放置在语言构成共同体的特征上。"华语"被视为一个广泛性的包容特征,研究此共性下的内部问题(如美学、风格、流派等)和外部问题(如制作、工业、市场、发行等)。正是由于对包容性的追求,客观上也导致了"华语电影"概念本身的模糊属性,学界很难给"华语电影"一个准确的定义。例如,如果仅仅以华语为界来划分,那在中国生产制作的少数民族语电影算不算华语电影呢?

从普通术语学的角度解释这个现象,欧根·维斯特提出,"概念存在有序性,这种有序性表现为概念的顺序特征"[3,P135]。根据普通术语学的理论,概念的特征被分为典型特征、关系特征、来源特征等,其中典型特征优先于关系特征和来源特征。这种有序性的判断依据在于,典型特征直接识别对象本身,而关系特征需要在对象和其他对象的相对关系中得到确认。在"华语电影"术语中,偏正结构标记的既是典型特征,又是关系特征。从窄的面向来看,将"华语电影"标记为使用华语制作的电影,那么术语着重刻画的是直接识别对象本身的典型特征,使用者不必具备关于该电影来源或文化方面的知识;从宽的面向来看,将"华语电影"标记为关于电影风格、美学、价值、制作、宣传、发行过程等与中华文化相关的电影,那么术语的核心是电影语言而非自然语言,强调文化属性而非语言属性。同时,应当意识到这种宽的面向的定义存在误用的风险,即"华语"这个限定语无法达成对文化的认知。按照之前对华语研究的梳理,华语只标记语言,而不能引申为中华文化和中华美学的含义。在少数民族电影的归属上,鲁晓鹏认为:"华语电影中的'华',与中华民族中的'华'的意思相同。中华民族是一个多民族、多语言的国家。它包括汉族和汉语,也包括少数民族和少数民族语言。"[4,P6]这里的定义强调了"华语"的文化属性,对其原本的以汉语普通话为基础的华人共同语的定义做了扩充,以包括少数民族语言的文化概念。在这种情境下,"华语电影"被用作统摄如"中国电影""新马电影"等术语的上位概念。术语标记上下位概念的关系特征,这符合普通术语学理论对形容词性术语进行的分级性的刻画。从更宽泛的角度来讲,"华语电影"还指称了中方主要投资的以生产、销售、产地等来源特征为标记的影片,在这种情形下更加强调了"华语"的引申义,将在中国境内生产、由中方主要投资的项目也当作公约数的条件之一。

3 东西方文化交流创造下的"华语电影"术语

术语的产生和使用离不开交际环境,使用环境的复杂也展示了概念的生命力。根据玛莉亚·特蕾莎·卡布雷的交际术语学理论,非专业人士之间、专业人士与非专业人士之间的术语使用是其研究对象,即从术语的具体使用情境来研究术语。[5]"华语电影"术语成为主流概念的过程,伴随着地理上的流动和跨国、跨区域的互动。这种跨国、跨文化、跨语言的概念产生和流变的过程,应在动态的语境中观察其具体使用情况,在文化研究和超语言研究的层面,对包括时间、地点、使用者和目标受众等要素进行分析。

学者研究表明,"华语电影"一词的出现可以追溯到20世纪五六十年代的新加坡和马来西亚,见于当地报刊媒体,用来形容包括中国和其他华人区域的中文电影,是一个复数概念。[6]新马地区的特殊历史和语言环境给予词汇诞生的土壤,而一个中文词汇最早由东南亚地区使用,最终在整个中文语境成为主流,反映了华语词汇的生命力。学者概括华语词汇的特点,称华语词汇的语义域,即一个词所包含的意义范围,要大于普通话,这意味着词汇的内涵缩小,外延扩大。[7]上文提到的"华语电影"定义的宽窄面向与华语词汇的特点是吻合的,通过不断引申、模糊和取消对"华语"所指代内容的限制,"华语电影"术语的外延不断扩大。时至今日,人们在使用该术语时,仍保留其最初在新马的语境中的词义特点,自然地囊括广阔语义,极具包容性。

直到 20 世纪 90 年代,以学术会议讨论和会议论文集的命名为标志,"华语电影"术语在中国港澳台地区的使用显著增加,成为概念理论化的起点。根据交际术语学理论,术语的移动方向之一是从普通词汇转化为专业词汇,表现出术语的活动能力。特定的话语场景激活术语的部分信息,获得特定意义的术语价值。[8]"华语电影"由新马地区的日常词汇转化为整个中文语境使用的专业词汇的过程,证明了概念的生命力。"华语电影"术语经过中文语境的确认和英文语境的推广,再经由中国学者组织学术会议和论坛反复论证,对其内涵和外延做了确认。源于相同的"找寻一个自主的电影论述"[9]的初衷,诞生于东西文化交流中的"华语电影"术语,由于不同语境的使用者创造了多元的使用场景,形成了各自想象的场域。出于使用者主体性的差异,对于华语电影的多样阐释为华语电影研究提供了丰富的语境。从交际术语学的角度看,术语出现的交际情境本质上是专业情境,术语在这类情境中对参加者、主题、目的以及语言功能有一定限制。[10]来自不同国家的学者从各自角度讨论华语电影概念的定义和合法性,刺激了概念的生命力。借用苏联学者巴赫金的话语理论,各国学者在讨论"华语电影"概念的问题时,"突出了'话语'与主体的关系、'话语'的意识形态性以及作为社会事件的功能性"[11,P207]。在广泛的交流语境中,其部分意义得到确认,部分意义得到发展,术语以崭新的角度,发挥其在概念体系和理论体系建构方面的价值。

4 结语

李宇明、唐培兰在华语研究中提出"语言共同体"的概念,指出"'语言共同体'是以语言为圆心,以语言传播为半径,扩划共同体的边界"[12,P10]。"华语电影"术语基于语言共同体的概念建立,创造出了全新的理论空间,重新规划了中文电影的版图。与"中国电影"等国别电影概念相比较,"华语电影"术语划分了不同的研究视角,标记了研究范式的差异,拓展了电影研究关注的范围,弥补了学术框架体系的空缺。随着"华语电影"术语的创设,华语地区的语言学和地理学上的意义得到凸显,从而开创了超越单一国家视角的,带有全球化视点的电影研究新模式。学者王一川称其为"一种认知范式的转变,不再是根植于由低级到高级进化的总体性中国电影文化理念,而是立足于不同区域之间相互共存的多区域性中国电影文化理论"[13,P61]。"华语电影"术语的创设,使得在划定的范围内建构某种批评或评级体系成为可能。它构建了一个清晰的研究目标,学者对其下位概念的探索形成群聚和放大效应。对美学风格和叙事模式等的讨论,可进一步确定"华语电影"术语的主体性。对于"华语电影"术语的创设,从术语学角度可以讨论的内容还有很多,值得更加深入的研究。

参考文献

[1] 李宇明. 全球华语词典[M]. 北京:商务印书馆,2010.

[2] 刁晏斌. 论全球华语研究的拓展与加深[J]. 华文教学与研究,2020(1):5-13.

[3] 冯志伟. 现代术语学引论(增订本)[M]. 北京:商务印书馆,2011.

[4] 鲁晓鹏. 华语电影概念探微[J]. 电影新作,2014(5):4-9.

[5] 陈香美. 交际术语学理论主张、特点及研究对象[J]. 中国科技术语,2017,19(5):17-22.

[6] 许维贤. 华语电影的说法和起源——回应近年的华语电影争论[J]. 当代电影,2017(5):46-50.

[7] 刁晏斌. 由"舍小取大"现象看新马华语词汇特点[J]. 大庆师范学院学报,2022,42(2):60-68.

[8] 张鹏. 交际术语学理论(TCT理论)对普通术语学理论(TGT理论)的批判[J]. 中国科技术语,2011,13(2):15-21.

[9] 许维贤. 华语电影的说法和起源——回应近年的华语电影争论[J]. 当代电影,2017(5):46-50.

［10］玛莉亚·特蕾莎·卡布雷.术语和翻译［J］.朱波,张梦宇,译.中国科技术语,2020,22(4):31-35.

［11］金永兵.当代文学理论范畴导论［M］.北京:北京大学出版社,2011.

［12］李宇明,唐培兰.国际语言传播机构发展历史与趋势［J］.世界汉语教学,2022,36(1):3-18.

［13］王一川.从向世进化型到在世共生型——华语电影文化的一种转型景观［C］//陈犀禾,聂伟.当代华语电影的文化、美学与工业.桂林:广西师范大学出版社,2011:60-67.

汉语中英源术语汉译方法研究

——以《汉语外来语词典》为例①

张 珊

（黑龙江大学）

引言

美国语言学家爱德华·萨丕尔（Edward Sapir）曾说过：语言，像文化一样，很少是自给自足的。交际的需要使说不同语言的人发生直接或间接的接触。[2]社会历史的进步与发展，民族文化的交流与传播，促使外族语词源源不断地进入到汉语词汇系统。由于本土语言缺乏对一些专业概念的表达形式，从而引进外国术语，因此，外来术语翻译得当的问题显得尤为重要。本文以《汉语外来语词典》为语料，选取词典中 379 条英源术语进行数据统计和分析，归纳其中英源术语的翻译方法。在此基础上探讨了外来术语翻译的规范问题，以期对相关研究和外来术语的翻译工作提供借鉴。

1 汉语中英源术语的借用概况

从历史角度看，汉语中借用外来词主要经历了三次浪潮。第一次浪潮正处于"通西域"的历史背景之下，这一阶段借用的外来词多为奇异的植物和佛教用语；第二次浪潮为五四运动时期，中国青年求索救国，诸如"伯理玺

---

① 本文系全国科技名词委"十三五"科研规划 2019 年度科研项目"中国传统文化术语俄译研究"（项目编号：YB2019019）阶段性成果。

天德(president)""柏勒思(plus)""德谟克拉西(democracy)"等英源术语进入到汉语系统;第三次浪潮是随着改革开放政策的实施,中国与世界建立起沟通的桥梁,新思想、新技术、新事物的引入自然使得大量术语输入进来,而英语作为全球通用的语言之一,这一时期英源术语借用数量更大。总体来说,自二十世纪中后期以来,在汉语借用的外来术语中,英源术语已经占有主导地位。

2 汉语中的术语翻译研究

目前我国的术语翻译研究主要体现在以下几方面:一是术语翻译的标准化问题。马清海[3]提出科技翻译"准确、简洁、规范"的三标准;姜望琪[4]认为术语翻译要尽可能兼顾"准确性、可读性、透明性"三者。其中准确性排在第一位,为确保准确性,可读性和透明性可以适当牺牲。胡叶、魏向清[5]基于冯志伟先生提出的"术语系统经济律"这一概念,通过数据统计分析,提出了"术语翻译系统经济律"。二是术语翻译方法的探究。结合黄忠廉、李亚舒[6],闫文培[7],沈群英[8]等各位学者之言,术语翻译方法主要有音译、意译、音意兼(混)译、直译、拆译、象译、形译、借译(用)、仿译九种。三是以某一领域的术语为例的翻译研究。这方面的文章或是对某一术语译名的得当性再次探究,或是以此为例,进而探讨该领域中的术语翻译问题。随着国家文化倡议的实施,黄鑫宇、魏向清[9]从认知术语学的理论视角出发,探究中华思想文化核心术语翻译的概念建构模型,提出了不同语符、概念、语境三个层面的翻译方法,将中国文化和术语翻译研究联系起来,对于中国文化软实力的建设具有重要意义。总体来说,术语翻译研究硕果累累,而根据中国知网(CNKI)的数据检索信息(检索时间:2020年12月30日15时),目前与"外来术语翻译"相关的论文仅有15篇,这些论文也仅仅是针对某一领域的外来术语的研究,如农业、金融、体育等,或是以某一术语为例的研究,关于"英源术语翻译"的论文甚少。在英源术语翻译方面,甚至在外来术语翻译方面都存在着较大的研究空间。因此,本文基于词典研究,以英源术语作为研究对象,统计与分析汉语中英源术语的翻译方法。

3 研究语料和统计数据信息

3.1 研究语料

从来源来看,英语来源的术语占汉语外来术语中的比例最多,所以我们以英源术语为语料进行研究。本文的语料取自岑麒祥 2015 年所编的《汉语外来语词典》。《汉语外来语词典》共收录汉语外来词语 4370 条,多为八十年代中期以前的词语,涵盖了现实生活中的多个领域,我们对其中的英源外来词进行人工筛选,剔除其中的人名、地名等专有名词,共得到英源外来术语 379 条。

3.2 统计数据信息

笔者将 379 条英源术语按类别进行了划分,基于对语料的研究统计了翻译方法,分别见表 1(英源术语的语义类别统计)和表 2(英源术语的译介方式统计)。

表 1 英源术语的语义类别统计

类别	政治术语	军事术语	经济学术语	物理学术语	生物生态学术语	临床医学术语	历史学术语	化学术语	建筑学术语	农学术语	图书情报学术语	机械工程术语	艺术术语	度量衡单位	余类	合计
数量	7	2	2	21	14	83	9	72	4	13	6	12	28	86	20	379

表 2 英源术语的译介方式统计

序号	方法	数量	所占百分比
1	音译	271	71.5%
2	音意兼译	47	12.4%

续表

序号	方法	数量	所占百分比
3	拆译	45	11.9%
4	仿译	11	2.9%
5	意译	5	1.3%

　　根据表1可以看出,度量衡单位、临床医学术语和化学术语借用英语的比例最大,这可能是由于当时我国科学技术水平不发达造成的。随着改革开放逐步加深,我国的科学技术水平有了很大提高,因此这几类术语被引入。此外由于本土语言没有对这类专业概念的指称,这些术语在引进初期急于使用,因此大多采用音译的方法借入,这正与表2的数据统计结果不谋而合。

4　汉语中英源术语的汉译方法

4.1　音译

　　"音译,指把原语词语用译语中相同或近似的语音表示出来。包括语音转写和拟声音译。原语术语命名无词义者,可取其音,译其音而得译名。"[6,P103]音译时要遵循"名从主人"的原则,要知道该词的来源,否则就会造成误译。

4.1.1　语音转写

　　(1)计量单位。如:ton 吨;volt 伏(特);watt 瓦(特);newton 牛(顿);mole 摩(尔);bel 贝尔;pound 镑;ounce 盎司;henry 亨(利);dyne 达因;等等。

　　(2)药品、化学品名称。如:penicillin 盘尼西林;soda 苏打;carbarsone 卡巴胂等。

　　(3)缩略词。如:杀虫剂 D. D. D. 滴滴滴,英语"dichloro-diphenyl-dichloroethane"的缩写;D. D. T. 滴滴涕,英语"dichloro-diphenyl-trichloroethane"的缩写;炸药 T. N. T. 梯恩梯,英语"tri-nitro-toluene"的缩写。

对引入的术语进行翻译时,我们可以采用音译法翻译计量单位,药品、化学品名称以及缩略词等。由于单位名称国际通用,采用音译法便于统一。此外,计量单位多以人名命名,以此纪念他们的杰出贡献。对于专业性强、难以意译的一些药品、化学品名称以及缩略词类,采用音译便于推广。

4.1.2 拟声音译

拟声音译是近似带有一定的美学因素的翻译,是模拟原语术语或专名的音,或者有时也模拟原名所反映的事物,可以看作是音意兼译的一种变体。[6,P104]如 bandage 译作"绷带",有"帮助包扎伤口,绷住止血"之意。sonar 译作"声纳","纳"有接收之意,声纳就是通过接收外界传来的声音来探测周围环境的技术或设备。radar 译作"雷达","雷"是一种急速的声波,"达"有全面到达之意。二者结合将 radar 探测的本质和直觉的敏感性表现得淋漓尽致。

某些术语在引入初期,为了方便将其进行音译。但汉字同音字多,供选择的字很广泛,于是优先选择可以反映出事物的本质属性的同音字。如:benzene 苯,苯使用艹字头,是遵循芳香族化合物统一使用艹字头的规定,艹字头源于"芳"的偏旁。再如 orlon 奥纶,纶使用纟旁代表其为一种化学纤维。

4.2 音意兼译

音意兼译是在音译之后加上一个表示类别的词,或者一部分音译,一部分意译。[10,P178]

4.2.1 音译加词义类属

在对外来术语音译后,再加一个汉语的表示义类的语素, 二者组合在一起构成术语。如:卡片是 card 加"片",指这是一种外形小巧,用以承载信息或娱乐用的物品。车胎是"车"加 tyre,指关于车的部件。桑巴舞是 samba 加"舞",指这是一种舞蹈名称。加农炮是 cannon 加"炮",指火炮的名称。"从术语的系统性出发,将某些术语的种属关系译出,先译术语的音,再揭示其类属,读者比较容易接受。"[6,P107]

4.2.2　半音译半意译

半音译半意译常翻译带有人名、地名的术语。例如：Bordeaux mixture 波尔多液；Brucella 布鲁氏菌；Diesel engine 狄塞耳机（亦简称"柴油机"）；Eustachian tube 欧氏管。通过这种翻译可以指明发明者、创造者，同时也是对发明专利的保护和尊重。半音译半意译也适用对复合短语外来术语的翻译。有些英语词无法完全汉译，因此采用部分汉译部分保持原文的形式。例如：X-ray 爱克斯光，"爱克斯"是 X 的音译，ray 是"光"的意译。像"X"这种表示某种概念和意义的大写字母如果译成文字，只能采用音译，或者将大写字母照抄，原封不动地借用，如现在普遍使用的字母词——"X 光"这一译名。

4.3　拆译

拆译法常用于长句翻译，将句中若干成分提取，翻译成小句、词组等的形式。在术语翻译中，所谓拆译，是指按照词法的规律，将词分解为前缀、词根、后缀，分别确定其含义后再拼合译出。凡是利用拉丁语、希腊语派生或合成的新词，大都采用拆译法译出。[7,P124-128]在某种程度上，拆译与意译有重叠之处，翻译时先"拆"后"意"。本文所列举的拆译方法着重分析翻译时的拆分。

例如：

①-ism 意为"主义，制度"

　　feudalism 封建主义（feudal 封建+ ism 主义）

　　classicism 古典主义（classic 古典+ ism 主义）

②geo-意为"地球，地"

　　geochemistry 地球化学（geo 地球+ chemistry 化学）

　　geophysics 地球物理学（geo 地球+ physics 物理学）

③-logy 意为"学，学科"

　　geology 地质学，地学（geo 地+ logy 学）

　　zoology 动物学（zoo 动物+ logy 学）

④-myc 意为"霉菌,霉",-in 意为"素"

streptomycin 链霉素(strepto 链+ myc 霉菌+ in 素)

terramycin 土霉素(terra 土+ myc 霉菌+ in 素)

笔者认为,这样分解拆译在形式上清晰地表达出术语间的联系,有助于依据术语的形式来确定该概念的范畴,分类归纳术语所在的学科领域,提高读者对术语类别的辨识度。

4.4 仿译

术语仿译是把原语术语概念意义或字面意义等表层含义与其构词成分相对应的一种直译方法。仿译是引进外来术语最主要的译法,仿译词具有见词明义特点。术语仿译一般适用于语义和构词透明度明显的术语,如复合词、短语词等。[8,P29]

例如:gallstone 胆石,gall 意为"胆,胆汁",stone 意为"石头",由字面意思可以反映出这是一种在胆囊中形成的小结石。cold war 冷战和 hot war 热战,"冷"和"热"分别指国际间非动用武器的交战和动用武器的交战。术语仿译方法的运用得益于人类对客观世界的认识存在共性,各民族的文化存在相同之处,使源语使用者与目的语接收者对词语的理解基本一致。

4.5 意译

意译法即在不脱离原文的基础上运用延续与扩展的方法译出原文。某些术语难以找到相对应的汉语词汇来表达,或者字面的翻译不足以表达其专业含义时,可以采用意译的方式。[11,P141]本词典中意译词数量极少,许多今天已经通过意译方法定名的术语,在本词典中以当时的音译形式收录。

例如:伯理玺天德,为清朝后期对 president 的音译名,意思是"掌握玉玺、享有天德的人",与古代天子的意思暗合,后采用意译定名为"总统",总管统领之意。德律风是 telephone 的音译名,后意译为"电话",表明这个电子设备可以进行通话。再如,德谟克拉西是 democracy 的音译名,后意译为"民主"。五四运动时提出的口号"德先生",就是直接用音译来称呼 democracy。

它先是以日语读音"minshu"音译借入我国。后来,中国的思想家严复在"以自由为体,以民主为用"一语中运用了"民主",使得这一译名广泛流传。汉语重义的特点,使本词典中绝大部分术语舍弃了其音译名称,转变为简洁凝练的意译名。此外,由于现代汉语双音节占绝对优势,所以多音节词意译定名时基本选用两个字。

5　外来术语翻译的规范性问题

术语翻译的规范是术语研究中重要的一环,重大术语翻译过程中的疏忽或轻率态度无疑会对中国学术研究产生难以估量的后果。[12,P21] 随着对外来术语翻译方法的深入研究,大多已经形成了具体的翻译规范。

从翻译角度出发,对术语进行翻译定名时,源语与译语在内容、形式和风格上应遵循趋于等值的标准。追根溯源,从术语的概念入手,更能帮助译者正确理解,避免造成误译。例如,democracy 一词意译为"民主"就有失考量。democracy 源于希腊语,是"dēmos(人民)+ kratia(权力)"的混合词。中国人的传统观念里,"民主"这两个字的组合即"人民当家作主",代表制度是为了人民,而具体是何种制度并不是关键,而西方的 democracy 只要过程符合程序正义,至于结果是不是真的有利于人民并不是重点。从这一点来看,将 democracy 译为"民主"其实并不妥当。但由于术语遵循约定俗成的原则,一经广泛传播,为大众熟知且深入人心的译名就不再做改动,所以译者在进行术语的翻译时,应当慎之又慎。翻译方法上,引进外国术语应以意定名为主,以音定名为辅。人名、地名、计量单位等为体现通用性和国际性,适宜音译。

从形式出发,术语翻译要求遵从科学性、专业性。像化学、医学等专业性强的学科和领域,存在已制定的翻译规范,应严格遵照要求。例如,在翻译药品名称时,就应根据国际通用药品名称、国家药典委员会《新药审批办法》的规定命名。翻译工作涉及文化和科学的许多学科和部门,放任自流,各行其是,或译者独自做出标准化的规定都是应该避免的。翻译专业性强的术语时,要求译者应具备丰富的知识储备,确保内容不会出现偏差,最好由从事该领域的专业人士参与翻译。

从使用者角度出发,语言是人类认识世界的工具,人是语言的使用者,所以术语翻译除术语自身的语言特点外,应方便使用。例如,遵照语言的经济性原则,对于全称较长、大众熟知的术语,应使用其缩略形式。一些长、难、生涩的术语为便于理解,最好进行加注解释。用字上,要优先选择贴合和能表达术语本意特点的字,充分发挥汉字的表意性,同时,巧用汉字的构造、字义等手段使译名具有理据性,传播相关的文化知识。

从社会文化角度出发,不同的学科领域具有不同的特点,这些特点会对术语翻译提出一些补充要求。例如,根据世界卫生组织于 2015 年发布的疾病命名指导原则,要求名称中不能包含人名,地名,动物、事物名称或指向特定文化、行业。因此,类似于"中东呼吸综合征""猪流感""禽流感"等引发消极联想的译名不应给予采用。

从美学角度出发,翻译是一种语言艺术,一个译名在准确表达术语本身的概念意义外,如能再追求更高的层次,满足"意美""音美""形美"三美,更能受到使用者的青睐,利于信息传递功能的实现。

结语

外来术语翻译的过程即为外来术语本土化的过程,无论运用何种翻译方法,其真正的目的是丰富和发展我国的术语词汇系统,更好地服务于科学研究。一个译名的广为流传除了要求译者具有较强的语言和文化功底外,还应更好地突出美学的特色,将各种因素通盘考虑,将各种翻译方法结合运用,才能从内涵和外延真正做到既忠实于原意又符合汉语的表达。翻译当精益求精,永无止境。未来随着语言的发展与时代的进步,我们会有更多的新观点、新想法逐步完善外来术语的定名,为术语翻译注入新的活力。

参考文献

[1]岑麒祥. 汉语外来语词典[M].北京:商务印书馆,2015.

［2］萨丕尔. 语言论——言语研究导论［M］. 陆卓元,译. 北京:商务印书馆,1985.

［3］马清海. 试论科技翻译的标准和科技术语的翻译原则［J］. 中国翻译,1997(1):28-29.

［4］姜望琪. 论术语翻译的标准［J］. 上海翻译,2005(S1):80-84.

［5］胡叶,魏向清. 语言学术语翻译标准新探——兼谈术语翻译的系统经济律［J］. 中国翻译,2014,35(4):16-20,128.

［6］黄忠廉,李亚舒. 科学翻译学［M］. 北京:中国对外翻译出版公司,2007.

［7］闫文培. 实用科技英语翻译要义［M］. 北京:科学出版社,2008.

［8］沈群英. 术语翻译的直接法和间接法［J］. 中国科技术语,2015,17(4):27-32.

［9］黄鑫宇,魏向清. 认知术语学视角下中华思想文化核心术语翻译的概念建构模型——以"天"相关术语为例［J］. 中国翻译,2020,41(5):88-97.

［10］伍峰,何庆机. 应用文体翻译:理论与实践［M］. 杭州:浙江大学出版社,2008.

［11］何江波. 英汉翻译理论与实践教程［M］. 长沙:湖南大学出版社,2010.

［12］辜正坤. 外来术语翻译与中国学术问题［J］. 中国翻译,1998(6):17-22.

家蚕微粒子病有关科技术语的探讨

贾亚洲

（西北农林科技大学）

引言

20世纪90年代以来，家蚕微粒子病在我国局地暴发，给蚕桑产业和蚕种生产企业带来了巨大损失。家蚕微粒子病胚种传染和食下传染是世界上所有养蚕国家的检疫对象，与化学污染中毒同列为养蚕业毁灭性病害。[1]家蚕原种、一代杂交种微粒子病检验是蚕业生产的管控环节，微粒子病综合防治也成为蚕病防治的重点和学术研究的热点。笔者对家蚕微粒子病的专业术语进行了梳理，发现存在科技名词使用失范现象，现简要做一探讨。

1 家蚕微粒子病的危害与微孢子虫的研究

微孢子虫（Microsporidia）是一类极其古老的、寄生在专性细胞内的原生生物，约有1 500种，超过187个属，能感染从无脊椎动物到人的几乎所有的动物，是许多经济昆虫、鱼类、皮毛动物、啮齿类动物的重要病原。[2,P2-3]能感染家蚕的微孢子虫有具褶孢虫属（Pleistophora）、泰罗汉孢虫属（Thelohania）、微粒子属（Nosema）、内网虫属（Endoreticulatus）等，由家蚕微孢子虫（Nosema bombycis）寄生而引发的蚕病，称为家蚕微粒子病。[3,P154]

19世纪中叶，法国、意大利等国蚕病暴发，养蚕业一度陷入绝境，法国微生物学家、化学家路易·巴斯德（Louis Pasteur）通过光学显微镜检查首先发现了病原体——一种椭圆形的微粒,有活性,繁殖快,并能够经卵遗传给下一代,该病原体被确认为微粒子孢子(Nosema bombycis),即现称的家蚕微孢子虫。该病害起初被称作灰头病、pébrine(胡椒病)、黑痣病、corpuscule disease(微粒子病)、körperchen-krankheit(微粒子病)、gattine(蚕疫)等,后来逐渐被统称为家蚕微粒子病(pebrine)。[4,P285-286]

20世纪80年代,我国蚕桑生产蓬勃发展,蚕种生产供不应求,地方政府部门忙于调种,未建立统一协调的蚕种检验检疫管理体系,蚕种生产单位开辟农村原蚕区制种,轻视了微粒子病的危害,以至于家蚕微粒子病开始蔓延。到20世纪90年代,江、浙、川、陕、粤、桂等省区微粒子病呈高发多发态势,蚕种场年年报废烧毁微粒子病率超标蚕种,蚕农也因微粒子病的暴发而面临减产甚至绝收的困境。[2;5]进入21世纪,随着家蚕微粒子病防控技术的全面落实和集团母蛾检验技术的普及,微粒子病的蔓延趋势得到有效遏制,然而广西家蚕微粒子病检验检疫数据显示,2007—2016年间广西蚕区仍有上十万张桑蚕原种、30余家蚕种场的数十万张一代杂交种因"超毒"而报废损失。[6]

传统观点认为微孢子虫隶属于原生动物界。微孢子虫的系统发育和进化的新近研究结果表明,微孢子虫和动物、植物、真菌及一些后来进化的原生生物都被认为是真核生物系统进化树Crown上的一个分支。[7]按照Cavalier-Smith T的最新生物界分类系统,即六界分类系统,微孢子虫隶属于真菌界(Kingdom Fungi)。[8]微孢子虫及其相关类群代表了从原生生物向真菌过渡的一类生物,由于其特殊的、不同于一般真核生物的结构特征,经常被用来研究真核生物的起源和进化。

2 蚕业期刊家蚕微粒子病名词检索

我国公开发行的蚕业科技期刊有10种,应用中国知网期刊检索平台,对10种蚕业期刊中有关家蚕微粒子病专业名词的文章进行检索,其中"微粒子病"做主题检索,"胚种传染""毒率""胚胎传染""病蛾率""病卵率""微粒子病率"做全文检索,并筛除柞蚕相关文章和非微粒子病出现的"病蛾率",检索结果见表1。

表1　1980—2019年蚕业期刊论文有关名词检索结果

专业名词	检索方式	1980—1989 年/篇	1990—1999 年/篇	2000—2009 年/篇	2010—2019 年/篇
微粒子病	主题	98	407	332	238
胚种传染	全文	41	190	170	175
毒率	全文	40	247	223	160
胚胎传染	全文	6	30	40	41
病蛾率	全文	5	20	76	59
病卵率	全文	0	3	58	64
微粒子病率	全文	5	11	13	8

注:检索期刊为公开发行的10种蚕业科技期刊,包括《蚕业科学》《中国蚕业》《北方蚕业》《四川蚕业》《广西蚕业》《江苏蚕业》《广东蚕业》《蚕桑通报》《蚕学通讯》《蚕桑茶叶通讯》。

从表1可以看出,1990—1999年刊载的与家蚕微粒子病有关的文章有407篇,说明这一时期作者对家蚕微粒子病的关注度高,也从侧面反映出蚕业生产中微粒子病的暴发情况。从表1中还可以看出,7个科技名词在1990—2009年出现的频率较高;"胚种传染"文字出现频率高于"胚胎传染";"毒率"文字出现频率高于"病蛾率""病卵率""微粒子病率";"胚胎传染""病蛾率""病卵率""微粒子病率"文字主要出现在1990年以后的文章中。

3　行业规范与家蚕微粒子病科技名词失范现象

20世纪90年代初,江、浙、川、陕、粤、桂等省区相继成立了蚕种质量监督检验站,组织力量统一进行全省桑蚕原种、一代杂交种母蛾镜检,发布家蚕微粒子病检验规程,实行蚕种调运检验检疫制度,指导地方家蚕微粒子病防治,监督蚕种场微粒子病率超标蚕种的烧毁等,家蚕微粒子病的防治被政府部门严格管理。中华人民共和国农业部 1997 年正式发布了 NY/T 327—1997《桑蚕一代杂交种检验规程》,启用"母蛾微粒子病率""病蛾率""成品卵微粒子病率""微粒子病卵率"术语,将母蛾微粒子病率定义为"带微粒子孢子的母蛾占制种批(段)母蛾总数的百分比"[9,P598],术语"病蛾率"替换了省区蚕种检验规程中的"毒率"。中华人民共和国国家质量监督检验检疫总局 2015 年发布了 SN/T 4292—2015 中华人民共和国出入境检验检疫行业标准《家蚕微粒子病检疫技术规范》,定义家蚕微粒子病是"由家蚕微孢子虫(Nosema bombycis,简称 Nb)引起的能致蚕业生产毁灭性破坏的传染病"[10,P7],家蚕微孢子虫能经蚕卵胚胎传染和食下传染。[10,P7]

上述两个行业标准摈弃了微粒子病"毒率"的概念,且《家蚕微粒子病检疫技术规范》还引入了"微孢子虫""胚胎传染"术语。20 世纪八九十年代使用的经典教科书《蚕病学》是这样定义的:家蚕微粒子病是由微粒子原虫感染而引起的蚕病,微粒子病的传染途径主要是食下传染和胚种传染。[11,P91]对照表 1 中出现的词语,"毒率"和"胚种传染"可谓热词,然而《现代汉语词典》第 6 版、第 7 版均未收录"毒率"和"胚种"词语。显然,这两个词是被"借"来的,用以形象地描绘家蚕微粒子病的毁灭性危害,在被新的专业词语取代之前,姑且可以作为专业用语或常用语使用。表 1 可见,NY/T 327—1997 和 SN/T 4292—2015 发布以后,科技期刊使用"病蛾率""病卵率"新术语的频率在逐渐增多,使用"毒率"的频率在逐渐减少。此外,表 1 仅列举了家蚕微粒子病 7 个常用语的交替使用问题,像检出有微粒子病的母蛾被称作"有毒蛾",其蚕卵被称作"带毒种",微粒子病率超标被称作"超毒"等等,期刊文章中家蚕微粒子病科技名词失范现象可见一斑。

4　结语及建议

路易·巴斯德发现了家蚕微粒子病,创立了母蛾镜检法,为家蚕微孢子虫的研究奠定了理论基础。蚕学是畜牧学科的一个分支,全国科学技术名词审定委员会 2020 年 9 月正式公布了《畜牧学名词》,内容包括总论、饲养管理、家畜家禽品种、遗传育种、繁殖、畜产品与加工、饲料与营养、养兔、养蜂、常用牧草,共10个部分,未囊括蚕学科技名词。为此,建议国家有关部门向社会征集和公布蚕学科技名词,并借助这一行动开启蚕学界科技名词的审定工作。科技期刊是报道学科前沿信息的学术刊物,科技术语也应该与时俱进,摈弃旧术语,使用新的规范语言,引领学科学术发展方向。在此,呼吁期刊编辑同人接受新知识,应用新术语,切实做好编辑出版文字工作。

参考文献

[1]浙江大学.家蚕病理学[M].北京:中国农业出版社,2001.

[2] 胡文娟.广西家蚕微粒子病流行病学研究[D].镇江:江苏科技大学,2018.

[3] 朱勃,沈中元,曹喜涛.微孢子虫起源和进化研究进展[J].江西农业学报,2007,19(1):154-158.

[4] 石川金太郎.蚕体病理学[M].东京:东京明文堂,1936.

[5] 金伟,鲁兴萌,钱永华.痛定思痛 吃堑长智 尽快走出"微防"误区及早控制"微病"危害[J].蚕桑通报,1996,27(4):1-5.

[6] 黄旭华,罗梅兰,汤庆坤,等.家蚕病原性微孢子虫多样性调查分析[J].南方农业学报,2018,49(6):1208-1214.

[7] KEELING P J, MCFADDEN G I. Origins of microsporidia[J]. Trends in Microbiology,1998,6(1):19-23.

[8] CAVALIER-SMITH T. A revised six-kingdom system of life [J]. Biological Reviews of the Cambridge Philosophical Society, 1998, 73 (3): 203-266.

[9] 中华人民共和国农业部.桑蚕一代杂交种检验规程:NY/T 327—1997[G]//中国标准出版社第一编辑室.中国农业标准汇编.畜禽卷.北京:中国标准出版社,2002:597-605.

[10] 中华人民共和国国家质量监督检验检疫总局.家蚕微粒子病检疫技术规范:SN/T 4292—2015[S].北京:中国标准出版社,2016.

[11] 华南农学院.蚕病学[M].北京:农业出版社,1980.

由 evolution 的
中文翻译所暴露出的生物学问题

曾　刚

（中国科学院西双版纳热带植物园园林园艺中心）

引言

　　evolution 的中文翻译常有两种，"进化"和"演化"[1-5]。过去，这两个词在很多情况下是混用的，并没有做太多区分。但是近几十年来，越来越多的声音建议取消使用"进化"一词，主张仅使用"演化"，[4;6] 比较典型的是田洺[4] 等学者的观点。如今，已有大量科普文章和生物学书籍都会刻意回避"进化"一词，例如把"进化论"改称为"演化论"，"进化生物学"更名为"演化生物学"等等。之所以会存在这样的观点，一方面是由于"进化"和"演化"这两个词在字面上所体现的意义不同。"进化"包含"进"这个字，因此可以合理地认为这个词天生具有类似"向前""发展""上升""提高""完善"等表现出"进步"色彩的含义；[7] 而"演化"更趋于中性，不强调任何方向性和趋势性，类似于"变化"。例如田洺认为，从汉语的语义学角度看，"进化"确实能使人产生"前进变化"的联想，但这种联想是望文生义，"演化"是比"进化"更贴切的译法。[4,P72]

　　另一方面，反对者认为真实的 evolution 不存在"进步"表现。尤其在斯蒂芬·杰·古尔德的 *Ever since Darwin* 以及 *Full house：The spread of excellence from Plato to Darwin* 等著作被翻译成中文后，这一观点影响了很多中国人，包括国内的生物学家也全盘接受他的观点。[6,P3] 古尔德认为，所谓的"进步",其实是建立在社会偏见和心理上一厢情愿的谬见。[8]他还曾提出过一个"醉汉撞墙"的比喻(图1)。醉汉只能在墙和沟之间的道路上随机行走,路的一端被墙所阻碍,导致随机行走的结果总是醉汉掉进路另一侧的沟里,这就造成醉汉倾向于朝着沟的方向行进的假象。古尔德以此来说明,由于生物不可能无限变简单(突破墙的限制),所以只能表现出往复杂方向(沟)改变的假象。最简单的生物——细菌,堆积在墙的附近,仍然是数量最多的生物;而最复杂的生命——人类,却只是"生命的尾端",仅占到生物的极少数,怎么能说生命在向着复杂和高级的方向演变呢?[9]

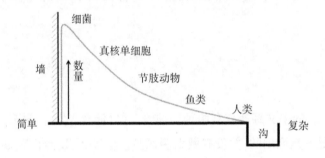

图1　仿古尔德"生命复杂性分配"示意图

与此相反,也有不少观点认为 evolution 是存在"进步"表现的。例如,达尔文在《物种起源》一书中,有 29 处使用了 progress 和 progressive,175 次使用了 perfect、perfected、perfection,并认为在自然选择的作用下生物会更加完美地适应所生存的环境。[10]郝守刚等认为,生物进化存在由古生物学证明的从简单到复杂、从低级到高级的规律。[1]杨继等认为,生物进化不仅表现为生物多样性种类和数量的增加,还表现为生物体的结构不断趋于复杂和完善。[3]韩民青认为,"进化"者"前进变化"之简谓也,进化与事物的革命性变革、上升发展、相互转化等概念是一回事。[7,P23]但这类观点通常被反对者看作是陈旧和错误的,并且这些观点对于"进步"到底是什么,以及为什么说 evolution 存在进步表现,并没有给出充分解释。

即便是反对者,对这两方面的讨论也不是特别透彻。例如田洺在《进化是进步吗?》一文中,围绕着"进步"思想如何从社会学渗透入生物学领域展开,而对本应无法回避的自然科学论据,却仅列举了鲨鱼和鳕鱼进行讨论。[4]古尔德的"醉汉理论"也有不少瑕疵。比如,真实的生命并非像醉汉那样可以随机从沟边或路中间的任何一处往墙的方向一直走到墙角。因为至今也没有发现一例细胞、组织和器官高度分化的多细胞生物会简化成单细胞生物,接着再从单细胞真核生物简化成原核生物。而且在规模上,简单到复杂都是大规模地发生,例如从单细胞到多细胞,仅真核生物中就发生了很多次,其中植物界、动物界、真菌界都是大规模发生。[1]相比之下,复杂到简单的变化似乎从未有过较大规模的发生。

尽管支持者的声音相比反对者的显得弱小无力,但一些来自生物学的常识似乎又表明"进步"在 evolution 中的确是存在的。例如脊椎动物羊膜卵的形成,让生殖过程不再依赖水,导致了羊膜动物比其他四足类脊椎动物具有更高的多样性和分布范围,[11]这为什么不能看作是对陆地环境的适应性进步呢?又如,脊椎动物的心室,从两栖类的完全不分隔,到爬行类的不完全分隔,再到鸟类和哺乳类心室的完全分隔,[11-13]一步步降低了动脉血和静脉血的混合,加强了循环系统的工作效率,这不也是"进步"的体现吗?

由此可见,对于 evolution 到底是应该翻译成"进化"还是"演化",需要从上述两方面进行分析,且第二方面才应该是问题的本质。

1 "进化"与"演化"含义的区别

当我们要区分"进化"和"演化"两个词的含义时,可以发现"演化"有两种理解。一种是不存在进步表现的 evolution,在这种理解之下,"进化"和"演化"的含义是完全互斥的。另一种理解是把"演化"理解成"不强调进步的存在",而不是"进步不存在"。那么这两个词的含义就变成了一个包含另一个的关系。如果这样理解"演化",那么"进化"就可以看作是一种特殊的"演化",即"表现出了进步性的演化"。在漫长的地球生命史中,不同时间、不同空间都生活着不同的生物类群。由于时空的异质性,每个类群的历史都有自身的特殊性,如果有的明显表现出进步现象,而有的没有,也是完全合理的。此时根据具体情况具体分析来选用这两个词,或者用"演化"描述整体性,用"进化"描述特殊性,似乎并没有什么不妥。另外需要提到的是,"退化"并不是"进化"的反义词。在生物学语境下使用"退化"一词,往往指结构上的简化,或者祖先具有的某些性状的丢失。所以,"退化"不能被理解成"表现出退步的演化"。

在某些语境下,如果不是特别强调"进化"和"演化"存在区别的时候,它们是可以通用的,例如"在生命的进化(演化)历程中……"。但在另外一些语境下,"进化"则不能用"演化"来代替。例如"种子植物是维管植物中最进化的类群",这里的"进化"如果换成"演化",就会语句不通,因为这句话隐含着维管植物的历史表现出了"进步"的方向性。当然,"进化"的反对者会认为这句话本身就是错误的。这就涉及第二个方面的问题——真实的evolution,或者说地球生命的历史是否存在进步表现。

2 地球生命史是否存在进步表现

任何理论都必须符合实际。因此,对于 evolution 应该翻译成"进化"还是"演化"的问题,各家观点说得再多,也不如落脚于真实的生命史中,去寻找"进步"现象是否存在。这就涉及两个问题:如何定义生命史中的"进步",以及如何判断进步是否存在。

2.1 如何定义"进步"

在汉语词汇释义中,"进步"指"(人或事物)向前发展,比原来好"[14,P676]。因此,"进步"一词本身就带有"向前""发展""上升""提高""完善"的含义。那么也就是说,我们只要发现 evolution 在任何一个方面表现出"向前""发展""上升""提高""完善"等"比原来好"的现象时,我们就可以认为生命的演变历史存在"进步"表现。

前人的研究已经从很多角度考察过 evolution 是否存在"进步"表现。例如从各类生物教材中常见的"低等到高等,简单到复杂,海生到陆生"的经典表述中，[1;3;5]可以看出"复杂"和"陆生"是对"进步"的具体解释。适应性的高低也被作为衡量进步的标准，例如古尔德的一个观点：假如阿米巴像我们一样适应生活的环境，谁又能说我们是高级生物？田洺认为："不论从适应环境的角度，还是从食物链上位置的角度，都很难认为作为软骨鱼的鲨要比作为硬骨鱼的鳕鱼低级。"[4,P74]在这些对"进步"的具体描述中，复杂程度、陆生，甚至食物链的位置等等，都不是特别符合"进步"一词的本义。例如，认为生物体变得复杂就是"进步"，似乎缺乏强有力的逻辑支持：为什么变得复杂就属于"向前""发展"和"提高"，而往精简的方向改变就不是呢？相比之下，以"适应性的提高"作为对"进步"的理解可能是最合理的：如果在地球生命的演变历史中出现了适应性提高的现象，那么我们称之"进步"是合乎逻辑的。因为能够适应环境并生存下去，是所有生命的共同"目标"。因此适应能力上的提高完全可以作为对"进步"在生命史中合乎逻辑的理解。

综上，本文将"进步"定义为"适应性的提高"。因此，evolution中是否存在"进步"表现，也就等同于"是否存在适应性提高"的现象。

2.2　如何判断适应性是否出现提高

一个单系群如果偶然获得了某些关键的适应性状，它就有可能发生适应性的提高。任何一个单系群都有其姊妹群。互为姊妹群的两个单系群起源于一个最近共同祖先，且起源之初它们的类群规模是相当的。同时一个单系群在发生适应性提高之前，必然可以找到它的一个最近的现生姊妹群。由于这个姊妹群在该单系群发生了适应性提高之前就与之分道扬镳了，因此它必然不具有导致这一单系群适应性提高的那些关键适应性状，于是这两支姊妹群共同竞争地球上的生态位，共同经历地球环境中的各种考验，共同生存同样长的时间，最后它们的类群规模如果出现明显差距，就可以看作是获得这些关键性状之前和之后适应性体现出的差距。这一差距，就是evolution发生了适应性提高的证据。获得了关键性状并因此导致类群规模更大的那支单系群，就是相对更加"进步"的类群（见图2）。

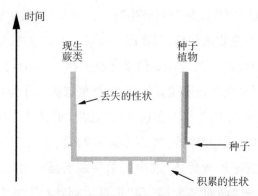

图 2　在姊妹群之间比较判断适应性的提高

以实例进行说明。根据目前的系统学研究结果,现生的蕨类植物(亦称链束植物 Monilophytes),包括今天的木贼类、松叶蕨类和属于复系类群的真蕨类(包括瓶尔小草),并排除传统蕨类中的石松类。[15]它的姊妹群生存至今的代表就是种子植物,并且蕨类植物与种子植物共同构成了真叶植物(Euphyllophytes)。其中,现生蕨类植物的物种数目是 12 000 多种;而现生的种子植物有 25 万—30 万种。[16-18]蕨类植物分布在除南极洲之外的各大陆,主要集中在较为温暖湿润的地区,少数种类可生存于除海洋之外的陆地水域中;而种子植物的分布范围囊括全球各大陆包括南极洲,沙漠湖泊皆有分布,甚至在浅海中能形成广袤的海草床。[19-21]从适应的方式上看,蕨类植物主要是地生和附生的草本,少数为乔木、藤本以及挺水和浮水植物;而种子植物的乔木可以形成广袤的森林,地生、附生、藤本、挺水和浮水植物也非常普遍。此外,种子植物还有多肉多浆的类型、寄生的类型、食虫的类型、沉水且水下传粉的类型等等,其适应方式的多样性远比蕨类高得多。在地球生态系统中的重要性也不言而喻:今天地球的生态系统主要是由种子植物组成的。可见,无论从物种多样性水平、生态位多样性水平,还是分布水平上看,现生种子植物都比蕨类植物要成功得多。

这里要注意的是,种子植物并非只是在今天才比蕨类植物占优势。根据化石记录,早在 2 亿多年前的二叠纪,种子植物就已经超过蕨类,成为地球表面植被的主角了。[22]并且自那以后,种子植物就一直在维管植物中处于优势地位,从未改变过。尽管在长达2亿多年的时间里,地球表面环境的干湿变换、冷暖交替及生物大灭绝事件非常之频繁,但蕨类植物没有抓住过一次机会取代种子植物重新占据维管植物的优势地位。

从理论上说,种子的形成导致维管植物的受精作用完全摆脱了水的限制,更有利于适应陆地上的干旱环境。但实际上,种子不仅仅比蕨类植物更适应陆地的干旱环境,在淡水和海洋中,种子植物的多样性也比蕨类高得多。因此,适应性状对适应能力有多大的贡献,理论上的评估永远没有真实世界给出的答案更加客观全面。正因为此,我们不能从考察具体性状的角度入手来衡量蕨类植物和种子植物谁更适应环境,而应从它们既成事实的适应竞赛的客观结果来判断。毕竟性状无穷多,且种子植物和蕨类植物都有各自的适应性状,从考察哪一方具有的优秀适应性状更多来入手,只会陷入性状穷举法的僵局。除了种子以外,种子植物相比蕨类植物还具有其他一些适应性状,例如小孢子不能脱离孢子囊独立发育成配子体、花粉管的形成、叶腋出现腋芽(苏铁类除外)导致分支方式发生改变等等。[23;24]我们不用去一一考究这些关键的适应性状都有什么,我们只要知道种子植物在具有这些适应性状之后,相比具有之前在适应性上是否发生了明显的变化。而在具有这些适应性状之前且又能被我们观察到的植物,就是与种子植物亲缘关系最近的现存类群——蕨类植物。因此,我们比较现生的蕨类植物与种子植物在物种水平、适应方式、分布范围等方面的差距,就可以说明早期的真叶植物在获得这些适应性状之前到获得之后,有没有出现适应性提高的现象。

在前面的讨论中,构成单系群的是现生的蕨类植物。但如果考虑已经灭绝的物种,那么蕨类植物必然是一个并系群(图3)。因为现生的蕨类植物只是过去众多蕨类单系群中的一个,而其他蕨类的单系群都灭绝了。种子植物不同,不管是否考虑灭绝的物种,它都是一个单系群。因此严格来说,种子植物的姊妹群并非现生的蕨类植物,而是一支已经灭绝的蕨类植物(图3中的d);而现生蕨类植物的姊妹群,则是种子植物加上前裸子植物等一部分已经灭绝的蕨类植物(图3中的c和d)的总和。如果在种子植物和它真实的姊妹群之间比较,由于该姊妹群 d 已经灭绝,而灭绝就是适应能力不强的极端体现,因此种子植物自然完胜。如果在现生蕨类植物和它真实的姊妹群(种子植物加 c 加 d)之间比较,由于已灭绝的支系对今天的家族规模贡献为零,也就等同于现生蕨类和种子植物进行比较。

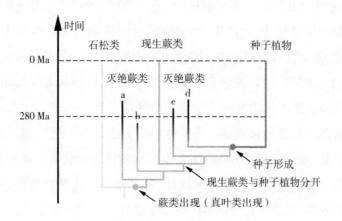

图 3　种子植物与现生蕨类演化关系示意图

另外,由于两支姊妹群发源于同一分支点,因此它们出现的时间没有早晚之分,但如果考虑到所有存在过的蕨类植物,蕨类产生的时间必然要比种子植物早。也就是说,历史上的蕨类植物比种子植物有更多的时间扩张分布范围,有更大的先机抢占生态位。从化石记录来看,蕨类中的木贼类在泥盆纪早期就已出现,代表植物有海尼蕨属(*Hyenia*)和古芦木属(*Archaeocalamites*)。[1;22]真蕨类的代表——小原始蕨属(*Protoperidium*)出现在泥盆纪中期,大型蕨类乔木——芦木属(*Calamites*)也在晚泥盆纪出现。[1;22]到了石炭纪,真蕨类和木贼类都已开始繁盛起来。[1;22]而种子植物产生于 3.5 亿多年前的晚泥盆纪到早石炭纪,那时蕨类就已经分化出了多个支系,并扩张到广阔的陆地环境中。这意味着在种子植物刚刚从蕨类植物中诞生之初,其家族规模一定远远比不上蕨类植物。当时的种子植物只是众多蕨类单系群中的一支,其周围生存着各种蕨类植物和石松类植物。可是 3.5 亿多年后的今天,蕨类植物只剩下一支单系群,且规模远不及种子植物。

可以说蕨类植物作为种子植物的祖先,尽管占尽天时地利,却还是败给了后来居上的种子植物。要解释这一"反常"现象,恐怕只能从它们自身的适应性差距上去寻找原因。如果种子植物的适应能力不比蕨类植物更进步,那么蕨类理应比种子植物繁荣得多才对,因为它出现更早,有更多的时间去发展多样性(图4)。

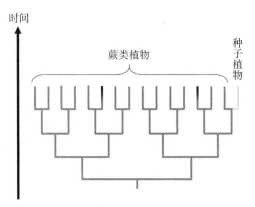

图4 不存在进步的情况下真叶植物的发展状态

由此一例即可证明,地球的生命史确实从适应性提高的角度上存在进步的表现。

2.3 适应是生物与环境共同作用的结果

有一种观点认为,蕨类植物在过去也曾经形成广袤的森林,也曾是地球植被的主角。种子植物现在达到的成就,蕨类植物同样达到过。因此并不是蕨类的适应能力不及种子植物,而是现在的环境不利于蕨类植物。

首先,这种观点缺乏证据。种子植物的成就,蕨类植物真的都能达到吗?例如,迄今为止并未发现海生的蕨类植物化石;蕨类植物乔木所能达到的高度也远远不及种子植物;蕨类植物是否曾经达到今天种子植物的25万到30万种之多,也无法证明。其次,种子植物早在二叠纪就已经在维管植物中占优势了。[1;3;22]如果把二叠纪至今种子植物占据优势地位的现象看成是环境变化这一外因作用的偶然结果,而与植物自身适应性的提高这一内因无关,就很难解释为什么自二叠纪以来,环境变迁无数,其他维管植物没能抓住一次机会取代种子植物的优势地位,反倒是不断灭绝以至于今天只剩下石松类和蕨类两支。难道在这长达近 3 亿年的时间里,环境都恰好有利于种子植物而不利于其他维管植物吗? 我们当然无法否认现在的地球环境是更利于种子植物的生存和发展,但同样也无法否认种子植物的成功与其具备其他维管植物所不具备的适应性状有直接关系。外因还需要通过内因起作用,试图否认内因,把一切原因归结为外部因素,无疑是荒谬的。

适应是对某一环境的适应,不能脱离环境讨论适应。进步所涉及的"适应性的提高",就是在限定环境下的提高。认为适应能力存在提高,绝对不是说种子植物无论在什么环境下适应能力都比蕨类强。理论上,一定可以创造出一个不利于种子植物而有利用蕨类植物的生存环境。例如人工选择:见到种子植物就杀死,见到蕨类植物就保护起来。如果自然环境在未来也以某种未知的方式变成这样的状态,那繁荣了数亿年的种子植物又会重新让位于蕨类植物。但即便如此,我们也不能否认在过去 3 亿年的特定环境中,种子植物适应能力强于蕨类植物这一既定事实,至于未来环境如何改变,是不是还能继续让种子植物占据优势地位,都与过去的历史无关。

类似的观点还有,蕨类植物和种子植物在适应环境方面各有所长,蕨类植物擅长适应潮湿环境,而种子植物擅长适应干燥环境,它们各自占据不同的生态位,没有可比性,不存在谁比谁的适应能力更优秀这回事。

这种说法本质上是在否认竞争的存在。环境虽然具有异质性,但异质的环境之间也有共性。如果不同生物所适应的环境完全隔绝且毫无共性,大家各自适应各自的环境,互不干扰,就不可能存在竞争关系。环境是由不同的生态因子构成的。[25;26] 有些生态因子是普遍存在的,例如阳光、大气、水分、土壤、温度、生物环境等等。那么在这些共同的生态因子下的适应,自然就存在可比性。蕨类和种子植物所适应的生态因子中有大量共有成分,且二者在分布区上也有大量重叠,因此比较它们谁适应得更好,实际上是在比较它们竞争地球大环境的能力。另外,这种观点是把生物的适应能力看作静止不变的。在 evolution 的纵向时间尺度上,适应是可以不断改变的,没有什么类群是"被安排去适应某种环境"的,就看有没有能力改变。今天的蕨类适应湿润环境,是因为它们受精作用不能离开水等自身生理条件的限制。种子植物出现后,地球给了蕨类 3 亿多年的时间去改变,但蕨类并没能突破这一限制。而在这 3 亿多年中,种子植物却不仅适应了干旱环境,潮湿环境甚至河流海洋也一样成功入侵。蕨类不能生存的地方种子植物可以生存,蕨类能生存的地方,种子植物同样可以,怎么能说没有可比性呢?

3　姊妹群概念在论证中的重要性

对于适应性在 evolution 中是否存在进步表现,许多"进化"的反对者其实早已考察并讨论过,但他们不仅没有发现这一现象,反而得出相反的结论,认为在适应性上并不能看出任何进步表现。这是因为他们在讨论中都忽略了系统发育中姊妹群关系的重要性。

现举例说明(图 5)。表述①:"有胚植物包括苔藓植物、石松类、蕨类、裸子植物和被子植物这五大类";表述②:"有胚植物包括苔藓植物和维管植物;维管植物包括石松类和真叶类(Euphyllophytes);真叶类包括蕨类植物和种子植物;种子植物包括裸子植物和被子植物"[15, 27]。虽然以上两种表述都是正确的,但以这两种视角来观察 evolution 可能会导致非常不同的结果。

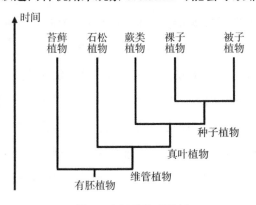

图 5　有胚植物系统树

　　例如,地质历史上石炭纪是石松和蕨类植物繁盛的时期。到了二叠纪,石松和蕨类衰落,裸子植物开始繁盛,一直持续到中生代末期,裸子植物衰落,被子植物在白垩纪至新生代处于繁盛时期。[1;3]从这一视角来看,每一个植物类群都不能永久繁盛下去,总会有衰落的一天,那么推而广之,被子植物可能也将如此。但如果以姊妹群的视角来思考就会发现:从石炭纪开始,维管植物繁盛起来就再也没有衰落过;自二叠纪以来,种子植物开始繁盛,一直到今天都是维管植物中的主角。那么我们可以预测:被子植物在未来恐怕也会一直繁荣下去。

　　再例如,如果将苔藓植物、蕨类植物、裸子植物、被子植物孤立地看待就会发现,除了被子植物有 30 万种以外,物种数目最多的是苔藓植物,约 2.3 万—3.4 万种;裸子植物最少,有 800—1 100 余种;蕨类植物居中,即使包括石松类在内的广义蕨类,也仅有 1.2 万多种。[17;18;28]如果说裸子植物比蕨类植物适应性更强,为什么种类会比蕨类植物少? 如果说蕨类植物比苔藓植物进步,为什么却没有苔藓植物繁荣? 但是,如果从姊妹群的视角来看,裸子植物应该与被子植物加在一起,以种子植物的身份和蕨类植物比较;而蕨类植物应该与石松类和种子植物加在一起,以维管植物的身份和苔藓植物比较。这样一来,上述困惑就会迎刃而解。

　　现在回顾一下古尔德的醉汉理论。他之所以疑惑为什么最简单的生命——细菌——是最多的,而最复杂的生命——人类——却是极少数,[9]是因为他忽视了姊妹群关系的重要性。细菌几乎可以算作所有原核生物的统称,是数十万乃至数百万个物种的集合。它可分为古细菌和真细菌,且古细菌与真核生物共同构成真细菌的姊妹群,[29-31]而人类只是真核生物中的一个物种而已(图 6)。将人类单独拿出来,与细菌比谁多谁少,人类当然是“极少数的尾端”。这就相当于,如果把原核生物中的某种细菌和整个真核生物相比,这种细菌一样会成为“极少数的尾端”。古尔德之所以疑惑,不过是因为被他自己有意无意设置的逻辑圈套戏弄了而已。

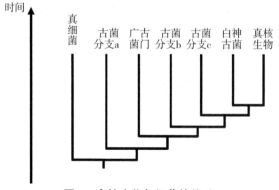

图6　真核生物与细菌的关系

具体来说,姊妹群的重要性可以总结为以下三个方面。

3.1　姊妹群之间存在直接的亲缘关系

既然"进步"表现为获得关键适应性状后适应能力得到了提高,这就必然要求代表前后适应能力的两个类群必须有直接的亲缘关系。这就意味着相比较的两个类群是不可以随意选取的。前面的例子中,如果在真叶植物里任意选取两个无直接亲缘关系的比较对象,那么比较结果与适应性提高之间的逻辑关系就无从体现了。比如,我们从种子植物中选择全球仅存4株、濒临灭绝的百山祖冷杉(*Abies beshanzuensis*),[32,P141]和蕨类植物中的世界广布种铁线蕨(*Adiantum capillus-veneris*)进行比较,[33]那百山祖冷杉显然不如铁线蕨繁荣。可这并不能推翻种子植物在整体上比蕨类植物更繁荣的事实。即使拿种子植物中的世界广布种与蕨类植物中的濒危物种相比,其结果也与 evolution 是否表现出进步无关,因为这两个物种之间没有直接的亲缘关系。

3.2　姊妹群可以避免引入人为干扰

如果无视姊妹群关系,随意抓取系统树树冠中的两束枝丛进行比较,除了不能保证直接的亲缘关系外,还会发现枝丛抓大一些或抓小一些,都会直接引入人为因素,导致比较的结果不能真实客观地反映出由适应差距造成的类群规模差异。因此选取比较对象时,确定一个客观标准是必不可少的。而姊妹群就是这一客观标准。

例如著名的古生物学家古尔德曾说:"50%的脊椎动物都是硬骨目。它们挤满海洋、湖泊、河流,数目几乎是灵长类的 100 倍"[8,P52],大约是所有哺乳类的 5 倍,我们怎么能说它们不是 evolution 的主干?[9] 可见古尔德并没有意识到拿灵长类或者哺乳类和硬骨鱼进行比较是完全不合逻辑的。把哺乳类单拿出来和硬骨鱼比较得出 5 倍的结果,以及把灵长类单拿出来与硬骨鱼比较得出 100 倍的结果(实际上硬骨鱼有 24 000 多种,[34] 灵长类 480 多种,[35] 前者约为后者的 50 倍),还不如干脆把人类单拿出来和硬骨鱼相比,这样可以得到更有说服力的 24 000 多倍的结果呢!按照古尔德的比较方法,不仅比较双方无直接的亲缘关系,而且比较结果也完全取决于研究者选取了多大的类群进行比较,这样还有什么客观性可言?

这种忽视姊妹群关系的比较方法,在表面上看不出任何逻辑漏洞,但它是造成无法观察到进步现象的重要原因。而且这种观察角度极具迷惑性,在缺乏生物分类学和系统发育基础知识的爱好者看来,几乎是无懈可击的,因此它对大众的误导相当奏效。例如,田洺曾将鲨鱼和鳕鱼比较,就误导过很多人:"按照拉马克主义、社会达尔文主义和所展示的观点,会认为软骨鱼是低级的,硬骨鱼是高级的,但是不论从适应环境的角度,还是从食物链上位置的角度,都很难认为作为软骨鱼的鲨要比作为硬骨鱼的鳕鱼低级。"[4,P74] 这段话的逻辑是:鲨鱼是软骨鱼,鳕鱼是硬骨鱼,如果软骨鱼比硬骨鱼低级,那么鲨鱼应该在某些方面,比如适应环境的方面,不如鳕鱼。但鲨鱼并没有在这方面表现得不如鳕鱼,因此软骨鱼比硬骨鱼低级的观点是站不住脚的。田洺在软骨鱼和硬骨鱼中各挑选出一个物种进行比较(但实际上鲨鱼是一类物种的总称,田洺粗略地将鲨鱼作为单一物种来看待),然后以此结果来检验软骨鱼和硬骨鱼之间是否存在适应能力的差别,这就涉及一个显而易见的逻辑问题:如果整个软骨鱼家族在适应能力上远远不如整个硬骨鱼家族,是否就意味着软骨鱼中任何一个物种的适应能力都会比硬骨鱼中的任何一个物种要差呢?显然不是。以鲨鱼和鳕鱼的比较结果来反推软骨鱼和硬骨鱼的情况,属于典型的以偏概全。想要验证软骨鱼和硬骨鱼之间是否在适应环境的能力上存在差距,用整个软骨鱼的适应能力和整个硬骨鱼的适应能力来比较显然会更加直接和准确。这样比较就会发现,硬骨鱼的适应能力远胜软骨鱼。[1;34;36;37]

但即使这样比较,也仍然是忽略了姊妹群关系的。从系统发育的角度,两栖类、爬行类、鸟类和哺乳类都是硬骨鱼的后代,相对于软骨鱼而言,它们应该和硬骨鱼归入一个共同的大家族中(即广义硬骨鱼)。硬骨鱼中的一支爬上了陆地,变成了今天的两栖类、爬行类、鸟类和哺乳类,因此这个大家族的适应能力当然不能只看生活在水中的狭义硬骨鱼。田洺由于意识不到姊妹群关系的重要性,直接拿鲨鱼和鳕鱼相比来否认适应性的提高,自然更不可能意识到两栖类、爬行类、鸟类和哺乳类也应该加入硬骨鱼同软骨鱼进行比较,那么他自然也就不可能发现这一惊人的适应性差距。

3.3　姊妹群具有同等的发展时长

在姊妹群之间比较的另一个重要原因,是考虑到发展时长的公平性。例如前面提到的古尔德用灵长类和硬骨鱼相比的案例,这种比较方式就对灵长类十分不公平。硬骨鱼起源于4亿多年前的晚志留纪,[38]而灵长类起源于不到1亿年前的晚白垩纪[1],硬骨鱼比灵长类早出现3亿多年! 也就是说硬骨鱼比灵长类多出3亿多年发展多样性的时间,那么有什么理由要求灵长类比硬骨鱼更繁荣呢?更为明显的例子还有人类和细菌比较的做法,细菌出现于几十亿年前,人类才出现于区区几百万年前,那么细菌能适应多种多样的环境而人类不能,不是天经地义吗?因此在进行比较时,固定时间这个变量才能得出客观的结果。两个姊妹群发源于同一祖先,那么它们发展至今的时长就是相等的,在这一前提下来比较它们之间的多样性差异才是公平的。

在类群间进行比较时,根据选取类群的不同关系,大致存在如下几种情况(图7)。其中只有在姊妹群之间进行比较是客观合理的(图7的A)。在具有直接亲缘关系的并系群和单系群之间比较,会因为并系群可由研究者随意抓取任意大小的枝丛,让比较结果充满人为性;也会因为并系群有更多的发展时间,导致对单系群的一方是不公平的(图7的B),例如用爬行类和鸟类相比,或者用原核生物与真核生物相比,就属于这种情况;或者并系群一方的选取不全面,漏掉了一部分应该参与比较的支系(图7的C),例如田洺用软骨鱼和硬骨鱼相比,将本应参与比较的两栖类、爬行类、鸟类和哺乳类漏掉了,导致与软骨鱼相比的那一方成了并系群,就属于这种情况。在无直接亲缘关系的并系群和单系群之间比较,不仅并系群的一方选取范围是人为的,而且单系群一方的选取也不全面,漏掉了一部分支系(图7的D)。例如用硬骨鱼和灵长类进行比较,用细菌和人类进行比较等就属于这种情况。在无直接亲缘关系的两个单系群之间进行比较,相当于随意选取两个无关的类群,它们之间不仅发展时间不相等,类群的选取大小也完全是人为的,而且比较的结果也根本不能反映出适应性的前后变化(图7的E),例如用鲨鱼和鳕鱼进行比较,用阿米巴原虫或昆虫和人类进行比较,都属于这种情况。至于复系群和单系群比较,就更加没有逻辑性可言了。并系群至少是由祖征结合在一起的类群,它虽然没有包括所有后代,但至少有单一的共同祖先,可以反映一定的演化关系。而复系群纯粹是由趋同性状结合在一起的大杂烩。例如用微生物和人类进行比较就属于这种情况(图7的F)。只有姊妹群之间进行比较的方式,才是在相同发展时长的前提下以客观标准选取比较对象,这样才能保证比较结果真实地反映出类群间因适应性差距造成的发展规模的差异。并且由于姊妹群之间具有直接的亲缘关系,这样的比较才能体现出一个类群在获得某些关键适应性状之前和之后,适应能力的变化。

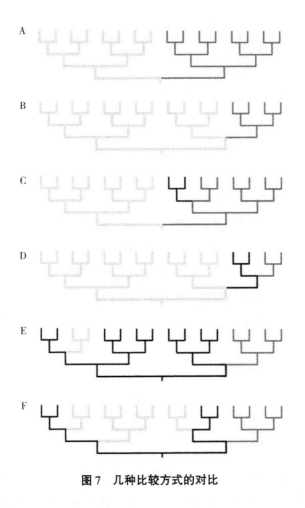

图7　几种比较方式的对比

　　认识到姊妹群关系在比较类群间适应性差距的重要性后,会发现适应性提高这一进步表现在生命之树中是非常普遍的现象。如果不存在进步表现,意味着所有生命的适应能力都相当,没有谁好谁更好的区别,那么类群间的兴衰将成为依据环境而改变的随机事件。并且由于原始类群拥有更多的发展时间,因此地球的空间和资源将被原始生命占据,新产生的类群几乎没有立足之地,更不可能占据优势地位。这将会导致地球生命的格局和面貌与今天的真实世界完全不同。因此地球生命史中的进步表现是非常重要、不容忽视的自然现象。

4　结语

本文从"进化"和"演化"两个词含义的区别,到 evolution 是否具有"进步"表现这两个方面进行了讨论。在姊妹群之间进行比较,可以发现 evolution 在一些类群中是明显存在适应性提高这一进步表现的。因此,否认进步的存在而拒绝使用"进化"一词,显然是不正确的。但同时,进步性也难以被证明在系统树的任何支系中都有体现。因此,认为"进步"是 evolution 的必然表现也过于草率。所以本文的观点是,当处于 evolution 明显存在进步表现的语境中时,使用"进化"显然比使用"演化"更加准确,甚至使用"演化"会造成用词不当。例如:"被子植物是种子植物中最进化的类群""被子植物比裸子植物更进化"等等。但在不确定进步是否存在,或者在不强调进步存在的语境下,使用"演化"是更加稳妥的。因此这两个词的选用需要结合具体情况以及使用者需要表达的内容和目的来具体分析。但无论使用哪一个词,都不能否认"进步"在地球生命历史中的客观性、普遍性和重要性。

致谢

感谢中国科学院植物研究所陈之端研究员对本文的悉心指导和修改。感谢中国科学院植物研究所刘冰博士以及中国科学院西双版纳热带植物园左云娟博士对本文提供的宝贵修改建议。

参考文献

[1] 郝守刚,马学平,董熙平,等. 生命的起源与演化——地球历史中的生命[M].北京:高等教育出版社,2000.

[2] 杨世杰. 植物生物学[M].北京:科学出版社,2000.

[3] 杨继,郭友好,杨雄,等. 植物生物学[M].北京:高等教育出版社,1999.

［4］田洺. 进化是进步吗？［J］. 自然辩证法通讯，1996，18（3）：71-75.

［5］陆时万，徐祥生，沈敏健. 植物学 上册［M］. 2 版. 北京：高等教育出版社，1991.

［6］李建会. 进化不是进步吗？——古尔德的反进化性进步观批判［J］. 自然辩证法研究，2016，32（1）：3-9.

［7］韩民青. 论恩格斯关于物质形态进化的学说——纪念恩格斯逝世 100 周年［J］. 自然辩证法通讯，1995，17（4）：22-25.

［8］古尔德. 生命的壮阔——从柏拉图到达尔文［M］. 范昱峰，译. 南京：江苏科学技术出版社，2009.

［9］GOULD S J. Full House：The spread of excellence from Plato to Darwin［M］. New York：Three Rivers Press，1996.

［10］达尔文. 物种起源［M］. 苗德岁，译. 南京：译林出版社，2013.

［11］杨安峰，等. 脊椎动物学（上册）［M］. 北京：北京大学出版社，1983.

［12］杨安峰. 脊椎动物学（下册）［M］. 北京：北京大学出版社，1985.

［13］陈阅增，张宗炳，冯午，等. 普通生物学——生命科学通论［M］. 北京：高等教育出版社，1997.

［14］中国社会科学院语言研究所词典编辑室. 现代汉语词典［M］. 6 版. 北京：商务印书馆，2012.

［15］SHEN H，JIN D M，SHU J P，et al. Large-scale phylogenomic analysis resolves a backbone phylogeny in ferns［J］. GigaScience，2018，7（2）：1-11.

［16］吴国芳，冯志坚，马炜梁，等. 植物学 下册［M］. 2 版. 北京：高等教育出版社，1992.

［17］中国科学院中国植物志编辑委员会. 中国植物志（第二卷）［M］. 北京：科学出版社，1959.

［18］The Plant List［EB/OL］. ［2021 - 10 - 28］. http://www.

theplantlist. org/.

[19] 邱广龙，林幸助，李宗善，等. 海草生态系统的固碳机理及贡献[J].应用生态学报，2014，25(6)：1825-1832.

[20] PAPENBROCK J. Highlights in seagrasses' phylogeny, physiology, and metabolism: What makes them special? [J]. ISRN Botany, 2012 (7): 1-15.

[21] ORTH R J, CARRUTHERS T J B, DENNISON W C, et al. A global crisis for seagrass ecosystems[J]. Bioscience, 2006, 56(12): 987-996.

[22] 郝守刚,王德明,王祺. 陆生植物的起源和维管植物的早期演化[J].北京大学学报(自然科学版),2002,38(2)：286-293.

[23] 中华人民共和国濒危物种进出口管理办公室,仙湖植物园国家苏铁种质资源保护中心,广东省野生动植物保护管理办公室. 常见苏铁类植物识别手册[M].北京：中国林业出版社，2011.

[24]福斯特, 小吉福德. 维管植物比较形态学[M].李正理,张新英,李荣敖,等,译. 北京：科学出版社，1983.

[25] 牛翠娟, 娄安如, 孙儒泳,等. 基础生态学[M].2版. 北京：高等教育出版社，2007.

[26] 孙儒泳, 李博, 诸葛阳,等. 普通生态学[M].北京：高等教育出版社，1993.

[27] MEYER-BERTHAUD B, GERRIENNE P. Aarabia, a new early Devonian vascular plant from Africa (Morocco)[J]. Review of Palaeobotany and Palynology, 2001, 116: 39-53.

[28] 中国科学院中国植物志编辑委员会. 中国植物志:第七卷[M].北京：科学出版社，1978.

[29] BURKI F. The Eukaryotic tree of life from a global phylogenomic perspective [J]. Cold Spring Harbor Perspectives in Biology, 2014, 6 (5): a016147.

[30] BURKI F, KAPLAN M, TIKHONENKOV D V, et al. Untangling the

early diversification of eukaryotes：a phylogenomic study of the evolutionary origins of Centrohelida, Haptophyta and Cryptista[J]. Proceedings of the Royal Society B：Biological Sciences, 2016, 283(1823)：20152802.

[31] ANANTHARAMAN K, BROWN C T, HUG L A, et al. Thousands of microbial genomes shed light on interconnected biogeochemical processes in an aquifer system[J]. Nature Communications, 2016(7)：13219.

[32] 孔昭宸,杜乃秋,吴鸣翔. 对百山祖冷杉的现在、过去和未来趋势的初步探讨[C]//中国科学院生物多样性委员会,林业部野生动物和森林植物保护司,国家环保局自然保护司,等. 生物多样性与人类未来——第二届全国生物多样性保护与持续利用研讨会论文集. 北京：中国林业出版社,1998：141-144.

[33] ZHANG G M, LIAO W B, DING M Y, et al. Pteridaceae[M]// WU Z Y, RAVEN P H, HONG D Y. Flora of China, Vol. 2-3. Beijing：Science Press,2013：169-256.

[34] BETANCUR-R R, WILEY E O, ARRATIA G, et al. Phylogenetic classification of bony fishes[J]. BMC Evolutionary Biology, 2017, 17(1)：1-40.

[35] FINSTERMEIER K, ZINNER D, BRAMEIER M, et al. A mitogenomic phylogeny of living primates[J]. PloS ONE, 2013, 8(7)：e69504.

[36] FROST D R, GRANT T, FAIVOVICH J, et al. The amphibian tree of life[J]. Bulletin of the American Museum of natural History, 2006(297)：1-291.

[37] JETZ W, THOMAS G H, JOY J B, et al. The global diversity of birds in space and time[J]. Nature, 2012, 491(7424)：444-448.

[38] 周明镇,刘玉海,孙艾玲,等. 脊椎动物进化史[M]. 北京：科学出版社,1979.

"凤梨""菠萝"与"波罗蜜"的命名问题

魏 亮

(《中国科技术语》杂志社)

1 "凤梨"与"菠萝"的关系

首先要说明的是,"凤梨"与"菠萝"完全是同一物种,在英语中叫作pineapple[1],曾长期使用的拉丁名为 Ananas comosus。将"凤梨"与"菠萝"相区别的说法事出有因,但从根本上说是不明就里。"凤梨"与"菠萝"本是同一种植物或水果在不同地区的不同称呼,具有某种特别性状的其实只是某种凤梨/菠萝,而不是所有"凤梨"与所有"菠萝"的区别。简言之,"凤梨"与"菠萝"属于同物之异名,所指完全相同。

有人将"凤梨"与"菠萝"类比于"樱桃"与"车厘子",其实似是而非,"樱桃"与"车厘子"固然一个是本土词,一个是外来词,但两者所指并不相同,就正式的中文名称而言,一个是"樱桃"(Cerasus pseudocerasus),一个则是"欧洲甜樱桃"(Cerasus avium),属于相近的两个物种。[2]

---

① 英语中在接触凤梨之前已有 pineapple 一词(产生于 1398 年),本指松球,1664 年始用来指菠萝(一说为 1624 年[1]),而现在英语中的松球——pine cone 是后来才有的(产生于 1694 年)[2]。

② 英语中的 cherry 与拉丁语中的 cerasus 是同源的。avium 是鸟的意思,因为这种果实原本主要是鸟的食物。中国古代,樱桃亦有"莺桃"之称,也被称作"含桃",因为果型小,可以含在口中。"樱桃"之"樱"与"婴儿"之"婴"同样表示"小"的意思。

2 "凤梨"与"菠萝"定名的选择

实际上,分布广泛、栽培悠久的植物普遍会有多个名称,"凤梨"和"菠萝"是这种植物最为通行的两个称呼,但作为一种植物正式的名称,只能保留一个。全国自然科学名词审定委员会①的《农学名词1993》②将"菠萝"作为正词,而以"凤梨"为又称,但《中国植物志》③第13(3)卷(1997年)的定名则为"凤梨",而将"菠萝"作为俗称。汤彦承和路安民在《被子植物非国产科汉名的初步拟订》一文中提到:杜亚泉在1933年的《高等植物分类学》中定名为"凤梨科",而耿伯介在1979年的《新拟的种子植物目科系统名录》中则将其改为"菠萝科",两相比较,"选前者,因应用较广泛"[3,P288]。杜亚泉的"凤梨科"先声夺人,影响到《中国植物志》将科、属、种一并命名为"凤梨"。

3 "凤梨"名称的由来

凤梨/菠萝原产于南美洲,1493年,意大利航海家哥伦布(Christopher Columbus,1451—1506)第二次抵达美洲时发现了这种水果,将其称作piña de indes(西班牙语),意为印度松球④。1496年,哥伦布将这种水果带回西班牙,但是直到1658年,才由荷兰商人Pieter de la Court在欧洲栽培成功。[4]

凤梨/菠萝何时传入中国,缺乏记载。早期在世界范围传播凤梨/菠萝的主要是葡萄牙人,到16世纪末,凤梨/菠萝已被葡萄牙人引种至世界上大部分适宜的热带地区,[5]而考虑到1553年葡萄牙人进入澳门,很可能凤梨/

---

① 1996年更名为"全国科学技术名词审定委员会"。
② 本文提及的全国科学技术名词审定委员会审定公布的名词,均可在"术语在线"(https://www.termonline.cn/index)检索。
③ 可在"植物智"(http://www.iplant.cn/)检索。
④ 凤梨"花序于叶丛中抽出,状如松球"[《中国植物志》1997年第13(3)卷065页]。虽有"松果"一词,但准确地说,松类是裸子植物,且没有果实,"松球"实际上是聚在一起的含有种子的木质鳞片,英语中名之为pine cone(松锥),其实既有近球形的,也有近锥形的,汉语中另有"松塔"一词,即是这种体现。值得注意的是,菠萝最像松球的是"花序于叶丛中抽出"之时,而不是在市场上见到的成熟时的样子。

菠萝是 16 世纪后期由葡萄牙人引入中国的。

对于"凤梨"与"菠萝"这两个名称的由来,异说颇多,其中很多是讹传。

有关"凤梨",康熙三十五年(1696 年)《台湾府志·卷七》记载:"叶似蒲而阔,两旁有刺。果生于丛心中,皮似波罗蜜,色黄,味酸甘。果末有叶一簇,可妆成凤,故名之。"[6-7] 而《晋江县志道光本·卷之七十三物产志》记载:"木如火树,高可四五尺,中心抽花而实色黄,皮如龟板纹带,叶如凤尾,味似哀梨①而韵有余。"[8] 也就说是,"凤"得之于形,而"梨"得之于味②。其实在味道上,凤梨与梨是相去甚远的,但是对于这种命名不宜苛求,因为命名的一个习惯就是找已知的事物来比附,而可能当时在可比较的范畴内也的确没有哪种食物在味道上比梨更与之相近的。

4 "菠萝蛋白酶"与"菠萝"之得名

那么,"菠萝"与"波罗蜜"又是什么关系呢? 有一种说法是,菠萝初入华土,被误认作"波罗蜜",后来则省掉"蜜"字来区别。"菠萝"曾有"波罗蜜"之称,但误认的说法,纯属臆测③。就两种水果名称的起源来讲,"波罗蜜"自是"波罗蜜",而"菠萝"自是"菠萝"。

然而,尽管"菠萝"在通用程度上不输于"凤梨",甚至更占优势,可在已有的文献中,其身世却远非"凤梨"那般由来分明,但还是有据可考的。不同于"波罗蜜"起源很早,"菠萝"("波罗")诞生在晚世,中国人早期打交道的外语中最显赫的是梵语,而到了菠萝传入的明清之际,则交涉的主要是拉丁语了,

---

① 《世说新语·轻诋》有刘孝标注:"旧语:秣陵有哀仲家梨甚美,大如升,入口消释。"因而,"哀梨"("哀家梨")成为梨的美称。

② pineapple 一词虽然也是由两部分组成,但是作为一个整体来命名的,而不是像"凤梨"这样分作两个维度来取名的。另外,一个实质的区别是,pineapple 很可能是借自西班牙语 piña,而"凤梨"则是新的命名。

③ 波罗蜜是"常绿乔木,高 10-20 米,胸径达 30-50 厘米……叶革质,螺旋状排列,椭圆形或倒卵形,长 7-15 厘米或更长,宽 3-7 厘米……聚花果椭圆形至球形,或不规则形状,长 30-100 厘米,直径 25-50 厘米"[《中国植物志》1998 年第 23(1)卷 044 页],而菠萝(凤梨)"茎短。叶多数,莲座式排列,剑形,长 40-90 厘米,宽 4-7 厘米……聚花果肉质,长 15 厘米以上"[《中国植物志》1997 年第 13(3)卷 065 页],二者不论植株还是果实,皆形态迥异。

而英语又有大量的词汇来自拉丁语,其语源就应当从拉丁语和英语中查考。

对吃菠萝有经验的人知道,菠萝不经过处理,会对口唇造成不适感,严重的甚至会口唇出血。对其原因有多种说法,现在主流的观点是,这是菠萝蛋白酶导致的①,其中的是非且不去说它,这里要谈的是菠萝蛋白酶的英语名称:bromelin(另一种写法是 bromelain),这就太显然了,若不考虑水果的名称,单纯看"菠萝蛋白酶"与 bromelin 的对应,那么自然会想到,这是一个"半音译('菠萝')+半意译('蛋白酶')"的词。没错,它正是因为来自菠萝,才被称作"菠萝蛋白酶"②的。那么在英语中,来自 pineapple 的酶为什么要被叫作 bromelin 呢?原因是,在中国的植物命名中,凤梨属于凤梨科,而在英语中,pineapple 则属于 Bromeliad 或 Bromeliaceae,若词根取音译,就是菠萝科。

在 Ananas comosus 中,Ananas 是属名,是来自其南美原产地的图皮人的语言,意为"上佳的水果",comosus 是种加词,意为"簇生的",而其科名 Bromeliaceae 则来自瑞典的医师、植物学家 Olaf Bromel③(1639—1705)。[22-23] 最早对栽培菠萝进行植物学描述的法国植物学家 Charles Plumier④(1646—1704)在 1703 年出版的 *Nova plantarum americanarum genera*(《产自美洲的新

①　菠萝中有多种成分被指出会对口唇产生刺激,但是相关的研究欠确凿且矛盾。在菠萝蛋白酶之外,另一种主要的相关物质是草酸钙针晶。有研究认为是草酸钙针晶的机械伤害和菠萝蛋白酶的化学伤害共同作用的结果,也有研究指出造成切菠萝的工人手指脱皮的是菠萝蛋白酶,而其中没有草酸钙针晶的作用。[9-12]为了避免伤害,最常用的做法之一是用盐水浸泡菠萝,但对其有效性存在质疑,另有去芯的方法,而最为有效的则是烹制。[13-19]

②　在中国知网总库全文检索,"菠萝蛋白酶"最早见于 1962 年第 2 期的《南药译丛》。

③　Olaf Bromel 的拉丁语形式为 Olaus Bromelius,名和姓亦分别有 Olof、Bromell 等写法。网络上关于 Olaf Bromel 的资料极少,在本文写作过程中搜索到的简略述及其生平的仅有一篇 "Olof Bromelius" 词条撰写的西班牙语的短文和一处意大利语的片断,在此根据翻译软件和个别词语的网络翻译进行概述,可供简单了解"菠萝先生"的人生经历:Bromel 出生于富商之家,在乌普萨拉大学(Uppsala University)学完医学后,于 1669 年移居斯德哥尔摩,成为官方草药师,1672 年到荷兰行医,1673 年在莱顿大学(Leiden University)成为医学博士,1674 年返回瑞典,1675 年开始在斯德哥尔摩行医,1676 年成为斯德哥尔摩巫术事务审查委员会的成员,1687 年出版了植物专论 *Lupulogia*, *un Tratado de botánica*,1691 年开始在哥德堡行医,1694 年进行了哥德堡地区最早的植物群研究。在儿子 Magnus von Bromell(1679—1731)的协助下,积累了丰富的博物学和钱币收藏。后世将 Bromel 认作林奈之前瑞典最优秀的植物学家之一。[20-21]

④　Charles Plumier 是语源上"菠萝"的命名人,曾三次远赴美洲进行植物学考察,在 *Nova plantarum americanarum genera* 一书中描述了 106 个植物新属,他的姓氏亦因法国植物学家 Joseph Pitton de Tournefort(1656—1708)的纪念并得到林奈的继承而成为一种植物的属名,即夹竹桃科(Apocynaceae)的鸡蛋花属——Plumeria。[24]

植物》)中为了纪念 Bromel,将一种植物命名为 Bromelia,[23,25-26]而 1753 年,著名的植物学家林奈①(Carl Linnaeus,亦作 Carolus Linnaeus,1761 年被封为贵族之后更名为 Carl von Linné, 1707—1778) 则创立了 *Bromelia ananas*(*Species Plantarum*,《植物种志》),但在 1754 年由林奈指导的 Olaf Stickman(1729/1730—1798) 的博士论文——*Rumphius's* Herbarium Amboinense②(《安汶植物标本》)的修订版中将其改为 Bromelia comosa 。[23;26; 31-32] ananas③④ 一名最早见于法国探险家 Jean de Léry (1534—1613?) 于 1578 年出版的 *Histoire d' un voyage faict en la terre du Bresil, autrement dite Amerique*(《别样的美洲:巴西旅行记》)一书,[34-35]而 Ananas 作为属名则是英国植物学家 Philip Miller(1691—1771)在 1754 年的 *The Gardeners Dictionary*(《园艺师词典》)第 4 版中提出的。后来,美国植物学家 Elmer Merrill(1876—1956) 又在 1917 年的 *An Interpretation of Rumphius's Herbarium Amboinense*(《拉斐斯的〈安汶植物标本〉的阐释》)中提出了得到长期应用的 Ananas comosus⑤, [37-38]而从中也就不见了 Bromel 的身影。

但是,Ananas comosus 仍属于 Bromeliaceae。在林奈的命名系统中,尚没有"科"这一层级,而后起的科名惯例是以其中的一个属名加上后缀-aceae,

---

① 林奈一生命名了近 8 000 种植物,其中很多来自他的支持者和反对者的姓氏,这并不意味着林奈对两方一视同仁。实际上,林奈用美丽的植物来纪念支持者,而将那些不讨喜的植物"赏"给了反对者。林奈本人也被他的朋友、老师 Jan Frederik Gronovius(1686—1762)用来给据说是林奈最喜欢的植物冠名——Linnaea,即忍冬科(Caprifoliaceae)的北极花属。[27]而 Linnaeus 这个姓氏则来自椴树。[28]

② 拉斐斯(Georgius Everhardus Rumphius,1627—1702)是德国植物学家,安汶(Ambon)是印度尼西亚所属岛屿。拉斐斯是最早对太平洋热带地区植物进行研究的杰出学者,《安汶植物标本》在其身后于 1741—1755 年间出版,对林奈的研究产生了重要的影响。[29-30]

③ 表示这种植物的词,现有 10 种语言中为 pineapple 或 piña,而在 42 种语言中为 ananas。[33]相比较,"菠萝"类似于 ananas,属音译和借词,而"凤梨"虽然和 piña 或 pineapple 一样是比拟的命名,却是新造的词语。在英语中,后来有了 pine cone 指松球,pineapple 的含义完成了转化,而在西班牙语中,现在 piña 仍兼指松球与菠萝。较多语言采用 ananas 而非 piña 是有原因的,因为 piña 是一个借用词,拉丁语属名采用 ananas,亦避免了与 pine 类植物的混淆。

④ 英语作为国际化程度最高的语言,在词汇上广采博收,而在一种新的英语变体"欧洲英语"(European English)中,指称"菠萝"的不是 pineapple,而是 ananas。[33]

⑤ 加上命名人,菠萝的拉丁学名为" Ananas comosus (Linn.) Merr. "。" Linn. "指原始命名人林奈," Merr. "指修正命名人 Elmer Drew Merrill。Merrill 对植物分类与命名贡献卓著,被誉为"美国的林奈"。[36]

Bromeliaceae 是法国植物学家 Jaume Saint-Hilaire（1772—1845）在 1805 年出版的 *Exposition des familles naturelles et de la germination des plantes*（《自然科和植物萌芽图解》）中提出的，而 Bromeliad 则是 Bromeliaceae 的简写。[39-40]

从相关史料可知，"菠萝"之名不是一开始传入中国就有的，而是后来才出现的，这与 18 世纪初在欧洲得名 bromelia 于时间上是相吻合的。实际上，尽管最后被公认的拉丁属名是 Ananas，但是 bromelia 在英语中仍作为"菠萝属"（"凤梨属"）的含义而存在，如："Pineapple is the only bromelia with a delicious sweet edible fruit. "[41]（菠萝是菠萝属中唯一带有甜美可口的果实的物种。）①

bromelia 的读音为/brəˈmiːliə/或/brəʊˈmiːljə/，[42]而菠萝有过的一种称呼正是"波罗蜜"[43,P174]。拉丁语长期是欧洲通用的学术语言，就术语而言，近代植物学完全建基于拉丁语，[44,P119]拉丁语中曾为"菠萝"命名的 bromelia 亦广泛为欧洲各种语言所借用。推测起来，当初将这一物种引入中国的异域人士称之 bromelia，中国人音译为"波罗蜜"，而为了与已有的波罗蜜相区分，"波罗"成为主要的名称。也出现了能够表示植物类属的"菠萝"的写法。②

尽管在植物学的意义上，bromelia 是属名，但在日常用语中，其实相当多的是概括性的名称，一个名称对应的并非一个物种，比如大家最熟悉的一种水果：梨，我们在网络版《中国植物志》中检索"梨"，是检索不到内容的。中国当然不会没有梨，但在《中国植物志》中，是只有"梨属"而没有"梨"的。梨属在中国有 14 种，名称分别为杏叶梨、杜梨、白梨等，但大家往往只是通称为"梨"，而不是用与物种相对应的确切的名称。其实，"通称"的英语为 general term，而"属"的英语为 genus，复数为 genera（亦作 genuses），从英语来

---

① 在植物学分类中，pineapple 属于 Ananas，而不属于 Bromelia，这反映了作为日常用语的 bromelia 与植物学术语 Bromelia 是不尽一致的。

② 据张箭的考证，清道光年间吴其濬在《植物名实图考》中提及的"露兜子产广东，一名波罗"，"大概是最早单独称其为'波罗'的记载"，而"带草头的'菠萝'一词似乎最早出现于清嘉庆年高敬亭的《正音撮要》卷三"[43,P177]。其实，《正音撮要》更在《植物名实图考》之前，应当说最早以两字相称的记载见于《正音撮要》，只是"菠萝"的写法长期未得流行。

理解,"通称"即"属名"。

综上,水果名"波罗蜜"与佛教用语"波罗蜜"音译自不同的梵语,原本并无关系,只是佛教用语的"波罗蜜多"出现了省字,水果名"婆那娑"等又发生了转讹,于是二者字面趋同;"菠萝"亦曾有"波罗蜜"之称,但是与先有的水果波罗蜜并无关系,而是另有音译的来源,后来作为区分,省掉了一个字;"凤梨"则是中国人根据这种植物的叶之形与果之味而自己起的名字。

5 定名为"凤梨"的原因与存在的问题

《中国植物志》将 Ananas comosus 定名为"凤梨",而以"菠萝"为俗称。其实,"菠萝"与"凤梨"原本是应用广泛的并列的两种名称,并无雅俗之别,若说如《农学名词1993》《现代汉语词典》的提法将另一个作为"又称"无以显示正名的唯一性,那么定性为"通称"是合适的。

当年杜亚泉之所以选择"凤梨",可能出于这样两个原因:一是尽管"菠萝"的写法在清代中期就已经出现,但是并未普及,民国时期的一些重要辞书上的写法还是"波罗"[43,P176],而"波罗"怎么看都不像一种植物名或水果名;二是"波罗"是一个音译词,而在对事物的定名中音译词是不被提倡的。

后来,随着用字习惯的改变和规范性的加强,"艹"义符加身的"菠萝"置身于植物家族的名谱也就不会再显得另类了,而今人们用"菠萝"这个词的时候往往也不会与音译联系起来,甚至不会意识到它本是一个外来词。可以想见,在杜亚泉数十年之后,耿伯介舍"凤梨"之名而取"菠萝"之称也正是因于这种语言文字应用的变迁。

如此看来,《中国植物志》在命名时若仅出于"应用较广泛"的原因而选择了"凤梨",考量是失之于简单的,未细加考察当年杜亚泉定名"凤梨科"的情境和后来耿伯介改名"菠萝科"的原因。现今并立的是"凤梨"与"菠萝",而杜亚泉择名之时与"凤梨"相对峙的则是"波罗",而当耿伯介再命名之时,不仅在用字上"菠萝"已取代了"波罗",而且在生活和书面的应用中"菠萝"也赫然为主流,只是在植物学研究中提及科名时,还在大多沿用命名要早很多的"凤梨科"。

那么现在来看,定名为"凤梨",与相关的标准、规范是冲突的,与文献中的应用情况也是偏离的。在《农学名词1993》中,"菠萝"是规范名词,并非"凤梨"的俗称;在《生物化学与分子生物学名词:2008》中,相关的则只有"菠萝蛋白酶"一个名称,"凤梨蛋白酶"是在《海峡两岸生物化学与分子生物学名词》中作为台湾名存在的。植物/水果名为"凤梨",而从中提取的特有的物质名为"菠萝蛋白酶",显然是不对应的。中华人民共和国农业行业标准《菠萝》①(NY/T 450—2001)和中华人民共和国国家标准《菠萝罐头》(GB/T 13207—2011)所用的名称也都是"菠萝",而非"凤梨"。在中国知网中文总库全文检索"菠萝",结果有102 497条,而"凤梨"的检索结果仅21 865条(检索时间为2021年5月12日)。也就是说,尽管《中国植物志》在1997年将其定名为"凤梨",但是在相关的标准、规范和文献应用中,居于主流的都是"菠萝"。

6 "菠萝属"与"凤梨属"的并立问题与解决方法

凤梨科是一个庞大的家族,根据《中国植物志》,有45属2 000种,而根据不列颠百科全书,则有56属逾3 000种,[45]各种资料中的属种数量相差很大,这是因为随着研究的进展,凤梨科植物属种的划分在持续地变动。

国际凤梨科协会(Bromeliad Society International, BSI)网站上现今在"分类"(TAXONOMY)中列出和标注的是60属(包括2杂交属)3 073种,[46]这根据的是美国植物学家Harry Edward Luther(1952—2012)2012年的名录,而2014年新一版的 *An alphabetical list of bromeliad binomials*(《凤梨科名录》)给出的数字则是"58属+2杂交属"3 408种。[47]当前网络时代,BSI网站还提供即日更新的 The new Bromeliad Taxon list(凤梨科新分类名录),2021年6月17日更新的分类总数是4 164,其中包括种下的分类。[48]

① 《菠萝》(NY/T 450—2001)中提及"凤梨科菠萝",这是矛盾的,但是反映了这样的应用实际,即作为种名,"菠萝"占绝对优势,而作为科名,则"凤梨科"为通用。

然而，在当今的《凤梨科名录》的属名中，不仅有 Ananas，同时有 Bromelia。①② 追溯起来，1753 年林奈命名了 5 种 Bromelia 植物：B. ananas，B. karatas，B. lingulata，B. nudicaulis 和 B. pinguin。其中的 B. ananas 即后来的 Ananas comosus，而 B. lingulata 和 B. nudicaulis 的属名后来变为 Aechmea③，B. karatas 和 B. pinguin 的属名则得以保留。[54] 那么，自然也就涉及这样的问题，在汉语中 Ananas 称作"凤梨属"，Bromelia 又称作什么呢？《中国植物志》当时的介绍是，在凤梨科的众多植物中，中国仅引种有 2 属 3 种，即凤梨属的凤梨、水塔花属的水塔花（Billbergia pyramidalis）和垂花水塔花（Billbergia nutans），因此并无收录 Bromelia。在何业华等 2009 年的文章《凤梨类植物的种质资源与分类》中，Ananas 的汉语名为"凤梨属"[52,P104]，而 Bromelia 则没有给出汉语名。2013 年黄威廉的文章《凤梨科植物族属分类及地理分布》中，称 Ananas 为"菠萝属"[55,P25]，而称 Bromelia 为"附生凤梨属"[55,P27]。④ 2019 年他的文章《再论凤梨科植物族属分类地理分布及经济用途》中，仍称 Ananas 为"菠萝属"[53,P2]，而改称 Bromelia 为"凤梨属"[53,P6]。

如此说来，至少在属的层次上，"凤梨"与"菠萝"就真的不是同物之异名，而成了名实各异的两个名称了。当然，"菠萝属"与"凤梨属"并立的局面尚未得到公认，但问题是存在的。实际上，近年中国引种的凤梨科植物种类已经较多，在学术上和生活中皆当对凤梨科植物有更多的认知，赋予 Bromelia 汉语名是当然之义。

显然，Bromelia 与 Bromeliaceae 是一系相承的，二者的汉语命名应当具有一致性，依照《中国植物志》，Bromelia 应当命名为"凤梨属"，但是"凤梨属"

---

① 在 2014 年第 14 版 An alphabetical list of bromeliad binomials 中，Ananas 和 Bromelia 分别有 7 种和 60 种，而在 The new Bromeliad Taxon list 和仅保留当今名称的 A List of Accepted Bromeliaceae Names 中，Ananas 和 Bromelia 分别有 3 种和 70 种。[48-49]

② 根据 Collecting Bromeliads and Orchids in Florida 网站的介绍，在 Bromeliaceae 的属名中，来自人名的有 36 属，来自希腊语或拉丁语中与植物特征相关的词素的有 18 属，来自土著语中植物称呼的有 2 属。[50]

③ Aechmea 来自希腊语 aichme，意为"spear，矛"[51]，指其花萼尖锐，其汉语名有蜻蜓凤梨属、光彩凤梨属等多种。[52,P6;53,P104]

④ 在何业华等的文章中，Bromelia 为地生的（terrestrial），而非附生的（epiphytic），[52,P104] 根据相关介绍，Bromelia 只有很少数是附生的。[56]

已被 Ananas 所占据。得宜的做法是将 Bromeliaceae 与 Bromelia 命名为"菠萝科""菠萝属",其理据是:"菠萝"原本就是 Bromelia 的音译,而且"凤梨"虽然不是"梨",但毕竟此名得之于果,然而在为数众多的凤梨科植物中,果用的是唯一的特例。在这个意义上可以说,"凤梨"所对应的仅是"食用菠萝"。但同时保持 Ananas"凤梨属"与 Ananas comosus"凤梨"的命名,也是有所不妥的。因为在汉语世界,"菠萝"与"凤梨"数百年来是同义词的关系,将"菠萝"与"凤梨"的所指相割裂,不符合语言事实,却增添了混乱。Ananas comosus 或可被称为"食用菠萝"。至于"凤梨",则总体上作为"菠萝"的异称。

7　菠萝/凤梨国际命名的新变化

当今,在随时更新的 A List of Accepted Bromeliaceae Names(《经认可的菠萝科名录》)中,Ananas comosus 已不复存在;[49]查 The new Bromeliad Taxon list 可知,Ananas comosus（L.）Merill 这一名称已被取缔,而曾经的 Ananas comosus sensu Mez 和 Ananas comosus var. microstachys(Mez)L. B. Sm. 后来则被更改为 Ananas ananassoides。[48]

近年,Bromeliaceae 的分类和命名发生了极大的变化,这是因为先前的分类是基于形态特征的,而新的分类则是根据 DNA 序列,[57]这可以说是植物分类的一个飞跃。

调整之后的 Ananas 只有 3 种:A. ananassoides, A. parguazensis 和 A. sagenaria,其中有一个变种:A. ananassoides var. nanus。[48-49;58]

英国植物学家 John Gilbert Baker(1834—1920)在 1889 年的 Handbook of the Bromeliaceae(《菠萝科手册》)中提出了 Acanthostachys ananassoides,[57;59]美国植物学家 Lyman Bradford Smith(1904—1997)在哈佛大学 1939 年 6 月 6 日版的 Botanical Museum Leaflets(《植物博物馆活页》第 7 卷第 5 期)上发表的 Notes on the Taxonomy of Ananas and Pseudananas(《Ananas 与 Pseudananas 分类说明》)中将其修正为 Ananas ananassoides。[59-60]因此,这一种名加上命

名人为 Ananas ananassoides(Baker)L. B. Sm. 。

在 Ananas 还有 7 种的时候,Ananas ananassoides 与 Ananas comosus 是并列的。[47]-oides 在英语中对应的是-oid,意为"……状的",ananas 起初说的就是 Ananas comosus,Ananas ananassoides 也就是像 ananas 的一种 Ananas,原来指的就是野生的 ananas,而作为水果的 Ananas comosus 则是栽培的 ananas。

奥匈帝国植物学家 Johann Georg Beer(1803—1873)在 1856 年出版了世界上第一部菠萝专著——*Die Familie der Bromeliaceen*(《菠萝科》),他在这部著作中认为栽培菠萝与果实很小的野生菠萝之间的差别只是培育的结果。而 Baker 在 1889 年最先将野生菠萝提升到种的层次上,即 Acanthostachys ananassoides。瑞典植物学家 Carl Axel Magnus Lindman(1856—1928)在 1891 年将其改为 Ananas microstachys。德国植物学家 Carl Christian Mez(1866—1944)在 1892 年指出栽培菠萝与野生菠萝都是同一物种,将栽培菠萝命名为 Ananas sativus,而将野生菠萝称作 Ananas sativus var. microstachys。而后,Smith 在 1934 年将其改为 Ananas comosus var. microstachys。[61]这也就是说,此前的分类是将野生菠萝视作栽培菠萝的变种,后来又经过野生菠萝与栽培菠萝并立为物种的阶段,而今栽培菠萝与野生菠萝又归并为同一物种,甚至不以变种相区分。

参考文献

[1] Pineapple[Z/OL]. [2021-05-18]. https://www. merriam-webster. com/dictionary/pineapple.

[2] TFNET NEWS COMPILATION. TRIVIA:Why Is a Pineapple Called a Pineapple? [EB/OL]. (2018-04-22)[2021-05-18]. https://www. itfnet. org/v1/2018/04/trivia-why-is-a-pineapple-called-a-pineapple.

[3] 汤彦承,路安民. 被子植物非国产科汉名的初步拟订[J]. 植物分类学报,2003,41(3):285-304.

[4] Ananas comosus [EB/OL]. [2021-05-17]. https://www. colegiobolivar. edu. co/garden/wp-content/uploads/2017/06/Crosas-Ananas-

comosus-2017. pdf.

［5］The Editors of Encyclopaedia Britannica. Pineapple［DB/OL］.［2021-05-17］. https://www. britannica. com/plant/pineapple.

［6］高拱乾. 台湾府志·卷七［M/OL］.（2005-11-19）［2021-04-16］. http://www. taiwan. cn/wxzl/lswx/200511/t20051119_213616. htm.

［7］高拱乾.［康熙］台湾府志十卷首一卷［M/OL］. 西安：陕西师范大学出版总社，176.［2021-05-18］. http://wx. hanjilibrary. cn/resource/picview? f=61e93c8e-d9af-4c7e-a1ed-3baa2598c991&page=18.

［8］晋江县志道光本·卷之七十三物产志［M/OL］.［2021-04-16］. http://www. wjszx. com. cn/b_5990-c_60983-gc. html.

［9］史军，刘春田. 菠萝：扎嘴的甜蜜［J］. 科学世界，2020（5）：118-121.

［10］林汉基. 草酸钙——植物中会刺人的晶体［EB/OL］.（2020-09-16）［2021-05-13］. https://www. cfs. gov. hk/sc_chi/multimedia/multimedia _pub/multimedia_pub_fsf_170_01. html.

［11］钟凌云，吴皓. 天南星科植物中黏膜刺激性成分的研究现状与分析［J］. 中国中药杂志，2006，31（18）：1561-1563.

［12］DUKE J A. Handbook of Energy Crops［M/OL］. 1983（1997-12-22）［2021-05-14］. https://www. hort. purdue. edu/newcrop/duke_energy/ Ananas_comosus. html.

［13］狄荻，周咏新，张新烨，等. 探究影响菠萝蛋白酶活性的条件［J］. 生物学通报，2020，55（11）：58-60.

［14］周凌希，丁旭光. 用盐水浸泡菠萝的作用及浸泡方式探析［J］. 现代食品，2019（11）：93-94.

［15］王剑. 盐水泡菠萝真的能防止蜇嘴吗［EB/OL］.（2018-05-25）［2021-05-13］. http://news. sciencenet. cn/htmlnews/2018/5/413133. shtm.

［16］GERBER R. Why Your Mouth Burns When You Eat Pineapple, and

How to Avoid It［EB/OL］.（2016－04－05）［2021－05－13］. https：// spoonuniversity. com/lifestyle/pineapple-mouth-burns.

［17］BAHADUR N. How to Avoid Acid Burn from Eating Pineapple［EB/ OL］.（2019－06－17）［2021－05－13］. https：//www. livestrong. com/article/ 503049-how-to-avoid-acid-burn-from- eating-pineapple/.

［18］混乱博物馆. 吃菠萝,泡盐水干什么?［EB/OL］.（2019－05－29） ［2021－05－13］. https：//zhuanlan. zhihu. com/p/38185319.

［19］DUBEY R,REDDY S,MURTHY N Y S. Optimization of Activity of Bromelain［J/OL］.［2021－05－13］. Asian Journal of Chemistry, 2012,24(4):1429 － 1431. http：//www. asianjournal of chemistry. co. in/User/ViewFreeArticle. aspx? ArticleID=24_4_4.

［20］ Olaus Bromelius ［EB/OL］.［2021－05－19］. https：//www. inomidellepiante. org/olaus-bromelius. html.

［21］Olof Bromelius［EB/OL］.［2021－05－19］. https：//www. quimica. es/enciclopedia/Olof_Bromelius. html.

［22］Bromeliad［Z/OL］.［2021－04－16］. https：//www. merriam-webster. com/dictionary/bromeliad.

［23］TFnet News Compilation. PINEAPPLE — Name, Taxonomy, Botany ［EB/OL］.（2016－05－10）［2021－04－16］. https：//www. itfnet. org/v1/ 2016/05/pineapple- name-taxonomy-botany.

［24］TIEZ T. Royal Botanist Charles Plumier.［EB/OL］.（2019－04－20） ［2021－05－19］. http：//scihi. org/royal-botanist-charles-plumier.

［25］Plumier, Charles（1646-1704）［EB/OL］.［2021－05－17］. https：// plants. jstor. org/stable/10. 5555/al. ap. person. bm000048869.

［26］What are bromeliads［EB/OL］.［2021－05－17］. https：//en. dbg-web. de/What_are_bromeliads.

［27］MATTRICK C. Twinflower（Linnaea borealis）［EB/OL］.［2021－05－ 24］. https：//www. fs. fed. us/wildflowers/plant-of-the-week/linnaea_borealis.

shtml.

[28] 胡鑫,樊阳程. 植物学王子林奈的学术与人生 评《林奈传》[J]. 科学文化评论,2020,17(5):107-115.

[29] VALAUSKAS E J. Georgius Everhardus Rumphius[EB/OL]. (2021-04)[2021-05-26]. https://www. chicagobotanic. org/library/stories/rumphius.

[30] JARVIS C E. Georg Rumphius' Herbarium Amboinense (1741-1750) as a source of information on Indonesian plants for Carl Linnaeus (1707-1778)[J]. Gardens' Bulletin Singapore,2019,71(2):87-107.

[31] LINNAEUS C. Species Plantarum:Sections Ⅵ-Ⅹ[M/OL]. (2009-09-27)[2021-05-24]. https://manybooks. net/titles/linnaeusc3010430104-8. html.

[32] HAROLD ST J. Revision of the Genus Pandanus Stickman. Part 42 Pandanus tectorius Parkins. ex Z and Pandanus odoratissimus L. f. [J]. Pacific Science,1979,33(4):395-401.

[33] MANOLAKI A. Pineapple or ananas? [EB/OL]. (2016-08-25)[2021-05-17]. https://termcoord. eu/2016/08/pineapple-or-ananas.

[34] GRANT J R. An annotated catalogue of the generic names of the bromeliaceae[J/OL]. Selbyana, 1998, 19(1):91-121. [2021-05-17]. https://www. fcbs. org/articles/Catalogue_Bromeliaceae_Genera. htm.

[35] CONRAD E. Jean de Léry (1534-1613?) [EB/OL]. [2021-05-17]. https://www. lib. virginia. edu/rmds/collections/gordon/travel/lery. html.

[36] Merrill,Elmer D. (Elmer Drew),1876-1956[EB/OL]. [2021-05-17]. https://snaccooperative. org/view/60022997.

[37] WISNEV M. Taxonomic Tidbits:Ananas[EB/OL]. [2021-05-17]. http://www. sfvbromeliads. com/may_2020. pdf.

[38] An Interpretation of Rumphius's Herbarium Amboinense[EB/OL].

［2021-05-26］. https：//www. ipni. org/p/10022-2.

［39］SMITH L B. Why Bromeliad？［J/OL］. Newsletter of the Bromeliad Society of Central Florida，2004，30（1）：3［2021-05-25］. http://fcbs. org/ newsletters/BSCF/012004. pdf.

［40］MUNIR A A. A Taxonomic revision of the genus Duranta L. （Verbenaceae）in Australia［J］. Journal of The Adelaide Botanic Garden，1995，16：1-16.

［41］The perfect time to buy a bromelia is NOW！［EB/OL］.［2021-05-28］. https://ananasspecialist. com/en/.

［42］Bromelia［Z/OL］.［2021-04-16］. https：//www. thefreedictionary. com/Bromelia.

［43］张箭. 菠萝发展史考证与论略［J］.农业考古，2007（4）：172-178,193.

［44］瓦克. 拉丁文帝国［M］.陈绮文,译. 北京：生活·读书·新知三联书店,2016.

［45］The Editors of Encyclopaedia Britannica. Bromeliaceae［DB/OL］.［2021-06-09］. https://www. britannica. com/plant/Bromeliaceae.

［46］Taxonomy Introduction［EB/OL］.［2021-06-16］. https://www. bsi. org/new/taxonomy-introduction/.

［47］LUTHER H E. An Alphabetical List of Bromeliad Binomials［M/OL］. Marie Selby Botanical Gardens，Bromeliad Society International，2014［2021-06-16］. https://www. bsi. org/ new/ wp-content/ uploads/ 2015/ 01/ 2014-Binomial-XIV. pdf.

［48］GOUDA E，BUTCHER D. The new Bromeliad Taxon list，third version［EB/OL］.（2021-06-17）［2021-06-17］. http://bromeliad. nl/ taxonlist.

［49］GOUDA E J，BUTCHER D. A list of accepted bromeliaceae names［EB/OL］.（2021-06-17）［2021-06-17］. http://bromeliad. nl/bromNames.

［50］ Bromeliad Information［EB/OL］. ［2021 - 06 - 18］. https://jacksbromeliads. com/bromeliadfacts. htm.

［51］ Aechmea Cheat Sheet［EB/OL］. ［2021 - 06 - 18］. https://www. bromeliads. info/files/aechmea-cheat-sheet.

［52］何业华,胡中沂,马均,等. 凤梨类植物的种质资源与分类［J］.经济林研究,2009,27(3):102-107.

［53］黄威廉. 再论凤梨科植物族属分类地理分布及经济用途［J］.贵州科学,2019,37(6):1-7.

［54］GRANT J R, ZIJLSTRA G. An annotated catalogue of the generic names of the Bromeliaceae［J］. Selbyana, 1998, 19(1): 91-121.

［55］黄威廉. 凤梨科植物族属分类及地理分布［J］.贵州科学,2013,31(2):23-27.

［56］WILLIAM T. Bromeliad Care and Culture［EB/OL］. ［2021 - 06 - 17］. https://www. missouribotanicalgarden. org/Portals/0/Gardening/Gardening%20Help/Factsheets/Bromeliad%20Care%20and%20Culture84. pdf.

［57］John Gilbert Baker［EB/OL］. ［2021 - 06 - 18］. https://prabook. com/web/john. baker/741759.

［58］Florida west coast bromeliad society［EB/OL］. ［2021 - 06 - 18］. https://www. fcbs. org/newsletters/FWCBS/032018. pdf.

［59］Ananas ananassoides［EB/OL］. ［2021－06－18］. https://www. ipni. org/n/12309-2.

［60］SMITH L B. Notes on the taxonomy of ananas and pseudananas［J］. Botanical Museum Leaflets, 1939, 7(5): 73-81.

［61］ D'EECKENBRUGGE G C. The Last Revision of Pineapple Nomenclature ［J］. Pineapple News,2016(23):45-48.

基于 Python 的《中庸》英译本读者评论研究

刘　翚

（南京航空航天大学）

1　引言

　　《中庸》是儒家经典之一，原为《礼记》第三十一篇，相传为战国时期子思所作①。宋朝学者对《中庸》推崇备至，因而将其从《礼记》中单摘出来以成书。南宋时期，朱熹将其与《论语》《孟子》《大学》合编为"四书"，并分别做了集注。《中庸》的主旨在于修养人性：人在尚未表现出喜怒哀乐时的平静情绪为"中"，表现出情绪且经过调整并符合常理为"和"，与其关联的有学习方式（博学、审问、慎思、明辨、笃行）、做人的规范（如"五达道"，即君臣、父子、夫妇、昆弟、朋友之交以及"三达德"，即智、仁、勇）等。《中庸》英译始于1691 年，源自法语编译本，而法语编译本又源于拉丁文版 *The Morals of Confucius*，*A Chinese Philosopher*（《中国哲学家孔子的道德》），它实际上是"四书"（缺少《孟子》）的合成本。[1,P93] 从柯大卫的首部《中庸》英译本于1828 年出版以来，目前共有 20 多部《中庸》英译本。

　　国内外学者虽然对《中庸》英译进行了一些研究，但本质上多是翻译理论研究和文献研究，很少有学者对读者接受度、读者文化心理和情感倾向进行定量或定性研究。因此，本研究利用国外社交图书平台的读者反馈，编制了《中庸》英译评论数据库，并使用 Python 数据处理软件，分析读者的星级评

---

　　① 目前《中庸》作者是谁尚无定论，史家司马迁认为是孔子嫡孙子思（孔伋）所作，也有学者认为是秦代或汉代的学者所作。

价、情感态度和评价趋势,读者评论主题词云,读者对《中庸》思想价值的认同度,读者对译本质量的关注维度,不同译本中词语审美与翻译得失,读者认为《中庸》反映的中国形象。

2 文献综述

作为"四书"之一,《中庸》集中体现了儒家思想,是"孔门传授心法"之作。自首个《中庸》英译本诞生至今已有300余年的历史。由于《中庸》阐述的思想非常深奥,具有形而上的特性,更易与佛、道思想相结合,且为儒家的道德学说与心性论提供了形而上学的依据,其地位在近年来逐渐凸显。[2,P111-113]《中庸》英译大致经历了传教士为主的翻译时期(1691—1905)和华人及国人译者涌现的多元译本时期(1906年至今)。

《中庸》英译始于1691年,源于法语编译本,而法语编译本源于拉丁语版的 *The Morals of Confucius*, *A Chinese Philosopher*(《中国哲学家孔子的道德》)(实际上是缺少了《孟子》的"四书"合成本)。《中庸》的首部完整英译本于1828年由柯大卫完成,但影响较为有限,更具影响力的则是理雅各1861年的译本。事实上,理雅各先后出版了四个《中庸》译本,分别收录在 *The Chinese Classics*(《中国经典》)初版第一卷,*The Life and Teachings of Confucius*(《孔子生平与学说》),*Sacred Books of the East*(《中国圣书》)第三、四卷,以及 *The Chinese Classics*(《中国经典》)修订版第一卷中。这四个译本中,只有1885年的 *Sacred Books of the East*(《中国圣书》)可看作重译,其他三个译本只是做了些许修订。其1861年译本是典型的学术型翻译,译本除英译文外,还包含了详尽的绪论、注释以及各类索引。其他的知名英译者还包括辜鸿铭、林语堂、安乐哲和郝大维、浦安迪、贾德纳等。

作为儒家思想的重要组成部分,《中庸》随其他儒家典籍一起见证了中华文明在英语国家的传播与推崇。可以说,《中庸》的英译历程见证了中华文明的衰落、复苏与再次走向辉煌,也印证了翻译行为的文化性与社会性。在力推中华文化的新时期,我们既要借鉴《中庸》等英译本的成功先例与典范,又要有创新精神,如适当采取节译、编译或释译等形式,多维度、多模态地传递优秀的中国典籍与文化,展现中华文化的多重魅力与时代风采。

3 数据采集和分析

首先,基于已搜集到的《中庸》英译本书目,使用 Python 以 Chung Yung、Mean in Action、Unwobbling Pivot、Doctrine of the Mean、Zhongyong、Middle Path 等为关键词分别在亚马逊和好读平台采集读者评论。其中,亚马逊平台的《中庸》英译本读者评论采集目标设定为读者评论大于 3 条,符合条件的共有 7 本,读者评论共 93 条。好读平台上读者评论显示的是网站所有《中庸》英译本的汇总评论。其中,采集到以英语撰写的评论 62 条。笔者首先汇总两个平台的数据,然后删除无关信息如标题链接(网址)、读者头像、无评论仅有星级打分的读者信息等,保留读者姓名、评论日期和评论内容,以备具体分析之用。

其次,进行数据清洗和降噪。删除 155 条评论中的表情符号与乱码,用 Python 设置自定义语言处理代码进行文本降噪,包括分词、词形还原、字母大小写转换和自定义设置停用词。初步降噪后,先进行文本词频排序,人工标注非主题词或无意义词,将其添加至自定义停用词列表后进行再次降噪。

最后,将所得语料和文本进行词云图绘制,以可视化形式呈现《中庸》英译本的海外读者接受度。同时,按读者评论的点赞指数建立读者评论子文本库,并对具体评论做质性文本分析。

4 量化数据分析

4.1 读者星级评价、情感态度和评价趋势

从读者对《中庸》英译本的整体星级评价方面看,亚马逊平台 298 名读者对 7 种英译本评价的平均值为 4. 16 星(共 5 星级)。好读平台自有数据

记录以来的 207 名读者的星级评价平均值为 3.71 星(共 5 星级)。情感态度方面,亚马逊网站的 93 条评论中共有正面评论 77 条,负面评论 8 条。好读平台 62 条评论中有正面评论 21 条,负面评论 21 条。综合两个平台的读者评论,情感正负比值约为 3.4:1。从读者关注度上看,两个平台的读者评论量自 1999 年以来整体呈现增长趋势(见图 1),并在 2017 年和 2018 年达到高峰。可以预见,《中庸》英译本在未来仍将继续吸引读者的关注。

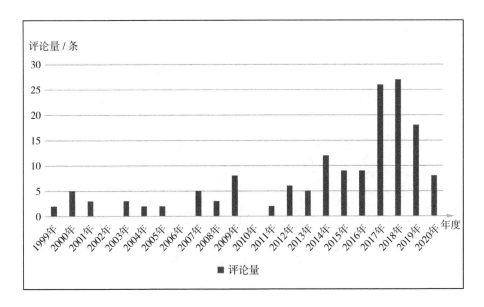

图 1 《中庸》英译本 1999—2020 年度读者评论量

综合以上读者星级评价、情感态度及关注度,可以发现《中庸》英译本的读者对其整体接受度较好,虽然具体评论褒贬不一,但对其关注度呈现稳中有升的趋势。读者对《中庸》英译本的积极认同也将对以儒家思想为代表的中国典籍更好地得到广泛传播提供一定的读者基础。

4.2 读者评论主题词云

对评论文本进行清洗和降噪后,笔者使用 Python 绘制了《中庸》英译本读者评论主题词云图(见图 2)。从该词云图来看,读者评论的主题词可分为三大类。第一类为作品评价主题词,如 Chinese(中国)、translation(翻译)、classic(经典的)等 。这些词的字号较大,说明这些词出现的频率较高,表明读者希望通过阅读英译本了解《中庸》与中国典籍的思想内涵。第二类为作品名称与人名主题词,如 Analects(《论语》英译名)、Mean(《中庸》英译名一)、Doctrine(《中庸》英译名二)、Confucius(孔子)、Ezra Pound(庞德,《中庸》译者)等。第三类为阅读体验主题词,如 great(伟大的)、good(优秀的)等,表明读者群体对译本的积极评价与良好接受度。

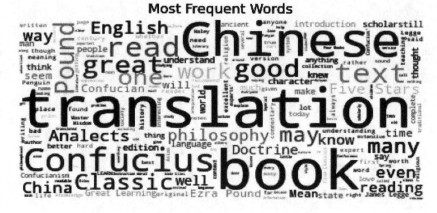

图2 《中庸》英译本读者评论主题词云

5 质性文本分析

在对《中庸》英译本的读者接受度进行较为宏观的量化分析后,为了更微观地了解读者对译作的具体情感态度与认同度,以及读者认为的语词翻译的审美与得失,笔者选择对在亚马逊和好读平台上所采集的点赞指数大于等于3的19篇读者评论文本进行质性分析。在这19篇高赞读者评论中,最高点赞数为52,最少为3。19篇高赞读者评论的总词数为3 172词,篇均长约167词,含有一定的信息量,具有文本挖掘意义。笔者对这19篇评论进行逐一研读,并结合 Python 进行文本情感分析,再根据读者评论的具体文字的褒贬色彩和情感词进行标注后,得到以下结果(见图3)。

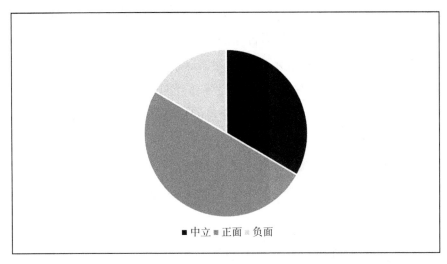

图3　《中庸》英译本高赞读者评论的情感分布图

　　19篇读者评论中,对译本持正面态度的有10人,中立态度的6人,负面态度的3人。正面评价的内容覆盖面较广,包括《中庸》的内容与难度、译本质量、译者的生平与翻译策略,以及读者自身的阅读动机与反思等。对译本持中立态度的读者评论大部分在对《中庸》持肯定态度的同时,对译者的翻译或译本装帧提出了建议。例如,读者 From_Plano_TX(2007)评论道:"我买这本书①是因为我听一些人说它比其他译本更有诗意,但我觉得这不是事实……我还读过庞德的《论语》译本,但也很失望。我认为韦利的译本比庞德的译本更接近诗意……我发现庞德的译本似乎偏离了主题。他的语言通常是笨拙的,而不是诗意的。我最终把这本书放在了一边,虽然我确实很赞赏埃兹拉·庞德对儒学的热爱和他为西方人推广儒学的意图。"对译本持负面态度的读者评论大部分也是针对庞德的翻译。例如,读者 bukhtan(2017)评论道:"如果你读过埃兹拉·庞德关于文学问题的愚蠢而激烈的抨击(如《入门阅读》),你就会认出这种修辞风格。如果你喜欢庞德的文学风格,很

――――――――――

① 此处指庞德译本。

好,那就读读他自己的乱七八糟的诗句,或者读读他的《神州集》吧。这是一本纯属想象的作品,源自恩斯特·费诺罗萨的笔记(顺便说一句,他也不懂中文,只懂日文)……当你翻译古老的文本时,不能只是即兴翻译。"读者Pam&Larry Wilt(2018)也表示:"我发现该译本的英文语法存在许多问题,令我必须对该译文是否是一个好的译文提出疑问。此外,在某些地方,文本似乎不连贯,这再次引起了我对翻译质量的怀疑。有些人可能认为孔子本人或者说他的弟子写得不好,但我没有得出这个结论。"下文将对读者的具体评价从四个层面进行梳理和阐述,包括读者对《中庸》思想价值的认同度、读者对译本质量的关注维度、不同译本中词语审美与翻译得失、读者认为《中庸》反映的中国形象。

5.1 读者对《中庸》思想价值的认同度

绝大多数读者都对《中庸》的思想内涵持正面态度,他们在评论中表达了对其哲学价值的认同与喜爱,还分享了自己的文化比较心得与体验。亚马逊读者 Alexei Fyodorovich(2015)表示:"本书值得在任何研究世界宗教、宗教史、伦理理论、政治理论、比较宗教或哲学的人的书架上占有一席之地。它是孔子智慧及其教学传统的一座丰碑。时至今日,它仍然具有启发性,对理解中国、韩国或日本文明至关重要。"另外一名亚马逊匿名读者(2017)评论道:"我很高兴自己读了除《论语》以外的两部作品——《中庸》和《大学》,这两部作品在更广阔的背景下展示了儒家思想的精华。与其他一些哲学书籍相比,(《中庸》和《大学》)每篇文字都可以进行快速阅读,因为是用通俗易懂的语言写成的。有很多教诲是每个人都能体会到的,而且应该是每个人都有必要阅读的,这是因为善良、友爱、勤奋、努力工作、待人如己等(保持内心的简单)是永远需要分享的教诲。"

此外,读者在分享《中庸》的阅读体验时也反复提到了包括孔子(Confucius)和儒家(Confucianism)在内的中国人物与中国元素,说明以《中庸》英译本为抓手吸引或进一步引导英语国家读者了解与认知中国文化是可行的。

5.2 读者对译本质量的关注维度

从高赞的 19 篇评论来看,读者主要从原作内容、译本语言特点和译者风格这几个层面进行译本质量评估。

从原作内容和表现形式来看,有读者认为:"儒家经典著作的精彩译本和评论集属于任何对中国文化和哲学感兴趣的人的图书馆。这些书里记载的是关于修养、精神、道德和行为的永恒讨论。辜鸿铭的《中庸》译本易于阅读,并且包含大量的补充信息。此外,(译本中的)中国人名和文化术语使用了较早的威妥玛拼音系统进行音译,这样一来,即使文本和表现形式是当代的,也增加了历史联系感。"(匿名亚马逊读者,2014)

读者在评论《中庸》译本的语言特点时往往结合译者风格与语言背景等进行,且集中在庞德和理雅各两位译者身上。有趣的是,读者们对译本褒贬不一,态度相差甚远。有读者对庞德的译本相当推崇,如好读平台的读者Steve(2014)表示:"我有很多译本,庞德的译本当然是最特别的,但它是我一直回想的那个。我相信他的诠释!"另一位好读平台的读者 Saettare(2017)也表示:"他以意象派诗人的方式精美地分解了一些关键的表意文字……这是社会和公民思想与家庭和精神的结合。许多智慧的话语值得我们思考。"然而,也有读者表示:"当我第一次读到这本书时,我认为这是一本深入中国思想的书,但从那时起,我了解到庞德对孔子的解释包含了庞德的思想,而不(单纯)是孔子的思想。我想,大概最好是把它和罗伯特·洛威尔(Robert Lowell)的模仿作品一样看待。"(Al Maki,好读平台读者,2014)甚至有读者认为"庞德对中国或儒家思想一无所知"。(bukhtan,亚马逊读者,2003)

也有不少读者对理雅各的译本发表了看法,有的较为中立,如亚马逊读者 Thomas F. Ogara (2001)评论道:"有充分的理由将理雅各对中国经典著作的翻译称为'垂死的学术坟墓'。他的译本几乎不可读——是的,是的。当理雅各刚开始进行这些翻译时,他擅长使用书面性较强的词。随着时间的流逝,他使用的短语变得如此陈旧,以至于你想知道他是否在翻译时也有意使用这些难以理解的词。理雅各还使用了音译,如果你试图找出原文汉字的实际发音,那么会觉得这个系统太古怪而难以理解。原因似乎是汉语的发音已经发生了足够的变化,使他的音译过时了。但是,理雅各有一个优势是其他译者不具备的——他翻译时,很多中国的传统儒家学者还活着,因此,他可以与这些学者们进行讨论,以确定这些短语在传统语境中的含义。这有点像博学的牧师解释《圣经》中短语的意思,而不是考古学家——虽然两种解释以其自己的方式来说都是有效的,但神职人员的解释表现得更多的是一种活泼的信念。即使到今天,大多数中文学者也会对他的译本持赞赏态度。虽然坦率地说,对于初学者而言,他的译本不是一个很好的起点。"也有读者对理雅各的译本进行了批判,如亚马逊读者 John Engelman(2015)表示:"我想赞美这本选集。不幸的是,理雅各的翻译笨拙且难以理解。"

还有读者如亚马逊读者 Damon Navas-Howard(2003)为购买《中庸》英译本提出了建议:"我忠告大家在购买这本书之前,先去图书馆或书店看看。"另外,与《论语》和《孟子》等英译本不同的是,《中庸》读者没有在评论中提到译本的装帧和纸张质量等问题。

5.3 不同译本中词语审美与翻译得失

在翻译中国典籍时,把握对原典的准确理解和诠释是关键,因为翻译行为和过程是随着译者的诠释而完成,并最终为读者所接受。下文以《中庸》核心词"天""诚""中庸"的不同英译为例,探究不同译者采取的翻译策略与诠释方法。

5.3.1 核心词"天"的不同英译

作为《中庸》的重要概念之一,"天"与"诚""道""性"等共同构筑了《中庸》一书的核心思想,即通过自我反省与自我完善,实现至诚至善的理想人格,达到"极高明而道中庸"的理想境界。事实上,"天"在中国传统文化中有着极为丰富的含义,可以表示"天空""所依存或依靠""中国古代唯心主义哲学家所说的世界的精神的本原""物质的、客观的自然"[3,P2239]等。在传统儒家思想里,"天"的内涵也并非确定与完整的。例如,郑玄认为"天"由人感自然而来,有贤愚吉凶,若天之付命遣使之然,故云"天命"。[4]朱熹则认为

"天以阴阳五行化生万物,气以成形,而理亦赋焉,犹命令也。"江晓梅对《中庸》里"天"的内涵进行了归纳,指出于"天"的三层含义:一是表示人头顶上的自然与物理属性的空间,二是体现作为最高权威的有意志的主宰及作为伦理道德本原的义理之天,三是泛指国家、天地乃至宇宙的概念。[5,P134-135]

以《中庸》中"故君子不可以不修身。思修身,不可以不事亲;思事亲,不可以不知人;思知人,不可以不知天"为例,理雅各将该句中的"不可以不知天"翻译为"he may not dispense with a knowledge of Heaven",而安乐哲和郝大维则译为"They cannot but realize tian 天"。理雅各认为 Heaven 一词可以较好地阐释此处"天"的神圣的安排与秩序(天理)这一含义。安乐哲和郝大维使用了音译(拼音)tian 加汉字"天"来进行翻译,他们认为汉语中"天"是万物之源的统一体,因此具有多元性质。由于无法在英语中找到对应的词,他们唯有使用这种翻译方式来传达汉语中"天"的含义。

5.3.2 核心词"诚"的不同英译

"诚"是《中庸》的另一个核心概念。事实上,对"诚"的探讨不仅出现在《中庸》一书中,其他典籍如《孟子》《大学》《荀子》等也有阐述,但仅有《中庸》将其作为思想支柱之一。宋晓春认为历代注疏对《中庸》中"诚"的解释大致可分为两类:一为"实",包括程颐的"理之实然"、朱熹的"真实无妄"等;二为"化",如李翱的"至诚而不息则虚,虚而不息则明,明而不息则照天地而无遗",周敦颐则用"诚"概括自然宇宙生生不息的特点。[6,P110-111]理雅各将"诚"翻译为 sincerity,而安乐哲和郝大维译为 creativity。有学者如高文峻认为,"诚"的完整含义是对自己诚实,敢于真心发愿及希望获得成功,因此可以发挥巨大的作用;"唯天下至诚,为能尽其性;能尽其性,则能尽人之性;能尽人之性,则能尽物之性;能尽物之性,则可以赞天地之化育;可以赞天地之化育,则可以与天地参矣"。[7,P57]然而,由于翻译时只能用一个英文词来对应,因而很难做到精确而完整。sincerity 虽可以表达"真心、真诚"这一层含义,但未能展示其效用。creativity 则相反,遗漏了"真心、真诚"这层含义。在其他《中庸》译本中,除了这两种译法外,还有 truth、perfection、integrity等,表达的含义也都不甚完整。sincerity 一词用得最多,最大原因可能是它最符合西方人的传统价值观,也更容易被英语国家读者接受。

5.3.3 书名"中庸"与核心词"中庸"的不同英译

作为书名的"中庸"和作为全篇反复出现的核心词"中庸"的意义不同,英译也不一样。理雅各把书名的"中庸"翻译为 The Doctrine of the Mean,即"要用中道"。安乐哲、郝大维译本题为 Focusing the Familiar,不仅在说明"中庸"指"关注熟悉的事物",还强调"把注意力集中在日常事务上",指出在日常事务中恪守中道、求得平衡,才能获益。[8,P77]①

辜鸿铭的《中庸》英译本起初题名为 The Conduct of Life(1904),1906 年正式出版时改为 *The Universal Order*, *or*, *Conduct of Life*(《普遍秩序或人生之道》)。丁大刚和李照国认为,辜鸿铭选用 The Conduct of Life 作为标题应该是受到了爱默生的同名书的影响。conduct 一词是辜鸿铭所强调的道德伦理问题。他在《中庸》译文中多次提到爱默生,而他将"道"译为 moral law,就来源于爱默生的 *Nature* 一书的启示。Universal Order 这个译法还体现了辜鸿铭的当代关怀与使命感,他希望通过英译《中庸》这部儒家经典,阐释并重新设计人类道德行为和一种理想的社会秩序,正如他在译序中所写:"在下面的翻译里,人们将看到对这种道德责任感的阐述和解释,它构成了中国文明设计下的人类行为和社会秩序的基础。"[10,P512] 同时,这个标题也是他对"中庸"内涵的深刻挖掘,即"将理想的圣贤中德植入具体的君王实践……并在努力保持世界秩序与和谐的过程中向外投射"[11,P36]。[12,P102]

5.4 读者认为《中庸》反映的中国形象

笔者使用 Python,以关键词 China 和 Chinese 在高点赞指数读者评论子语料库进行搜索(见图 4 和 5),结果归纳如下。高点赞指数读者评论反映的中国形象非常正面,仅有不到 20% 的负面评论,绝大部分(70%)的读者认为:中国是一个进取的国家;以儒家思想为代表的中国哲学博大精深。可以

---

① 也有学者如倪培民认为此译法欠妥,因为 focus 一词完全抹杀了用其"过"与"不及"这两端之间的"中"这层含义,且带有专注有限事务的含义——这与全篇要求人们知天、博学、致广大而尽精微的主旨背道而驰。[9,P8]

看出,《中庸》英译本读者对中国形象的关注点主要在社会发展和文化这两个方面。

```
>>> myfiles = nltk.Text(corpora.words('2.txt'))
>>> myfiles.concordance('China')
Displaying 18 of 18 matches:
d it . For two thousand years men in China who could pass the Imperial Exams en
than any other country at the time , China was a meritocracy where people were
is a major reason why until recently China lagged behind the West in science .
holarly tradition was still alive in China , and as a result he could consult w
usted James Legge because he went to China and studied with Confucius scholars
onfucius throughout the centuries in China can hardly be understated . While Co
us before , you want to get into the China of the fifth century B . C . and sta
nding of these classics from Ancient China . Well , the answer resides in the m
slators don ' t believe that ancient China had a concept of virtue , instead tr
s and had almost no knowledge of the China of his time . I wanted to read somet
y bestowed by Jesuit missionaries to China in the 16th century . By any name ,
he upbringing and society in ancient China . The totality of the book is seamle
cial to understanding the culture of China . For this reason we use it as an an
ng of the present Communist Party of China . Decide for yourself about the meri
te Zhou found so filling . In modern China , too , I havefound that Confucius i
worldaround you . ( Confucius became China ' s " first teacher " because he him
s in the Western tradition . I am no China - expert , so this helped a lot . Th
s in one of the significant roots of China ' s culture , and to immerse themsel
>>>
```

图 4　基于 Python 的读者评论子语料中关键词 China 的搜索结果

```
>>> corpora = PlaintextCorpusReader(corpus_root, ['2.txt'])
>>> corpora.fileids()
['2.txt']
>>> myfiles = nltk.Text(corpora.words('2.txt'))
>>> myfiles.concordance('Chinese', lines=100)
Displaying 72 of 72 matches:
ligence . This helps to explain why Chinese immigrants to the United States ten
est in science . Nevertheless , the Chinese are catching up quickly . Moreover
ndemn Legge ' s translations of the Chinese classics to the graveyard of moribu
 trace out the actual sounds of the Chinese words . The reason for this seems t
ems to be that the pronunciation of Chinese has changed sufficiently to make hi
hat is Legge ' s great value . Most Chinese language scholars will give him a n
the treatment of the translation of Chinese characters . Also unless you have a
you have an extensive background of Chinese history and the Confucian tradition
ert " , but having read several more Chinese classics in the meantime , includin
nslator of this volume , notes that Chinese familiarity and historical misuse o
abandonment - all sorely lacking in Chinese leadership today . To learn was Con
30 ) . This is a powerful lesson for Chinese leaders to hear . Today too much em
tremely helpful for finding ancient Chinese cultural leadership principles that
 a knack for avoiding the very un - Chinese verbiage with which Lau and , somet
with a friend who has studied it in Chinese . I have taken a couple university
.. This version was translated by a Chinese - American scholar who had moved to
```

图 5　基于 Python 的读者评论子语料中关键词 Chinese 的搜索结果

6 小结

以上对读者评论的深入分析表明，虽然一些读者对某些译作的质量进行了批评，但大多数读者对《中庸》的英译本表达了积极看法。他们欣赏作品的思想文化价值，并认为这影响了他们的人生观，激发了他们对中国文化的兴趣。最终决定一本书命运的是读者的反馈和评价。在翻译文化经典时，要注意目标读者的要求和他们的实际需要。[13,P109]希望这项研究中的见解将有助于推动对中国典籍外译读者接受度与影响的进一步研究。

参考文献

[1]罗选民.典籍翻译的历史维度——评《翻译研究的多维视角：1691年以来的〈中庸〉英译研究》[J].上海翻译,2019,34(6):93-94,86.

[2]陈来.陈来讲谈录[M].北京:九州出版社,2013.

[3]夏征农,陈至立.辞海:第六版彩图本[M].上海:上海辞书出版社,2009.

[4]李学勤.十三经注疏·礼记正义(上、中、下)[M].北京:北京大学出版社,1999.

[5]江晓梅.《中庸》核心概念"天"的英译对比分析[J].湖北大学学报(哲学社会科学版),2013,40(6):134-138.

[6]宋晓春.阐释人类学视阈下的《中庸》英译研究[D].长沙:湖南师范大学,2014.

[7]高文峻.对《中庸》英译本里几个核心概念译法的探讨——以安乐哲、郝大维英译本为例[J].广东农工商职业技术学院学报,2014,30(4):55-59.

[8]谭晓丽.安乐哲、郝大维《中庸》译本与美国实用主义[J].中国翻译,2012,33(4):75-79.

[9]倪培民.从功夫论的角度解读《中庸》——评安乐哲与郝大维的《中

庸》英译[J].求是学刊,2005,32(2):6-12.

[10]黄兴涛.辜鸿铭文集[M].海口:海南出版社,1996.

[11]浦安迪.浦安迪自选集[M].刘倩,等译.北京:生活·读书·新知三联书店,2011.

[12]丁大刚,李照国.典籍翻译研究的译者话语视角——以辜鸿铭《中庸》英译文为例[J].山东外语教学,2013,34(1):99-104.

[13]崔莹辉.价值评价视域下《道德经》英译本目标受众的评价研究[J].外语学刊,2017(4):104-109.

第三部分
术语规范与标准化

术语译名规范问题之我见

——双语词典编纂者的视角

高永伟

（复旦大学）

1 引言

汉语语境下对英语学科术语略成体系的收录和翻译始于 19 世纪初来华传教士陆续编著的双语词典,如马礼逊的《华英字典》第三部分（1822 年）、麦都思的《英华词典》(1847—1848 年)、罗存德的《英华字典》(1866—1869 年)等。这些早期的英汉词典尽管在收词和词条编排方面显得较为粗糙,但却收录了不少源自各个学科的术语,如生理学术语、医学术语、数学术语、植物学术语等。这些术语的译名有些沿用至今,有些则因新译名的出现而逐渐被淘汰。到了 19 世纪末期,英语术语译名的规范工作在诸如博医会等组织的推动下取得了一些进展,但译名规范问题到了 20 世纪初仍显得尤为突出。在当时出版的各类词典中,译名杂乱的现象到处可见。就连在像《英华大辞典》等商务印书馆出版的词典中,术语一词多译的情况亦是比比皆是。虽然一些政府机构、学术组织等也采取了一些旨在规范术语名称的举措,但总体的收效并不令人满意。清政府学部设立了编订名词馆,编纂了十余个词表,如《物理学语汇》《化学语汇》《辨学名词对照表》《心理学名词对照表》《伦理学名词对照表》《算学名词对照表》《代数学名词对照表》等,涉及学科包括数学、逻辑学、心理学、伦理学、化学、生理学、地质学、医学等。然而这些所谓的规范译名并未得到广泛推广和接受。民国期间国立编译馆的成立、各类专科词典的出版和像《辞海》之类的大型工具书的出现都在很大程度上促进了术语名称的规范。新中国成立后,"我国术语工作在继续学习借鉴国外先进成果与经验的基础上走上了自主发展的阶段"[1,P24]。像《新英汉词典》之类在"文革"后期出版的词典,在学科术语译名的规范方面取得了长足的进步。1985 年成立的全国科学技术名词审定委员会(以下简称名词委)则将术语的规范工作提升到了新的高度,在各学科名词的审定和推广应用方面取得了明显的实效。名词委在 2016 年 6 月正式上线了"术语在线",这更加有助于推广和普及规范术语。本文将从双语词典编纂者的角度出发,简单论述术语学与词典学之间的关系,重点以"术语在线"为例侧重分析术语译名规范方面存在的问题,最后结合词典编纂实践提出一些应对的建议和策略。

2 术语学与词典学

术语学和词典学均为应用语言学的分支,前者是"研究全民语言词汇中的专业术语规律的一门语言学科"[1,前言P3],后者则是"以词典理论和词典编纂实践作为科学研究对象的专门学科"[5,P1]。作为相近的学科分支,它们有着诸多的交集,具体体现在如下三个方面:

(1)一般来说,词典中或多或少会收录一些学科术语,就连收词以语词为主的英语学习词典也会收录一定数量的专业术语。例如:《牛津高阶英语词典》于 2021 年 3 月在其网站更新条目时新增了 90 多个词条,其中就包括多个术语,如 amyotrophic lateral sclerosis(肌萎缩侧索硬化)、autism spectrum disorder(孤独症谱系障碍)、body dysmorphic disorder(躯体变形障碍)、epinephrine(肾上腺素)、kinesiology(运动学)、neurodiversity(神经多样性)等。大中型双语词典收录的术语数量多则成千上万。像《英汉大词典》第二版这样的大型英汉词典收录的各类术语多达万计,该词典中的学科标签涉及领域较广,包括化学、历史、动物、农业、体育、医学、数学等 92 个。在该词典的修订过程中,大量的术语被添加进去,其中以计算机、医学、生化等领域的术语居多。在该词典中,以构词成分 bio-构成的专业术语多达百余个,其

不管术语的使用性质如何,它们的译名均应得到规范。然而,新术语的译名规范工作相对比较滞后,一些新术语的译名未能得到及时审定,从而导致在一段时间内存在译名不规范、多个译名并存等混乱的局面。正因为如此,英汉新词词典的编纂者时常会苦于找不到现存的规范译名,而只能选取当时最常用的译名或根据一些先例提供直译译名或自创译名。《英汉大词典》第二版修订者在词典修订过程中花了较大气力改进了原有的一些译名,其中就包括大量的学科术语名称。表1罗列了经过改进的一些术语译名:

表1　《英汉大词典》中的术语译名改进

词目	原译名	规范译名
Chiron	半人马星,查仑	喀戎星
cystic fibrosis	囊性纤维变性,囊肿性纤维化	囊性纤维化
Hodgkin's disease	何杰金病,淋巴肉芽肿病	霍奇金病
immune response	免疫响应,免疫反应	免疫应答
planation	均夷作用	夷平作用
septic shock	败血症休克	感染性休克
squark	超对称性夸克	标量夸克
Voxel	三维像素	体元
Zeitgeber	给时者	授时因子

学科术语中有相当一部分是以首字母缩略词的形式出现的,它们在实际使用中有时甚至比它们的全称用得更为频繁。术语在线在一些缩略词的收录方面做得比较及时和完整。例如:计算机术语 DNS 可以分别指代 domain name system(域名系统)、domain name service(域名服务)以及 domain name server(域名服务器),而这三个术语均可在该网站检索到。一些术语的缩略形式有时也会在同类学科名词的审定中加以增补。例如:“系膜增生性肾小球肾炎”(mesangial proliferative glomerulonephritis)1995 年作为医学术语被审定,后来在 2020 年器官移植学名词审定时又被列入其中,并增加了其缩略形式 MSPGN。但在新学科缩略词的收录方面,该网站显得有些滞后。例

如:首现于 2002 年的生物学术语 CRISPR 是 clustered regularly interspaced short palindromic repeats 的缩略形式,通常被译作"规律间隔成簇短回文重复序列",目前该词使用非常频繁,亦可延伸用作动词,在 NOW 语料库中出现的次数多达 16 375 次,但这样的高频词现在还不能在术语在线上查得。其他尚未被审定的常见缩略词详见表 2:

表 2　尚未被审定的缩略词

首字母缩略词	全称	译名
ASF	African swine fever	非洲猪瘟
CFR	case fatality rate	病死率
FOSS	free and open source software	自由及开放源代码软件
NAT	nucleic acid test	核酸检测
NFT	non-fungible token	非同质化代币
NIV	non-invasive ventilator	无创呼吸机
PHE	public health emergency	公共卫生事件
VPU	visual processing unit	视觉处理器

3.2　基本或常用术语未得到审定

尽管名词委下属的各分委员会已经审定了成千上万的术语,但已审术语的系统性和体系性还有待提高。缺乏系统性的主要原因便是术语收录不够完整,其中最明显的是一些基本术语未能得到审定。就拿化学元素名称为例,若用前 10 号元素的名称在术语在线中检索,我们就能发现表 3 显示的结果:

表 3　术语在线上化学元素的收录情况

元素名	译名	收录情况	备注
hydrogen	氢	已收录	天文学名词
helium	氦	已收录	呼吸病学名词(译作"氦气")
lithium	锂	未收录	出现在碳酸锂(lithium carbonate)等多个复合名词中
beryllium	铍	未收录	出现在硫酸铍(beryllium sulfate)等多个复合名词中

续表

元素名	译名	收录情况	备注
boron	硼	已收录	肠外肠内营养学名词
carbon	碳	已收录	大气科学名词
nitrogen	氮	未收录	出现在血尿素氮(blood urea nitrogen)等多个复合名词中
oxygen	氧	已收录	呼吸病学名词(译作"氧气")
fluorine	氟	已收录	作为地方病学、食品科学技术等领域的名词
neon	氖	未收录	出现在霓虹灯(neon lamp)等多个复合名词中

相对较晚发现的元素虽然均得以审定并配有规范的译名,但它们均未出现在术语在线上,如 lawrencium、rutherfordium、dubnium、seaborgium、bohrium、hassium 等。

医学术语中也有不少术语存在着同样的问题,即只出现在复合名词中。例如:被《新牛津词典》解释为"A surgical operation in which an alternative channel is created, especially to improve blood flow to the heart when a coronary artery is blocked"(即"旁路手术"或"搭桥手术")和"An alternative channel created during a bypass operation"(即"旁路")的 bypass 一词,除了作为核医学名词外,只出现在肠旁路术(intestinal bypass)、心肺转流术(cardiopulmonary bypass)、体外循环时间(bypass time)等术语中,而其表示"旁路手术"的词义却并未被审定。其他一些尚未被审定的医学类术语详见表4:

表 4　待审定的医学类术语

未收医学术语	建议译名
促凝剂	procoagulant
汉坦病毒	hantavirus
密切接触者	close contact
胃肠道	gastrointestinal tract
消退素	resolvin
血清转换	seroconversion
血糖仪	glucometer

在计算机领域也存在基本术语缺失的现象。例如：常用的计算机术语"网络"一词目前已作为审定的名词出现在化学、铁道科学技术、物理学、地理信息系统、电力、电气工程、地理学等学科中，但唯独没有得到计算机科学技术领域的术语委员会的审定。

3.3 同类或相关术语未能得到审定

有些术语由于词义相近或相反、所属领域相同等而构成关联，因而在处理这些术语时应该保持一致性。然而，无论在辞书中还是在术语在线上，不一致的现象时常出现。例如：血管加压药（vasopressor）、正性肌力药（inotrope）和血管扩张药（vasodilator）是三种在临床上广泛使用的血管活性药物，但目前只有血管扩张药一词被审定，其他两个名词均未能在术语在线上查得。又如：鸭瘟（duck plague）、猪瘟（classical swine fever）、兔瘟（rabbit viral hemorrhagic disease）、亚洲鸡瘟（Newcastle disease 或 fowl pest）等术语早已作为食品科学技术名词或畜牧学名词而被审定，但早在 19 世纪中期就已出现的"牛瘟"（rinderpest 或 cattle plague）却尚未被审定。

在食品科学技术名词中，多种源自不同产地的干酪的名称已被审定，其中包括切达干酪（Cheddar cheese）、比利时干酪（Belgium cheese）、埃曼塔尔干酪（Emmental cheese）、高达干酪（Gouda cheese）、夸克干酪（Quark cheese）、卡芒贝尔干酪（Camembert cheese）、修道院干酪（Port du Salut cheese）等，但同样来自欧洲其他区域的干酪却未被收录，如 Brie（布里干酪）、Caerphilly（卡尔菲利干酪）、Dunlop cheese（邓洛普干酪）、Gorgonzola（戈贡佐拉干酪）、Havarti（哈瓦蒂干酪）、Monterey Jack（蒙特里杰克干酪）等。

3.4 术语未能在归属学科得到审定

在一些术语中，由于其适用范围涉及多个相关学科，因此经常在多个学科中得到审定，例如酶（enzyme）可作为诸如生物化学与分子生物学、药学、运动医学、化学、食品科学技术等学科的术语。然而，有时也会出现一些术语未能在其主要归属的学科内得到审定的情况。例如：芳香化酶

(aromatase)为生物化学与分子生物学中的术语,但目前只作为生理学名词被审定。其他存在同样问题的条目详见表5:

表5 学科归属有待改进的术语

术语	英语名	目前归属学科	主要归属学科
血压计	sphygmomanometer	计量学	医学
血糖负荷	glycemic load	肠外肠内营养学、老年医学等	医学
肝炎	hepatitis	烧伤学、核医学	医学
禽流感	avian influenza	免疫学、食品科学技术	医学或兽医学
牙痛	toothache	中医药学	医学
睑板	tarsus, tarsal plate	动物学、组织学与胚胎学等	解剖学
脑卒中	stroke	核医学、物理医学与康复等	医学

3.5 同一术语在相同或相近学科中译名不一致

同一个术语在相同或相近学科中出现译名不一致的现象并不罕见。例如:作为医学术语的"鼻塞"通常会被译作 nasal obstruction,然而在中医药学名词中,"鼻塞"的对应词用了较为通俗的 stuffy nose,但"伤风鼻塞"却被译作"nasal obstruction due to mild cold"。又如:计算机术语 HTTP 是 hypertext transfer protocol 的首字母缩略形式,通常被译作"超文本传送协议",而在 HTTPS(hypertext transfer protocol secure)条目中却被译作"超文本传输安全协议"。其他译名不一致的词条详见表6:

表6 译名有待统一的术语

中文术语	所属学科	规范译名	备注
二尖瓣狭窄	医学	mitral stenosis	mitral stenosis 的全称为 mitral valve stenosis
	核医学	bicuspid valve stenosis	
内斜视	医学	esotropia,ESO	ESO 并非其缩略形式,ET 也并非常用缩略词,建议删除
	老年医学	esotropia,ET	

续表

中文术语	所属学科	规范译名	备注
天花	医学	variola, smallpox	variola 为专业术语,smallpox 为俗称
	感染病学	smallpox, variola	
肝硬化	医学	cirrhosis of liver	cirrhosis 最为常用
	老年医学	liver cirrhosis	
	病理学	cirrhosis, hepatic cirrhosis	

在术语在线中,有时使用同一个英语术语检索会出现多个不同的汉语译名。表 7 中的 magnetoencephalography 就是这样一个典型例子:

表 7　存在多个不同译名的术语

术语	归属学科	规范译名
magnetoencephalography	电子学	脑磁描记术
	心理学	脑磁图
	阿尔茨海默病	脑磁图
	核医学	脑磁图
	生物物理学	脑磁[图]描记术,脑磁图术
	神经病学	脑磁图

3.6　术语标准的严谨性有待提高

有些学科所收录的规范名词原本由英语译入,在汉语中并不常用,因而起不到任何规范的作用。例如:被解释为"网络社区的成员"的"网客"(由 cybernaut 译入)一词并非汉语中的常用词,既没有被《现代汉语词典》等权威辞典所收录,也未出现在诸如《新世纪汉英大词典》《新时代汉英词典》等汉英词典中。尽管网络上的确存在"网客"的概念,但它主要指代通过网络工作和生活的人,并不能算作计算机术语。同样不能算作计算机术语的词语还有"会议监管人",该词是由 moderator 翻译而来,但"版主"显然是更为人们广泛接受的对应词。又如:畜牧学名词"帕尔梅桑干酪"是英文 Parmesan cheese 的汉译,但此译名并未顾及原文的词源信息,因为 Parmesan 源于意大利语,表示的意思为"of Parma"(即"帕尔马的"),因此这种奶酪应该被译作"帕尔马干酪"。

3.7 审定中所出现的英语名称不太地道或不规范

专业术语中有相当一部分概念源于外语,因而在提供译名时只需采用回溯的方法即能找到对应词,如大数据(big data)、物联网(Internet of Things)、信息高速公路(information superhighway)、云计算(cloud computing)等。但在翻译其他一些规范名词时,由于采取了过于直译的方式,导致译名不符合英文习惯。例如:作为计划生育名词的"微创手术"被译作"microtraumatic operation",这纯属逐字翻译,殊不知英文中压根就没有"microtraumatic"或"microtrauma"的用法,此译法应该用"minimally invasive surgery(MIS)"来替换。又如:计算机科学技术名词"网络礼仪"被直译为"network etiquette",这一用法在英语中并不地道,正确的用法应该是"netiquette"或"online etiquette"。在英译方面存在同样问题的条目详见表8:

表8 翻译存在问题的术语

中文术语	规范译名	修改建议
代数	algebras	删除词尾多余的-s
跟帖	follow-up posting	改为 follow-up post
[红]小豆	red bean, adsuki bean, Phaseolus angularis Wight	把 adsuki 改为 adzuki,并删除拉丁学名
卡介苗	bacillus Calmette-Guérin vaccine, BCG vaccine	略作 BCG 即可
垃圾邮件	spam junk mail	spam 和 junk mail 均可
腋窝	axillary fossa	改为 axilla 或 armpit
主板	mainboard, masterboard, motherboard	删除 masterboard

4 术语译名规范的建议

针对目前术语译名规范方面存在的问题,名词委等机构有必要组织各学科的审定委员会开展专题讨论,尤其是就以下四个主题进行深入探讨:

一是规范性。鉴于部分学科名词(包括不少包含"的"字的名词)的规范性有待提高,那些使用频率不是很高的术语可以在正式公布前放入候补名单。一旦这些词语确实使用较为频繁,且已被公认为某一学科的术语,那样就可以将其公之于众,以确保术语的严谨性。

二是及时性。名词委应建立及时审定的机制,即一旦获取新术语信息立即启动审定机制,从而避免译名杂乱的现象。为了获取新术语的信息,可以建立学科专家、新词研究者、相关从业者等多方合作的工作机制。

三是系统性。目前一些学科中已审定的术语总体缺乏系统性,基本术语或常见术语缺失的现象比比皆是。有鉴于此,各学科的审定委员会在审定名词时应广泛参考国外的大中型单语词典和国内的权威双语词典,同时充分利用网络上现有的各类学科词表,以确保审定的术语具有系统性。

四是多样性。参与学科名词审定的人员的学科背景应该更加多样化。除了本学科的专家外,还应邀请相关学科的专家、词典专家等参与审定工作。同时,还应建立大众参与机制,扩大像"新词征集"板块的作用,并加强术语相关问题的交流或互动,鼓励更多人参与术语审定,以增加专业术语的多样性。

5 结语

学科术语的规范工作涉及面广,任务繁重,并非一朝一夕可完成。再加上新术语不断涌现,学科名词的审定工作永无休止,而这些名词译名的规范工作亦是如此。名词委在名词审定方面功不可没,而术语在线在规范和传播术语方面的作用亦不容小觑。针对目前术语译名规范中存在的各类问题,只要多方合作,这些问题肯定会在不久的将来得以改善或解决。

参考文献

[1] 冯志伟. 现代术语学引论(增订本)[M]. 北京:商务印书馆, 2011.

[2] 高永伟. 21 世纪英语新词语词典[M]. 上海:复旦大学出版社, 2021.

[3] 高永伟. Cryptocurrency 相关新词及其翻译[J]. 中国科技术语, 2020, 22(6): 51-56.

[4] 陈维益,李定钧. 英汉医学大词典[M]. 上海:上海科学技术出版社, 2015.

[5] 罗思明. 词典学新论[M]. 合肥:安徽教育出版社, 2008.

[6] 王晓鹰,章宜华. 中山英汉医学词典[M]. 北京:外语教学与研究出版社, 2002.

[7] 薛波. 元照英美法词典(缩印版)[M]. 北京:北京大学出版社, 2013.

[8] 张晖. 汉语术语学引论[M]. 北京:科学出版社, 2021.

中医双语词典词目释义及其英译规范化探讨①

储晓娟　颜　静　都立澜

（北京中医药大学）

中医双语词典是中医翻译和教学必不可少的专业工具书，也是中医语言、知识、文化对外传播的重要桥梁。据不完全统计，自 1980 年至今，国内外先后出版了 30 余部中医双语词典，然而，关于词典编纂及其英译相关的研究却很少。有限的研究多从中医双语词典编纂问题出发，在宏观收词立目、编排和索引等方面[1-2]以及微观译名体系、释义模式和语义框架等方面[2-6]提出编纂建议，尚未有关注释义英译的内容和方法的研究。

随着中医国际化进程的不断加速，读者对中医双语词典的需求不再局限于了解词目对译词，还包括借助词目释义的翻译全面、深入地理解和掌握中医术语的内涵及应用。因此，中医双语词典英译的规范化研究亟待开展，其基础是词目即中医术语释义规范化。因此，本文以中医儿科病名术语"胎怯"为例，以奈达功能对等理论为指导，首先在内涵挖掘的基础上规范"胎怯"中文释义，然后对比 3 本中医双语词典中"胎怯"释义的英译，分析存在的问题，总结释义英译规范化原则和方法，为中医双语词典的编纂和英译提供指导。

1　奈达功能对等理论

尤金·A.奈达（Eugene A. Nida, 1914—2011）是现代翻译理论的奠基

---

①　本文系中国中医科学院基本科研业务费自主选题项目（No. ZZ12-002）、全国科学技术名词审定委员会委托项目（No. 20180913）阶段性成果。

人之一,他的功能对等理论对翻译研究和实践的影响深远。奈达认为,翻译的目的是在译语中用最贴切而又最自然的对等语再现原语信息,先意义,后风格。[7]其中,"再现原语信息"中的信息不仅指语义信息,还包括语言形式等各方面的信息,两种语言不同,为再现原语信息,译文需要在词汇和语法上做出调整。"最贴切"指在意义上最贴近,"最自然"指译文要流畅,应避免翻译腔,"最贴切而又最自然的对等语"强调译文要忠实于原语内容而不强求表达形式完全一致。"先意义,后风格"指信息的内容和形式都很重要,但当二者无法同时实现对等时,语义传递享有优先地位。功能对等着眼于目的语读者的反应,要求目的语读者与源语读者在接受信息时有基本一致的理解关系。

奈达功能对等理论常被用于指导双语词典的翻译研究。著名词典学家兹古斯塔指出,"双语词典的基本目的是在一种语言的词汇单位与另一种语言的词汇单位之间找出意义相等的对应词"[8,P404]。黄建华、陈楚祥进一步将双语词典词目翻译的等值性细分为语义等值、语体等值和语用等值。[9]然而,目前的研究局限于语文双语词典中的词目对译词方面,而涉及专科双语词典及词目释义翻译的研究非常少,故本文致力于探索如何用奈达功能对等理论指导中医双语词典词目释义的英译工作。

2　中医词典词目释义规范

中医词典的数量和种类众多,而中医词典编纂及其规范方面的研究相对较少。本文以中医儿科病名术语"胎怯"为例,首先从中医词典微观的词目释义入手,通过概念溯源,对中医词典释义进行规范。

2.1　"胎怯"概念源流

"胎怯"出自北宋钱乙的《小儿药证直诀·脉证治法》:"生下面色无精光,肌肉薄,大便白水,身无血色,时时哽气多哕,目无精彩,当浴体法主之……胎怯面黄,目黑睛少、白睛多者,多哭。"[10]后世医家大多沿用"胎怯"之名,但也有部分医家称其为"胎弱""胎瘦"等。"胎怯"的病因病机非常复杂。元代演山省翁的《活幼口议·卷之九》指出胎怯患儿有早产儿,也有足月产儿和过期产儿,新生儿因父母精气不足或孕育失宜,所以怯弱。[11]清代陈复正的《幼幼集成·卷二》认为高龄夫妻、多产妇女易娩胎怯患儿。[12]明代万全的《幼科发挥·胎疾》提出"五脏"发病观:"胎弱者,禀受于气之不足也……如受肺之气为皮毛,肺气不足,则皮脆薄怯寒,毛发不生;受心之气为血脉,心气不足,则血不华色,面无光彩;受脾之气为肉,脾气不足,则肌肉不生,手足如削;受肝之气为筋,肝气不足,则筋不束骨,机关不利;受肾之气为骨,肾气不足,则骨软。"[13,P17]肾脾两虚是关键病机,"胎怯"治疗应以健脾补肾为主,用地黄丸[13]、十全大补汤[14]等。

2.2 "胎怯"释义规范

释义是对词目含义的解释,是词典编纂的核心,决定着词典质量。对于专科词典,尤其是中医词典,其释义以知识性释义为主,要求对专业知识做深刻、细致、全面的介绍。中医词典所收词目以中医术语为主,术语释义尽可能使用逻辑定义,以属加种差式内涵定义为主。其中,属概念是距离被定义概念最近的上位概念,而种差是属概念的限定性特征,用于区别给定概念与同一属种概念系统中的并列概念。种差包括被定义对象的区别特征,结构、组成或包含的内容,功能和作用,产生的原因或结果,发生、来源和形成情况,方式或媒介中的一个或多个类别等。[15]从目标读者认知心理的角度来看,有学者认为词目所需提供的最少释义要素是能够体现该词目对应概念所属范畴的所有原型性特征,最少释义要素所对应的具体内容应是被释概念的特有属性。[16]

从《中医药常用名词术语辞典》[17]《中医大辞典》[18]中提取"胎怯"释义,对比发现2本中医词典存在释义构成要素不尽相同、释义内容详略不一等问题。为了规范"胎怯"的释义,参考专科词典术语释义规范,结合中医疾病认知诊疗体系以及人们对"胎怯"内涵的考证,得出了规范的"胎怯"释义要素及排序如下:"属概念+出处+别名+病因病机+症状+治则治法+方剂。"

其中,"属概念"采用的"中医儿科病名"比常用的"病名"更准确;补充"出处"和"别名",一是方便读者了解词目的历史知识,二是在确定规范术语的同时保留约定俗成的术语。"胎怯"、"胎弱"和"胎瘦"属于一义多词,在全国科学技术名词审定委员会审定的《中医药学名词:内科学 妇科学 儿科学》[19]和国家标准《中医病证分类与代码》(修订版)[20]中,都将"胎怯"作为规范术语,从中医词典规范化的角度,建议使用"胎怯",可将"胎弱"和"胎瘦"作为别名保留。两个版本中"胎怯"病因病机和症状描述比较统一,因此采用其中的核心信息;治法上明确以健脾补肾为主,补充方剂。基于此,"胎怯"释义规范如下:

胎怯:中医儿科病名。出自《小儿药证直诀·脉证治法》。又名胎弱、胎瘦。父母体质虚弱或孕育失宜等使小儿先天不足,肾脾两虚,而致脏腑气血虚弱。高龄夫妻、多产妇女易娩胎怯患儿。易见于小儿出生伊始,以形体消瘦、皮肤脆薄、形寒肢冷、毛发不生、面黄无华、身无血色、哽气多哕、啼哭声弱、吮乳无力、双目无神、筋骨不利、腰膝酸软、便稀淡白等为常见症状。治疗以健脾补肾为主,用十全大补汤、六味地黄丸之类。

3 中医双语词典词目释义英译规范

本文从《实用英文中医辞典》(魏迺杰,2002)[21]、《实用汉英中医词典》(张奇文,2001)[22]、《新世纪汉英中医辞典》(左言富,2004)[23]中提取"胎怯"及其释义的英译(下文分别简称"魏本"、"张本"和"左本")。魏本中词目为英文,提供中文对等词、拼音和释义英译;张本中词目为中文,提供拼音、英文对等词和释义英译;左本中词目为中文,提供拼音、中文释义、英文对等词和释义英译。3个译本都采用属加种差式内涵定义,魏本为"属概念+病因+症状+治则治法+方剂",张本为"属概念+病因+症状+治则治法+方剂",左本为"属概念+症状+病因"。

3.1 词目英译:"胎怯"的英译对比分析

"胎怯"是带有鲜明中医特色的病名术语,无英文对应词。魏本采用字对字仿译法：fetal timidity；另外 2 个版本则采用直译法：congenital feebleness（张本）、congenital deficiency of infant（左本）。参考世界卫生组织[24]、世界中医药学会联合会[25]和名词委发布的三大中医术语中英对照标准，分别将"胎怯"直译为 fetal weakness、fetal feebleness 和 fetal debility。各译本译法相似，选词上有差别。

"胎"有 fetal 和 congenital 两种译法。fetal（connected with a fetus，与胎儿有关的），常见 fetal distress（胎儿宫内窒息）、fetal death（胎死）等。[26] 而 congenital（of a disease or medical condition existing since or before birth，先天有病或不良的体格状况），常见 congenital abnormalities（先天畸形）、congenital heart disease（先天心脏病）等[26]。从语义对等和常用搭配来看，fetal 强调患者主体为胎儿，congenital 强调疾病是与生俱来的，"胎怯"见于小儿出生时，"胎"用 fetal 更合适。"怯"有 timidity、deficiency、feebleness、weakness、debility 和 emaciation 等 6 种译法。学界已将"虚"规范译为 deficiency，从术语翻译的系统性和同一性的原则考虑，为避免"多义一译"，"怯"不宜译为 deficiency。timidity 表示性格胆怯，feebleness 和 weakness 均可表示体虚，feebleness 程度更甚，weakness 还有性格上软弱之意。debility 侧重由疾病引起的体弱，用法上更为正式。emaciation 常指因疾病或缺少食物而导致的消瘦，虚弱[26]。从语义对等考量，"怯"译为 debility 更为准确。

在中医病名体系中，"胎弱"、"胎瘦"和"胎怯"表达同一概念，为避免"多词一译"，可分别译为 fetal debility（胎怯）、fetal feebleness（胎弱）和 fetal emaciation（胎瘦）。

3.2 释义英译："胎怯"释义的英译对比分析

释义英译以规范的中文释义为蓝本，采用相同的语义框架，有助于在目的语读者中构建与原语读者相同的中医疾病认知模式，同时实现释义英译规范。以下将按照释义 7 要素"属概念+出处+别名+病因病机+症状+治则治法+方剂"，从术语和句子层面探讨中医双语词典释义英译规范化原则和方法。

3.2.1　释义中的术语英译

属概念为读者提供基本的认知参照点,属概念的大小影响读者组织与理解知识的速度和效能。[16]中医双语词典对属概念的定位并不严格,3 个译本中"胎怯"的属概念分别被直译为 condition, morbid condition in infancy 和 disease of newborn。其中,condition 既可以表示身体健康,也可以表示疾病, disease of newborn 和 morbid condition in infancy 表示婴幼儿疾病。从属概念的语义范畴来看,condition＞morbid condition in infancy/disease of newborn＞ neonatal disease in Traditional Chinese Medicine,因此"胎怯"的属概念直译为 neonatal disease in Traditional Chinese Medicine(中医新生儿疾病)更贴切。

病因病机多为中医特有概念,术语词法结构规整,可优先采用直译法实现语义和形式对等。"胎怯"的病因病机"先天不足""肾脾两虚""气血亏虚"等都是定中偏正结构四字格,即定语+中心词结构。各译本采用直译法,将"先天不足"译为 congenital deficiency(左本),"气血亏虚"译为 qi or blood vacuity from birth(魏本), congenital deficiency of qi and blood(张本)。"不足"和"亏虚"意思相近,为避免"多词一译",宜分别译为 congenital insufficiency(先天不足)、qi and blood deficiency(气血亏虚),以保证术语翻译的系统性和同一性。在涉及中、西医共有概念且语义对等的前提下,可借用西医术语,如左本将"孕育失宜"意译为 malnourishment of the fetus。

症状是客观存在的概念,术语多为并列的四字格,结构简洁,内涵丰富,可优先考虑借用西医术语。如"形体消瘦",魏本直译为 emaciated flesh,不符合英语的表达习惯,左本和张本借用西医术语 emaciation,使得语义贴切自然。缺少英语对等语时,3 个译本都以直译法为主,存在语义不对等或语义重复现象,如魏本将"腰膝酸软"(自觉腰部与膝部酸软无力的症状)直译为 limp aching lumbus(腰部酸软),使语义缺失,将"形寒肢冷"(形体受寒)直译为 physical cold and cold limbs, 使语义累赘;张本中 indifference(lack of interest, concern or sympathy 漠不关心)与"面黄无华,双目无神"语义不对等。译者应充分理解术语内涵,在英译时保证语义内容完整,同时合理简化和优化四字格中的重复表达。

治则治法部分与病因病机呼应。"胎怯"的治则治法"健脾补肾"是动宾联合结构四字格,即前后两部分都是"动词+宾语"。魏本直译为动宾短语 enrich the liver and kidney,张本意译为动名词短语 nourishing vital essence。出于语义和形式对等考虑,"健脾补肾"可直译为 fortify the spleen and tonify the kidney。

中医医史文献名和方剂名的英译尚未形成统一标准。目前主要有拼音、英译、拼音(加注英译)、英译(加注拼音)等4种译法,魏本和张本中方剂名都采用了英译(加注拼音)的译法。从对等角度来说,医史文献名采用汉语拼音(加注英译)、方剂名采用汉语拼音+剂型英译(加注英译)的译法,既能保持丰富的中医文化特色,又能确保医学信息的有效传递,得到了读者对象的普遍认可。术语英译应优先参考国内外颁布的翻译标准和词典,采用当前认可度高的对译词,如张本将六味地黄丸中的"丸"译为 bolus,现多译为 pill。

3.2.2 释义中的句子英译

汉语重意合,借助词语或句子的意义或逻辑联系而非语言形式手段实现连接;英语重形合,借助语言形式手段显示句法关系实现词语或句子的连接。[27]释义的句子英译时,要先分析中文释义的句意和逻辑,再按照英语的句法结构和语义逻辑进行调整,使其符合外国读者的阅读习惯,实现功能对等。

例1:父母体质虚弱或孕育失宜等使小儿先天不足、肾脾两虚,而致脏腑气血薄弱。

魏本:Any condition of qi or blood vacuity from birth.

张本:A general term for the morbid condition in infancy due to congenital deficiency of qi and blood.

左本:A disease of newborn due to congenital deficiency. It is caused by congenital deficiency and malnourishment of the fetus, which may be owing to twins or multifetation.

改译:It results from qi or blood deficiency caused by congenital insufficiency or kidney-spleen deficiency due to weak parental constitution and malnourishment of the fetus.

原文阐述了"胎怯"的病因病机。病因是父母体质虚弱或孕育失宜等原因导致的小儿先天不足，病变脏腑主要在肾和脾，发病机理是肾脾两虚致使各脏腑气血薄弱。3个译本只提供了病因，信息量和信息精度却不够。左本中"due to congenital deficiency"与"It is caused by congenital deficiency"语义信息重复，句法结构不合理。

中、英文长句的句法结构和语义逻辑不一致时，需要对语言形式做出调整，若仅按字面意思去直译，读者很难捋清原文逻辑。建议采用意译法对原文结构进行逆序重组，通过凸显主谓结构（It results from …），借助分词（caused by）和介词短语（due to），使译文语义连贯、逻辑严密、句法合理、表达顺畅、避免翻译腔，从而降低读者理解上的难度，实现原文和译文的功能对等。

例2：治疗以健脾补肾为主，用六味地黄丸、十全大补汤之类。

魏本：MED Supplement qi and blood; enrich the liver and kidney. Use Perfect Major Supplementation Decoction（shí quán dà bǔ tāng）and Six-Ingredient Rehmannia Pill（liù wèi dì huáng wán）or their variations.

张本：In the treatment of the disease, the principle of nourishing vital essence should be followed, and Decoction of Ten Powerful Tonics（Shiquan Dabu Tang）or Bolus of Six Ingredients Including Rehmannia（Liuwei Dihuang Wan）are eligible.

改译：The main treatment principles are to fortify the spleen and to tonify the kidney with modified Liuwei Dihuang Pill（Six-Ingredient Rehmannia Pill）or Shiquan Dabu Decoction（Ten Major Tonics Decoction）.

原文是"胎怯"的治法方剂。两个动宾结构形式上是并列的，内在逻辑上方剂是治法的方式状语。魏本和张本被原文的形式所局限，碎句多，连贯性差。张本中介词短语"in the treatment of the disease"和名词短语"the principle of"冗赘，且没有必要使用被动语态。

中、英文长句的句法结构和语义逻辑一致时,优先按照原文语序直译。中文里不用关联词,直接将意义上并非并列的短语进行并列,英语里以主谓结构(The main treatment principles are)为主干,借助动词不定式(to fortify and to tonify)和介词(with)搭建语义逻辑,使译文语义连贯、言简意赅,实现内容和形式对等。

基于此,"胎怯"释义英译规范如下:

Fetal debility, also called fetal feebleness or fetal emaciation, was a neonatal disease in Traditional Chinese Medicine first recorded in *Xiaoer Yaozheng Zhijue* (On Pulse, Pattern and Treatment in Key to Therapeutics of Children's Diseases). It results from qi and blood deficiency caused by congenital insufficiency or kidney-spleen deficiency due to weak parental constitution and malnourishment of the fetus. It is more likely to occur to children whose parents are beyond reproductive age or whose mothers suffer from multifetation. Fetal debility is characterized by the following symptoms: emaciation, thin skin, cold limbs, sparse hair or hairlessness, sallow complexion, pale body color, choking and retching, feeble crying, feeble suckling, dull eyes, inhibited flexing and stretching of the sinews and bones, soreness and weakness of waist and knees, loose stool and pale urine. The main treatment principles are to fortify the spleen and to tonify the kidney with modified Liuwei Dihuang Pill (Six-Ingredient Rehmannia Pill) or Shiquan Dabu Decoction (Ten Major Tonics Decoction).

4 结语

中医双语词典释义英译要做到准确、规范、简明、统一。译文内容要准确,通过加强术语内涵考证,确保中医词典词目释义准确,为中医双语词典词目释义英译提供保障;译文形式要规范,以规范的词目释义为蓝本,译文采用属加种差的模式,且用词规范。中医双语词典术语分类多样,每一类术语的释义要素不同,释义英译需要关注不同术语、不同释义要素的英译规范;译文用词要统一,除了等值性,释义英译还需遵循术语翻译的同一性原则,保证一词一译;译文风格要简明,保持原文逻辑严谨、行文通畅、言简意赅的风格。

中医双语词典词目释义英译以直译为主,在译文中同时保持原文内容对等和形式对等,尤其是中医四字格术语,需综合考量术语内涵、语义逻辑和词法结构;以意译为辅,当内容与形式无法同时对等时,在内容上应忠实于原文,不拘泥于原文形式,对于中、西医共有概念,优先考虑借用西医术语;专名英译可采用音译兼意译。中医双语词典释义中句子的英译并非一味地照搬原文的结构、句型,而是在词句达意的基础上,尊重汉英句法结构的差异,采用直译或意译法,借助语言形式手段显示句法关系,使译文语意连贯、逻辑清晰、通顺自然,便于读者理解、接受和传播。

中医双语词典编纂者应提高中医学、词典学、术语学和翻译学方面的综合素养,注重释义英译规范化,提高中医双语词典质量。

参考文献

[1]金欢.中医双语词典宏观结构及微观结构研究[D].北京:北京中医药大学,2020.

[2]刘娜,孙红梅,康敏,等.基于框架语义学理论下的中医双语词典文化局限词词目编排方法研究[J].环球中医药,2016,9(6):748-750.

[3]李永安,李经蕴.目前汉英中医名词词典存在的一些问题[J].中国中西医结合杂志,2006,26(2):181-182.

[4]兰凤利.评魏迺杰的《实用英文中医辞典》[J].中国中西医结合杂志,2006,26(2):177-180.

[5]王彬.汉英中医词典编译中多义词的文化保真:问题与对策[J].中国中西医结合杂志,2018,38(7):885-887.

[6]刘娜.词典用户视阈下的中医双语词典一词多义释义模式研究[J].环球中医药,2021,14(6):1143-1146.

[7]NIDA EUGENE A, TABER CHARLES R. The Theory and Practice of

Translation[M].Leiden：E.J.Brill,1982.

[8]拉迪斯拉夫·兹古斯塔.词典学概论[M].林书武,等,译.北京:商务印书馆,1983.

[9]黄建华,陈楚祥.双语词典学导论(修订本)[M].北京:商务印书馆,2001.

[10]钱乙.赵安民,邓少伟,注译.小儿药证直诀[M].北京:中国医药科技出版社,1998.

[11]演山省翁.活幼口议[M].北京:中国中医药出版社,2015.

[12]陈复正.幼幼集成[M].上海:第二军医大学出版社,2005.

[13]万全.幼科发挥[M].上海:第二军医大学出版社,2005.

[14]秦昌遇.幼科金针[M].上海:上海三联书店,1990.

[15]郑述谱,叶其松.术语编纂论[M].上海:上海辞书出版社,2015.

[16]李云龙.目标读者的认知心理与专科词典释义的有效性[J].辞书研究,2010(6):67-77.

[17]李振吉.中医药常用名词术语辞典[M].北京:中国中医药出版社,2001.

[18]李经纬,等.中医大辞典[M].2版.北京:人民卫生出版社,2005.

[19]全国科学技术名词审定委员会.中医药学名词:内科学 妇科学 儿科学(2010)[M].北京:科学出版社,2011.

[20]国家市场监督管理总局,国家标准化管理委员会.中医病证分类与代码(修订版):GB/T 15657-2021[S].北京:中国标准出版社,2021.

[21]魏迺杰,等.实用英文中医辞典[M].2版.北京:人民卫生出版社,2002.

[22]张奇文.实用汉英中医词典[M].山东:山东科学技术出版社,2001.

[23]左言富.新世纪汉英中医辞典[M].北京:人民军医出版社,2004.

[24]世界卫生组织(西太平洋地区).WHO西太平洋地区传统医学名词术语国际标准[M].北京大学第一医院中西医结合研究所,译.北京:北京大

学医学出版社,2009.

[25]李振吉.中医基本名词术语中英对照国际标准[M].北京:人民卫生出版社,2008.

[26]霍恩比.牛津高阶英汉双解词典[M].9版.李旭影,等,译.北京:商务印书馆,2018.

[27]刘宓庆.新编汉英对比与翻译[M].北京:中国对外翻译出版公司,2006.

科技领域异读词的规范及相关问题

王 琪

（全国科学技术名词审定委员会）

语音规范是语言文字规范的重要内容。就科技领域来说，如果同一个词有不同的读音，则不利于学术交流。但实际上，在科技领域中这类现象是非常普遍的。笔者曾就科技异读词的规范问题作粗浅探讨[1]，在此试作进一步研究和处理，为科技术语规范工作提供一点参考。

在科技领域，有一部分词依据《普通话异读词审音表》《现代汉语词典》确定读音有困难或者理据较弱的，我们对其进行调查，综合考察读音统计情况和其他依据来确定读音。2020 年 6 月 15 日至 7 月 2 日期间，"科技领域异读词现象调查与研究"课题组选取了 137 个科技词，使用问卷星小程序制作"科技名词读音调查问卷"，共回收调查问卷 191 份。参与本调查的人群情况如下：从性别来看，男性占 47.64%，女性占 52.36%，大体持平，女性略多。从年龄来看，19~30 岁的占 30.37%，31~40 岁的占 45.02%，41~55 岁的占 23.04%，55 岁以上的占 1.57%，31~40 岁的占比最高，55 岁以上的占比最低。因部分科技用字与学历、学科背景相关，本次调查尽量向高学历人群、理工农医类学科背景人员倾斜。从文化程度来看，大学本科学历占 15.18%，研究生及以上学历占 84.82%。从学科背景来看，理工农医类学科背景的占 93.72%，文史哲类学科背景的占 6.28%。从语言背景来看，有方言背景的人群占 57.07%，没有方言背景的人群占 42.93%。

1 异读的类型及处理建议

经统计，存在异读的科技用字读音大体可以分为以下几个类别。

1.1 经调查,存在一定误读,遵从现行读音

经调查,科技用字读音正确率较高,宜遵从现行读音。如"锇"é,"噁"è,"叉"有 chā 和 chà 二读,"臭"有 chòu 和 xiù 二读,"卒"cù,"淬"cuì,"导"dǎo,"胨"dòng,"钫"fāng,"铬"gè,"癸"guǐ,"绩"jì,"浸"jìn,"教"jiāo,"酵"jiào,"菌"jūn,"钪"kàng,"壳"有 ké 和 qiào(仅限于"地壳")二读,"馏"liú,"朊"ruǎn,"娠"shēn,"羰"tāng,"屑"xiè,"栅"shān。

经调查存在异读,且异读没有明显倾向性,也遵从现行读音。如"钯"bǎ,"刨"bào,"枞"cōng,"系"有 jì 和 xì 二读,"夹"jiā,"脒"mǐ,"铍(合金)"pí,"钋"pō,"髂"qià,"巯"qiú,"胂"shèn,"省"shěng,"铊"tā,"铽"tè,"睇"tī,"纂"zuǎn,"唑"zuò。

误读率较高,但低于 75%,依据约定俗成原则,暂不作变更。如"甙"dài,"档"dàng,"钆"gá,"供"gōng,"铪"hā,"灸"jiǔ,"咯"kǎ,"锫"péi,"氰"qíng,"钽"tǎn,"芎"xiōng,"砟"zhǎ。

1.2 经调查,读音比较一致,建议修改读音

有的科技词读音理据性不强,为近代化学用字。经调查,读音比较一致但与《现代汉语词典》等读音不同的科技词,建议修改读音,从众。如"铵"曾经历了从 ān 到 ǎn 的变更,但没有为大众所接受;"胺"曾经历了从 ān 到 àn 的变更,也没有为大众所接受。建议"铵""胺"恢复读音 ān。如"胲"在"苯胲胺"中读 hài 的有 81.68%,"胲"为化学用字,读音 hǎi 理据性不强,建议从众,科技领域统读为 hài。

经调查,与《普通话异读词审音表》(1985)一致而与《普通话异读词审音表》修订版不一致的,建议仍以《普通话异读词审音表》(1985)为准。如"粳",在"粳稻"中读 gēng 的有 11.52%、读 gěng 的有 31.94%、读 jīng 的有 56.54%,在"粳米"中读 gēng 的有 11.52%、读 gěng 的有 22.51%、读 jīng 的有 65.97%。与《普通话异读词审音表》(1985)是吻合的,且读 gēng 的比例最低。建议仍遵从《普通话异读词审音表》(1985),读为 jīng。

1.3 文白异读及处理

文白异读,无意义差别的词。经调查,科技领域读音一致的,应遵从其读音。如"剥"bō(不读 bāo)、"差"chā(不读 chà)。

存在文白异读,依《普通话异读词审音表》《现代汉语词典》等有不同读音,经调查也存在不同读音且科技领域难以一一界定的,建议尽量缩小异读范围。如"薄",建议表示跟"厚"相对的意义时,除"薄膜"读 bó 外,科技词统读为 báo。

存在文白异读,经调查也存在不同读音,倾向性不明显或者文读音略占优势的,建议统读为文读音。如含"给"的科技词,文读音略占优势,建议统读为 jǐ;含"嚼"的科技词,倾向性不明显,在"嚼肌肥大"中读 jiáo 的有58.64%、读 jué 的有 41.36%,在"嚼吸式"中读 jiáo 的有 45.03%、读 jué 的有 54.97%,建议统读为文读音 jué。

存在文白异读,经调查也存在不同读音,白读音明显占优势。如"钥",经调查,在"公钥"中读 yào 的有 79.06%、读 yuè 的有 20.42%,在"双钥密码体制"中读 yào 的有 87.43%、读 yuè 的有 12.57%。读 yào 音明显占优势,建议科技领域统读为 yào。

1.4 综合考虑《普通话异读词审音表》《现代汉语词典》及读音调查结果界定科技词读音

有的异读需要综合考虑《普通话异读词审音表》《现代汉语词典》及读音调查结果界定科技词读音。

如"杆",除"旗杆"中读 gān、"杠杆"中读 gǎn 有明显的倾向外,在其他词中读音均处于模棱两可的状态,科技名词表中"杆子"义较少,建议在"推杆、分离杆"等词中读 gǎn。

如"卡"读 kǎ 或 qiǎ。在"显微卡尺"中读 kǎ 的有 96.34%,在"关卡"中读 qiǎ 的有 81.68%,在"税卡"中读 kǎ 的有 62.83%、读 qiǎ 的有 37.17%。"显微卡尺"和"关卡"中"卡"的读音与《普通话异读词审音表》《现代汉语词典》等相符,"税卡"中误读较多。动词义都读 kǎ,名词义除表示"卡子、发卡、税卡、关卡"义读 qiǎ 外,其他都读 kǎ。

根据《现代汉语词典》很难区分含"旋"的科技词的读音。经调查,在"旋切"中读 xuán 的有 89.53%。建议除"旋风""旋子"外,统读为 xuán。

1.5 经调查,存在多音的科技用字有向同一读音转变的趋势

经调查,存在多音的科技用字有向同一读音转变的趋势。

若低于 75%,依据约定俗成原则,暂不作变更。如"杓","星杓"中读 sháo 的占 60.73%、"斗杓"中读 sháo 的占 73.82%,建议不作变更,还读 biāo。如"巷","巷道"中读 hàng 的占 30.89%、读 xiàng 的占 69.11%,建议在科技领域,除在"巷道"中读 hàng 外,其他统读为 xiàng。

若高于 75%,建议改读。如"创"有二读,意义不同。经调查,在"无创技术"中读 chuàng 的占 76.44%,在"微创美容技术"中读 chuàng 的占 83.25%,表"创伤"义的词有读 chuàng 的趋势,建议在"无创技术""微创美容技术"及相关科技名词中改读为 chuàng,但在"创伤"及相关名词中依然按照《普通话异读词审音表》读 chuāng,如"胰腺创伤"。如"溃"有二读,经调查,在"溃脓"中读 kuì 的占 87.96%、在"溃疡"中读 kuì 的占 98.95%,统读的趋势比较明显。从理据来看,两种读音为同一来源,建议统读为 kuì。如"肖"有二读,经调查,在"肖像"中读 xiāo 的占 76.96%,在"肖像"中有读 xiāo 的趋势,建议科技领域统读为 xiāo。如"载",经调查,在"加载"中读 zǎi 的占 72.25%、读 zài 的占 27.75%,在"卸载"中读 zǎi 的占 83.25%、读 zài 的占 16.75%,在"载体"中读 zǎi 的占 61.78%、读 zài 的占 38.22%,zǎi 读音占优势,为避免混乱,建议科技领域统读为 zǎi。

1.6 经调查,有产生新读音的趋势

经调查,部分科技用字有产生新读音的趋势。

若低于 75%,依据约定俗成原则,暂不作变更。如"混",在"冷混合"中读 hǔn 占 74.87%。建议按照《普通话异读词审音表》和《现代汉语词典》,

读为 hùn。如"茎",经调查,在"根茎"中读 jīng 占 72.25%,在"茎叶体"中读 jīng 占 50.26%、读 jìng 占 49.74%,在"根茎"中"茎"有读 jìng 的趋势。但考虑到"茎"的读音理据,且本没有异读,仍建议读为 jīng。"腈",在"腈纶"中读 qíng 占 65.45%,在"腈亚胺"中读 qíng 占 63.87%,因此仍建议读 jīng。

1.7 经调查,音译字倾向性不明显,尽量与外文读音协调一致

经调查,异读没有明显倾向性。如果为译音字,尽量与外文读音协调一致。如在科技领域中"脯"读为 pú。

科技词为约定俗成的译音字,经调查读音有明显倾向性,从其读音。如"伽",在"伽马""奥米伽"中读 gā,在"瑜伽""伽利略望远镜"中读 jiā。

1.8 根据《现代汉语词典》存在异读,经调查,读音倾向一致,从其读

根据《现代汉语词典》存在异读,但科技词读音倾向一致,从其读。如"糊",根据《现代汉语词典》,面糊类食品既可读 hú,也可读 hù。经调查,在"糊精"中读 hú 占 87.43%,在"糊化"中读 hú 占 90.05%,因此,含"糊"的科技词建议统读为 hú。如"耙",《现代汉语词典》分了 pá 和 bà 两个读音,但是释义区别很小。经调查,在"松土耙"中读 pá 占 84.82%,在"耙爪"中读 pá 占 90.05%,在"齿耙"中读 pá 占 90.58%,建议统读为 pá。

2 术语异读词规范原则及需要注意的问题

新一轮普通话异读词审音确立了 5 条审音原则:(1)以北京语音系统为审音依据。(2)充分考虑北京语音发展趋势,同时适当参考在官话及其他方言区中的通行程度。(3)普通话使用者已广泛接受的原审音表读音维持不变。(4)尽量减少没有别义作用或语体差异的异读。(5)历史理据和现状调查都不足以支持统读的个别条目暂时保留异读并提出推荐读音。这 5 条审音原则是普通话审音研究课题组在审慎研究和反复征求意见的基础上逐步

建立和完善的,也是在过去历次普通话审音工作的基础之上继承发展而来的。[2]这些原则对于科技异读词读音规范也有参考价值,我们归纳科技异读词规范原则如下。

(1)规范性原则。尽量遵循国家语言文字规范。《普通话异读词审音表》是制定科技异读词规范的重要依据,《现代汉语词典》是制定科技异读词规范的重要参考。原则上尽量在《普通话异读词审音表》和《现代汉语词典》界定的基础上进行界定。因此,我们对于每个异读词的读音分析,都应参考《普通话异读词审音表》和《现代汉语词典》。一般说来,与国家语言文字规范不一致且缺乏读音数据支持的,当判定为误读,对其错误读音应予以纠正;与国家语言文字规范不一致,但有读音数据支持的,当保留其读音,为国家语言文字规范提供参考;国家语言文字规范中缺乏具体说明的,应仔细研究,确定推荐读音。

《普通话异读词审音表》和《现代汉语词典》中界定很明确、操作性很强的,应遵从《普通话异读词审音表》和《现代汉语词典》。如按照《普通话异读词审音表》《现代汉语词典》等说明即可区分读音,涉及"阿""埃""柏""秘"等的科技词,经调查误读率低于75%的,应遵从现行读音,如异读类型中的1和3。

(2)实用性原则。一般来说,科技异读词通行程度不及《普通话异读词审音表》中所涉及词汇的,我们需要充分考虑科技领域的读音现状。因此,对于即使存在异读,但于史有据,依据《普通话异读词审音表》和《现代汉语词典》容易确定读音的,我们不再调查,只调查那些依据《普通话异读词审音表》和《现代汉语词典》等确定读音存在困难或者理据较弱的。读音统计数据来源于科技领域,所得结论及所拟推荐读音又服务于科技领域。

(3)约定俗成原则。对于已约定俗成的读音,即使理据性没有那么强,只要已通行,读音统计数据支持,科技领域已普遍接受,均从其读。如"铵",曾经历了从 ān 到 ǎn 的变更,但没有为大众所接受;"胺"曾经历了从 ān 到 àn 的变更,也没有为大众所接受。建议"铵""胺"恢复读音 ān。如"胲",在"苯胲胺"中读 hài 占 81.68%,"胲"为化学用字,读音 hǎi 理据性不强,建议从众,科技领域统读为 hài。

(4)同一性原则。尽量减少意义上无差别或差别细微的异读。有的异读词虽然有两个或多个读音,但其语义基本相同或差别甚微,人们常常混用,可考虑根据一定的原则统读。李芳在对1 000多人进行读音调查后建议"颤""角""供""菌""晕""场""劲""应"等字均应根据相关原则进行统读[3]。

首先,尽量减少和规范文白异读。能统读的,应尽量统读。文读音占优势的,统读为文读音;白读音占优势的,统读为白读音;倾向性不明显的,建议统读为文读音。确实存在不同读音且科技领域难以一一界定的,应尽量缩小异读范围。

其次,根据《现代汉语词典》存在异读,但科技词读音倾向一致的,从其读。如"糊""耙",在科技领域均建议统读。

(5)综合考察历史理据和读音现状,提出推荐读音。如"杆""卡""旋"。

需要注意的是:调查问卷的内容毕竟比较有限,具体某个科技异读字所涉及的异读词数量十分庞大,无法穷尽调查每个异读词的读音,这在一定程度上可能会影响到调查结果;部分异读词可能不为被调查人所熟悉,即使是科技工作者,也只是了解部分术语及其读音。因此,经常会有被调查人不了解的术语,虽然收回的问卷数量是确定的,但对于各术语来说,实际有效的数量并不相同;在搜集异读字的过程中难免有遗漏,毕竟异读问题总是动态存在的。因此,还需要有更多的学者来关注这项研究,不断补充、调整和更新科技异读词推荐读音表。

石锋、施向东[4]提出普通话审音工作需要考虑十种关系:理论认识与实际运作的结合,专家审音与大众参与结合,集中审议与平时监测相结合,实际语言的调查研究与审音工作实践相结合,严格规范与适当灵活相结合,处理好通用词语跟专用词语的关系,处理好常见词语跟罕见词语的关系,个案异读和共性异读分别处理,处理好最简方案与最佳方案的关系,应适当考虑到香港、澳门、台湾以及海外汉语的使用情况。这些内容对科技异读词规范也具有重要的参考价值。因此,科技异读词规范还需要注意以下问题。

《科技异读词推荐读音表》与《普通话异读词审音表》的关系。石锋、施向东[4]提到,审音对象要区分通用词语和专用词语,对于只在专门领域使用的词语,如专业术语,要分情况单独加以处理。本文旨在规范《普通话异读词审音表》《现代汉语词典》等覆盖不到的科技异读词读音,成为《普通话异读词审音表》的有益补充。但在研究过程中,也往往会因为一些科技异读现象,对《普通话异读词审音表》和《现代汉语词典》所规定的读音提出不同意见。这些意见,有利于负责审音工作的专家学者在今后的审音工作中有更全面的考虑。

《科技异读词推荐读音表》与科技异读词词库的运用。本文所搜集的科技异读词数量有限,只能反映部分科技异读现象。其实,随着科技的迅速发展,科技词产生的数量越来越多,随之而来的科技异读问题也越来越多。如果能依托国家语言文字机构和科技术语机构术语数据库,整理科技异读词词库并提供检索服务,必然会对我国科技名词读音规范起到重要的促进作用。

《科技异读词推荐读音表》在科技领域和大众领域的认可度。当前所做研究主要依据科技领域调查数据,但这些异读词中只有部分较为常用,为普通大众所了解,所以,需要科技领域和大众领域对这些推荐读音均取得较为一致的认识,其推广才能更为行之有效。

参考文献

[1] 王琪. 浅谈科技异读词的规范问题[J]. 中国科技术语,2016(4):16-18.

[2]刘祥柏,刘丹青. 略说普通话异读词的审音原则[J]. 语言战略研究,2017(5):65-70.

[3]李芳. 关于普通话异读词读音规范问题的探讨[J]. 皖西学院学报,2010,26(6):123-126.

[4]石锋,施向东. 普通话审音工作的初步研究和体会[J]. 南开语言学刊,2012(1):1-6,184.

形象性应成为术语定名原则之一

——以地质学术语中的"亲"与"嫌"为例

徐滋含　吴　芳

（三峡大学）

科技术语,是口头和书面上在科技领域内使用的规范化的专业词语[1]。从语言学的视角看,术语系统属于特殊的词汇系统,具有不同于一般系统的准确、科学、系统和严谨等特点。对语言工作者而言,术语可以看作范畴化的能反映人类思维成果的科学符号,只在所属专业领域通行。但不管通行于哪个领域,其科学性都是第一位的。然而,语言经由人的主观认知才得以反映客观世界,因而科学符号本身不可避免地会被打上人类思维的烙印。可以说,术语反映的是某种程度上的科学世界,是人在当前阶段认识到的客观世界,受主观思维的影响。人的思维模式决定了术语的构造、排列与走向,因此在术语工作中不可避免地要考虑到这种科学符号如何在保证科学性的同时能贴合人类思维,容易被人理解并更好地为人类服务。语言符号、思维与人的关系,正是众多语言工作者关注的问题。

形象性广泛存在于当前的术语系统中。以地质学为例,在全国科学技术名词委员会于 1993 年审定公布的 3 964 条术语[2]中就能发现近 200 条相关用例,如"陨石雨(meteorite shower)""鬣刺结构(spinifex texture)""飞来峰(klippe)""造山幕(orogenic phase)""岩床(sill)""瘦煤(lean coal)""亲氧过程(aerobic process)""嫌氧过程(anaerobic process)"等。这些术语意义各异,结构不一,但在命名或汉译过程中都反映出一定的形象性,使人易于理解该词所表示的内涵。

人的思维特性决定了术语的形象性。从所获文本来看,具有形象性的术语绝非个例,也不仅囿于地质学领域中。当前学界经过多年探讨对科技术语定名原则已有初步定论,马清海[4]、于伟昌[5]、丁树德[6]、姜望琪[7]、侯国金[8]、信娜[9]、郑述谱[10]、屈文生[11]、胡叶[12]、冯志伟[13]等诸多学者的观点都可资借鉴,但形象性这一问题至今尚未进入主流学界的视野中。笔者认为,在强调科学有效传播的今天,术语应是面向大部分人的术语,术语的形象性值得探讨。

1 "亲氧过程"与"嫌氧过程"

"亲氧过程"(aerobic process)和"嫌氧过程"(anaerobic process)是地质学学科领域中一对"有趣"的术语,二者分别表示如下内涵:

亲氧过程(aerobic process):需要分子氧参与的反应过程。

嫌氧过程(anaerobic process):不需要分子氧参与的反应过程。

显然,这两个术语的意义相对,其差别就在于"某反应过程是否需要分子氧的参与"。从术语形式上看,两个术语的中英文名都符合既定原则,能够准确表示科学概念的内涵。英文名的构造遵循了系统经济律[12],按照语法规则以否定前缀"an"进行标注,使两个术语形成了肯定与否定的关系,从而达到指称目的。中文名的构造则不同于此,"亲""嫌"作为构词要素来表达相对意义,这实际上是将"是否需要分子氧的参与"这一概念转化为"对分子氧的态度","亲氧"(aerobic)表示需要分子氧参与,"嫌氧"(anaerobic)则表示不需要分子氧参与。相对于英文的否定前缀(an),"亲"和"嫌"的使用不仅形成了对应关系,也体现出了分子氧的活动方向。这种将情感态度寓于术语成分并进行构词的方法,就是典型的形象性的体现。

物质的形成往往与分子氧的活动关系密切,这也决定了"aerobic"和"anaerobic"是自然科学的一对关键概念。那么"aerobic""anaerobic"在其他学科领域是否存在其他中文形式?扩大研究范围,可以看到"aerobic"和"anaerobic"在一些学科领域中其中文形式确有不同。如表1所示:

表1 不同学科中 aerobic 和 anaerobic 中文形式对比

学科	aerobic 中文形式	anaerobic 中文形式
地质学	亲氧(过程)	嫌氧(过程)
土木工程	需氧(法)	厌氧(法)
化学工程	好氧(细菌)	厌氧(细菌)
生理学	有氧(代谢)	无氧(代谢)
土壤学	需氧(外酶)	
水产		厌氧(塘)

　　术语往往具有单义性,即"一词一义",然而"aerobic"和"anaerobic"却有着多个中文形式。通过对术语概念内涵进行辨析,可以观察到一些特殊现象。整体来看,左列的"需""亲""好""有"都表示"需要分子氧",右列的"厌""嫌""无"都表示"不需要分子氧",但用词不同,其内涵也会存在差别。如"厌"和"嫌","厌氧""嫌氧"都表示不需要分子氧参与,但"嫌氧"往往倾向于不需要氧,程度较轻,而"厌氧"是指需要完全处于无氧环境中,程度较重。由此,汉语词义的轻重直接赋予了术语的相关内涵,加强了术语的准确性。

　　针对与分子氧的关系,术语命名(翻译)者合理利用各动词的义素对概念内涵进行概括。"需、亲、好、厌、嫌"等通过拟人化的情态,使术语形象生动起来,让以汉语为母语者也能从字面意义窥见术语所表示的概念内涵。

　　同一术语双语形式背后的定名原则是有差异的,英文名的定名简明、经济,更具能产性,中文名的定名确切、生动,概括性更强。两种术语形式都能"准确"反映出概念内涵,并无优劣之分,但可以说,"亲"和"嫌"既在一定程度上更贴近人类理解外部事物的认知方式,也能够反映出术语工作者的命名(翻译)智慧。

　　那么,"亲"与"嫌"是否属于个案而不具有能产性呢? 程式化的术语命名及翻译方式,类似于直接添加否定前缀"an",的确能产性极强,但符合人类思维方式的术语构成要素同样能得到普遍应用。纵观整个术语系统,"亲"与"嫌"在其他学科领域运用得相当普遍。如化学的"亲电试剂"、药学的"亲水基团"、核医学的"亲电反应"、食品科学技术的"亲油基（疏水基团）"等；土壤学的"嫌盐植物"、植物学的"嫌钙植物"、组织学与胚胎学的"嫌色细胞"、生态学的"极嫌城市植物"等。[①] 这些用例分属不同学科领域，但"亲"和"嫌"的意义内涵却能在术语构词中保持高度一致，可以说，就这两个构词成分来说，形象性与系统性、准确性、能产性等既定原则是不矛盾的。

2 地质学术语形象性的生成方式

所谓术语形象性，即在术语命名和翻译过程中借助人类思维的象似性，通过隐喻、转喻和其他修辞手段对术语所指称的理性概念进行观念层面的形象加工，这样生成的术语在解码时具有取譬自然的特征，更有利于术语的理解和传播。如上文所言，颇具形象性的"亲"和"嫌"在术语系统中的表现证实了形象性的合理性和必要性。事实上，具有形象性的术语在术语系统中广泛存在，"亲"和"嫌"只是其中一对典例。那么，这种形象性是通过何种手段生成的？

在此仍选取地质学[②]术语来考察，进一步总结有关形象性的生成规律。根据对形象性拟定的定义，笔者对地质学术语[③]进行穷尽性的收集和比对，将具有形象性的术语提取出来，发现这些术语形象性的生成具有一定规律。具体来说，可以分为以下三类：

2.1 摹状

摹状，可以概括为用日常事物的形态或某一特性来类比形容所指事物的形貌特点。这种生成方式在地质学术语中相当普遍，因为大部分岩石结

---

① 所有列举术语均来自"术语在线"平台。网址 https://www.termonline.cn/。
② 地质学是反映地质地貌的科学，地质形成离不开地球的物理作用、化学反应、生物特点以及水文条件等诸多因素，可辐射学科领域广，能以点带面地反映相关情况，且地质地貌往往具有多种形态特征，使得术语中的形象性更为突显。
③ 本文中地质学术语均选自全国科学技术名词审定委员会于 1993 年公布的《地质学名词》。

构、层理等相关术语都是通过摹状的方式获得形象性的。在收集到的地质学术语中,共提取出 104 条摹状类术语,在三种生成方式中占有很大比重(约 70%)。部分典例请看表 2:

表 2　部分摹状类地质学术语举例

术语中文名	术语英文名	术语中文名	术语英文名
羊背石	sheepbackrock	U 形谷	U-shaped valley
蠕变	creep	陨石雨	meteorite shower
雁列	en echelon	筒状褶皱	cylindrical fold
膝折褶皱	kink fold	锥状褶皱	conical fold
膝折带	kink band	同心褶皱	concentrical fold
肠状褶皱	ptygmatic fold	鳞片状变晶结构	lepidoblastic texture
铲形断层	listric fault	斑状变晶结构	porphyroblastic texture
飞来峰	klippe	筛状变晶结构	sieved texture
螺[型]位错	screw dislocation	角岩状结构	hornfels texture
蛇绿岩套	ophiolite suite	梯状脉	ladder vein
席状岩墙群	sheeted dyke swarm	皮壳状脉	crustified vein
A 型俯冲	A-subduction	眼球状混合岩	augen migmatite
前凹	foredeep	肠状混合岩	ptygmatite
造山幕	orogenic phase	雾迷状混合岩	nebulite
马蹄形盾地	horseshoe shaped betwixtoland	网脉状矿石带	stockwork ore zone
臭葱石	scorodite	席状矿体	manto
蛇纹石	serpentine	帚状构造	brush structure
鱼眼石	apophyllite	S 型构造	S-shaped structure
葡萄石	prehnite	歹字型构造	eta-type structure
盾形火山	shield volcano	棋盘格式构造	chess-board structure
层状火山	stratovolcano	同心环状构造	concentric structure
枕状熔岩	pillow lava	梳状构造	comb structure
蠕虫结构	myrmekitic texture	皮壳状构造	crusty structure

续表

术语中文名	术语英文名	术语中文名	术语英文名
鬣刺结构	spinifex texture	豆状构造	pisolitic structrue
波状层理	wavy bedding	火焰状构造	flame structure
透镜状层理	lenticular bedding	窗格构造	fenestral structure
鱼骨状交错层理	herringbone cross-bedding	瘤状构造	nodular structure

　　可以看到,表2中所列术语显示出鲜明的形象特征。"U形谷""A型俯冲""S型构造""歹字型构造"等术语在命名及汉译时主要通过较为抽象的英文字母、希腊字母、汉字字形等形态特点来成词;"羊背石""蠕变""鬣刺结构""鱼骨状交错层理"等术语是通过具体的动物或植物形体来命名或翻译的。此外,还有一些术语的形象性不是通过形貌相似得来,而是通过突出某事物的特质得名,例如"臭葱石"并不是长得像葱,而是该石种在撞击时会散发出一种类似臭葱的气味。总而言之,摹状类术语最突出的特点就是命名(翻译)者选取一种与所要指称的事物在形貌或是其他特征上有相似之处的常见事物,将其化用其中,通过人们头脑中已存在的形象传递信息。

2.2　拟人

　　拟人,即将人类独有情态赋予自然活动,以此描摹该事物的特性。这种生成方式较为灵活,主要是通过人的动作(动词形式)或状态(形容词形式)来表现的。在地质学中拟人类术语的数量并不算多,共提取出28条。部分典例请看表3:

表3　部分拟人类地质学术语举例

术语中文名	术语英文名	术语中文名	术语英文名
跃移[作用]	saltation	亲气元素	atmophile element
直立褶皱	upright fold	亲铁元素	siderophile element

续表

术语中文名	术语英文名	术语中文名	术语英文名
平卧褶皱	recumbent fold	亲生物元素	biophile element
造山运动	orogeny,mountain building	惰性气体	noble gas,inert gas,rare gas
独居石	monazite	嫌氧过程	anaerobic process
交代作用	replacement	亲氧过程	aerobic process
复活断层	revived fault	活性铀	mobile uranium
休眠断层	dormant fault	惰性铀	immobile uranium
活火山	active volcano	肥煤	fat coal
死火山	extinct volcano	瘦煤	lean coal
休眠火山	dormant volcano	贫煤	meagre coal

"拟人"与"摹状"的区别在于,"摹状"是将一种事物形容成另一种事物,"拟人"则是将形容人的词语用来形容事物。"亲"和"嫌"就属于拟人的生成方式。诸如"亲""嫌"意义相对的用例还有不少,如"活性——惰性""肥——瘦——贫""活——死——休眠"。是否选取拟人的视角进行命名(翻译),主要取决于命名(翻译)者在处理这个词时的认知模式。

2.3 隐喻

隐喻,指在两个具有相似性的事物之间,利用熟知领域的事物来指称另一领域的事物。认知语言学认为,人认识世界的过程就是隐喻的过程,当人们认识新事物时,为了省力总是会根据自己已经认识到的旧事物而用一贯的方法去生成新概念[3]。因此,隐喻作为术语形象性的生成方式之一并不鲜见。在地质学领域中,共有 16 条术语是通过隐喻的方式生成的,如表4所示:

表4　隐喻类地质学术语举例

术语中文名	术语英文名	术语中文名	术语英文名
火山颈	volcanic neck	岩枝	apophysis
构造窗	window	岩脉	dyke,dike
山链	mountain chain	岩颈	neck
地盾	shield	岩省	rock province
岩盆	lopolith	铁帽	gossan
岩盖	laccolith	大矿囊	bonanza
岩床	sill	软水	soft water
岩株	stock	硬水	hard water

地质学是一门专业性较强的科学,人们日常生活中很难接触到这一领域。"颈""窗""床""盾""省""脉""帽"等词本属于日常词汇系统,指称的都是人体构造、生活环境、人文区域等,与地质地貌相距甚远。然而正是由于上述词为人们所熟知,所以在遇到新的需要理解的事物时,人们会自然而然地将熟知的概念投射到需要认知的概念上,从而便于认识。在基本认识该概念后,就会通过语言反映出这种思维主导下的认知模式,也就形成了这些术语。

"隐喻"与"拟人"和"摹状"不同。"隐喻"突出的是所选事物的熟悉程度,注重对应;"摹状"突出的是所选事物的鲜明特征,注重描摹;"拟人"突出的是与人有关的情态,而与事物形象特征无明显关联。尽管本质特征不同,但这三种生成方式都符合人的思维模式,一方面它们顺应着术语工作者的命名思路,另一方面,具有形象性的术语相较而言在理解和传播上有着天然的优势。

图1　术语形成(编码)与术语传播(解码)的过程示意

因此,术语工作者如能在未来的命名及翻译工作中重视术语形象性,合理使用摹状、拟人和隐喻三种生成方式,善于利用人们熟悉的、易于感知的事物进行术语构词,将会有利于科学术语的传播。

3　将形象性作为一种定名原则

关于术语的定名原则①问题,自 20 世纪末学界就开始关注,至今 20 余年间已做了较为充分的探讨。马清海提出了科技术语的三大翻译原则——单义性原则、简洁性原则、规范化原则[4]。于伟昌在此基础上进一步将术语标准化原则归纳为单义性、理据性、系统性、简明性和能产性,并阐释了各原则的内涵[5]。丁树德则提出译名定位要遵循"概念归属""删繁就简""约定俗成"等规则[6]。此后随着科技对当代中国的影响力日益增进,关于术语定名原则的探讨越发激烈。姜望琪提出术语翻译要尽可能兼顾准确性、可读性和透明性,认为一般来说这三个原则都要尽可能遵循,如若不能,准确性应是第一位的,可读性、透明性是可以适当牺牲的[7]。侯国金对此观点进行辩驳,认为系统性和可辨性才是术语翻译的根本[8]。此后,两位学者又分别重申了自己的观点,并分别对术语定名有了新的认识与见解,很大程度上推动了术语学的发展。其他一些学者也就这一问题谈了自己的理解,如信娜提出"极似标准",认为术语翻译应遵循"极似"标准,以"极似"为核心实现双语术语在术语形式、术语内容、术语风格三个方面的标准体系[9]。郑述谱则强调在术语翻译上应注重社会约定性[10]。屈文生认为术语具有专门性(或专业性)、相对单义性(或相对精确性)、系统性等特征,主要通过以术语译术语原则、约定俗成/遵循先例原则、单名单译原则、系统性翻译原则等进行术语工作[11]。胡叶、魏向清对"姜侯之争"进行评述,认为姜氏标准的"准确性"对应术语"专业性""单义性""科学性"和"确切性",其"可读性""透明性"对应"约定俗成性""简明性""理据性",并强调侯氏理论和姜氏理论

---

① 这里的"定名"包括命名、翻译及审定等相关工作。

是互补的关系,分别体现着个体合理性和系统合理性[12]。冯志伟在《现代术语学引论》(增订本)中概述了大体上能总揽主流研究成果的 11 条原则,分别是专业性、约定俗成性、单义性、科学性、理据性、简明性、能产性、稳定性、系统性、确切性、国际性[13]。

本文关注的重点在于,在此背景下,"形象性"能否作为定名原则之一进入当前已拟定实施的上述原则之中? 要回答这一问题,首先要弄清楚另外两个相关问题:一是术语是否需要修辞? 二是形象性存在的意义和价值是什么?

从以往的观点来看,许多学者并不认为科技术语当中存在修辞,因为一旦术语与修辞扯上关系,似乎就削弱了其科学性和确切性。这种看法实际上是由对术语修辞认识不全面造成的。术语修辞,包括积极术语修辞和消极术语修辞。消极术语修辞,是指术语的合常规适用,也指术语的一般生成(常规造语)。积极术语修辞,是指术语的超常规适用,亦指术语的临时生成或其他形式与方式的修辞造语[1]。换句话说,术语的定名既离不开常规的组词方式,也需要特殊的修辞手法。本文提及的形象性就是通过积极术语修辞得来的,"摹状""拟人""隐喻"等生成方式都属于这一范畴。不管是积极术语修辞还是消极术语修辞,都并非"主动修辞"。消极术语修辞是生成术语和术语系统的前提条件,没有它,术语系统就不能存在;而积极术语修辞是在消极术语修辞基础上形成的思维架构,通过一些特殊手段反映人们认知科学概念的结构,让术语表达更为直观,增加其可接受性。两者共同作用才形成了当前的术语系统。可以说,术语系统的生成,根本上离不开术语修辞的参与。故此,形象性得以广泛存在于术语系统中。

那么形象性存在的意义和价值究竟是什么呢? 作为术语修辞的一部分,广泛存在的形象性对术语推广来说有着十分重要的意义。科学技术需要交流与共享,而术语是传播科学技术的重要载体,因此,有效的术语修辞和科学传播是进行科技术语规范标准体系建设的关键。而作为专业领域的思想结晶,术语常常需要人们专门学习,掌握某一门学科的专业术语需要一定门槛,往往给术语的推广和普及带来难度。要促进科学素质提升,除了加

强信息化工程建设外,着眼于语言文字载体也十分重要。鉴于此,重视形象性是十分必要的,主要分为以下几个方面:

(1)形象性是构成科学符号的重要因素。形象性是人类进行思维活动并形成语言符号的产物,它之所以会在术语系统中广泛存在,就是由于科学本质上是人对所处世界的理性认识,人怎么认识世界,科学就怎么反映世界,科学符号(即术语)就怎么反映科学。因此形象性可谓"无处不在",追求科学不应以消灭"形象性"、消灭修辞为手段,而是要合理利用它们的优势。

(2)形象性是增进术语科学性和专业性的必要手段。重视形象性并不会影响科学性,它不仅不与科学性相悖,在一定程度上还能使语言表达变得更加凝练准确。"亲"与"嫌"就是运用得当的典例。术语工作者在术语命名、翻译和审定的工作中,应当重视不同用词在术语中产生的认知效果,进一步提高汉语表达能力,如此术语系统将会更加规范科学。

(3)形象性的参与能使术语使用者更好地理解科学概念,降低理解成本,利于科技术语的有效传播。科学技术可以沟通的一个充要条件就是术语的存在,要推动科技交流,术语的传播尤其重要。而形象性使得抽象的语言(术语)变得具象,不管是摹状、拟人还是隐喻,都能让使用术语的群体更好地接受科学概念。对公众来说,掌握科技术语意味着进入专业领域的门槛降低了,这将有利于实现科学技术的大众化。

综上所述,形象性应当作为一种定名原则,成为术语定名时参考的条目之一。诚然,如若加上形象性,术语工作者应当遵循的定名原则至少有 12 条,这些原则从各个方面对术语定名标准进行规约,术语工作者应当尽力去满足这些要求,然而实际上却很难尽数满足此 12 条原则。笔者认为,对于这些原则应该采取辩证的立场看待,在做工作时都要尽可能地考虑到,至于是否需要满足,则要视情况而定。

就当前拟定的这些原则而言,笔者赞同胡叶和魏向清[12]的观点,认为这些定名原则分别对应的是"个体合理"和"系统合理",即术语是否规范和术语系统是否规范的问题。正如其所言,姜望琪[7]所言之"准确性""可读性""透明性"是针对单个术语的标准,而侯国金[8]所言之"系统性""可辨性"等则着眼于整个术语系统的规范,二者观点并不是相互驳斥的关系,而是相互补充的关系。以这一关系来审视当前的 12 条原则,就会发现这些原则对应的范围不尽相同。约定俗成性、系统性和国际性是对术语系统的要求,单义性、简明性、能产性、稳定性和确切性是对单个术语的要求,而专业性和科学性是对术语及术语系统共同的要求,理应一以贯之。此外,理据性以及本文提出的形象性则属于对术语构成要素的要求。

如此一来,这 12 条原则就对术语规范形成了宏观与微观相结合的基本网络,对进入正式术语系统的术语进行"全方位"的规约。当然,正如前文所说,很少有术语能完全符合所有原则,因此在面对众多定名原则时,术语工作者在术语定名工作中应当遵循一定次序,方能有条不紊。即:

(1)术语定名首先要满足对单一术语的要求,包括单义性、简明性、能产性、稳定性和确切性等。这些是对一个术语的基本要求,也是形成科学术语系统的基础。

(2)在满足对单一术语的要求基础上可以考虑对术语构成要素的要求,即理据性和形象性。理据性是能传达出原概念内容的原则,而形象性是能反映思维方式的原则,二者对构成要素的规约会使术语在单义、简明、能产、稳定和确切的基础上更为直观。

(3)在满足对单一术语的要求基础上需要进一步考虑对术语系统的要求,包括约定俗成性、系统性和国际性。只有单一术语达到应有的要求,才能对由这些术语组合而成的术语系统做总的规约。

(4)专业性和科学性是贯穿于整个术语定名过程中的要求。不管是术语本身还是整个术语系统,都应以专业性和科学性为最终目标。

4　结语

本文以地质学术语中的"亲"与"嫌"两个构成要素在术语定名中体现出的形象性为基点,对地质学术语系统进行了分类探讨,指出形成术语形象性的生成方式主要有三种:摹状、拟人和隐喻。通过分析,形象性在术语系统中是广泛存在的,它的参与既是人类思维模式的体现,又是科学传播所需,应当将其作为定名参考标准之一纳入定名原则之中。在面对众多定名原则时,术语工作者也要有的放矢,从整体上把握定名原则,遵循一定次序进行术语命名、翻译及审定工作。

在对获取的术语进行分析比对之时,可以看到有不少术语的形象性仅存于汉语语境中,其相较于英文形式往往更具形象色彩。这与汉民族注重意合的共同心理机制以及汉语强大的表意功能有关。在力图构建中国特色学术话语体系的今天,如果能利用汉语特点,发挥汉语优势,重视汉语力量,将汉语突显的形象色彩较好地融入术语系统中,将有助于中国特色学术话语体系建设。

参考文献

[1] 张春泉.科技术语的语域传播论纲[J].中国科技术语,2016(6):9-12.

[2] 地质学名词审定委员会.地质学名词[M].北京:科学出版社,2017.

[3] 夏磊,张顺生.科技术语翻译中的隐喻现象[J].中国科技术语,2018,20(1):49-53.

[4] 马清海.试论科技翻译的标准和科技术语的翻译原则[J].中国翻译,1997(1):27-28.

[5] 于伟昌.汉译语言学术语标准化的必要性及原则[J].上海科技翻译,2000(3):9-13.

[6] 丁树德.论科技术语的概念定位与翻译原则[J].中国科技翻译,2000,13(2):36-38.

[7] 姜望琪.论术语翻译的标准[J].上海翻译,2005(A1):80-84.

[8] 侯国金.语言学术语翻译的系统—可辨性原则——兼评姜望琪(2005)[J].上海翻译,2009(2):69-73.

[9] 信娜.术语翻译标准体系刍议[J].中国科技翻译,2011,24(2):24-27,16.

[10] 郑述谱.术语翻译及其对策[J].外语学刊,2012(5):102-105.

[11] 屈文生.中国法律术语对外翻译面临的问题与成因反思——兼谈近年来我国法律术语译名规范化问题[J].中国翻译,2012(6):68-75.

[12] 胡叶,魏向清.语言学术语翻译标准新探——兼谈术语翻译的系统经济律[J].中国翻译,2014(4):16-20,128.

[13] 冯志伟.现代术语学引论(增订本)[M].北京:商务印书馆,2011.

中医妇科产后病病名术语英译规范探讨

颜　静　储晓娟　都立澜

（北京中医药大学）

1　研究背景

　　中医作为我国传统文化孕育出的医学学科,以独特理论和显著疗效受到国际社会的关注,但中医术语翻译不规范在一定程度上限制了中医药的国际交流,中医名词术语英译规范化及其研究的重要性与日俱增[1]。近年来,中医药名词术语的翻译和研究有了长足的发展,据不完全统计,国内外译者已经出版中医辞书三十余种,国内外权威组织先后制定了中医名词术语中英对照标准,相关研究也呈上升趋势[2]。目前,中医术语英译研究多聚焦于中医术语翻译策略与方法、中医术语标准化[3]等方面。学界对中医药名词术语对比研究及中医病名术语体系的标准化构建研究日益深入[2],但研究对象多集中在中医理论相关术语方面,中医临床相关术语较少涉及,研究方法较为单一,研究结论的应用范围有限。

　　本文聚焦中医临床术语的英译,中医病名按照内科、外科、妇科等分类,其中妇科又细分为经、带、胎、产、杂病等[4]。选取中医妇科产后病病名作为研究对象,通过分析术语内涵、挖掘中西医术语对应程度、对比英译版本的异同三个步骤,探讨中医病名术语翻译原则,总结英译策略和方法,提供中医妇科产后病术语推荐译文,助力中医病名术语规范化。

2　中医术语英译原则和方法

2.1　中医名词术语英译规范化原则

尤金·奈达在"动态对等"翻译理论中指出,最高层面的对等是指译文读者对译文的理解与原文读者对原文的理解完全一致。中医药术语独具特色,具有多义性、人文性、模糊性等特点[5],中医药术语英译的最高层次动态对等就是能使目标语读者理解英译的外延及内涵,即源语和目标语的含义达到最大限度的相同[6]。基于此,学者们提出中医术语翻译原则:李照国提出了自然性、简洁性、民族性、回译性、同一性和规定性六条翻译原则[2];朱建平等则强调中医药术语本身的规范化是中医术语英译规范化的前提和基础,并提出对应性、系统性、简洁性、同一性、回译性、约定俗成性和民族性七条原则[5]。深入分析发现,学者们提出的各项规范化原则具有一定的共性和联系。

对应性原则是指译名词义与中文相对应,它是中医药名词术语英译规范的第一原则;简洁性原则主要针对中医术语翻译前期解释性翻译译语冗长的弊病提出的,也强调译者通过语法的调整尽可能减少译名所包含的词汇数;同一性原则和系统性原则是从术语学角度提出的,同一性原则指同一概念的名词只用同一词对译,即"一词一译",从术语学的角度实现术语翻译的"单义性",系统性原则用来保证中医术语译名体系的有序和完整,指同一概念体系的名称应体现出逻辑相关性,术语翻译应从术语译名体系着眼,体现中医药学科概念体系的完整性[5]。本文将以上述四个原则为指导,探讨中医妇科产后病病名的翻译策略和方法。

2.2　中医术语英译方法

中医药名词术语翻译是中医翻译的核心问题。纵观近30年翻译实践和研究,翻译方法呈多样化,音译、直译和意译三种译法仍居主导地位,借用西医术语法、字对字仿译法、各种译法并用的兼译法也是常用的中医术语翻译方法。

直译法是指译语基本保持源语的表达形式和内容，按照源语的结构和字面之意直接翻译[7]。其翻译是在词汇意义及修辞（如比喻）的处理上，不采用转义的手法；同时在语言形式（即词汇—句法结构）的处理上，允许适当变化或转换。直译就是使译语的表达形式以及词法的结构尽量同原术语一致，做到神形兼备。简言之，直译就是意义上对等、词法结构上相同，用译语中的"对应"词译出源语，尽可能保留源语的文化特征[8]。

意译法将源语所表达的内容以释义性的方式用译语将其意义表达出来，在词汇意义及修辞的处理上，采用转义的手法，以便较为流畅、地道地再现原文的意义[9]。意译是通过对原术语深层含义的理解和消化，重组原术语的词法结构，尽量译出原术语的含义，做到译语正确、自然流畅。采用意译方法的译文，内容与原文一致，但形式与原文存在很大差异[10]。中医是一门既古老又复杂的学科，其语言具有模糊性和虚化性的特点，这就造就了一些意义对等但又无法兼顾形式的术语，而这类术语无法从英语中找到对应的词语，所以只能采用意译法[11]。

借用法则是指在中医病名与西医疾病所指的是同一种病，含义完全相同的情况下，在中医病名英译中直接借用西医病名英文表达[5]，如"痫病"（epilepsy）、"癫病"（depressive psychosis）、"不寐"（insomnia）、"中风"（wind stroke/apoplexy）、"痴呆"（dementia）等。借用法可以减少语言差异带来的语言交流障碍，可以让异语学习者更迅速地理解中医含义，有助于中医被广泛接受[12]。但借用西医词汇的翻译方法也有局限性，会造成中医疾病名内涵和外延扩大、缩小和表意程度偏差等问题[13]。

仿译法是把源语某一合成词中的各个词，用译入语的构词材料依次翻译出来，在译入语中构成新词的方法[5]，也就是说，仿译法是将英语中已有的相关单词组合起来，借以表达中医特有的概念和术语，这使得仿译词与源语言在词义与结构上十分相似。

在中医术语英译实践中，将上述翻译方法灵活运用，构成各种兼译法，实现中医术语翻译的最大化和最优化。

3 研究内容和方法

3.1 术语来源

中文规范工作是名词术语翻译的基础,因此中医药术语翻译的关键在于对中文术语概念的准确把握[5]。全国科学技术名词审定委员会是政府授权代表国家审定和公布规范科技名词的权威性机构和专业队伍,所规范的名词充分体现了学科的系统性、表述的规范性和学术的权威性[14]。

本文以《中医药学名词》(2010)[14]中分类的 22 个产后病病名为源术语。英译版本则选取国内外权威译者或学术机构编著的四部词典和标准,包括(按年代先后):WHO International Standard Terminologies on Traditional Medicine in the Western Pacific Region(2007)(简称 WHO 版)[15];《中医基本名词术语中英对照国际标准》(2008)(简称世中联版)[16];《中医药学名词》(2010)(简称名词委版);《简明汉英中医词汇手册》(2019)(简称简明版)[17]。上述四个中医术语英汉对照标准、术语双语词典是目前最常用的中医术语英译参考工具书,尽管术语英译原则基本一致,但英译策略和方法仍存在不少差异和争议。就妇科产后病病名术语英译而言,WHO 版收录该类病名术语的数量最少,主要采用借用法,英译简洁性不足;世中联版收词数量较多,多采用直译和借用法,但部分英译表达冗长或与同类术语翻译不成系统,简洁性和系统性均有待加强。名词委版收词最为系统和完整,主要采用直译和借用法;简明版收词数量较多,多采用直译和借用法,但一词多译和多词一译的现象比较常见,如"产后"有两种译法,即"postpartum"和"puerperal",两种译名混用,未体现术语英译的系统性和同一性。由此可见,有规划、有重点地开展中医术语英译研究是非常必要的。

3.2 术语分类

已有研究多将术语按照译法的一致性进行分类,除此之外本研究还关注中西医病名内涵对应程度,从而对术语内涵进行更好的认知及探讨。首先,从术语英译的选词和词法结构入手,根据不同版本术语英译的一致程度对产后病术语进行分类:第1类为"基本一致",即该类术语的各译法在选词和词法结构上基本一致;第2类为"不一致",即该类术语英译的选词和词法结构均不一致。另有4个术语仅有名词委版一个英译版本单独归为一类。同时,在中医术语英译一致程度分类基础上,再将其与西医病名术语进行语义上的对比:语义一致或基本一致的归为完全对应类(Complete Equivalence,简称 CE);语义部分一致的归为不完全对应类(Incomplete Equivalence,简称 INE);在西医病名术语体系中找不到语义上对应的归类为无对应类(Non-equivalence,简称 NE)。

4 分析与讨论

4.1 "产后"的英译分析

产后病指产妇在产褥期内发生于分娩或与产褥有关疾病的统称[14],异常产褥相对于正常产褥,指产妇分娩时及产褥期生殖道受病原体感染造成的一系列异常症状[18]。中医产后病与西医异常产褥内涵基本一致。

西医"产后"有两种英文表达:"postpartum"和"puerperal",从英文词义来看,"postpartum"表示的是"of the period following childbirth"[19],"puerperal"的意思是"the period following childbirth, lasting approximately six weeks, during which the uterus returns to its normal size and shape"[19],因此可以看出"postpartum"一词的语义范围更广。而中医认为,产妇在分娩后一般需要6—8周身体才能逐渐恢复正常,在这期间发生的与分娩相关的疾病属于产后病[20]。因此,"puerperal"涉及的时间段较中医产后病偏短,选用"postpartum"更符合对应性原则。同时从术语英译系统性考量,中医"产后"一词将产后病病名构成一个较为完整的体系,因此对应的英译词应统一选用"postpartum"更为合适。

4.2 各版本"基本一致"术语英译分析

分析术语英译名可知,第1类有13个术语(如表1所示)。从表1和表2中可见,中西医术语完全对应和无对应的术语各1个,其余11个产后病病名与西医术语为不完全对应。

表 1　各版本术语英译"基本一致"一览表

术语	语义对应	名词委版	世中联版	简明版	WHO 版
乳汁自出	完全对应	galactorrhea	galactorrhea	galactorrhea	galactorrhea
产后腹痛	不完全对应	postpartum abdominal pain	postpartum abdominal pain	postpartum abdominal pain	/
产后身痛	不完全对应	postpartum body pain	postpartum body pain	postpartum pain of body	/
产后发热	完全对应	postpartum fever	postpartum fever	puerperal fever	/
产后小便频数	不完全对应	postpartum frequent urination	/	postpartum frequent urine	/
产后痉病	不完全对应	postpartum convulsion disease	postpartum convulsion	postpartum convulsion（产后痉）	/
产后小便不通	不完全对应	postpartum retention of urine	postpartum retention of urine	postpartum retention of urine	/
产后大便难	不完全对应	postpartum constipation	postpartum constipation	puerperal constipation	/
产后尿血	不完全对应	postpartum hematuria	/	postpartum hematuria	/
产后血崩	不完全对应	massive postpartum haemorrhage	postpartum metrorrhagia	postpartum haemorrhage	/
恶露不净	不完全对应	prolonged lochiorrhea	lochiorrhea（恶露不绝;恶露不尽;恶露不止）	prolonged lochiorrhea	persistent flow of the lochia（恶露不绝;恶露不止）
产后小便淋痛	不完全对应	postpartum strangury	/	postpartum stranguria	/
产后自汗盗汗	无对应	postpartum spontaneous and night sweating	/	spontaneous sweating and night sweating after childbirth	/

注:表中括号内为该译法相应版本的中文术语,表达与左栏术语略有不同,但两者内涵一致。

表 2 各版本术语英译"不一致"一览表

术语	语义对应	名词委版	世中联版	简明版	WHO 版
缺乳	完全对应	oligogalactia	agalactia	agalactia;hypogalactia	oligogalactia
产后小便失禁	完全对应	postpartum enuresis	postpartum incontinence of urine	postpartum enuresis	/
产后血晕	不完全对应	postpartum hemorrhagic syncope	postpartum fainting due to hemorrhage	postpartum anemic fainting	/
恶露不下	无对应	lochioschesis	/	/	retention of the lochia

"乳汁自出"是指哺乳期内,以乳汁不经婴儿吮吸而自然流出为主要表现的产后疾病[21],西医"乳液漏"指生产后乳液自然排出且乳液量较大的病症[22],中、西医病名内涵基本对应,四个版本的英译选词一致,英译时直接借用西医术语"galactorrhea"。

"产后血崩"是指以产妇分娩后突然阴道大量出血为主要症状的病症[21],强调出血量大及严重程度,而西医"产后出血"指胎儿出生之后,产妇阴道出血过多,临床上分为原发性出血和续发性出血[22],从其具体含义和临床表现可知,原发性出血更接近产后血崩,西医的"产后出血"部分对应于中医的"产后血崩"。在"产后血崩"英译版本用词中,"haemorrhage"一词意为"serious bleeding inside a person's body"[19],而"metrorrhagia"指"abnormal bleeding from the uterus"[19],可以看出前者更强调出血的严重性,后者只是表达出血的异常状况,所以"haemorrhage"一词更符合对应性原则,且形容词"massive"可强调血流量之大,因此采用仿译法译为"massive postpartum haemorrhage"更适合,更能突出中医特色。在此分类中,绝大多数的术语属于不完全对应类,分析译法可知该类术语翻译多采用仿译法。

"产后自汗盗汗"中"自汗"和"盗汗"是具有中医特色的术语,西医术语中没有对应的病名,其英译"spontaneous sweating""night sweating"采用"字对字"的直译法,已约定俗成,广为使用。"产后"译为"postpartum"比"after childbirth"更为正式简洁,并与其他产后病的病名术语用词一致,因此,"postpartum spontaneous and night sweating"与源术语语义对应,结构简洁,与同类术语的选词统一,且在术语系统内一致,较好地体现了中医术语翻译的各项基本原则。

此外,一些术语的英译需要进一步规范统一。如"产后小便频数"中,"urine"加上后缀"-ion"构成"urination",病名是对该疾病全过程的特点与规律所作的概括与抽象[23],因此使用抽象名词"urination"能够更准确地表达出该疾病的抽象概念,符合对应性,且可直接使用与中医基础术语对应的英译词进行仿译,达到与中医术语系统的同一性,以寻求最佳对等。在英译版本基本一致的术语中,与西医病名内涵基本对应的中医术语英译时可直接借用西医术语词汇,与西医病名术语无对应的中医术语英译采用直译法,与西医术语部分对应的中医病名术语则多采用仿译法或直译法,输出中医文化中特有的概念。

4.3 各版本"不一致"术语英译分析

这一类有 4 个术语,中、西医术语语义完全对应的有 2 个,不完全对应的有 1 个,无对应的有 1 个,具体分析如下。

中医"缺乳"是指以哺乳期内产妇乳汁甚少或全无不能满足哺育婴儿的需要为主要表现的疾病[21],与西医"缺乳"的内涵完全一致。目前四个英译版本均是借用西医术语。" agalactia" 指" absence or failure of secretion of milk"[19],是无法分泌乳汁的意思;而" oligogalactia" 指" slight or deficient secretion of milk from the mammary glands"[24]," hypogalactia" 指" abnormally low milk secretion"[24],这两个术语均为乳汁量少或不足的意思,从构词法看,词根"oligo-"指"few",而"hypo-"指"under;too little"等多种含义。因此,借用西医表达"oligogalactia"更准确,符合对应性原则。"产后小便失禁"与西医术语中的"产后尿失禁"内涵对应[22],因此可直接借用西医术语英文表达"postpartum urinary incontinence"以达到动态对等。

"产后血晕"指以产妇分娩后突然头晕眼花,不能起坐,心胸满闷,恶心呕吐,痰涌气急,甚则神昏口噤,不省人事为主要表现的疾病[14],与西医的"分娩及产后发生之休克"内涵部分对应[22]。各版本呈现 3 种译法,"syncope"是"faint"一词的专业术语,而"anemic"指贫血,与源术语语义不符。从术语翻译的系统性来看,病因病机术语英译侧重病因和病程的产生和发展,注重病因和动词的翻译,但病名术语英译则不必要译出病因,综合考虑简洁性等各项原则,应选用仿译法"postpartum hemorrhagic syncope"更恰当。

"恶露不下"是中医特色鲜明的病名术语,指以分娩后恶露蓄积胞中,停留不下,或下亦甚少,小腹疼痛为主要表现的疾病[20]。该术语在西医病名中无对应语,不同译法差异较大。"lochioschesis"是由具有特定医学词素的词根"lochia 恶露"和词缀"schesis 抑制排出"构成,为词素翻译法,该译法符合术语翻译的对应性、简洁性、系统性和同一性原则,但在实际中却极少被人们使用。另一译法"retention of the lochia",采用直译(retention)+借译(the lochia)的兼译法,既译出了源术语内涵又保留了中医术语的特质,从术语翻译的简洁性原则考量,可以省略定冠词"the",译为"retention of lochia"。

4.4 单一版本术语英译分析

表 3 单一版本术语表

术语	语义对应	名词委版
晚期产后出血	完全对应	late stage of postpartum hemorrhage
产后抑郁	完全对应	postpartum depression
产后伤暑	不完全对应	postpartum summerheat affection
产后虚羸	无对应	postpartum debility

此类术语均出自名词委版,值得注意的是,"晚期产后出血"、"产后抑郁"、"产后伤暑"与西医异常产褥中的三大疾病(晚期产后出血、产褥期抑郁症及产褥中暑)的命名相似,其内涵完全对应或部分对应。

中医"晚期产后出血"和"产后抑郁"的含义与西医"晚期产后出血"和"产褥期抑郁症"相同[22],根据对应性和简洁性原则,可直接借用西医术语进行英译。"产后伤暑"与西医"产褥中暑"内涵部分对应[25],"产褥中暑"指产妇在高温闷热环境中,体内余热不能及时散发所引起的中枢性体温调节功能障碍,主要因为旧风俗习惯怕产妇受风而关门闭窗、包头盖被使居室和身体小环境处在高温高湿状态环境[25],而"产后伤暑"是指产后正值夏日,伤于暑邪,以身热汗出、烦渴引饮、面赤头晕、神疲乏力、胸闷气喘为主要表现的疾病[14],强调身体被夏日暑邪所伤,二者内涵有所不同,因此不建议借用西医术语。中医基础理论术语中有"伤寒 cold damage"一词与此处"伤暑"概念相当,根据对应性和系统性原则,使用仿译法译为"postpartum summerheat damage"更适合。对于中医特色病名术语"产后虚羸",宜采用直译法译为"postpartum debility"。

5 结论

5.1 中医产后病病名术语英译推荐译法和翻译方法

通过上述分析,22个中医妇科产后病病名术语的推荐英译如下(见表4)。

表4 中医妇科产后病病名术语推荐英译

术语	语义对应	推荐译法	术语	语义对应	推荐译法
产后小便失禁	CE	postpartum urinary incontinence	产后伤暑	INE	postpartum summerheat damage
产后抑郁	CE	postpartum depression	产后身痛	INE	postpartum body pain
缺乳	CE	oligogalactia	产后小便不通	INE	postpartum urinary retention
乳汁自出	CE	galactorrhea	产后小便淋痛	INE	postpartum strangury
晚期产后出血	CE	late postpartum hemorrhage	产后小便频数	INE	postpartum frequent urination
产后病	INE	postpartum disease	产后血崩	INE	massive postpartum haemorrhage
产后大便难	INE	postpartum constipation	产后血晕	INE	postpartum hemorrhagic syncope

续表

术语	语义对应	推荐译法	术语	语义对应	推荐译法
产后发热	INE	postpartum fever	恶露不净	INE	prolonged lochiorrhea
产后腹痛	INE	postpartum abdominal pain	产后虚羸	NE	postpartum debility
产后痉病	INE	postpartum convulsions disease	产后自汗盗汗	NE	postpartum spontaneous and night sweating
产后尿血	INE	postpartum hematuria	恶露不下	NE	retention of lochia

从这些术语英译中,可以提炼出妇科产后病病名术语的核心术语"产后"及其英译"postpartum",该词在中医产后病病名术语中出现频次高,规范其英译将有助于术语英译系统性的构建。

通过上述分析发现,中医产后病病名中与西医术语内涵部分对应的术语数量最多,基本对应的数量次之,不对应的数量最少。中、西医虽属于不同系统,但同为人类生命健康服务,表述多有相似之处,为更好地达到翻译中的动态对等,在翻译中医病名术语时可合理借用西医病名进行翻译,可以根据术语的具体情况,采用直译法、仿译法或兼译法等。就产后病的病名术语而言,中、西医内涵完全对应的病名,可采用借用法,直接借用西医已有的对应语进行翻译。中、西医内涵部分对应的中医病名,根据具体情况,可尝试采用仿译法或直译法,英译时尽量保留中医药名词术语的词法结构,词汇上采用"字对字"的翻译方法。中、西医内涵不对应的病名,应采用直译法进行翻译,保留中医特色。同时,在翻译中医病名术语时,应从系统性和同一性原则考量,尽量沿用中医基础理论术语中已经规范化或约定俗成的译法,从整体上保持术语英译的系统性,从个体上保留术语英译的"单义性"。

值得注意的是,在探索中医术语翻译过程中,词素翻译法曾经是被大力提倡的中医术语翻译方法,从术语学角度看,采用词素法翻译的中医术语,语义明确,译语简洁,这个方法本应是非常理想的中医术语翻译法。然而,语言是使用者表达意义和交流的工具,在实践中,采用词素法翻译的中医术语并不被使用者接受,适用性不强。词素法相当于创造了一个新词,根据构词法译语表达的语义会比较准确,但新词难认、难读、难记,因此难以推广。

5.2 中医术语英译原则的再思索

从翻译角度考量,语义对等是首要的,中医病名术语英译应在对等理论的指导下,以对应性原则为首要原则,英译时寻找与术语内涵对应的译名,对译名的词法结构灵活处理,在准确翻译的同时,尽量保留中医术语的特色。从术语学角度考量,中医术语本身的规范也非常重要,中医术语的规范化是中医术语英译规范化的前提,由于中医术语本身的特点,一词多义、一义多词等现象非常普遍,英译前应从术语学的角度对中医术语进行必要的规范,以保证术语英译的规范。再者,中医病名术语与中医基础理论术语息息相关,应沿用和借用中医基础理论术语英译规范化的成果,将术语英译有序整合到中医术语体系中,区分不同层级、类别的术语英译,使中医术语英译与中医术语呈现相同的系统,避免中医术语英译体系的混杂。同时,在术语英译同一性的原则下,尽量保证一词一译,减少一词多译、多词一译等现象。从术语翻译的角度应将简洁性原则贯穿始终,体现术语翻译的特点。总之,中医术语的英译具有多学科研究的特性,应在翻译学、中医学和术语学的框架下,根据中医术语的特点,兼顾各学科的要素,实现中医术语翻译的科学性。

6 结语

本文在对等翻译理论和中医术语英译原则的指导下,通过挖掘术语内涵,考量中、西医术语语义的对应程度,辨析产后病病名术语的英译名,确定相对合理的译名,并总结中医病名术语翻译原则及方法。研究发现,中、西医病名术语有很密切的关联,因此,英译时应明确中医病名术语内涵,同时参考相关西医病名术语,在不同的中、西医病名术语对应关系下,采用借用法、仿译法和直译法等进行术语翻译,在准确传达术语内涵的同时,保持中医术语特色。在借鉴西医术语的同时,还要沿用中医基础理论术语已有的翻译,确保中医术语翻译的系统性和同一性。中医产后病病名术语与西医相关术语在语义上多呈现部分对应的关系,今后应在中、西医语义部分对应的术语的英译上进行更大范围和更深入的研究。

参考文献

[1]段英帅,段逸山.近30年中医术语翻译研究现状及分析[J].中华中医药杂志,2020,35(1):442-446.

[2]李照国.中医对外翻译传播研究(下册)[M].上海:上海科学技术出版社,2020.

[3]李静,胡建鹏.中医基本名词术语英译标准化的研究综述[J].科技信息,2012(15):24-25.

[4]叶笑.百年中医妇科发展史研究[D].北京:中国中医科学院,2014.

[5]朱建平.中医药学名词术语规范化研究[M].北京:中医古籍出版社,2016.

[6]杨静.中医术语英译的优选论分析[J].海外英语,2011(10):232-233.

[7]李照国.中医对外翻译传播研究[M].上海:上海科学技术出版社,2019.

[8]李婷.从跨文化视野研讨中医术语翻译方法[J].中华中医药杂志,2015,30(10):3768-3769.

[9]熊兵.翻译研究中的概念混淆——以"翻译策略"、"翻译方法"和"翻译技巧"为例[J].中国翻译,2014(3):82-88.

[10]张春梅,何大顺,邓文龙.关于中医药术语英译的探讨[J].中药药理与临床,2007,23(1):81-83.

[11]王蕾,尚倩倩,王忆勤,钱鹏,郭睿,燕海霞.中医脉象名称术语英译国际标准探讨[J].中国中医药信息杂志,2017,24(3):5-8.

[12]贺娜娜,徐江雁,林法财,朱剑飞.中医病名术语翻译策略探析[J].中国中医基础医学杂志,2017,23(12):1770-1772.

[13]董俭,王天芳,吴青,朱小纾.借用西医词汇翻译中医病症名的再思考[J].中华中医药杂志,2018,33(5):1901-1904.

[14]全国科学技术名词审定委员会.中医药学名词:内科学 妇科学 儿科学(2010)[M].北京:科学出版社,2011.

[15] WHO Western Pacific Region. WHO International Standard Terminologies on Traditional Medicine in the Western Pacific Region[M]. World Health Organization,2007.

[16]世界中医药学联合会.中医基本名词术语中英对照国际标准[S].北京:人民卫生出版社,2008.

[17]方继良,崔永强.简明汉英中医词汇手册[M].广州:广东科技出版社,2019.

[18]丰有吉,沈铿.妇产科学[M].2版.北京:人民卫生出版社,2010.

[19] Collins Dictionaries[EB/OL].[2021-09].https://www.collinsdictionary.com/zh/dictionary/english.

[20]李宁,朱智耀,李可歆.生化汤在产后病中的临证应用经验[J].世界中西医结合杂志,2020,15(9):1747-1750.

[21]马宝璋,齐聪.中医妇科学[M].3版.北京:中国中医药出版社,2012.

[22]林昭庚.中西医病名对照大辞典[M].北京:人民卫生出版社,2002.

[23]李灿东.中医诊断学[M].4版.北京:中国中医药出版社,2016.

[24]Dictionary.com[EB/OL].[2021-09].https://www.dictionary.com/.

[25]严仁英.妇产科学辞典[M].北京:北京科学技术出版社,2003.

肠外肠内营养学名词误用辨析
及对卫生经济学的影响①

赵　敏[1]　蒋朱明[2]　于　康[3]　康维明[2]　方　海[4]

(1.中国人民解放军总医院第六医学中心营养科;

2.北京协和医院基本外科;

3.北京协和医院健康医学系临床营养科;

4.北京大学中国卫生发展研究中心)

2019 年全国科学技术名词审定委员会正式发布了肠外肠内营养学名词,2021 年于康、蒋朱明等明确国家卫生行业标准"住院患者营养风险筛查和营养不良诊断"。但目前在临床实际应用中对"营养不良"与"营养风险"、"营养不良风险"与"营养风险"、"营养筛查"与"营养风险筛查"、"营养筛查"与"营养评定"等一系列名词的认知和用途界定不清晰,术语的误用与混淆不仅影响临床营养的规范化应用,带来的医疗费用降低等卫生经济学效应也具有非常重要的意义。

1　名词术语的起源与中西方误用

名词术语"营养不良""营养不良风险"早于"营养风险"出现,"营养风险"名词起源于 2002 年营养风险筛查(nutritional risk screening 2002, NRS2002)工具创始团队组长丹麦哥本哈根大学 koudrup 教授。新名词应遵

---

① 本文研究成果也属于"中华医学会肠外肠内营养学分会–营养风险–不足–支持–结局–成本/效果(CSPEN-NUSOC)多中心分享数据库协作组"。

从科学性和国际性等原则,与国际上通行的名词在概念上保持一致,以利于国际交流。2004 年 12 月国内组建中华医学会肠外肠内营养学分会-营养风险-不足-支持-结局-成本/效果(CSPEN-NUSOC)多中心分享数据库协作组,开展营养风险相关研究,开始误用为"营养不良风险",2006 年更正为"营养风险",但 10 余年来其本质内涵在国内外并未得到广泛理解。2019 年 Lancet 论文"Individualised nutritional support in medical inpatients at nutritional risk:a randomised clinical trial"把"营养风险"误用为"营养不良风险",东西方科技文化交往中术语的规范化与标准化传播极为重要。

2 国家标准代码使用受限

"营养风险"以疾病名称在中国标准的 ICD-10 有相应代码为 R63.801,《国家〈GB/T 14396-2016 疾病分类与代码〉标准》、《关于启动 2019 年全国三级公立医院绩效考核有关工作的通知:国卫办医函〔2019〕371 号》、国家医保信息业务编码标准数据库均列出了"营养风险"代码。术语"营养风险"涉及临床绝大部分学科,营养风险患者比例较高,且仍有部分患者被忽视而未得到营养干预。至今部分医院门诊诊断系统和病案首页没有加入此编码,医生对以"营养风险"为疾病诊断的知晓率较低。

3 名词术语的界定与意义

我国推行的疾病诊断相关分组(diagnosis related groups,DRG)(diagnosis intervention packet,DIP)支付,是比按项目支付更为合理的住院患者医保支付系统,需对并发症和伴随疾病进行大数据收集和科学界定。中国的医疗保障系统明确有大数据(人工智能)方法来制订 DRG 及 DIP 支付,医保大数据收集的资料包括病案首页填写的"营养风险"或"营养不良"代码,是今后 DRG 打包支付规划中的重要信息来源和费用支持的政策依据。卫生资源是稀缺的、有限的,而人们的卫生需求是无限的,采用"营养风险"

或者"营养不良"为支付基础,需要前瞻性临床有效性验证来支持。如果以重度营养不良为 DRG 支付按比例增加,或者以营养风险为 DRG 支付按比例增加,那么受益患者的范围则有所不同。

目前肠外肠内营养学已从转化医学 T2 阶段(临床实用和有效性验证阶段)进入到 T3 阶段,即需要测算医疗服务质量和成本,进行相关卫生经济学研究,以及制订/修订指南与共识,促进营养药物合理应用和患者受益。NUSOC 协作组的国内国际一系列多中心的横断面研究与前瞻性队列研究,报告了中国住院患者(18—90 岁)营养风险和营养不良(不足)现患率调查研究数据,某些病组有营养风险患者规范营养支持对临床结局的改善及以临床研究为基础的增量成本/效果。国家医保已采纳以营养风险为肠外肠内营养药物的支付条件,因此正确界定术语"营养风险"非常关键,也是临床营养支持规范化应用和实现卫生经济学效果的前提。

4 国内不同学科术语定义的差异

医学名词审定委员会《肠外肠内营养学名词》对营养风险的定义为:因营养有关因素对患者临床结局(如感染相关并发症、理想和实际住院日、质量调整生命年、生存期等)产生不利影响的风险,不是指发生营养不良的风险。应用营养风险筛查 2002(NRS 2002)工具评分 ≥3 分来判断。对有营养风险患者或已经有营养不良(营养不足)的患者,应结合临床制定营养支持方案。对营养不良风险的定义为:发生营养不良的风险,不涉及临床结局。《肠外肠内营养学名词》对营养不良的定义为:由于摄入不足或利用障碍引起能量或营养素缺乏的状态,进而导致人体组成改变,生理和精神功能下降,有可能导致不良的临床结局。

另学科之间名词术语定义存在不统一的情况,2019 年公布的《肠外肠内营养学名词》和 2014 年公布的《全科医学与社区卫生名词》对营养不良的定义不包含营养过剩,而 2017 年公布的《老年医学名词》和 2019 年公布的《运动医学名词》对营养不良的定义均包含了营养过剩。每一种新见解都包含着这门科学的名词术语革命,临床营养的进步必然伴随着观念的更新与术语的规范,临床营养学的发展、知识的分享,一个重要的前提是规范表达。

5 名词术语误用的卫生经济学影响

近年来中国肠外肠内营养学领域发表的有关临床结局和卫生经济学研究数量较少,而且诊断营养风险的标准不统一,采用了不同的工具,包括NRS2002、MUST、MNA、SGA,可见很多研究者对"营养风险"名词没有准确理解,会议交流和研究论文混淆术语的概念和应用,而且其中一部分研究的方法学(研究设计)存在不同程度的不合理性,如有的研究未考虑营养风险的动态变化,有的未考虑营养支持的作用,有的干预不属于营养支持范围,因此,无法得到合理的结果及结论从而为临床实践提供参考依据。不可靠的研究数据,使得到的卫生经济学结论不准确,干扰了卫生经济学对营养支持的正确指导,从而对国家医保政策和医改决策造成干扰。

营养干预的适应症为营养风险,包括所有营养不良的患者,因此营养不良与营养风险的混淆与误用势必影响临床营养的规范应用。中华医学会肠外肠内营养学分会(Chinese Society for Parenteral and Enteral Nutrition,CSPEN)营养风险-不足-支持-结局-成本/效果(nutritional risk-undernutrition-support-outcome-cost/effectiveness,NUSOC)多中心分享数据库协作组成员对揭彬、蒋朱明已发表的论文数据库进行再分析发现,在按项目支付的条件下,采用"营养不良"与"营养风险"时患者受益情况不同。如果采用"营养不良",将有一部分患者的受益被忽略。因此确认名词术语"营养风险"的定义,且只能应用营养风险筛查2002(NRS 2002)工具评分≥3分来判断是关键的第一步,从而避免出现理念不清导致营养干预延迟、遗漏或无参考价值的低水平研究数据。当走过转化医学T1、T2阶段转化历程后,筛查出营养支持疗法可能有效的群体,并在此基础上开展转化医学T3阶段转化的临床研究,进行营养用药质量改进及卫生经济学相关研究,得出规范而贴合临床实际的高质量证据,为政府等部门相关政策的制定提供参考依据,是中国肠外肠内营养迈向"合理应用、患者受益"的必经之路。

6　结语

为了实现科技名词规范工作与科技、经济发展和医学诊疗效果提升的深度融合，应该了解社会所需，瞄准目前医疗服务短板，助力各种疾病伴营养风险患者的诊疗和康复，明显减少日益增加的巨额医疗消费，将科技名词规范成果与全民健康需求和社会经济发展需求相结合，真正实现其社会价值。反之也能促进科技名词规范工作得以持续良性发展，从而发挥名词术语规范的价值，理清名词术语可以支撑医疗服务科技创新、支撑服务经济社会发展。

参考文献

[1]中华人民共和国国家卫生健康委员会统计信息中心.国家《GB/T 14396-2016 疾病分类与代码》标准正式发布[EB/OL].(2016-10-20). http://www. nhc. gov. cn/mohwsbwstjxxzx/s7967/201610/3e516df011e2465bb 58bbf2582dd719c. shtml.

[2]医政司.关于启动 2019 年全国三级公立医院绩效考核有关工作的通知:国卫办医函〔2019〕371 号[EB/OL].(2019-04-19). http://www. nhc. gov. cn/yzygj/s3593g/201904/b8323261bb8a4175a2046d2fffa93936. shtml.

[3]国家医保信息业务编码标准数据库动态维护[DB/OL]. http:// code. nhsa. gov. cn:8000/search. html? sysflag=80.

[4]医学名词审定委员会肠外肠内营养学名词审定分委员会. 肠外肠内营养学名词[M].北京:科学出版社,2019.

[5]国家医疗保障局.关于印发疾病诊断相关分组(DRG)付费国家试点技术规范和分组方案的通知:医保办发〔2019〕36 号[EB/OL].(2019-10-24). http://www.nhsa. gov. cn/art/2019/10/24/art_37_1878. html.

[6]国家医疗保障局.国家医疗保障局印发疾病诊断相关分组(DRG)付

费国家试点技术规范和分组方案［EB/OL］. (2019-10-24). http://www. nhsa. gov. cn/art/2019/10/24/art_14_1874. html.

［7］蒋朱明, 杨剑, 于康, 等. 列入临床诊疗指南和国家卫生和计划生育委员会行业标准的营养风险筛查 2002 工具实用表格及注意事项［J］. 中华临床营养杂志, 2017, 25(5)：263-267.

［8］JIE B, JIANG ZM, NOLAN M T, et al. Impact of preoperative nutritional support on clinical outcome in abdominal surgical patients at nutritional risk［J］. Nutrition, 2012, 28(10)：1022-1027.

［9］ZHANG H, WANG Y, JIANG ZM, et al. Impact of nutrition support on clinical outcome and cost-effectiveness analysis in patients at nutritional risk：A prospective cohort study with propensity score matching ［J］. Nutrition, 2017, 37：53-59.

［10］王艳, 蒋朱明, Kondrup J, 等. 营养支持对有营养风险胃肠病患者临床结局的影响以及成本-效果比初步探讨:275 例前瞻性队列研究［J］. 中华临床营养杂志, 2013,21(6)：333-338.

英汉词典中计算机术语收录刍议

——以《新世纪英汉大词典》为例

杨 上

（复旦大学）

1 引言

目前我国常见的英语词典一般可分为三大类:国内学者自行编著的英汉词典或汉英词典、从国外引进的原版的英英词典、对国外词典加以翻译的英汉词典或英英/英汉双解词典。大部头的综合型英汉词典为使用者提供权威信息,收词量大,学科领域涉猎广泛,同时兼顾百科知识,是我国英语学习者必不可少的参考工具之一。

随着科学技术的迅速发展,大量的新事物和新产品产生,各领域的科技术语(以下简称"术语")也随之快速涌现出来。在这样的时代背景之下,术语已成为词典中越来越重要的一部分,其收录规模和翻译准确度值得我们辞书编纂者关注。术语是"通过语音或文字来表达或限定专业概念的约定性符号"[5,P29],通俗地说,术语是用于特定学科领域中的词或词组。纵览我国词典编纂史,对术语的收录可追溯到来华传教士编纂英汉汉英词典之时,根据高永伟[6,P148][7,P28]的研究,依次有马礼逊(Robert Morrison)的《华英字典》第三部分(1822)、卫三畏(Samuel Wells Williams)的《英华韵府历阶》(1844)、麦都思(Walter Henry Medhurst)的《英华字典》(1847—1848)、罗存德的《英华字典》(1866—1869)。显然,那时的辞书编纂者就已经开始关注并收录术语,且尝试为它们提供准确的译名。

纵观我国现在常用的几部大部头的英汉词典,笔者发现它们在术语收录方面主要呈现出学科分布的广泛性、常用术语收录的普遍性、术语配套词处理的平衡性等特点。《新世纪英汉大词典》(以下简称"《新世纪》")是其中的典型代表之一,它由外语教学与研究出版社和柯林斯出版公司联合出版,后者所提供的强大的英语语料库——the Collins Corpus,使得语词信息更加有据可依,他们借助先进的 DPS 词典编纂平台,为词典的翻译、审定和编校提供技术便利,使这本词典另辟蹊径,具有"科学性,系统性,时代性"[8]。本文以《新世纪》为例,着重探讨其计算机术语收录情况,主要以全国科学技术名词审定委员会(以下简称"名词委")审定的《计算机科学技术名词》(第三版)(以下简称"《计算机科技名词》")为基准,深入探讨《新世纪》中计算机术语收录的特点和不足,并引入单语词典和双语词典进行对比,以期能够以小见大,提出改进建议,在今后的英汉词典修订工作中能够为使用者呈现更加精准、系统、完善的计算机术语信息,并对今后词典中术语条目的编纂工作提供参考。

2 计算机术语收录分析

通过对《新世纪》计算机术语的摘录归纳,笔者发现其在收录方面呈现出三大特点,详述如下。

第一,该词典中的计算机术语收录分门别类细致,笔者尝试根据名词委公布的《计算机科技名词》对计算机术语进行分类,发现该词典包括计算机通论、理论计算机科学、计算机体系结构、计算机硬件、系统软件、软件工程、数据库、人工智能、网络与数据通信、信息安全、计算机应用、计算机交叉学科等 12 个计算机子学科的术语,涵盖面广,例见表 1。

表1 计算机子学科术语

类别	术语
计算机通论	cloud computing；firmware；laptop；mainframe；software...
理论计算机科学	array；concatenation；configuration；IP；data...
计算机体系结构	access time；cache；character；microinstruction；parallel port...
系统软件	file management；real-time system；source code；subprogram；programming language...
信息安全	crippleware；digital signature；electronic signature；hacker；password...

第二，该词典收录了计算机领域中众多子学科的常见术语，包含计算机硬件、人工智能、网络与数据通信、计算机应用、数据库等分类，它们多已是人们日常生活中较为常见的术语表达，同时也是英语学习者常见常用的词汇，如表2所示。

表2 计算机子学科的常用术语

类别	常用术语
计算机硬件	hard disk；hard drive；load；monitor；read-only memory（ROM）；sector...
人工智能	artificial language；artificial intelligence；face recognition；knowledge engineering；speech recognition；voice synthesis...
网络与数据通信	browser；cookie；download；firewall；HTTP；upload；virus...
计算机应用	buffering；digitalization；graphics；menu；peer-to-peer；sound card...
数据库	aggregator；cursor；locking；update；database...

第三，术语的配套词收录较为平衡，对配套词的处理形成较好的闭环，有利于英语学习者在查阅过程中对于相关术语知识的学习扩充和掌握记忆，同时也对各个子学科的术语概念有一定的了解，详见表3。

表3 配套词

术语	配套词
download(下载)	upload(上传)
encoder(编码器)	decoder(解码器)
hardware(硬件)	software(软件)
hard disk(硬盘)	floppy disk(软盘)
hard disk drive(硬盘驱动器;硬驱)	floppy disk drive(软驱;软盘驱动器)
impact printer(击打式打印机)	non-impact printer(非击打式打印机)
speech recognition(语音识别)	voice recognition(话音识别;声音识别)
virus(病毒)	vaccine(疫苗[程序])

对于大部头的英汉词典来说,其查阅功能会体现得更加明显,覆盖学科广泛、收录常用术语、保持术语配套词收录的平衡性有利于词典用户获悉更为全面的术语信息及其含义,从一定程度上来说也能够客观记录某一概念在本领域中的致用性和重要性。

3 计算机术语收录问题

虽然《新世纪》在计算机术语收录方面呈现出的特色体现出了用户友善(user-friendliness)、覆盖面广的特点,但也有美中不足之处,在术语译名的准确性和收词量上白璧微瑕,以下将作详述。

3.1 译名准确性欠佳

随着新事物和新概念应接不暇地出现在我们的日常生活中,这对于术语译名的准确性也是一种挑战,若无法保证,则不利于人们对学科的清楚认知。对于术语的翻译,要求"单义性"[9]和"单一指称性"[9],最好是一词一义,以免使读者混淆。本着这一原则,笔者将《新世纪》中的计算机术语译名对标名词委公布的《计算机科学技术名词》后发现,词典中部分译名的准确性有待商榷,勘误举例如表4所示。

表 4 计算机术语译名勘误

词目	《新世纪》	《计算机科学技术名词》
bootstrap	自展,引导	引导程序
checksum	检查和	校验和
decoder	解码器	译码器
DRAM	动态随机存取存储器	动态随机存储器
linker	链接程序	连接程序,连接器
mainframe	主机,主计算机	大型计算机,大型主机
qubit	量子比特	量子位

以上列举的计算机术语均不符合名词委审定推出的规范译名,此处仅列举了些许典例,而非详尽罗列。《新世纪》的出版说明中提到,"科技术语优先采用全国科学技术名词审定委员会审定公布的译法",但是,从上表中可以看出,部分计算机术语译名与名词委发布的译名略有出入。此类问题在其他一些英汉词典中也有所体现。

译名的首要任务是做到准确,而术语的译名则更需要以准确为先,术语翻译的准确性和专业性都对人们的生产和生活有着直接的影响,对于该专业领域从业者的重要性更是不言而喻,对词典用户也会产生巨大影响。可以说,词典用户查阅术语所得到的译名答案,会直接影响到其对术语的认知,因为词典用户不可能对所有学科术语了如指掌,在遇到相关问题时,必然需要通过查阅词典来寻求答案,若是查阅到以上这些术语,将或多或少被误导。再者,词典被认为是语言的权威和标杆,术语作为专项领域中的特有表达,其译名的准确性容不得有半点含糊。故建议在今后的英汉词典编纂和修订工作中应将学科术语对标规范译名,以公布的译名为主,反复校对,并与该领域专家进行咨询与探讨,以便为词典用户提供更加准确的术语译名。

3.2　术语收词量较小

计算机作为高速发展的领域之一,与人们的日常生活日益密切,虽然《新世纪》对该领域术语的收录范围较广,但收录规模却有所欠缺,主要体现在漏收常用术语和漏收术语新词两个方面。

其一,术语常用词收录不够完整。虽然《新世纪》为普通语词词典,属语文性词典,"以收录一般语词为主,酌收术语"[9,P158],但是,术语作为词典中重要的一部分,很多已普遍出现在人们的日常生活中或为该领域的常用词。由于术语的专科性,其使用频率不及一般语词,故笔者参考 News on the Web(以下简称"NOW")语料库中的词频,列举了一些相对常见的术语,并在括号中注明词频,词频信息查询时间为 2021 年 6 月 20 日。该词典中漏收的常用术语有:计算机通论中的 embedded computer(嵌入式计算机,194);计算机体系结构中的 access path(访问路径,176);系统软件中的 access control(访问控制,8951);理论计算机科学中的 computational complexity(计算复杂性,277);计算机应用中的 information center(信息中心,18215)、resource sharing(资源共享,949)等。术语常用词已逐渐融入人们的生活并被广泛传播,故这些词汇作为词典的必收内容为佳,遗憾的是,该词典未能将这些常用的计算机术语收录在内,从而影响到查得率,在致用性上有所缺失,难以实现"一册在手,疑惑全消"的功能。

其二,计算机子学科的术语新词收录不够完整。新词一直是词典编纂者较为重视的一部分,随着科技日新月异的发展,新术语也迅速涌现出来,应当被给予重视。然而,一些被人们日常所提及的术语新词却在词典中被漏收,笔者仍然以 NOW 语料库为参考,发现了一些高频术语新词被漏收,比如,ambient computing(环境计算,245)、autoplay(自动播放[功能],3919)、big data(大数据,72388)、bug bounty(〈口〉漏洞奖励计划,2709)、bytecode(字节码,253)、codebase(代码基,1520)、context menu(上下文菜单,567)、edge computing(边缘计算,6846)、tech stack(技术栈,1475)、testnet(测试网,708)、virtual machine(虚拟机,3617)等。

术语新词在一定程度上是该领域发展的一个缩影,从这些新词中,我们可以与时俱进地了解到该领域的新事物和新概念。《新世纪》的出版说明中提到其关注新词、新义、新用法,而新术语也属于新词的一部分,应当受到同等关注和重视。新词收录的缺失,一定程度上也会影响词典的查得率,为词典用户带来不便。因此,英汉词典应当重视术语新词的收录工作。

此外,笔者还将《新世纪》与双语词典《英汉大词典》(第二版)和单语词典 Oxford Dictionary of English(ODE)的收词情况略作对比,详见表5。

表5 收词对比

计算机术语	《新世纪》	《英汉大词典》(第二版)	ODE
bridge	+	–	-
chatbot	+	–	+
differential amplifier	–	+	-
error correction	+	+	+
coresident	+	–	-
remote batch	–	+	-
service pack	–	+	-
VRML	–	+	+

注:+为词典中已收录,–为无。

《新世纪》的出版时间为2016年,《英汉大词典》(第二版)的出版时间为2007年,ODE为网页版词典,更新速度较两部纸质版词典更快,但是,由上表可以看出,其计算机术语的收录规模并未随着时间的增进而扩大。另外,表中的对比结果也反映出三部词典对计算机术语的收词标准不一,《新世纪》可查得四词,《英汉大词典》(第二版)可查得五词,ODE则相比前两者收录较少,这一结果也正说明了英汉词典在收词量方面还有很大的完善空间,信息量可以更加丰富。

4 术语收录建议

前文较为详细地分析了《新世纪》中计算机术语收录所存在的一些问题,也是英汉词典中所存在的较为普遍的问题,针对以上不足,笔者认为,在今后的词典编纂工作中,应当从以下两方面关注其收录情况。

4.1 规范术语译名

随着科技的发展,术语数量也逐渐增加,"一个学科的术语系统能够直观地呈现该学科的知识谱系"[10,P5],"任何学科领域的术语词汇都不应是随意的术语集合,而应是与概念体系相对应的始终一贯的术语体系"[14,P188]。术语作为表达、传递、交流科学思想的重要媒介,其译名的不规范和不准确,不仅会影响到学科内的交流,而且还会造成术语混乱。

因此,术语的标准化,有利于社会的发展和科学的进步,在词典编纂过程中,编纂者应当"力求一词一义,维护名称的单义性、单一指称性,亦即尽量朝标准化方向努力"[9,P159]。"术语的标准化与词典的编纂有密不可分的关系,通过词典这一特有形式,引导人们在各自的专业领域使用标准术语,服务和促进术语的标准化,是词典工作的一个重要方面"[4,P120]。另外,术语标准化在知识的各个领域都十分重要,因为它能够避免歧义,消除多余的同义词,带来新概念,不断地进入到快速发展的科学技术中。试想,如果词典用户查阅到译名不准确的术语,那么势必会造成对相应概念的理解偏颇,词典的权威性也会大打折扣。

Dash & Ramamoorthy 认为,词典编纂者需要关于术语的一般用法和具体用法来完善术语词典、专科词典或参考型词典,术语学家也需要数据和信息来进一步规范术语标准,并完善现有的术语数据库。那么,我们词典编纂者除了通过咨询各学科领域的专家,使词典中的术语译名和标签更加准确之外,是否也可以尝试建立一个有针对性的术语数据库,或通过及时更新和完善现有数据库来提高术语译名的准确性和权威性呢? 从而进一步提高词典的科学性和系统性,为词典用户提供更加准确的译名和标签信息,同时也使术语收录工作日臻完善。

4.2 扩大术语收录规模

我们正处在一个飞速发展的信息时代,国际交流日益频繁,科技与社会进步日益加快,新事物出现的周期变短,更新速度也在变快,随之而来的便是"术语的半衰期大大缩短"[12,P227],一些译名需要重新查核和更新。词典作为记录语言的一种形式,虽不可能将驳杂的各领域术语都全收尽录,但是对于一些常用的术语和体现科技发展的术语新词,可以酌情扩大收录规模,从而扩展词典的信息量,增强其查阅功能,提高查得率,这就需要我们词典编纂者多加关注各领域近些年来出现的新概念所带来的新术语。

对于术语新词的收录,笔者认为,只要在某一领域已频繁使用的新术语,就可以考虑酌情收录在词典中。同时,也可参考《英汉大词典》"随编随加"[12,P53]的做法,哪怕是在词典即出之际,只要有需要增加和补充的术语,就应当及时收录在内,以保证一部大部头的词典所收录的词语富有生命力。除此之外,在编写期间可能还会出现许多新概念、新术语,或者现有术语的译名发生变动和更新,这些都需要多加核查。

虽然新词收录需要经过一段时间的观察,而术语新词更需要经过长期观察,加之需要审定译名,才能最终确定,导致周期较长,且更新速度不能与普通单词相比。但是,笔者认为,可以通过密切对标名词委所公布的译名,从而尽量缩短周期,与时俱进地将已确定的术语新词收录于词典中,更好地体现词典的时代性。一言以蔽之,无论是常用术语还是术语新词,其准确性和全面性都应当被重视,并在词典中得以充分体现。

5 结语

本文以《新世纪》为例,围绕其计算机术语部分展开系统研究,重点考察了收录特点和不足,对标名词委出版的《计算机科技名词》,并与《英汉大词典》(第二版)和 ODE 进行了收录规模方面的对比分析,从而以小见大,反映出英汉词典在术语收录方面主要存在译名不准确和收录规模不足两大问题,笔者有针对性地提出了改进的粗浅之见,认为应当规范术语译名,及时对标名词委公布的规范译名,关注术语的规范与更新,并且适当扩大术语收录规模,将常用术语和新术语的收录并重,为词典用户提供更加全面、权威、准确的术语信息。

参考文献

[1]DASH N S, RAMAMOORTHY L. Utility and Application of Language Corpora[M]. Singapore:Springer, 2019.

[2]Oxford Dictionary of English [Z/OL]. https://www. lexico. com.

[3]The Problem of Standardizing Scientific and Technical Terminology[J]. Measurement Techniques, 1965(8):53.

[4]程荣.术语的标准化与词典编纂[C]//中国辞书学会学术委员会.中国辞书论集:第 7 辑.北京:外语教学与研究出版社,2007.

[5]冯志伟.现代术语学引论[M].增订本.北京:商务印书馆,2011.

[6]高永伟.罗存德和他的《英华字典》[J].辞书研究,2011(6):146-158.

[7]高永伟.罗存德词典科技术语收录研究[J].中国科技术语,2018,20(1):28-33.

[8]胡壮麟.新世纪英汉大词典[Z].北京:外语教学与研究出版社,2016.

[9]黄建华,陈楚祥.双语词典学导论[M].修订本.北京:商务印书馆,2001.

[10]江娜.汉语经济学术语及其英译术语系统比较研究[J].中国科技术语,2018,20(1):5-10.

[11]陆谷孙.英汉大词典[Z].2 版.上海:上海译文出版社,2007.

[12]陆谷孙,王馥芳.大型双语词典之编纂特性研究——以《英汉大词

典》编纂为例 [M].上海:上海译文出版社,2011.

[13]全国科学技术名词审定委员会.计算机科学技术名词[Z].3 版.北京:科学出版社,2018.

[14]邹树明,吴克礼,等.现代术语学与辞书编纂[M].北京:科学出版社,1988.

《英汉大词典·补编》中
计算机术语的构词与汉译

施阿玲

（复旦大学）

1 引言

二十一世纪,计算机相关技术早已渗透到人们日常生活的方方面面。计算机自诞生以来,不断维持着高速发展的状态,从巨型的大部头机器发展至现在的便携式手提电脑,从最初的军事领域拓展到社会的各行各业,成为人类工作不可或缺的好助手。计算机的发展不仅改变了我们的生活,而且产生了大量与计算机相关的术语。所谓术语,是指"在某一特定专业领域内表达一个特定科学概念的语词形式,是科学概念的语言符号,也是科技信息交流传播的载体"[10,P57]。外来术语的翻译对外来新技术的理解运用有直接影响。计算机本为国外的科技产物,故计算机术语在我国向他国学习先进的计算机技术进程中作用突出。其中计算机术语的汉译尤为重要,优质的术语翻译能够让我国在以信息科学技术为基础的国际竞争中不处于劣势。同时,优质的术语翻译也有利于国内本土计算机科学与技术的传播、交流与推广。因此,如何翻译出高质量的计算机术语这一问题值得关注。

《英汉大词典·补编》(简称《补编》)于 1999 年 7 月出版,是陆谷孙先生等词典学人为了补《英汉大词典》(第一版)的"母本之阙,使词典内容凸显时代特色从而提高实用性"[13]而出版的词典。本文以《英汉大词典·补编》中的计算机术语为语料,了解其计算机术语的构词特点以及汉译过程中所采用的翻译原则。同时,本文将《补编》中的计算机术语与《英汉大词典》第二版进行对比,探析计算机术语翻译的嬗变。

2 计算机英语术语的构词

英语中新词产生的途径主要有三种,一则是纯粹地生造新词,二则是为旧词增添新义,三则是通过各种构词法产生新词。而有关构词法,不同专家有不同看法。马钱德[5]将构词分为复合、前缀、后缀、零词素派生、反派生、截断以及混合。鲍尔[1]在其论著中有关构词篇章提到了复合法、转类法、逆构法、前缀法、后缀法、截短法、拼合法、造词法、首字母缩略法和混合构词法。英国翻译理论家纽马克认为,从广义而言,新词应该分为九类:新生词、赋有新义的旧词、组合词、人名化和地名化的词、短语词、外来词、缩略词,以及假"新词"。陆国强等列举了拼缀法、合词法、首字母缩略法、逆生法、转类法以及外来语等6种方法[15]。本文以《补编》中的计算机术语为语料,总共统计出210个计算机术语,结合计算机术语的特征,构词法包括复合法、派生法、缩略法、转类法、类比法、拼合法、专名法、变体法以及以数字方式呈现的特殊形式。计算机术语的构成主要有两种途径:一种是通过各类构词法构成新词表达新概念;一种是通过让旧词获得新义,用以表达在计算机中的概念。统计结果如表1所示。

表1 计算机英语术语的构词

构词方式	个数	占比
复合	70	33.3%

续表

构词方式	个数	占比
缩略	49	23.3%
派生	14	6.7%
拼合	9	4.3%
转类	6	2.9%
专名	4	1.9%
类比	2	0.9%
变体	1	0.5%
特殊	1	0.5%
旧词新义	54	25.7%

2.1 复合法

格鲁姆[4]曾指出一种语言必须能够利用其自身资源增加其词汇量。在众多扩大英语的方法中,没有一种能与将两个或多个词语组合在一起构成新词的方法更为重要。此处所说的方法即为复合法。复合法是把两个或两个以上的词按照一定的次序排列构成新词的方法,而复合词就是在结合两个或多个词语的基础上构成的词语。由表1可知,复合法在计算机英语术语中占据主导地位,占比为33.3%,超出旧词新义和其他任何一种构词方式。在复合词中,主要以二词复合为主。若两词词性相同,则复合词词性通常不变;若两词词性不同,则复合词词性往往由尾词决定。偶尔也会存在特殊情况,比如由动词和名词复合而成的复合名词 shareware。在《补编》70 个复合词计算机英语术语中,63 个复合词只有一个词性,7 个词是兼类词。以下是计算机英语术语中的复合词(见表 2)。

表2 复合词

词性	计算机英语术语中的复合词
复合名词	名词+名词(45个):alpha test;backplane;backslash;beta test;bozo filter;bulletin board;chatterbot;client-server;computer virus;connect time;data warehouse;dialogue box;ethernet;firewall;flash memory;groupware;hard disk;home page;laser gun;list server;logic bomb;mail bomb;miliennium bug;Netcast;newsgroup;pageview;petabyte;point-and-click;screen-saver;search engine;shovelware;sound card;taskbar;terabyte;teraflops;toolbar;touchpad;touchscreen;track-pad;twit filter;vaporware;Webcam;Webmaster;Web page;Website 形容词+名词(14个):big iron;electronic bulletin board;freeware;intelligent agent;macrovirus;magic cookie;megaflops;multicast;multimedia;open source;personal organizer;set-top box;Telnet;World Wide Web 名词+现在分词(3个):data mining;data warehousing;Webcasting 动词+连接词+动词(2个):drag-and-drop;plug-and-play 现在分词+名词(2个):role-playing game;spelling-checker 动词+副词(1个):add-in 动词+名词(1个):shareware
复合形容词	(2个):add-in;plug-and-play
复合动词	(7个)alpha test;beta test;double-click;mail bomb;multicast;point-and-click;turbocharge

2.2　缩略法

　　语言一直处在变化之中,而在现代英语词汇中有一个明显的变化就是词汇的缩短。马提尼特(Martinet 1962)提出了"经济原则",他认为人们在交际时所付出的努力往往与所传达的信息量是成正比的,这是语言经济的一条基本原则。当今社会,科技迅速发展,社会连动,一切都在高速运转。人们为了追求简洁、便捷、高效逐渐使用更多的缩略语进行交流和沟通。在统计的计算机英语术语中,通过缩略法而产生的计算机术语仅次于通过复合法而产生的计算机术语。在英语中缩略法主要通过三种形式呈现出来,即缩略形式、首字母缩略和截短词。《补编》中的缩略词是通过首字母缩略和截短词呈现的,共 49 个,其中以首字母缩略为主,共 37 个,远胜过截短词 12 个(见表 3)。

表 3　缩略词

	缩略词
首字母缩略	(37 个) BIOS;BITNET;CASE;CISC;dpi;DRAM;DVD-ROM ;ERP;FAQ;flops;GUI;HTML;HTTP;IP;IRC;lips;LOL;MIDI;MIS;MPEQ;MTOPS;MUD;OS;PICS;RISC;ROFL;SCSI;SGML;SLIP;TCP/IP;URL;USB;WAIS;WIMP;WORM;WYSIWYG;XML
截短词	(12 个) app;CAD/CAM;cookie;defrag(ment);host(computer);Internet;M-bone;meg;site;sysop;Trojan(horse);Web

2.3　派生法

英语词汇中有一种可预测性较强的构词方式,即人们只需在原词首部或者尾部添加词缀便能构成新词。这种构词方式叫作派生法,所构成的新词就叫派生词。派生法指在原词的基础上添加词缀构成新词的过程,它同时又叫作词缀法,而词缀法又可根据所涉及词缀的不同分为前缀法和后缀法。《补编》中通过前缀派生出的词有 8 个,前缀分别为 co-,hyper-,pre-,re-,sub-,un-和 up-;通过后缀派生出的词有 6 个,后缀分别为-let,-able,-er 和-ing(见表 4)。

表 4　派生词

	派生词
前缀	(8 个) coprocessor; hypertext; preloaded; reboot; remailer; subdirectory; undelete;upload
后缀	(6 个) applet;bootable;hacker;rewritable;scrollable;streaming

2.4 拼合法

拼合法是将两个或者多个词语组合在一起并删除部分成分的构词方式。这种构词法在英语发展早期并不是主要的构词方法,但是却在现代英语中越发流行。坎农[2]认为拼合词是所有构词范畴中最复杂的一种。这种构词有时容易和缩略词中截短词混淆。《补编》中计算机术语通过拼合法而产生的词共有 9 个,分别是 abend, emoticon, floptical, listserv, nibble, Scuzzy, sysop, teledildonics, Webliography。

2.5 其他构词法

转类,通常是产生新词的一个丰富源泉。鉴于《补编》总体的词汇量较小,又将范畴局限于计算机术语,虽似有一反常态的现象,但也说明转类法在特定阶段计算机术语范畴中的权重有所下降。《补编》中计算机术语通过转类而来的词共有 6 个。关于专名,弗罗姆金[3,P93]将其定义为"由专有名词构成的词语,为促进词汇扩展中许多有创意的构词方式中的一种"。在实际使用中,专名词语的词形不只局限于它们源出的人名、地名或其他专有词,还可指由这些词语复合、派生或拼合而成的词语。在计算机中,部分软件和操作系统本身是商标名,英语词汇直接将其吸纳代指某一工具名,比如 Archie 即表示阿奇(工具)。《补编》中计算机术语通过专名而来的词共有 4 个。关于类比法,陆国强[14]指出类比构词的特点是仿照原有的同类词创造出其对应词或者近似词。《补编》中计算机术语通过类比而来的词共有 2 个。此外,《补编》中的计算机术语中有两个词比较特殊,一个是由 ware 变体而来的 warez,用以表示通过因特网发送的盗版软件,另一个则是用数字"404"这一特殊形式来表示文件无法找到(见表 5)。

表 5　其他构词法产生的计算机术语

	其他构词法产生的词
转类	(6 个) boot-up;log-in,log-on;network;plug-in;smiley;window
专名	(4 个) Archie;Java;Unix;Usenet
类比	(2 个) extranet;humanware
变体	(1 个) warez
特殊	(1 个) 404

2.6　旧词新义

除了上述的各种构词法,英语中还可以旧词增添新义的方式来表达新概念。所谓旧词新义,"是指一个词获得了新的词义范围,原来的表达形式(expression)分化出一个新的词位(lexeme)。从这个意义上说,一个旧词获得一个新词义就是在词汇中增加了一个新'词位,'"[8,P112]。旧词增添新义的方式要比完全从无到有创造一个新词的方式更有优势,在操作层面上来说,旧词增添新义简单易行。人们往往习惯于接受熟悉的、稳定的英语词汇,故而通过旧词增添新义的方式而产生的词汇也更便于人们接受。在《补编》的计算机术语中,除却通过复合法而来的术语,就是通过旧词增添新义产生的词汇了,足有 54 个,占比为 26.1%,其中 3 个是动词短语获得新义,51 个为英语中单个普通词汇获得新义(见表 6)。

表 6　旧词新义

	旧词新义
动词短语	(3 个) back up;book up;log in
单个普通词汇	(51 个) agent;antivirus;architecture;author;avatar;backdoor;backup;bookmark; bot;browser;bundle;bus;cache;card;click;client;compatible;crack;desktop; directory;flame;footprint;gesture;Gopher;hack;icon;link;lurk;monitor;morph; organizer;page;portal;post;push;resident;router;shell;sniffer;spam;spoof;stylus; suite;surf;template;thread;vaccine;virus;wizard;worm;zip

3 计算机英语术语的汉译策略

近代翻译家严复先生曾经有言："今夫名词者，译事之权舆也，而亦为之归宿。言之必有物也，术之必有涂也，非是且靡所托始焉，故曰权舆。识之其必有兆也，指之其必有薁也，否则随以亡焉，故曰归宿。"此言旨在言明术语翻译乃是篇章翻译的基础，正确的术语翻译才能有助于翻译内容的传播。从计算机英语术语的构词角度来说，以复合词、缩略语和旧词新义为主，是故一般文体采用的直译、意译、音译等翻译方法同样适用于计算机英语术语的翻译。但是需要注意的是，计算机英语术语的汉译不单单是从源语到目标语的一个转换过程，翻译的过程需要结合计算机相关的特性进行适当的词义调整。很多词汇是从一般词汇借用而来，从而变成相应领域的专业词汇，其中的不同之处不容忽视。

3.1 直译法

"直译法是指在不违背原文文化的前提下，在汉译中完全保留汉语词语的指称意义，求得内容和形式相符的方法。"[11,P13]在英汉翻译当中，尤其是英汉术语翻译中，直译是最常采用的一种翻译策略。若是英语词汇本身含义明确，直译得到的术语往往具有通俗易懂的特质，从而在大众当中也较为容易传播。《补编》中210个计算机英语术语当中的113个术语是直译而来的。其中，70个复合词中有55个是直译的，49个缩略词中有33个是直译的，14个派生词中有10个是直译而来的，9个拼合词中有4个是直译而来的（见表7）。

表 7　构词法中直译而来的词汇

构词	直译词汇
复合词	backplane(底板)；backslash(反向斜线)；big iron("大铁块"主机)；bozo filter(傻瓜过滤器)；bulletin board(公告板)；chatterbot(饶舌机器人)(软件)；client-server(客户服务器)；computer virus(计算机病毒)；connect time(联通时间)；data mining(数据挖掘)；data warehouse(数据仓库)；data warehousing(数据库存)；dialogue box(对话框)；double-click 双击(鼠标)；drag-and-drop(拖放)；electronic bulletin board(电子公告板)；flash memory(快闪内存)；freeware(免费软件)；groupware(群件)；hard disk(硬盘)；home page(主页)；logic bomb(逻辑炸弹)；macrovirus(宏病毒)；magic cookie(神奇甜饼)；mail bomb(邮件炸弹)；multimedia(多媒体)；newsgroup(新闻组)；open source(公开源代码)；pageview(页视)等
缩略词	BIOS(基本输入输出系统)；CAD/CAM,Cadcam(计算机辅助设计/制造)；CASE(计算机辅助软件工程)；CISC(复合指令集计算)；dpi(每英寸点数)；ERP(企业资源规划)；FAQ(常问的问题)；GUI(图形用户界面)；HTML(超文本标记语言)；HTTP(超文本传送协议)；IP(国际协议)；IRC(因特网中继聊天)；LOL(大笑)；MIDI(音乐设备数字界面)；MIS(管理信息系统)；MPEQ(电影专家组系统)；OS(操作系统)；PICS(因特网内容选择平台)；RISC(精简指令集运算)；ROFL(笑得在地上打滚)；SGML(标准通用置标语言)；SLIP(串线国际协议)；TCP/IP(传输控制协议/网际协议)；URL(统一资源定位器)；WYSIWYG(所见即所得)；XML(扩展标记语言)等
派生词	coprocessor(协处理器)；hyperlink(超文本衔接；对……作超文本衔接)；hypertext(超文本)；preloaded(预先安装的)；reboot(重新启动)；remailer(回邮器)；rewritable(可重写的)；scrollable(可卷动的)；subdirectory(子目录)；upload(上载)
拼合词	abend(异常中断)；emoticon(情感符)；sysop(系统管理员)；Webliography(网络书目)

　　在复合词和派生词中,有些词语虽然是直译,但是做了适应计算机领域的调整,比如复合词中 bozo filter(傻瓜过滤器)、client-server(客户服务器)以及 personal organizer(个人整理器),派生词中 coprocessor(协处理器)和

remailer(回邮器)均在译文的末尾处添加"器"以表示该词汇与计算机的关联。在缩略词和拼合词中,词语均是先还原成原来全写的形式或者是恢复拼合前的形式再进行直译,如缩略词 ERP(enterprise resource planning 企业资源规划)和 FAQ(frequently asked question 常问的问题),以及拼合词 abend(abnormal+end 拼合异常中断)。

3.2　意译法

"意译是指当原文的思想内容与译文的表达形式有矛盾,用创新的手法来表现原文的逻辑内容和形象内容。"[12,P135]部分词汇难以用直译的方式表达出词语的内涵,面临这种情况,译者倾向选择用意译的方式来描述词汇,以期传达词汇内核之义。《补编》中的 210 个计算机英语术语当中的 50 个术语是意译而来的,其中 20 个是旧词新义的词,9 个是复合词,7 个是缩略词,4 个是拼合词(见表 8)。

表 8　意译而来的词汇

构词	意译词汇
旧词新义	antivirus[(抗病毒的)疫苗];backdoor(活门);backup(备份;为……做备份);bot[(能自动执行特定任务的)机器人程序];bundle(捆绑销售);bus(总线);cache(高速缓冲内存;把……存于硬盘之中);card[(装有电路元件的)插件];click[(鼠标的)点击;鼠击];crack[非法侵入(计算机系统)];flame[(尤指在计算机网络中)对(某人)非礼];monitor(显示器);morph(图像变换术);portal[网络出入口,门户站点(指万维网上提供查询等服务的网站)];shell(操作系统外壳,命令解释程序);sniffer(监视软件);spam[史邦肉垃圾,电子垃圾(指网上垃圾函件、网上广告宣传品等);向……发送垃圾邮件];thread[(公告板上讨论的)话题,题材];wizard(奇才实用程序);zip[压缩(文件)]
复合词	add-in[附件(的);附带物(的)];firewall(防火墙);intelligent agent(代理人软件程序);list server(专题通信服务器程序);Netcast(网络播放,网络广播;网络播出);plug-and-play[即插即用(的)];Telnet(远程登录服务);turbocharge(增强,加快);World Wide Web(万维网)

续表

构词	意译词汇
缩略词	app(应用程序);defrag(除……碎片);host(主机);meg(兆字节);site(网站,站点);Web(万维网;漫游万维网);WORM(一写多读光盘)
拼合词	floptical[(与软盘大小相仿、能容纳 20 到 25 兆信息量的)软光盘,软光碟];listserv[专题通信服务(指因特网上的邮件自动分发系统)];nibble(半个字节,4 个比特);teledildonics[(在计算机或网络虚拟现实中的)模拟性交]

3.3 转译法

转译法是指一些英语词汇本身是作为普通词汇在日常生活中或者是某个特定领域使用,但是经过社会科技的发展或是出于其他原因,从一个领域转移到另外一个领域中。这种词汇在英汉翻译时往往是将原义进行适当的调整,让汉译词在另一领域中有明确的指称意义。这种方式主要是针对一些通过旧词新义而来的相关术语,《补编》中的 54 个通过旧词新义产生的计算机英语术语中有 30 个是借助转译法而产生的,试看表 9 中的部分例子。

表 9 释义对照

词汇	原先普通释义	计算机术语释义
browser	浏览	浏览器
client	客户	客户机
compatible	兼容	兼容机
directory	目录	目录
Gopher	黄鼠	黄鼠工具
link	连接	衔接
template	模板	模板
virus	病毒	病毒

3.4 其他翻译策略

部分文化词汇和意象在译入语里是空缺的，而且很难用一两个字准确地译出其意义,这时常常需要把原文的发音直接转换成译入语里相同或相近的语音,这种方法就是音译法。《补编》中有 8 个词采用音译的方式,如 Archie[阿奇(工具)],hacker(黑客)和 router(路由器)等。此外,《补编》中少数词汇的翻译采取了零译法。所谓零译,顾名思义,也就是不曾经过翻译。比如 Java(Java 语言),SCSI(SCSI 接口)和 Unix(Unix 操作系统)。这些词汇通常是商标名,或是译文较长,不如不译。《补编》中有些词汇是上述多种翻译策略的混用,比如 BITNET 翻译成比特网,BIT 为音译,而 NET 为直译。

4 计算机英语术语的译文对比

《英汉大词典》第一版是在 1991 年出版,而"《英汉大词典补编》仿《韦氏三版新国际词典》及其后续补编的模式,与其母本相比,采用全然不同的编纂方式"[16,P8],并在 1999 年的 7 月得以出版。此后,《英汉大词典》编写组采纳各词典专家、学术顾问、相关论坛网友的意见,不断修订,于 2007 年 3 月出版了《英汉大词典》第二版。《英汉大词典》第二版的部分收词正是参考了《补编》中的内容。就计算机术语而言,《补编》中的 210 个词汇,收录了 182 个词汇,剔除了包括 abend,author,back door, humanware,magic cook 在内的 28 个词汇。其中 95 个词汇的释义原封不动保留在《英汉大词典》第二版中,如:add-in[〈计〉附件(的);附带物(的)],agent(〈计〉代理人程序)和 role-playing game(〈计〉角色扮演游戏)。余下的 87 个计算机术语的汉译在不同程度上进行了增译、删译以及改译。

《英汉大词典》第二版较之《补编》,其中共有 16 个译文在《补编》基础上进行了删除。如表 10 所示,第一类是删除了计算机的科学标签,包括 DVD-ROM,ERP,multimedia 和 Netcast。第二类是把释义进行了删除,包括

client-server,desktop,flash memory,megaflops,Netcast 等词。第三类是删除括号中的注释,如 surf 和 warez。

表10　译文删动

词汇	原来的译文	调整后的译文
client-server	〈计〉1.客户服务器;2.客户服务器运行环境	【计】客户服务器
desktop	〈计〉1.台式计算机 2.桌面	【计】桌面
DVD-ROM	〈计〉数字只读光盘存储器	数字影碟只读存储器
ERP	〈计〉企业资源规划	企业资源规划
flash memory	〈计〉快闪内存,闪存	【计】闪存
megaflops	〈计〉每秒百万次浮点运算	【计】每秒百万浮点运算
multimedia	〈计〉多媒体	多媒体
Netcast	〈计〉网络播放,网络广播;网络播出	网络播放
set-top box	〈计〉机顶盒,顶置盒(指一种将家用电器和计算机网络相联结的装置)	【计】机顶盒(一种将电视机和计算机网络相连接的装置)
spelling-checker	〈计〉拼写检查程序;拼写检查功能;拼写检查器	【计】拼写检查程序
surf	〈计〉(无目的地)浏览,漫游,网上冲浪;(无目的地)浏览,漫游,(在……上)做网上冲浪	【计】浏览,网上冲浪【计】浏览,在……冲浪
teraflops	〈计〉每秒万亿次浮点运算	【计】每秒 10 的 12 次方浮点运算
touchpad	〈计〉触式控制板,触摸板	【计】触摸板
touchscreen	〈计〉(通过触摸进行功能选择的)触式显示屏,触摸屏	【计】触摸屏
warez	〈计〉(通过因特网发送的)盗版软件	【计】盗版软件

　　《英汉大词典》第二版较之《补编》，其中共有 19 个计算机术语的译文在《补编》基础上进行了增加。增加的形式主要有两类。第一类是增加释义，比如在 backup 的原义"备份"上增添"备份的数据"，在 coprocessor 的原义"协处理器"上增添"协同处理器"。第二类是再增添注释，比如在 bozo filter 原义"傻瓜过滤器"之前增加括号内容"用以过滤电子邮件的"和在 WYSIWYG(what you see is what you get)的原义"所见即所得"之后增加括号内容 what you see is what you get 的首字母缩拼词，意即"计算机显示屏上显示的图像是出版物的准确再现"。

　　《英汉大词典》第二版较之《补编》，其中共有 53 个计算机术语的译文进行了更改。译文的改变主要有三类。第一类是朝着简化的趋势改变，删繁就简，比如将 post 的原义"帖子，粘贴的文字；粘贴，公布"，只保留"帖子"，后面改为了"公布的信息"。第二类是朝着适应计算机领域方向的表述调整译文。比如将 WAIS 的释义由原先的"广域信息服务系统"改为"广域信息服务器"，将 footprint 的释义由原先的"脚印，底面积"改为"(计算机硬件所占的)台面"。第三类是语言本身的流变，改为更加符合我们现在的表达方式，比如将 upload 的释义由原先的"上载"改为"上传(文件)"，将 Webcam 的释义由原先的"网络摄像机"改为"网络摄像头"。

　　计算机相关术语译文的改变存在一定的主观性，受到时代背景的限制，若以目前的眼光来看，其势必仍旧有改进之处，但若以当时的眼光看待，其译文整体得到了优化。

5　结束语

　　本文以《英汉大词典·补编》中的计算机术语为语料，通过分析计算机英语术语构词发现，术语的构词主要来源于复合法、缩略法以及旧词新义法。在术语的英汉翻译过程中，一般文体采用的直译、意译、音译等翻译方法同样适用于计算机英语术语的翻译，且主要以直译为主，意译次之，其中通过旧词新义而产生的计算机术语往往是在原词的释义基础上调整转译，其他特殊词汇采用相对应的音译法或是零译法。此外,就译文而言,《英汉大词典》第二版在《补编》的基础上作了不同程度的增删和改译,让译文更符合计算机相关领域和习惯用语的表达方式。

参考文献

［1］BAUER LAURIE. English Word-Formation ［M］. Cambridge:Cambridge University Press,1983.

［2］CANNON G. Blends in English Word Formation［J］. Linguistics,1986,24:725-753.

［3］维多利亚·弗罗姆金,罗伯特·罗德曼,妮娜·海姆斯. 语言引论(第八版)［M］. 北京:北京大学出版社,2017.

［4］GROOM BERNARD. A Short History of English Words［M］. London:Macmillan and Co.,Ltd,1953.

［5］MARCHAND HANS. The Categories and Types of Present-Day English Word Formation［M］. Münich:C. H. Beck,1969.

［6］MARTINET A. A Functional View of Language［M］. Britain:Oxford University Press,1962.

［7］曹建新.纽马克新词翻译观评介[J].中国翻译,1994,15(3):6-9.

［8］董国英,张媛媛.英语旧词新义探析[J].教学与管理,2009(9):112-113.

［9］程雨民.语言系统及其运作[M].上海:上海外语教育出版社,1997.

［10］郭剑.术语数据库建设之我见[J].中国科技术语,2015,17(5):57-60.

［11］纪春.简论计算机与网络词汇的翻译[J].中国科技翻译,2001,14(1):12-14,18.

［12］李绍芳.计算机英语词汇的汉译方法[J].牡丹江大学学报,2009,18(10):134-136.

［13］陆谷孙等.《英汉大词典补编》[M].上海:上海译文出版社,1999.

[14]陆国强.现代英语构词[M].上海:上海译文出版社,1981.

[15]陆国强,陆继东.最新英语新词语词典[Z].北京:商务印书馆国际有限公司,1996.

[16]于海江,陆谷孙.从《英汉大词典》修订看我国双语词典编纂的现状[J].山东外语教学,2006(5):8-11.

基于 DAMA 数据管理成熟度模型的国际组织术语数据库构建研究①

宋培彦　靳月娇　鞠佳辰

（天津师范大学）

1　引言

国际组织术语数据库是指以国际组织发布的术语表、分类表、叙词表、本体等术语资源作为基础，采用国际规范和映射规则构建的人机两用知识库。近年来，以联合国为代表的国际、区域或专业性国际组织发布了大量术语资源，例如联合国教科文组织 UNESCO 叙词表、联合国粮农组织 AGROVOC 多语种叙词表、国际原子能机构 INIS 术语库、国际劳工组织 ILO 叙词等，在国际交流、语言翻译、知识传播等方面发挥了重要作用。但上述术语资源大多分散在各个国际组织内部，仅有少部分资源在联合国术语库 UNTERM 中进行了术语符号层面的浅层对应，在语义关系层面尚缺乏有效的集成和关联而形成"信息孤岛"，导致宝贵的术语资源和科学知识不易被用户充分挖掘和使用；同时，许多术语资源没有编制中文版，或者仅仅依靠人工简单翻译完成，"语言主权"的缺位严重妨碍了中国与国际组织的有效交流与合作，也与汉语在联合国官方工作语言的法定地位和国际形象不匹配。

究其原因，国际术语数据管理理论和可操作的方法研究还比较薄弱，导

---

①　本文系全国科技名词委 2020 年科研项目"国际组织术语库集成方法研究"（项目编号：YB20200011）阶段性成果。

致术语资源在框架规范性、规则一致性、资源互联互通等方面的成熟度有待提高,这是产生问题的根源之一,也是解决问题的切入点。通过研究术语库构建理论和方法,不仅有助于发挥我国术语学研究重实证、成体系、开放性强的传统优势,努力参与、引领甚至主导国际组织术语资源建设,而且有望以术语为切入点寻求国际科技交流的基本共识,为我国建成世界主要科学中心贡献力量。

因此,本文通过研究国际组织术语数据库建设的标准规范、数据治理、映射规则等,将国际组织术语数据库建设成为高知识密度的人机两用知识库,更好地支撑跨语言翻译、国际科技交流、科技知识传播、科技情报智能监测等多种知识化应用服务,并作为计算机知识库主动适应大数据时代智能化的技术需求,支持智能检索、个性化推送等智能化产业应用,为开展更深层次的术语服务提供数据基础。

2　相关研究

国内外许多学者展开了术语库的集成与服务研究,提供了宝贵经验。国际术语信息中心 Infoterm 积极倡导 ISO/TC 37 标准,推动了各国术语建设标准化。我国提出了术语数据库建设的一般原则和方法,并形成国家标准,用于指导术语数据库建设[1]。英国高级词库项目(HILT)第四阶段开发了基于 SRW/U、SOAP 和 SKOS 的试验性 web 服务,提供了机器可读的术语和跨领域映射数据,实现了 UNESCO 叙词表与 DDC 之间的高级映射。Emma McCulloch(2016)等人通过对 UNESCO 叙词表、AAT、LCSH 和 MeSH 到 DDC 的映射关系进行研究,评估了在分布式术语服务器环境中促进互操作性所需的映射类型和范围,并提出了一套通用的匹配类型。Sanjeev K Sunny 等人(2015)调查了叙词表在数字图书馆中的应用和潜在角色,分析了 UNESCO 叙词表、AAT、ERIC 叙词表等搜索和浏览功能。国际标准化组织 ISO 提出了术语(叙词表)映射模型和标准,采用近似、相关、等同映射,实现多类型知识组织工具的映射,以提高术语(词表)的语义互操作能力。冯志伟将自然语言处理技术与术语紧密结合,提出了计算术语学的学术思想,提高了计算机自动挖掘术语知识的能力[2]。欧石燕等对国外有代表性的术语注册与术语服务系统和相关研究项目进行详细的调研分析,并对信息检索等具体应用,设计了术语服务系统[3]。任慧玲等对国际医学术语体系进展及特色优势进行分析,认为借鉴和利用国际术语资源有助于推动中文医学术语体系的建设落地[4]。可见,以国际组织术语资源为基础开展术语数据库建设并进行术语服务,在理论和技术上是可行的,对提高我国术语研究具有重要借鉴意义和现实作用。

当前,国际组织术语数据库建设仍然面临两个突出问题:一是如何进行有效的术语资源治理基本框架,提高跨机构的数据资源集成能力,以便从理论角度对术语资源建设与管理提供科学指导和可靠依据;二是在技术规范方面,如何进行标准化、规范化处理,以提高术语数据质量和知识服务能力。本文基于国际数据管理协会提出的 DAMA 数据管理成熟度模型,将国际组织术语资源作为一种数据资产,按照标准化流程进行有效治理和集成,以加快形成以中文为主导、多语言并存的国际组织术语数据库,并通过联合国教科文组织 UNESCO 叙词表进行了初步验证。

3 国际术语库建设

术语作为重要的数据资产,需要采用成熟的、标准化的治理体系,以不断提高数据质量和成熟度。与软件能力成熟度模型 CMMI 相比,数据管理成熟度评估模型(Data Management Maturity)也纷纷出现,为数据治理提供了体系化、标准化、可评测的指南。DAMA(Data Management International,国际数据管理协会)成立于 1988 年,是一个由技术和业务专业人员组成的国际性数据管理专业协会,提出并发布了数据管理知识体系,为数据治理和评测提供了可行的理论参考[5],在政务、金融、科技等领域得到广泛应用,如图 1所示。

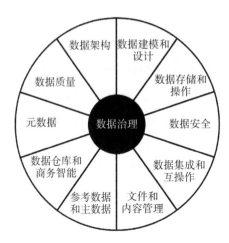

图 1　DAMA 数据管理成熟度模型[5]

DAMA 数据管理成熟度模型对建立统一、规范的国际组织术语库同样具有指导作用。这是因为：DAMA 作为一种国际通用的方法论，建立了数据管理的完整架构，为术语库建设提供了方法依据和基本共识，可以避免或者降低传统术语数据库建设实践性强而理据性、规范性不足的问题，以结构化的方式明确所有参与者的角色边界，强化数据治理责任，更好地与国际接轨；在技术层面，DAMA 区分主数据和参考数据，并具备集成、互操作等规范指导，能够有效解决"信息孤岛"问题，为跨语言、跨领域的快速知识集成与服务提供了有利条件。

4　基于 ISO 标准的术语库建模与元数据设计

国际组织术语数据库的架构、元数据可以参考国际标准化组织 ISO 发布的标准。ISO 12620-2019 是由 ISO/TC 37/SC 3 分技术委员会负责制定的标准，该标准的主题是术语资源的管理—数据类型规范。它为语言资源的数据类型规范提供了指导性的准则和要求，指定了在数据类型存储库中创建、记录、协调和维护数据类型规范的机制，还描述了数据类型规范的结构和内容。

该标准对数据类型有以下几点要求：首先数据类型应该有身份标识和名称。每个数据类型应该有一个独特的助记符。其次是数据类型应该有概念域。数据类型的概念域是一项基本属性，可用于区分不同的数据类型，以便于将其应用于数据建模，例如叙词表与本体对术语描述的精细程度有很大区别。概念域是当数据类型被应用于软件程序或语言资源时，对其包含的信息类型进行一定的限制。再次是数据元素。制定数据类型的规范时应遵循数据元素化的原则，即规范中的字段仅应用于其预期的目的。例如，区分各种描述性字段，像定义、解释、示例、用法说明和注释等。最后是子集，数据类型规范应分配给一个或多个逻辑类型，以便进行准确描述和理解。

5 SKOS 格式术语集成与互操作

国际组织术语数据库要遵循国际统一的数据规范。简单知识组织系统（Simple Knowledge Organization System，SKOS）是万维网联盟（W3C）公布的知识组织系统概念体系表示的推荐标准[7]。简单知识组织系统是知识组织系统（如叙词表、分类表、术语表）的通用数据模型。该数据模型将知识组织系统视为包含一组概念的概念表。

SKOS 概念可以用任意给定的自然语言用任意数量的词汇或 UNICODE 字符串标记。可以将任何给定语言中的这些标签之一指示为该语言的首选标签，将其他标签指示为替代标签。标签也可能是"隐藏的"，这对于通过文本索引查询知识组织系统很有帮助，可以将传统的叙词表、受控词表、主题标题表和民俗分类法转换成 Web 可用的格式。SKOS 格式的术语库可以表示为机器可读数据，表达词汇的结构与概念，以供机器之间交换和共享。

SKOS 实质上是一套词汇集。SKOS 的主要元素类别是概念、标签、符号、语义关系、映射属性和集合。通过 SKOS 规定的符号，可以实现国际组织不同术语资源之间的映射和融合，形成兼具规范性和灵活性的柔性化术语知识描述、存储与数据交换方式。由于采用了国际通用的 SKOS 框架，不同术语资源之间的互操作具备了可行性。

6　实验

6.1　数据来源:UNESCO 叙词表

联合国教科文组织 UNESCO 叙词表是一部综合性的叙词表,早在 1977 年就已推出,50 多年来不断更新完善,广泛用于教育、文化、自然科学、社会和人文科学等领域进行传播、翻译和智能检索。目前,该词表已经提供 SKOS 格式,并提供在线服务[8]。

本部分将以 UNESCO 叙词表为例,根据 ISO 规范和 SKOS 规则进行术语数据库的规范设计、数据采集和转换,以探索国际组织术语数据库建设可行性。经过与中文规范术语的映射,构建中文版的教科文组织叙词表,不仅弥补了联合国教科文组织叙词表长期缺失中文版的问题,而且结合 ISO 规范形成了元数据描述框架,具有较强的兼容性和规范性。

6.2　术语库主数据与参考数据

DAMA 模型分为主数据和参考数据。主数据是对业务最稳定、必备的数据,参考数据则是辅助性的数据。从术语服务业务角度来看,术语和词间关系是主数据,描述性元素、代码可以作为参考数据。以叙词表为例,拟定出以下数据规范,如表 1 所示。

表 1　数据规范表

说明	标识符	简称	含义
术语	Term	TERM	术语和概念描述
描述性元素	Scope note	SN	范围注释
描述性元素	Definition	DEF	定义
描述性元素	Uniform Resource Identifier	URL	独特的永久性的统一资源标识符,以提供可以访问完整数据的网络接口

续表

说明	标识符	简称	含义
描述性元素	In other language		其他非英语语种的语言表示
代码	Subject category	SC	主题类别;应用与一个特定主题相关概念的代码或系统符号
代码	Concept code	CC	概念代码或系统符号
关系	Use	USE	使用;标记后的语词是优选词,应该代替标记之前的非优选词
关系	Use for/Used for	UF	代项,非优选词;标记后的语词是非优选词,应该被标记之前的优选词替代使用
关系	Main Term	MT	族首词;标记后表示特定概念登记中最宽泛的概念的优选词
关系	Broader term	BT	上位词
关系	Narrower term	NT	下位词
关系	Related term	RT	相关词

本文将《联合国教科文组织叙词表》以人工方式进行采集,采集部分不仅包含英语词表,同时还囊括了法语、俄语和西班牙语等语言的术语,并根据全国科技名词委发布的标准术语、参考各类百科知识为术语配备相关的中文翻译。然后,将采集完成的全部词表内容按照标准进行统一描述,采用数据库、SKOS、纯文本三种格式实现与国际标准紧密接轨与共享。

7 结论

国际组织术语库语言类型丰富,采用国际通行的术语治理机制,有利于增强术语库的互通性和服务能力,帮助更多组织、更多用户共建共享高质量的术语产品,提高术语库的使用效率,有利于从数据质量和数据治理的角度,提高术语资源建设与治理能力,形成数据驱动的术语研究新范式。特别是在大数据环境下,以国际组织术语资源为基础构建高质量的术语数据库,在理论和方法上更值得重视,并应进一步巩固术语学研究传统优势,拓展新的学术发展空间。

本文基于 DAMA 数据管理模型,从理论层面对国际组织术语资源的建设流程进行了初步探讨,提出了国际组织术语库建设方法与标准规范,进而采用 DAMA 模型尝试提出了可操作的集成规范,并采集 UNESCO 叙词表进行了初步验证。今后,如何引入国际组织术语数据质量"嗅探"机制和更新机制,通过加载大量真实数据对模型和规范的适应程度进行验证,仍需要持续研究。

参考文献

[1] 中华人民共和国国家标准. 建立术语数据库的一般原则与方法 (GB/T13725-2019)[S]. 中国标准出版社,2019.

[2] 冯志伟. 语言规划的重要领域——术语学[J]. 北华大学学报(社会科学版),2009,10(3):37-46.

[3] 欧石燕,唐振贵,苏翡斐. 面向信息检索的术语服务构建与应用研究[J]. 中国图书馆学报,2016 (2): 32-51.

[4] 任慧玲,李晓瑛,邓盼盼,冀玉静,刘懿,黄裕翔. 国际医学术语体系进展及特色优势分析[J]. 中国科技术语,2021,23(3):18-25.

[5] DAMA 国际. DAMA 数据管理知识体系指南(原书第 2 版)[M]. DAMA 中国分会翻译组. 北京:机械工业出版社, 2020.

[6] Info Term[EB/OL]. [2022-1-19]. http://www. infoterm. info/.

[7] SKOS Simple Knowledge Organization System Primer [EB/OL]. [2021-12-19] https://www.w3. org/TR/2009/NOTE-skos-primer-20090818/.

[8] Unesco Thesaurus [EB/OL]. [2021-12-19]. http://vocabularies. unesco. org/browser/thesaurus/en/.

第四部分　术语翻译

AUTOMATIC TERM PROCESSING IN THE CONTEXT OF TRANSLATION

—THEORETICAL AND PRACTICAL ISSUES AND PROSPECTS[①]

Kyo Kageura

(The University of Tokyo)

Terminologies constitute an essential pillar of learned communication, and their importance is growing especially with the ever-growing demand for multilingual communication. In an era where we witness the rapid growth of specialized knowledge, it is often claimed — rightly so — that manual efforts to manage terminological resources cannot keep up with the rapid growth of terminologies. Research in automatic terminology processing, started in the late 1980s to the early 1990s, often claims that it aims to fulfill the demand in terminological practice, but it has not yet fully achieved its goal.

More recently, huge improvement in target language fluency achieved by neural machine translation (NMT) has led some — or many — to claim that machine translation (MT) will soon achieve human parity. Within the discourse surrounding NMTs, the issues of terminologies and terminology processing are somewhat left behind, regardless of whether one takes a positive standpoint about NMTs or not.

We observe a trilateral gap or mismatch involving term, i. e. the gap

---

① This work is partly supported by JSPS KAKENHI Grant-in-Aid (S)(Grant Number 19H05660).

between concrete requirements in terminology management and automatic terminology processing, the gap between the demand for multilingualization within which terminology management is essential and what current NMTs can do or aim to do, and the gap between current NMTs and automatic terminology processing.

This paper aims to clarify some of the important features of terminology, terminology management and terminology processing within this trilateral relationship. In order to do so, I will first reconfirm the position and status of terminology in scientific — or more generally learned — communication. I will then clarify the requirements for handling terms and terminologies in translating learned documents. I will briefly examine to what extent current NMTs can fulfill these requirements. After sharing the understanding of these basic issues, I will examine the current status of automatic terminology processing, suggesting the concepts and areas that should be explored for automatic terminology processing to be properly integrated into human efforts to manage terminologies, which is the sine qua non of proper treatment of terms and terminologies in learned multilingual communication in general and in translation in particular.

1 INTRODUCTION

Terminologies constitute a crucial component of learned communication, and their importance is increasing due to the rapid expansion of knowledge. Demand for multilingual treatment of terminology is growing with globalization. Many international or regional institutions have terminology divisions or carry out large-scale terminology construction activities. Examples of such institutions include the World Intellectual Property Organization (WIPO) and the US National Library of Medicine. Language service providers (LSPs) also consider terminologies as valuable assets (Calvert 2016). It is often argued, however, that manual efforts to manage terminological resources cannot keep up with the rapid growth of terminologies. This has led to research in automatic terminology processing, which started in the late 1980s to the early 1990s claiming that it aims to solve this issue. But it has not yet fully succeeded in achieving its goal.

Recently, the introduction of NMT has significantly improved the fluency of MT in the target language, leading to debates over whether MT can achieve human parity or not (Läubli et al. 2018). However, the issues of terminologies and terminology processing are often absent from this discourse on NMT, regardless of whether the argument takes a positive standpoint about the potential of NMTs or not.

We observe here a trilateral gap or mismatch involving terminology, i. e. (A) the gap between concrete requirements in terminology management and automatic terminology processing, (B) the gap between the demand for multilingualization within which terminology management is essential and what current NMTs can do or aim to do, and (C) the gap between current NMTs and automatic terminology processing. This paper aims to clarify some of the important points about terminology, terminology management, and terminology processing, and discuss what should be taken into account to fill the gaps in this trilateral relationship. The focus is on (A), but (B) and (C) are briefly examined in the process.

In the following, I will first reconfirm the position and status of terminology in scientific — or more generally learned — communication. I will then clarify the requirements for handling terms and terminologies in translating learned documents. To what extent current NMTs can fulfill these requirements will be briefly examined. After sharing the understanding of these basic issues, I will examine the current status of automatic terminology processing, suggesting the concepts and areas that should be explored for automatic terminology processing to be properly integrated into human efforts for terminology management, which is the sine qua non of proper treatment of terms and terminologies in learned multilingual communication in general and in translation in particular.

2 TERMINOLOGIES AND TERMS IN LEARNED COMMUNICATION

Proper use and understanding of languages — and sometimes the invention of rigid languages — has been an important issue in advancing scientific knowledge (De Cartes 1629; Galilei 1623; Leibniz 1666; Malthus 1827). The conditions that enable rigid and learned communication to come out have been an important topic of concern for the philosophy of science and the philosophy of language (Benjamin 1936; Russell 1940; Hempel 1965). Logical positivism is perhaps the most well-known enterprise that addressed this issue (Ayer 1936).

Although terminologies have long been an issue in or behind these studies, either implicitly or explicitly, it was perhaps Eugen Wüster's seminal work that laid the foundations for the modern study of terminology (Wüster 1959/1960). In the late 20th century when the area of technical and industrial translations expanded, practical activities in terminology management were recognized as an important part of translation. Currently, both terminology research and practical terminological work, such as the construction and maintenance of multilingual terminologies, are well established and widely held to be essential for scientific or academic communication, the study of sciences, and especially the practical activities carried out by LSPs. Many public organizations have terminology divisions or carry out terminology management activities. In learned communication, terminologies are one of the main pillars that make scientific and technological exchange and learned communication possible.

As of now, the standard definitions of terms and terminologies are as follows:

- A term is a lexical unit consisting of one or more than one word which represents a concept of a domain (de Bessé et al. 1997).

- A terminology is the vocabulary of a subject domain (de Bessé et al. 1997).

Some important aspects of terms and terminologies should be noted:

①Terms in a domain belong to the terminology of that domain and not to the texts of the domain (Kageura 2015). This point will become important in examining the framework of automatic term processing.

②Although the relationship between a term and its corresponding concept and the relationship between a word and its meaning are isomorphic (Kageura 1995), concepts and meanings (as addressed in linguistics) are different. For instance, linguists cannot linguistically examine the concept represented by the term "crimes against humanity" defined in international law. This point is important when examining NMT.

③Terms represent concepts clearly and rigidly (Felber 1984). Though this is a regulatory ideal about the existence and treatment of terms rather than an empirical fact, it underlies practical activities of terminology handling and management.

④A set of corresponding terms in different languages represent the same concept. This again is a regulatory ideal rather than an empirical fact. Nevertheless, the fact that terms tend towards this ideal in multilingual setups is related to the very raison d'être of terms and terminologies.

Together, these characteristics suggest that terms are not linguistic elements as such. What makes terminologies unique is that individual terms manifest themselves as lexical units consisting of one or more *words*, i. e. they are represented as linguistic elements that linguistics deals with. A term is a functional class of lexical units (Sager 1998), and this "function" is not addressed in linguistics. Terms are more like *pets* or *green vegetables* than *felis catus* or *brassica oleracea*. Zoology does not usually deal with the concept of pets.

These characteristics give terminologies and the study of terminology an independent status:

> To the extent that a terminological system, even if it matches a coherent conceptual system, is incapable of reflecting its internal relationships, terminology is autonomous with respect to epistemology. To the extent that a terminological system, even if it is formed from unmotivated and common language words, denotes a conceptual system and exists only for denoting it, terminology is autonomous with respect to linguistics (Rey 1995).

Here we can replace "epistemology" with "ontology" as used in computer science and artificial intelligence research. Treating terms linguistically or regarding terms as mere labels of concepts is insufficient for understanding terms and terminologies, although it can be practically useful for some tasks. With respect to the role of terms in representing concepts, the relationship between terms and concepts should be normative, and terms should have formal rigidity. With respect to the role of terms in making statements, terms should fit into linguistic expressions. As terms and terminologies have this duality, neither linguistic approaches nor ontological approaches by themselves can fully clarify their nature.

3　TERMINOLOGY IN TRANSLATION

3.1　Requirements for Handling Terms in Translation

To fulfill their mission in the context of translation, terms in the source language (SL) document and the target language (TL) document should represent or refer to the same concepts. Remember that terms in a domain belong to the terminology of that domain, not to the texts. Therefore, terms are not *translated* like other textual items. Rather, TL terms that correspond to SL terms are *used* to make TL documents. By using corresponding TL terms, the criteria of normativity and formal rigidity are satisfied. As most terms in most domains in many languages are complex, they are often discussed within the context of multiword expressions (MWEs) (Sag et al. 2002). However, the treatment of terms in translation totally differs from the treatment of many types of MWEs, such as idioms or verbal phrases. For most MWEs, translators *generate* TL expressions suitable for the textual context. For terms, translators consistently *use* the relevant precise TL term *forms* that represent the concepts represented by the corresponding SL terms. Treating terms in the same manner as treating idioms or phrases is utterly inappropriate.

This, however, is not the end of the story. Terms are used to construct a chain of statements that constitutes a text. As such, terms are incorporated into linguistic expressions that constitute texts. As terms take the form of linguistic expressions consisting of one or more words, they are subject to linguistic operations in constructing texts. From the point of view of the end product, therefore, TL documents may not use the same forms for all the tokens of the same terms that occur in SL documents (Rogers 1997). Some variants are allowed after the relevant forms are chosen. However, variants of TL expressions are never generated by means of translators' creativity for terms.

Reflecting these characteristics of terms in the translation context, some quality assessment/assurance schemes introduce the treatment of terms as one of the checkpoints (Lommel 2015). Many graduate-level translation schools have classes on terminology. For instance, Zeytinkaya and Saraç (2020) listed 12 universities in Turkey and 49 universities worldwide that provide terminology training in relation to translation and interpreting education.

3.2   Managing and Treating Terminology in Translation Setups

For convenience, we refer here to what is broadly called technical, industrial or commercial translations by the term **translation**, although what is discussed below, in principle, holds for any types of translation involving terms and terminologies. Reflecting the status of terms and terminologies and to fulfill the requirements for terminology in translation, terminology-related activities are identified and incorporated into the translation activities at mainly two stages.

The first stage is the stage at which terminologies or terminological databases are constructed and maintained. This stage mostly involves terminologists. As terms in a domain are attributed to the terminology of that domain and not to the texts of the domain, and as a terminology of a domain represents the conceptual system of the domain and not a dependent attribute of domain texts, terminologies constitute an independent target of management in translation. In organizations that deal with technical documents, constructing, managing, and using (multilingual) terminological data is essential. Some widely known public terminological datasets include UNTERM[1], UN GenderTerm[2], WIPO Pearl[3], NLM's SNOMED CT[4], and EU's IATE[5]. TERMIUM Plus (Canada)[6] and termonline (China)[7] are some of the national efforts to construct and maintain terminologies. Many LSPs construct and maintain their own terminological resources. The construction and maintenance of terminologies is carried out either independently of individual translation activities (in the case of many public organizations) or at the background stage of translations to provide a basic

---

[1]   https://unterm. un. org/unterm/2/en.

[2]   https://www. unwomen. org/en/digital-library/genderterm.

[3]   https://www. wipo. int/reference/en/wipopearl.

[4]   https://www. nlm. nih. gov/healthit/snomedct/index. html.

[5]   https://iate. europa. eu/home.

[6]   https://www. btb. termiumplus. gc. ca/tpv2alpha/alpha-eng. html? lang=eng.

[7]   https://www. termonline. cn/index.

infrastructure for translations (in the case of LSPs). It is important to observe the following points in relation to this.

①From the point of view of commercial translations, it is uncommon that no relevant terminological resources exist for translations. ① Sometimes organizations may find it necessary to extend their terminologies to a new language. In such a case, they have to construct the terminology of that language from scratch, but this does not necessarily mean that no related terminologies exist outside the organizations.

②When terminologists — and translators and people in LSPs — talk about "new terms", they mean the terms that are not registered in the terminological database they use, and do not mean completely new terms just created or to be created in a given domain. Whether terms contained in the existing terminological database should be registered to the database or not depends on the characteristics of the database, and on the evaluation of the status of the terms in relation to the database and in relation to the corresponding terms in other languages in the database.

③When terminologists incorporate new terms to the terminological database, they check occurrences of terms in the documents of the relevant domains. In doing so, the range of documents to be checked is bound to the terminological databases. For instance, terminologists may extend the time span to the newest documents for the same range of journals or conferences or document databases they used in constructing the terminology so far, or may extend the range of journals or conferences or document databases. The range of extension depends on how the terminology has been constructed so far.

The second stage is the translation stage, at which terminologies are referred

---

① This does not mean that terminologies of many domains in "smaller" languages exist. Rather, it means that most commercial translations are carried out among "larger" languages, and that terminologies are more or less developed for these languages.

to. This stage mainly involves translators. At the translation stage, translators must *choose* and *use* relevant TL terms that correspond to the given SL terms, rather than *create* TL expressions that carry the meaning corresponding to the SL expressions. It is important to note, among others, the following points in the treatment of terms in the translation stage.

①Translators have to identify all the terms — both in type and in token — that occur in the SL texts they are translating, because they must *use* the same corresponding TL terms consistently for all the occurrences of the same SL terms in the SL documents.

②Translators have to check the existing terminologies that they are supposed to use. When SL terms are found in the terminologies, they have to use the corresponding TL terms given in the terminologies consistently. Translators cannot create or invent TL expressions, even if they think the expressions are semantically equivalent to the given SL terms.

③When an SL term or a TL term is not registered in the terminologies, translators have to look for relevant terms first in other established terminologies. When they cannot find the entries in these terminologies, they look for documents of the domain. These terms should be reported to terminologists.

④Variations of terms are permitted only under the understanding that TL terms are not *created* but are *chosen* and *used*. Thus the range of variations is limited in the treatment of terms (Rogers 1997).

3.3 The Nature of Translation Reflected in the Treatment of Terms and Terminologies

The observations in Sections 3.1 and 3.2 above show that, in a sense, terms in documents are like citations of a passage from an international treaty within a document. If an official TL version of the treaty exists, translators should copy and paste the passage from the official treaty in TL that corresponds to the cited part in the SL document. Though terms and citations are considered to be exceptions to linguistic elements that constitute documents, they show the theoretical essence of the objects that translation addresses, i. e. translation deals with documents; it does not deal with texts. A document is defined as a coherent unit of linguistic representations of propositions and arguments that have actually been produced as meaningful in human history and a range of representations that will potentially be created and accepted in human world as something meaningful. A text, in contrast, is defined as a linguistic unit that consists of a set of paragraphs (Kageura 2019).

Interestingly, a translator who is asked about what s/he translates would answer something like:

"I mainly translate patent documents. "

"I focus on literary work. "

"I translate product manuals. "

S/he would not answer:

"I translate sentences. "

"I translate paragraphs. "

This simple thought experiment indicates that translation is about documents and not about linguistic units (as defined in linguistics), be it sentences or paragraphs or whole texts. Documents have their positions in the history and in the society of this world. Put differently, texts as linguistic units become documents when they are understood together with their positions in the history and in the society.

Incidentally, corresponding to the fact that translation is about documents and not about texts, translator competences are perceived as consisting not only of linguistic competences but also of other competences (ISO 2015). The European Master's in Translation (EMT) competence framework is indicative of this when it states that a high level of language competence in at least two working languages

(CEFR level C1 and above or an equivalent level in comparable reference systems) should be a prerequisite for access to any EMT Master's degree course in translation (EMT 2017); study of translation starts after sufficient language competences are obtained.

Translation is not a linguistic act, or at least it does not only consist of linguistic level act. It is because the object of translation, i. e. documents, is in itself not a linguistic unit. We observed above that a term is a functional class of lexical units(Sager 1998). We can now understand the meaning of this statement more clearly. The function of terms is to anchor texts to documents. Note that linguists do not address the concept of, for instance, crimes against humanity. It is legal scholars — *and citizens* — who address this concept. Also, many native speakers of a language, say English, cannot read university level math textbooks written in English. Language competences and linguistic level understanding of texts fall short of understanding documents.

Linguistics has excluded this meaningfulness in the real world carried by documents from its research agenda. A distinction somewhat corresponding to this is also shown between the analysis of language and the analysis of discourse made by Foucault (1969):

> The question that the analysis of language raises, in the face of a certain fact of discourse, is always: from what kind of rules was this statement constructed, and, consequently, from what kind of rules can other statements, which resemble this one be constructed? The description of discourse raises a completely different question: how is it that this statement, and nothing else in its place, appeared? (the present author's translation: "La question que pose l'analyse de la langue, à propos d'un fait de discours quelconque, est toujours : selon quelles règles tel énoncé a-t-il été construit, et par conséquent

selon quelles règles d'autres énoncés semblables pourraient-ils être construits? La description du discours pose une toute autre question : comment se fait-il que tel énoncé soit apparu et nul autre à sa place?")

4　TREATMENT OF TERMS IN NATURAL LANGUAGE PROCESSING

We now observe how terms are treated in natural language processing (NLP) applications relevant to translation and terminology processing. We first examine standard NMTs, in which terms are not independently treated in their standard settings. We then observe NLP research that deals with terms as independent targets.

4.1　Terms in NMTs

Let us check how NMTs, which do not deal with terms separately in their standard setups, handle terms in technical documents by examples. The first example is Article 7 Paragraph 1 of *Rome Statute of the International Criminal Court*[1][line breaks for the itermization (a) to (k) are collapsed to save space here]:

Article 7

Crimes against humanity

1. For the purpose of this Statute, "*crime against humanity*" means any of the following acts when committed as part of a widespread or

---

[1] https://www. icc-cpi. int/sites/default/files/RS-Eng. pdf.

systematic attack directed against any *civilian population*, with knowledge of the attack:

(a) *Murder*; (b) *Extermination*; (c) *Enslavement*; (d) *Deportation or forcible transfer* of population; (e) *Imprisonment* or other severe deprivation of physical liberty in violation of fundamental rules of international law; (f) *Torture*; (g) *Rape, sexual slavery, enforced prostitution, forced pregnancy, enforced sterilization*, or any other form of *sexual violence* of comparable gravity; (h) *Persecution* against any identifiable group or collectivity on political, racial, national, ethnic, cultural, religious, gender as defined in ... or other grounds that are universally recognized as impermissible under international law, in connection with any act referred to in this paragraph or any crime within the *jurisdiction* of the Court; (i) *Enforced disappearance* of persons; (j) *The crime of apartheid*; (k) Other inhumane acts of a similar character intentionally causing great suffering, or serious injury to body or to mental or physical health.

Some of the legal terms are italicized. Table 1 shows the English terms, the official terms used in the official Japanese version of *International Criminal Court* (*ICC*) *Statute* provided by the Japanese Ministry of Foreign Affairs (MOFA)[①], and Japanese terms created by DeepL[②] for the terms for which MOFA terms and DeepL terms are different. Eight out of the nineteen terms that occur in the above quotation are different, i. e. DeepL failed to use proper terms in about half of the term types. An interesting point can be noticed here: readers will most probably "understand" the "meaning" of this paragraph even if terms produced by DeepL

---

① https://www. mofa. go. jp/mofaj/gaiko/treaty/pdfs/B-H19-005. pdf.

② https://www. deepl. com/ja/translator. The terms in Table 1 are the checking results on 30 June 2022.

are used. But this will not lead the readers to the level of necessary legal understanding. For instance, compared to 犯罪, which is legal, 罪 can have religious connotation. This can lead to misunderstanding of the concept of "crimes against humanity".

Table 1   Differences between MOFA Terms and DeepL Terms

English	MOFA	DeepL	English	MOFA	DeepL
crime against humanity	人道に対する犯罪	人道に対する罪	sexual slavery	性的な奴隷	性的奴隷
civilian population	文民	民間人	forced pregnancy	強いられた妊娠	強制妊娠
extermination	殲滅させる行為	殺害	jurisdiction	管轄権	管轄区域
imprisonment	拘禁	監禁	the crime of apartheid	アパルトヘイト犯罪	アパルトヘイトの罪

The following example[①], this time from Japanese to English, also shows the failure in using relevant terms:

確定記述をめぐっては指示との関係で様々な議論がある。

DeepL: There is a lot of debate over *definitive descriptions* in relation to *instructions*.

Mirai Translate[②]: There are various arguments over the *definitive statement* in relation to the *instructions*.

Both DeepL and Mirai Translate failed to translate 確定記述 into *definite descriptions*, and 指示 to *reference*. Unlike in the case of *ICC Statute*, this time

---

① The sentences in the example are the checking results on 30 June 2022.

② https://miraitranslate.com/trial/.

the uses of *definitive descriptions/statement* and *instructions* make both English sentences impossible to understand.

While NMTs greatly improved the TL fluency compared to statistical MTs (SMTs), some pointed out that the accuracy of handling technical terms by NMTs is not necessarily better than that by SMTs (Chen and Kageura 2019). In a sense, NMT seems to be approaching "translation" carried out by a person who can speak two languages to some extent (or even fluently) but do not know what the thing called translation is. It is obvious that the two English "translations" for the second example would never be produced by somebody who understands the Japanese statement. This is because understanding this statement necessarily involves understanding the concepts represented by 確定記述 and 指示, and once one understands these concepts, one would certainly use *definite descriptions* and *reference* in English.

Of course, we do not expect MTs to understand documents. What matters in relation to NLP technologies is whether NLP systems can properly handle terms when it is necessary. We saw that NMTs do not satisfy the necessary requirements for handling terms. In a sense, we can say that NMTs cannot deal with terms because they define the process of transferring SL texts to TL texts as a linguistic process. But there is an NLP research that is concerned with handling terms per se. Observing the status of term processing in NLP in relation to practical requirements for terms and terminologies we saw in Sections 2 and 3 is our next task. Incidentally, in relation to (B) of the trilateral gap we saw in Section 1, NMTs in their standard setup do not take into account the issues related to terminologies identified in human translation, although some NMT systems, such as みんなの自動翻訳@TexTra®[1], provide functions to upload a list of terms.

---

[1] https://mt-auto-minhon-mlt.ucri.jgn-x.jp/.

4.2　Approaches to Automatic Term Processing

Research in automatic term processing started in the late 1980s to the early 1990s, when technical corpora became available. Some of the main tasks in automatic term processing are: monolingual term extraction from corpora [see Kageura and Umino (1996) for an early review, and Heylen and de Hertog (2015) for a more recent summary]; bilingual or multilingual term extraction or induction from corpora (Daille et al. 1994); thesaurus or ontology construction (Grefenstette 1994; Kageura et al. 2000); and term variation identification or conflation (Daille 2017). We focus here on the examination of automatic monolingual term extraction methods. Although monolingual extraction does not directly contribute to multilingual activities including translation, treatment of terms in bilingual or multilingual term extraction is essentially the same as in the monolingual term extraction. Bilingual extraction concerns more with matching bilingual candidates while monolingual extraction concerns with whether the extracted candidates are terms or not. Therefore, it is most relevant to focus on the monolingual term extraction to observe how terms are perceived in automatic term processing.

The basic framework of monolingual term extraction can be defined as follows:

①Prepare a domain corpus, or a set of documents that belongs to the domain, from which term candidates of the domain are extracted;

②[Optional] Prepare reference corpora, which may be a general corpus or corpora of different domains;

③Define basic linguistic or symbolic patterns that specify possible forms of terms;

④Define quantitative measures to evaluate the possibility that the candidates are actually terms.

At the early stage of automatic term extraction, step ③ was an important issue (Ananiadou 1994; Bourigault 1992; Daille et al. 1994). But most of the work has been concerned with step ④. We summarize major approaches adopted in the step ④ below. As our purpose is not to introduce the range of methods, we do not delve into their technical details.

One of the approaches is to evaluate *unithood* (Kageura and Umino 1996) or the strength of combinations among elements in complex term candidates. This approach uses the fact that many terms are complex and new terms tend to be created by compounding, and that lexicalized complex units that follow certain patterns in specialized corpora are likely to be terms. There are a number of measures that can be used for evaluating *unithood*, some of which are described in standard NLP textbooks (Manning and Schütze 1999). Daille (1994) examined ten measures that could be used for evaluating *unithood*.

The second approach uses frequency (or occurrence) of candidates in the domain corpus (and sometimes in the reference corpus). This approach is based on a general assumption that units that occur frequently in a domain corpus are likely to be terms. It evaluates *termhood* (Kageura and Umino 1996). The simplest method is to evaluate frequency within the domain corpus, the origin of which is traced back to Lunh's seminal work in keyword extraction (Luhn 1957, 1958) (term extraction and keyword extraction are theoretically two totally different tasks; we will come back to this point later). When reference corpora are used, measures that capture the skewness of frequencies of occurrences between the domain corpus and the reference corpora are used. Inverse document frequency (Spärck-Jones 1972), again introduced in keyword weighting, is a well-known measure to evaluate the skewness. A range of test statistics and skewness measures have been examined so far.

The third approach, which also evaluates *termhood*, focuses on contextual information around candidates. This approach is based on an idea that units that carry specific contexts are likely to be terms. To evaluate *termhood*, this method calculates the distance between the context around candidates and the average context calculated for the reference corpus (Hisamitsu and Niwa 2002). This approach can incorporate naturally more recent distributional representations which are well documented in modern NLP textbooks (Eisenstein 2019).

The fourth approach focuses on the complex candidate units, and observes the number of term candidates that a constituent unit can produce in the corpus, and gives the *termhood* of candidates (Nakagawa and Mori 1998). For instance, suppose *information* occurs in 100 different complex term candidates in the domain corpus, and *element* occurs in 10 different complex term candidates. Then the termhood of *information extraction* is evaluated to be higher than *element extraction*.

Many proposed methods are combinations of some of these approaches. A well-known measure C-value can be regarded as evaluating *unithood*, frequency, and the generative power of constituents at the same time (Frantzi and Ananiadou 1999). In addition, recently, some work takes machine learning-based approaches (Foo and Merkel 2010; da Silva Conrado et al. 2013; Kováříková 2021). Compared to keyword/keyphrase extraction or named entity recognition, machine learning (ML) approaches to automatic term extraction are not that many. For instance, a survey of machine learning-based keyphrase extraction by Merrouni et al. (2020) covers nearly 100 studies, and a survey of deep learning-based named entity recognition by Li et al. (2022) has over 200 references. This perhaps reflects the fact that researchers in automatic term extraction unconsciously have an understanding that, unlike keywords or keyphrases, terms are not attributed to documents, and, unlike named entities, terms cannot be identified in isolation just by checking their referents. This implies that especially supervised ML approaches that explicitly depend on occurrence information in documents cannot provide sufficient information about *termhood*.

Automatic term extraction methods are evaluated in terms of reference lists or reference annotations in reference corpora (Bernier-Colborne and Drouin 2014; Loginova et al. 2012; Zadeh and Schumann 2016; Terryn et al. 2020). Performance is often evaluated by means of recall, precision and F-measures. Perhaps a rare exception for this standard type of evaluation was adopted in NTCIR-1 TMREC task, one of the first shared task for automatic term extraction (though limited to Japanese and English), in which term extraction and keyword extraction were explicitly distinguished (Kageura et al. 1999).

4.3　Theoretical and Practical Status of Automatic Term Extraction

During thirty years of efforts in improving automatic term extraction methods, we have witnessed a steady advance of methodologies and observed improved performances in in vitro experiments. Nevertheless, these advanced methods are not necessarily conveniently used in either of the two stages of terminology management and terminology handling in translation. We examine the issues here, in relation to what we discussed in Section 3. 2.

In relation to the identification of terms in SL documents at the stage of translating individual documents, it is mostly simple patterns and frequency counts that are incorporated in translation tools. The reasons for this are, among others: methods at this stage should work for a small set of documents; and results of extraction, including what can be identified and what can be missed, should be systematic (Kageura and Marshman 2019). Also, in many cases terminology databases exist, and matching between entries in the databases and occurrences in texts is provided. This makes the on-the-fly independent identification of terms less important.

In relation to the stage of constructing and managing — especially updating — terminology databases, we observe both theoretical and practical mismatches between what is required and what is being addressed in most work in automatic term extraction. Theoretically, we saw in Sections 2 and 3 that terms are attributed to terminologies, and terminologies are attributed to the domain and not to documents. The standard approaches to automatic term extraction start from documents, and *termhood* is evaluated in such a way that terms were attributed to documents or specialized discourse. They thus effectively treat terms in the same way as keywords, which are by definition attributed to documents. An interesting exception is the fourth approach introduced in Section 4. 2, but this approach has not made explicit how *termhood* of individual terms in relation to terminologies can be extracted from information observed in textual corpora. Kageura (2009) carried out a preliminary investigation into this direction, but what he achieved was only partial. It is true that textual corpora are important resources for terminologists, but the utilization is embedded in the context of terminology and translation work.

Practically, several factors hamper full utilization of methodological advance in practical setups. Note that research in automatic term extraction often claims that human endeavour in updating terminologies cannot catch up with the appearance of new terms. Within this problem setup, it is reasonable to assume that terminologies of a certain size already exist, which is true for many languages and domains actually dealt with in automatic term extraction research. Nevertheless, little work in automatic term extraction uses existing terminologies [some work, such as Sasaki et al. (2006) starts from seed terms]. This is the first issue. Secondly, also within this problem setup, terms that are not listed in the entries of terminological databases should be extracted. But the evaluation is carried out not in relation to actual terminologies but in relation to reference annotations or term lists, and somehow a system that extracts candidates that match annotations or terms in the reference lists is evaluated highly (which is inevitable and good for examining methodological merits of the system in vitro).

The same 60 percent precision in in vitro setup, however, can be totally different in in vivo usefulness. For an extraction method to contribute to the construction of an initial core set of a new terminology, an extracted set consisting mostly of basic terms is useful. For it to contribute to updating an existing terminology, a set consisting of unregistered candidates is useful. Research in automatic term extraction has not addressed this issue [Bordea et al. (2013), which explicitly targets general — or intermediate — level terms, and is an interesting exception]. Recall, precision and F-measures by themselves cannot evaluate these aspects.

In relation to (C) of the trilateral gap observed in Section 1, current automatic term processing tasks are carried out independently of research in NMTs. This is so not only in relation to the use of the results of term processing in NMTs but also in relation to the problem definition about dealing with terms. Automatic term processing as defined currently can be connected to NMTs only by means of terminologies that automatic term processing methods produce. As such, examining to what extent automatic term extraction actually contributes to the construction and updating of terminologies is important. As we just saw, there remain a gap to be filled before term extraction methods can contribute to practical terminology construction and updating in full scale.

Technologies, however advanced, cannot satisfy practical needs that they do not intend to satisfy, other than by a pure luck. As we contended in relation to the ML-based approaches, research in automatic term recognition has taken a standpoint that reflects — at least to some extent though unconsciously — the status of terms and terminologies. If such is the case, perhaps what is needed to further develop — or utilize the current fruit of — the research in automatic term extraction is to make explicit what has been implicitly and unconsciously understood, i. e. terms are an attribute of terminologies which are in turn an attribute of domains and are not an attribute of documents. Practically, this leads us to the agenda in which we utilize terminological databases explicitly. We may then call the task of automatically extracting terms from documents "*automatic terminology augmentation*" rather than automatic term recognition. Let's turn our eyes to the research in this direction.

5 DIRECTION TOWARDS AUTOMATIC TERMINOLOGY AUGMENTATION

Since the 2010s, some work started explicitly addressing the task of automatic terminology augmentation, assuming the existence of seed terminologies (Sato et al. 2013; Iwai et al. 2016). Though this work is carried out for bilingual applications, the basic approach is relevant to the monolingual application. So we summarize here the approach within the monolingual setup. The method is based on a "generate and validate" paradigm (Tonoike et al. 2007):

①generate term candidates;

②validate the usage by using relevant domain corpora.

In Tonoike et al. (2007), candidates were generated from SL terms by compositional translation, and TL term candidates thus generated were validated by domain corpora. Instead of starting from SL terms, Sato et al. (2013) started from a terminology of a certain size. Observing that a substantial ratio of terms was complex and new terms tended to be formed by compounding, Sato et al. (2013) contended that complex term candidates could be generated by filling missing edges in a bipartite graph consisting of heads and modifiers. For instance, starting from a putative terminology consisting of 12 terms as given in Table 2, the bipartite graph consisting of heads and modifiers can be generated as in Figure 1 (dark edges are the ones created from the terminology). Then the missing edges can be filled, which generates term candidates consisting of two elements (light edges). Extending this to candidates with more than three constituents is technically possible. The candidates thus generated are then validated against relevant domain corpora.

Table 2   A Putative Terminology Consisting of 12 Terms

text segmentation	text classification	automatic text classification
library classification	document classification	document information
information retrieval system	medical information system	medical aid system
medical diagnosis	disease diagnosis	disease record

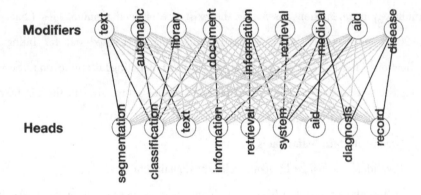

Figure 1   A Bipartite Graph Generated from the Terminology in Table 2

An important technical problem is that the number of combinations explodes when a terminology of reasonable size is to be dealt with. Kageura (2012) showed that the graph created in a similar way, though not bipartite, has a large dominant component. Most constituent elements can be thus connected, which makes the number of missing edges be in the order of million for a terminology consisting of several thousand entries. This is not only practically unreasonable and computationally inconvenient, but also theoretically invalid. The range of extension that is reasonable for a terminology consisting of several thousand terms should be scores to several thousand new terms and not more.

To solve this problem, Sato et al. (2013) applied Kernighan-Lin algorithm to cut the bipartite graph. Iwai et al. (2016) introduced a new way of reducing the number of generated candidates. Instead of cutting the graph after it is created, the new way defines a terminological network and then identifies coherent subgroups of terms by applying community detection algorithm to the terminological network. This reduces the number of generated candidates while produces a larger number of validated terms. This examination leads us to the theoretical exploration of the structural characteristics and the dynamics of terminologies (Kageura 2022), which is the exploration of the terminological sphere per se, rather than individual terms or term usage in documents. Practically, this approach can be smoothly connected to terminology work at the first stage in the translation setups, as it assumes the existence of terminologies. The standard automatic term extraction methods can be used at the validation stage. Sato et al. (2013) and Iwai et al. (2016) simply regarded term candidates that occurred in domain corpora as validated terms, but their relevance or preferences could be evaluated by incorporating some methods that had been proposed so far in the standard automatic term extraction task. So the development of automatic terminology augmentation illustrated here can potentially fill gap (A) introduced in Section 1.

6 CONCLUSIONS AND OUTLOOK

This paper examined the status of automatic term processing with special reference to practical terminology work carried out in the translation process. In order to do so, we started from examining the status of terms and terminologies theoretically. The important observations at this stage were:

- Terms are not translated as such but corresponding TL terms that represent the same concepts as SL terms should be used consistently.

- This requirement comes from the fact that terms are consolidated as terms because they have specific functions of grounding meaningful propositions to meaningful knowledge. As such, terms are not linguistic items.

- Terms are not attributes of documents but of terminologies which are attributes of the domain.

Terminology construction and management as well as handling of terms in translation reflects these status and characteristics of terms and terminologies, because translations are not about transferring linguistic units such as sentences or paragraphs (units dealt with by linguists) from one language to another, but producing TL documents in such a way that they obtain concrete positions and meaning in history and society relevant to TL, starting from the given SL documents which have concrete positions and meaning in history and society. In translation, terms and terminologies thus play an important role. We observed that NMTs cannot handle terms properly. This may be an reflection of the fact that NMTs define "translation" as a linguistic process; the gaps (B) and (C) of the trilateral gap listed in Section 1 can thus come from the current definition of the NMT task.

Automatic term processing, unlike NMTs, explicitly addresses terms as its target. We briefly observed existing approaches. While methods have advanced for the past 30 years, it was observed that practical translation activities did not fully benefit from this development. An important theoretical point that remained implicit is that terminologies, not terms, are the key target in practical handling of terms. The standard automatic term extraction methods, however, have largely been concerned with the relationships between texts and terms, failing to fully take into account terminologies. We briefly examined approaches to automatic terminology augmentation and examined how this can contribute to filling the gap (A) postulated in Section 1. Full exploration of this approach and combining it with the standard automatic term extraction approaches remain a future task in automatic term processing. There remain a way to go before we develop the automatic term processing that can be truly useful for in vivo applications.

REFERENCES

[1]ANANIADOU S. A methodology for automatic term recognition[C]// COLING 1994 Volume 2: The 15th International Conference on Computational Linguistics, August 5-9, 1994, Kyoto Convention Centre, Kyoto: 1034-1038.

[2] AYER A J. Language, truth and logic [M]. New York: Free Press, 1936.

[3]BENJAMIN A C. The logical structure of science[M]. London: Kegan Paul, 1936.

[4]BERNIER-COLBORNE G, DROUIN P. Creating a test corpus for term extractors through term annotation[J]. Terminology, 2014, 20(1): 50-73.

[5] BORDEA G, BUITELAAR P, POLAJNAR T. Domain-independent term extraction through domain modelling [C]//Terminologie et Intelligence Artificiel (TIA) 2013, October 28-30, 2013, University of Paris 13, Paris: 61-68.

[6] BOURIGAULT D. Surface grammatical analysis for the extraction of terminological noun phrases [C]//COLING '92: Proceedings of the 14th Conference on Computational Linguistics — Volume 3, August 23-28, 1992, University of Nantes, Nantes: 977-981.

[7]CALVERT D J. Workshop: lost for words—maximizing terminological quality and value at an LSP[C]//Translating and the Computer 38, November 17-18, 2016, London: 1-9.

[8]CHEN L H, KAGERURA K. Translating terminologies: a comparative examination of NMT and PBSMT systems [C]//Proceedings of Machine

Translation Summit ⅩⅦ, August 19-23, 2019, Dublin City University, Dublin：101-108.

[9]DA SILVA CONRADO M, PARDO T A S, REZENDE S O. A machine learning approach to automatic term extraction using a rich feature set[C]//2013 NAACL HLT Student Research Workshop, June 9-14, 2013, Westin Peachtree Plaza, Atlanta, Georgia：16-23.

[10] DAILLE B. Combined approach for terminology extraction：lexical statistics and linguistic filtering [D/OL]. Lancaster：University Centre for Computer Corpus Research on Language, 1994. https：//ucrel. lancs. ac. uk/papers/techpaper/vol5. pdf.

[11] DAILLE B. Term variation in specialised corpora. Characterisation, automatic discovery and applications[M]. Amsterdam：John Benjamins, 2017.

[12]DAILLE B, GAUSSIER É, LANGE J-M. Towards automatic extraction of monolingual and bilingual terminology[C]//COLING '94：Proceedings of the 15th Conference on Computational Linguistics — Volume 1, August 5-9, 1994, Kyoto Convention Centre, Kyoto：515-521.

[13]DE BESSÉ B, NKWENTI-AZEH B, SAGER J C. Glossary of terms used in terminology[J]. Terminology, 1997, 4(1)：117-156.

[14]DE CARTES R. Descartes à Mersenne. 1629. https：//fr. wikisource. org/wiki/%C5%92uvres_de_Descartes/ %C3%89dition_Adam_et_Tannery/Tome_1/Texte_entier.

[15] EISENSTEIN J. Introduction to natural language processing [M]. Cambridge, Massachusets：MIT Press, 2019.

[16]EMT. European master's in translation competence framework 2017. https：//ec. europa. eu/info/sites/info/files/emt_competence_fK_2017_en_web. pdf.

[17] FELBER H. Terminology manual [M]. Paris：UNESCO and Infoterm, 1984.

［18］FOO J, MERKEL M. Using machine learning to perform automatic term recognition［C］//Proceedings of the 7th LREC — Workshop on Methods for Automatic Acquisition of Language Resources and their Evaluation Methods, May 17-23, 2010, Mediterranean Conference Centre, Valette: 49-54.

［19］FOUCAULT M. L'Archéologie du savoir［M］. Paris: Gallimard, 1969.

［20］FRANTZI K, ANANIADOU S. The C-value/NC-value domain-independent method for multi-word term extraction［J］. Journal of Natural Language Processing, 1999, 6(3): 145-179.

［21］GALILEI G. Il saggiatore (The assayer). 1623. https://web. stanford. edu/~jsabol/certainty/readings/ Galileo-Assayer. pdf.

［22］GREFENSTETTE G. Explorations in automatic thesaurus construction ［M］. Dordrecht: Kluwer, 1994.

［23］HEMPEL C. Aspects of scientific explanation and other essays in the philosophy of science［M］. New York: Free Press, 1965.

［24］HEYLEN K, DE HERTOG D. Automatic term extraction［M］// KOCKAERT H J, STEURS F. Handbook of terminology. Amsterdam: John Benjamins, 2015: 203-221.

［25］HISAMITSU T, NIWA Y. A method of term representativeness based on the number of co-occurring salient words［C］//COLING 2002, August 24 - September 1, 2002, Howard International House, Taipei: 1-7.

［26］ISO. ISO 17100: 2015. Translation services — requirements for translation services ［M］. Geneva: International Organization for Standardization, 2015.

［27］IWAI M, TAKEUCHI K, KAGEURA K, et al. A method of augmenting bilingual terminology by taking advantage of the conceptual systematicity of terminologies ［C］//Proceedings of the 5th International Workshop on Computational Terminology (Computerm2016), December 12,

2016, Osaka International Convention Centre, Osaka. Osaka: The COLING 2016 Organizing Committee, 2016: 30-40.

[28]KAGEURA K. Toward the theoretical study of terms: a sketch from the linguistic viewpoint[J]. Terminology, 1995, 2(2): 239-257.

[29] KAGEURA K. Computing the potential lexical productivity of head elements in nominal compounds using the textual corpus [J]. Progress in Informatics, 2009, 6: 49-56.

[30]KAGEURA K. The quantitative analysis of the dynamics and structure of terminologies[M]. Amsterdam: John Benjamins, 2012.

[31]KAGEURA K. Terminology and lexicography[M]//KOCKAERT H J, STEURS F. Handbook of terminology. Amsterdam: John Benjamins, 2015: 45-59.

[32] KAGEURA K. The status of documents and related concepts in translation and in library science [C]//Proceedings of the 9th Asia-Pacific Conference on Library and Information Education and Practice (A-LIEP), November 4-7, 2019, Sunway Putra Hotel, Kuala Lumpur: 1-13.

[33]KAGEURA K. Terminological growth[M]//FABER P, L'HOMME M-C. Theoretical perspectives on terminology: explaining terms, concepts and specialized knowledge. Amsterdam: John Benjamins, 2022: 457-476.

[34]KAGEURA K, UMINO B. Methods of automatic term recognition: a review[J]. Terminology, 1996, 3(2): 259-289.

[35] KAGEURA K, MARSHMAN E. Terminology extraction and terminology management [M]//O'HAGAN M. The Routledge handbook of translation and technology. London: Routledge, 2019: 61-77.

[36]KAGEURA K, TSUJI K, AIZAWA A. Automatic thesaurus generation through multiple filtering[C]//COLING 2000 Volume 1: The 18th International Conference on Computational Linguistics, July 31-August 4, 2000, Universität des Saarbrücken, Saarbrücken: 397-403.

[37]KAGEURA K, YOSHIOKA M, TSUJI K, et al. Evaluation of the term recognition task[C]//Proceedings of the First NTCIR Workshop on Research in Japanese Text Retrieval and Term Recognition, August 30-September 1, 1999, KKR Hotel, Tokyo: 417-434.

[38]KOVÁŘÍKOVÁ D. Machine learning in terminology extraction from Czech and English texts[J]. Linguistic Frontiers, 2021, 4(2): 23-30.

[39]LÄUBLI S, SENNRICH R, VOLK M. Has machine translation achieved human parity? A case for document-level evaluation[C]//Proceedings of EMNLP 21, October 31 - November 4, 2018, Square Meeting Center, Brussels: 4791-4796.

[40]LEIBNIZ G W. Dissertatio de arte combinatoria (Dissertation on the art of combinations) [M/OL]. 1666. https://www. math. ucla. edu/~pak/hidden/papers/Quotes/Leibniz-Arte-Combinatoria. pdf.

[41]LI J, SUN A X, HAN J L, et al. A survey on deep learning for named entity recognition[J]. IEEE Transactions on Knowledge and Data Engineering, 2022, 34(1): 50-70.

[42]LOGINOVA E, RAMM A, BLANCAFORT H, et al. Reference lists for the evaluation of term extraction tools [C]//Terminology and Knowledge Engineering (TKE) 2012, June 19 - 22, 2012, Universidad Politécnica de Madrid, Madrid: 20.

[43]LOMMEL A. Multidimensional quality metrics (MQM) definition [EB/OL]. 2015. https://www. qt21. eu/mqm-definition/definition-2015-06-16. html.

[44]LUHN H P. A statistical approach to mechanized encoding and searching of literary information[J]. IBM Journal of Research and Development, 1957, 1(4): 309-317.

[45]LUHN H P. The automatic creation of literature abstracts[J]. IBM Journal of Research and Development, 1958, 2(2): 159-165.

［46］MALTHUS T. Definitions in political economy［M］. London：John Murray，1827.

［47］MANNING C，SCHÜTZE H. Foundations of statistical natural language processing［M］. Cambridge，Massachusetts：MIT Press，1999.

［48］MERROUNI Z A，FRIKH B，OUHBI B. Automatic keyphrase extraction：a survey and trends［J］. Journal of Intelligent Information Systems，2020，54(2)：391-424.

［49］NAKAGAWA H，MORI T. Nested collocation and compound nouns for term recognition［C］//Computerm 1998，August 15，1998，University of Montreal，Montreal：64-70.

［50］REY A. Essays on terminology［M］. Amsterdam：John Benjamins，1995.

［51］ROGERS M. Synonymy and equivalence in special-language texts：a case study in German and English texts on genetic engineering［M］// TROSBORG A. Text typology and translation. Amsterdam：John Benjamins，1997：217-245.

［52］RUSSELL B. An inquiry into meaning and truth［M］. London：George Allen and Unwin，1940.

［53］SAG I A，BALDWIN T，BOND F，et al. Multiword expressions：a pain in the neck for NLP［C］//Computational Linguistics and Intelligent Text Processing，Third International Conference，CICLing 2002，February 17-23，2002，National Polytechnic Institute，Mexico City：1-15.

［54］SAGER J C. Terminology for translators，a new and different approach? Unpublished memo. 1998.

［55］SASAKI Y，SATO S，UTSURO T. Related term collection［J］. Journal of Natural Language Processing，2006，13(3)：151-175. (in Japanese)

［56］SATO K，TAKEUCHI K，KAGEURA K. Terminology-driven augmentation of bilingual terminologies［C］//Proceedings of Machine Translation

Summit XIV, September 2-6, 2013, Acropolis Conference Centre, Nice: 3-10.

[57]SPÄRCK-JONES K. A statistical interpretation of term specificity and its application in retrieval [J]. Journal of Documentation, 1972, 28 (5): 111-121.

[58] TERRYN A R, HOSTE V, DROUIN P, et al. TermEval 2020: shared task on automatic term extraction using the Annotated Corpora for Term Extraction Research (ACTER) dataset[C]//Proceedings of the 6th International Workshop on Computational Terminology (Computerm 2020), May 11-16, 2020, Language Resources and Evaluation Conference (LREC 2020), Marseille: 85-94. (Proceedings only)

[59] TONOIKE M, UTSURO T, SATO S. Compositional translation estimation of technical terms using a domain/topic-specific corpus collected from the web[J]. Journal of Natural Language Processing, 2007, 14(2): 33-68. (in Japanese)

[60]WÜSTER E. Das Worten der Welt, schaubildlich und terminologisch Dargestellt[J]. Sprachforum, 1959/1960, 3(3): 183-204.

[61]ZADEH B Q, SCHUMANN A-K. The ACL RD-TEC 2.0: a language resource for evaluating term extraction and entity recognition methods [C]// Proceedings of the Tenth International Conference on Language Resources and Evaluation (LREC'16), May, 2016, Portorož, Slovenia. European Language Resources Association(ELRA): 1862-1868.

[62]ZEYTINKAYA D, SARAÇ F. Terminology training at translation and interpreting departments in Turkey and beyond[J]. RumeliDE Dil ve Edebiyat Araştırmaları Dergisi, 2020, Ö7: 683-701.

中医学多义核心术语部件的英译探讨

崔昶旭[1]　洪　梅[2]

(1. 浙江中医药大学浙江中医药文化研究院；

2. 中国中医科学院中国医史文献研究所)

受独特的文化背景和语言思维的影响,中医术语同时具有历史性、人文性、定性描述、抽象概念用具体名词表述等特点,中医术语数量众多、内涵丰富,往往同一个术语及部件存在多种不同的解释,即一词多义(一字多义)。[1,P14]这一现象不仅导致中医学理论出现理解上的歧义,更为相关名词术语的英译造成困难。其中单字术语或术语部件的多义性对中医术语的翻译影响很大,对其进行整理研究对中医术语翻译的规范工作具有重要意义。本研究针对中医学术语的多义性,结合 4 部影响力较大的国内外英译标准,选择具有代表性的中医学多义核心术语及主要术语部件为例,探讨更为合理的英译策略。

1　中医学核心术语及主要术语部件的多义性

多义术语是指一个术语具有几个彼此不同但相互关联的意义,这些意义由该词的基本含义引申、扩大或转移而来,[2,P39]即我们常说的"一词多义"现象,这一现象也发生在单字术语及单字术语部件中。在术语学中,当多个概念使用同一个名称时,应当根据不同的概念分别确定不同名称,以客观、

准确地表达概念。[3,P196]

就中医学术语而言,多义单字术语及部件因其含义丰富,往往成为派生其他双字或多字复合术语的单位。有些单字术语或部件衍生的复合术语经过人们长期的总结和归纳已经形成非常明确的概念体系,也有些随着时间的推移出现越来越多不同的解读方式,致使争议依然存在。如核心术语"证",有学者总结归纳出 5 种概念内涵:证与证候为疾病阶段本质(证是对疾病过程中一定阶段的病位、病因、病性、病势及机体抗病能力的强弱等本质的概括);证为临床证据(证是证据、现象);证与候同为外征(证与候均指疾病的外在表现);证与证候本质、外候不同(证是本质,而证候是现象);证与候意义不同(证是产生候的内在原因)。[4,P2248-2249]因此,多义核心术语及部件的含义直接决定其在不同应用情形下的英译,厘清其概念脉络尤为重要。

2　中医学多义核心术语及主要术语部件的英译

本研究选取 4 部影响力较大的国内外英译标准:《中医药学名词》[5](全国科学技术名词审定委员会 2004 年公布、2005 年出版,以下简称"标准①")、《WHO 西太平洋地区传统医学名词术语国际标准》[6](原著于 2007 年由世界卫生组织出版,以下简称"标准②")、《中医基本名词术语中英对照国际标准》[7](2008 年出版,以下简称"标准③")和魏迺杰(Nigel Wiseman)等的《实用英文中医辞典第 2 版》[8](2002 年出版,以下简称"标准④"),梳理中医学多义核心术语及主要术语部件的概念内涵,分析其在不同标准中的英译,探索合理可行的译法。为方便比较,这里将多义核心术语及主要术语部件划分为内涵明确和内涵存在争议的两种类型。

2.1　内涵明确的多义核心术语及主要术语部件

此类术语及部件虽具有明显的多义性特征,但经过长期的翻译实践,已经基本形成了固定统一的译法。例如,术语"气"既是中医学单字核心术语,也是主要术语部件。"气"字的甲骨文字形是三条横线三,后来上下两横逐渐变为折曲,成为金文中的字形气。[9,P2014] "气"的概念来源于"云气说",如《说文解字·气部》中记载:"气,云气也。象形。凡气之属皆从气。"[10]因此"气"最初是指天气、空气等自然之气。后经过引申,"气"指代饮食物,即《说文解字》中所说:"气,馈客刍米也。"[11,P2]自然之气的含义进一步抽象,逐渐衍生为古代哲学中宇宙万物起源的概念,如《素问·天元纪大论》记载:"太虚寥廓,肇基化元,万物资始,五运终天。"这里的"太虚"即是气的原始状态。[12,P1-2]最后气的内涵引入中医学中,成为构成人体和维持人体生命活动的物质基础。

就中医术语而言,"气"作为术语部件在参与构成其他术语的同时,其内涵也会相应地发生变化,表现出明显的多义特点(见表1)。举例来说,气血津液学说中的术语"元气""精气"等的部件"气"指的是构成人体及维持生命活动的最根本、最微细的物质,强调"气"的物质性;藏象学说中的术语"心气""肝气"等强调的是"气"的功能性;而针灸学术语"经气""气街"等的部件"气"指的是运行于经络中的气,是"气"的物质性和功能性的统一。又如:运气学说中的术语"主气""客气"等的部件"气"是主季节性气候变化的一种物质;温病学说中的术语"气分"的部件"气"指的是病位或者病理阶段;术语"邪气""疠气"等的部件"气"侧重于致病因素的概念;针灸学术语"得气"的部件"气"指的是患者所产生的酸、麻、重、胀、疼痛或触电样反应等针感以及医者刺手手下的沉紧等感觉;病名术语中的"气厥""气瘿"等的部件"气"主要突出了该疾病分型的病因病机或症状特点。以上各术语中部件"气"的含义各不相同,多义特征明显,具有极强的中医文化特色,各标准在翻译时基本统一采用音译为 qi 的方式,符合同一性原则。

表 1　多义术语部件"气"在不同标准的英译举例

名词术语	标准①	标准②	标准③	标准④
阴气	yin **qi**	yin **qi**	yin **qi**	yin **qi**
母气	mother **qi**	mother **qi**	mother-element/phase **qi**	—
心气	heart **qi**	heart **qi**	heart **qi**	heart **qi**
气机	**qi** movement	**qi** movement	**qi** movement	**qi** dynamic
六气	six **qi** /six **climatic factors**	six **qi**	six **qi**	—
邪气	pathogenic **qi**	—	pathogenic **qi**	evil **qi**
得气	obtaining **qi**	obtaining **qi**	obtaining **qi**	obtaining **qi**
气分	**qi** aspect	**qi** aspect	**qi** aspect	**qi** aspect
四气	four **natures**	four **qi**	four **properties**	four **qi**
气淋	**qi** stranguria	**qi** stranguria	**qi** stranguria	**qi** stranguria
梅核气	globus hystericus	plum-pit **qi**	plum-stone **qi** （globus hystericus）	plum-pit **qi**

但此种译法难以完全准确地表达出"气"在不同语境中内涵的差异性，因此标准①将术语"六气"中的部件"气"直译为 climatic factors，与 qi 并列作为对译词。此外尚有其他情形采用不同的英译，如中药学术语"四气"的部件"气"是指药物的药性，标准①译作 nature、标准③译作 property，就此含义而言，标准②和④仍将其译作 qi 显然是不合适的；中医内科学术语"梅核气"是以咽喉异物感，如梅核梗阻、咽之不下、咯之不出、时发时止为主要表现的疾病，标准②③④均将此处的部件"气"直译为 qi，而标准①则采用西医病名 globus hystericus 作为对译词。

又如，核心术语及主要术语部件"脉"同样是多义性术语的典型代表（见表2）。"脉"（脈）字篆书写作：𦢸，会意字，从月（肉）从永（水流），表示人体内的血管。王冰注《素问·五脏生成篇》"诸脉者皆属于目"，《素问·脉要精微论》也记载："夫脉者，血之府也。"[13,P3469]中医基础理论术语"心主血脉"是指心气推动血液运行于脉中，流注全身，循环不休，发挥营养和濡润作用。此处的部件"脉"类似西医学中的"血管"，是人体全身血液流行的通道，因此标准①③④将其译为 vessel。针灸学术语"经脉"指的是十二经脉、奇经八脉，以及附属于十二经脉的十二经别的统称，是经络系统中的主干、全身气血运行的主要通道。此时的部件"脉"与"经"的含义是一致的，各标准均译作 channel 或 meridian。中医诊断学术语"脉象"是指医生手指所感受到的脉搏跳动的形象，此处的部件"脉"指的是"脉搏"，各标准均译为 pulse。由此可见，核心术语及主要术语部件"脉"虽存在多义，但几种不同的含义均有着基本一致的英译。

表2　多义术语部件"脉"在不同标准的英译举例

名词术语	标准①	标准②	标准③	标准④
心主血脉	heart governing blood and **vessels**	—	heart governing blood and **vessels**	heart governs the blood and **vessels**
经脉	**channel/meridian**	**meridian** vessel	**meridian/channel**	**channel** vessel/ **channel**
脉象	**pulse** manifestation	**pulse** condition	**pulse** manifestation	**pulse/pulse** manifestation

2.2 内涵存在争议的多义核心术语及主要术语部件

多义核心术语及部件之所以存在不一致的英译,很大一部分原因在于其中文含义尚存在争议。这里以最为常见的核心术语及主要术语部件"经"和"神"为例进行探讨。

"经"金文写作🎏,本义是"织布机上的纵线",小篆以后加"糸"旁以表义:經。《说文解字·糸部》:"经,织也。从系,坙声。"早在《素问·经脉别论》中就有"脉气流经"的记载。[13,P3253-3255]作为中医学单字核心术语和主要术语部件,"经"广泛应用于中医学的各个学科,其含义也是复杂多样(见表3)。其中仍存在争议的当属中医基础理论术语"经络"(经脉和络脉的统称,是人体运行气血、联络脏腑、沟通内外、贯穿上下的通路。)与中医诊断学术语"六经辨证"(以阴阳为总纲,用太阳、阳明、少阳、太阴、少阴、厥阴作为辨证纲领,从邪正盛衰、病变部位、病势的进退缓急等方面对外感病进行分析辨别,并用以指导临床治疗的辨证方法。)中的部件"经"。张仲景在总结《黄帝内经》和《难经》等著作的基础上,提出了"六经辨证"体系,后世将其称为"六经辨证"。"六经辨证"以"辨+阴阳+病脉证并治法"的命名方式命名,"十二脉"以"手足+阴阳+脏腑+经"命名,二者的相同点在于阴阳的命名皆为三阴三阳之名,而区别在于"六经辨证"命名中无手足和脏腑。[14,P77]因此,一方面有学者认为《伤寒论》的六经是与经络学说分不开的,"若详言之,则分手足十二经;合论之,则是六经"[15,P37];另一方面,也有观点认为二者不但内容实质互异、关系不同,而且各自所主的病证也不完全一致,甚至显然有别,"《伤寒论》六经是六个证候群"[16,P36]。

表3 多义术语部件"经"在不同标准的英译举例

名词术语	标准①	标准②	标准③	标准④
经络	**channel/meridian** and collateral	**meridian** and collateral	**meridian/channel** and collateral	**channels** and network vessels

续表

名词术语	标准①	标准②	标准③	标准④
月经病	menopathy	menstrual disease	menstrual disease	menstrual disease
六经辨证	pattern identification of six **channels**	six-**meridian** pattern identification/ syndrome differentiation	six-**meridian/channel** syndrome differentiation/ pattern identification	six-**channel** pattern identification
经方	**classical** formula	**classical** formula	**classical** formula	**classical** remedy
经[穴]	**jing-river** acupoint	**river** point	(1)**meridian/channel** point (2)**river** point	**river** point; **channel** point

　　尽管目前人们对部件"经"在术语"经络"和"六经辨证"中的含义尚存在不同见解,但各个标准对于其英译的选择较为一致,均使用 channel 或 meridian 作为对译词。对于"经"的其他含义,各标准的译法基本统一。如中医妇科学术语"月经病"是指月经的周期、经期和经量、经质、经色发生异常的疾病的统称,标准②③④均将部件"经"直译作 menstrual,意为"月经的",标准①则译为 menopathy。方剂学术语"经方"指的是汉代以前经典医药著作中记载的方剂,以张仲景的方剂为代表,4 个标准均将部件"经"译为 classical,意为"经典的"。针灸学术语"经[穴]"是指多位于腕踝关节以上、经气所行的五输穴,标准②③④均存在类比意译为 river 的译法,标准①则采用音译加意译,译作 jing-river。值得一提的是,术语"经[穴]"中的部件"经"显然不同于在术语"经络"或"六经辨证"中的含义,因此此处译为 channel 或 meridian 显然是不合适的。

　　"神"本身是会意字:神,《说文解字·示部》:"神,天神,引出万物者也。"《素问·宣明五气篇》认为"两精相薄谓之神",《素问·阴阳应象大论》也有"道生智,玄生神"的记载。[13,P2988] 术语"神"可以说是最具代表性的多义术语。受中国传统文化的影响,"神"在宗教、哲学、文学以及中医学等领域存在多种不同的内涵,其模糊的概念一直是各家争论的焦点。就中医学而言,有学者提出"神"有"元神"和"精神"两种含义,前者是指体内主宰与造物之神,为生命的本体;而后者主要强调神在情志和意识方面的功能。[17,P10]也有观点认为应当从广义和狭义两个层面理解"神"的概念,广义是指人体生命活动外在表现的总称,包括生理性或病理性外露的征象,狭义则是指精神意识思维活动。[18,P3]《中医药学名词》给出的"神"的定义是:(1)指自然界物质运动变化的表现及其内在规律;(2)人体正常生命活动的外在表现;(3)人的神志活动,包括对一切生理活动协调控制和精神意识思维活动(即神明)。[5,P36-37]

　　"神"的多义性决定其使用范围之广,而每个含义都有着不同的对译词(见表4),不同标准采用的译法基本一致。如中医基础理论术语"心藏神"是指心具有主宰五脏六腑、形体官窍的一切生理活动和精神意识思维活动的功能,标准①③④均将此处的部件"神"译为 spirit,取其"精神""意识"之意。术语"五神"是指五种精神活动的合称,即神、魄、魂、意、志,标准①将部件"神"意译为"情感"emotion,标准③直译为"神志活动"mental activity,二者虽侧重不同方面,但所表达的都是其内在精神活动的含义。中医诊断学术语"望神"指的是用视觉观察人体生命活动的整体外在表现和精神状态的诊断方法,标准①②③均将部件"神"译为 vitality,意为"生命力"。此外部件"神"尚有其他含义,如针灸学术语"太乙神针"指的是含有檀香、山柰、羌活、桂枝、木香、雄黄、白芷、细辛等药物的艾条,标准①③均将"神"译作"奇迹的、神奇的"miraculous。

表4　多义术语部件"神"在不同标准的英译举例

名词术语	标准①	标准②	标准③	标准④
心藏神	heart storing **spirit**	—	heart storing **spirit**	heart stores the **spirit**
五神	five **emotions**	—	five **mental activities**	—
热伤神明	heat affecting **mental activity**	heat damaging bright **spirit**	heat damaging **mind**	heat damaging the **spirit** light

续表

名词术语	标准①	标准②	标准③	标准④
望神	inspection of **vitality**	inspection of the **vitality**	inspection of **vitality**	—
太乙神针	taiyi **miraculous** moxa stick moxibustion	taiyi moxa stick moxibustion	taiyi **miraculous** moxa stick	tai yi moxa stick

但各个标准也有译法不一致的情况。如术语"热伤神明"是指因邪热炽盛扰乱神明,而致神志障碍的病理变化。对于部件"神"在此处内涵的不同理解,各标准出现了 mental activity、spirit 和 mind 三种译法。考虑到这里的"神明"实际指的是神志活动,译为 mental activity 应当更加与其概念相符。

结语

对于普遍存在的中医学名词术语多义现象,有学者认为其危害甚大,导致"中医界的许多学术争鸣常纠缠于术语歧义之中而不觉"[19,P330],不利于中医学的传承和发展,也为术语翻译工作带来巨大的困难。在术语学中,"一个多义术语的含义必须放在具体的语境中进行考察,才能最终确定其所指概念为译者所理解"[20,P43]。中医学名词术语的概念内涵是术语工作的基础和前提,厘清术语概念之间存在的差异对术语翻译而言至关重要。本研究选择具有代表性的中医学多义核心术语及主要术语部件为例,梳理术语的内涵脉络,追本溯源,以期为中医学名词术语的英译提供新的思路。

参考文献

[1]陈雪.术语多义性的认知解析[J].东北亚外语论坛,2017(3):14-17,5.

[2]刘力力,朱建平,高新颜.论中医药英文术语规范的同一性原则[J].中国科技术语,2013(1):38-40,45.

[3]朱建平.中医药学名词术语规范化研究[M].北京:中医古籍出版

社,2016.

[4]邢玉瑞.有关"证"概念争议的问题探讨[J].中华中医药杂志,2018,33(6):2247-2251.

[5]中医药学名词审定委员会.中医药学名词[M].北京:科学出版社,2005.

[6]世界卫生组织(西太平洋地区).WHO西太平洋地区传统医学名词术语国际标准[M].北京大学第一医院中西医结合研究所,译.北京:北京大学医学出版社,2009.

[7]李振吉.中医基本名词术语中英对照国际标准[M].北京:人民卫生出版社,2008.

[8]魏遒杰,等.实用英文中医辞典第2版[M].影印本.北京:人民卫生出版社,2002.

[9]肖红艳,马燕冬,刘力力.从文字学角度解析中医"气"的含义来源[J].中华中医药杂志,2012,27(8):2014-2016.

[10]刘秀灵,赵凰宏,秦中朋,等.中医"气"的概念和现代研究刍议[J].中医临床研究,2020,12(14):23-25.

[11]孙广仁.关于中医学气概念中的几个问题[J].中医研究,1998,11(3):1-3.

[12]王小平.论中医气概念的内涵[J].陕西中医学院学报,2015,38(2):1-5.

[13]宗福邦,陈世铙,萧海波.故训汇纂[M].北京:商务印书馆,2007.

[14]李姗姗,谭颖颖,赵星晨,等.论"十一灸经"到"六经辨证"经络演变过程[J].辽宁中医药大学学报,2020,22(4):75-78.

[15]朱明."六经"确系"经络"[J].上海中医药杂志,1983(1):37.

[16]徐余祥.再谈"六经即经络"吗?[J].上海中医药杂志,1983(1):36.

[17]何崇."神"探蕴[J].中医药导报,2019,25(16):8-14.

[18]印会河,张伯讷.中医基础理论[M].上海:上海科学技术出版

社,1984.

[19]许志泉.中医学术语的多义性及其标准化[J].山东中医学院学报,1994,18(5):329-333.

[20]刘谕静.认知语境观视角下的法学多义术语翻译探究[J].中国科技术语,2015(4):38-43.

翻译美学视域下的术语翻译

冯雪红[1,2]

（1.南京大学;2.常州工学院）

术语翻译在任何类型的翻译中都是很重要的一部分内容。"翻译行业非常重视术语的翻译,翻译项目工作流程的每个环节几乎都会涉及术语问题。"[1,摘要I]术语翻译研究作为翻译研究的一个领域,近年来受到越来越多的关注。从近些年来关于术语翻译的论文发表数量和相关著作的出版呈逐年增长的趋势就可窥见一斑。对术语翻译关注较多的方面是术语翻译的质量问题,以及术语译名使用不规范等问题。运用美学原则优化术语翻译可以一定程度上提高术语翻译的质量和促进术语译名的规范使用。

翻译美学是翻译研究的一个领域,结合了美学和翻译学的相关思想。传统的翻译美学多以研究文学翻译为主,近年来也出现了一些对应用型文本和科技文本的翻译美学研究,但对于术语翻译进行美学思考还未引起太多关注。对术语翻译进行美学维度的探讨是对翻译美学研究领域的进一步扩展,也会对提升术语翻译的质量和更好地规范术语译名起到一定程度的促进作用,还可以进一步提高术语翻译研究和实践的水平。术语翻译有其自身的特殊性,在借鉴翻译美学相关研究成果的同时,还要综合术语学的相关研究成果,提出有针对性的术语翻译美学观点。

1 翻译美学

美学可以被用于帮助解决翻译研究和翻译实践中不同方面的美学问

题。无论在国内还是国外,美学都对翻译研究和实践产生了重大的影响。国外早期的翻译理论把美学思想作为主要的理论支撑,泰特勒(A. F. Tytler)提出了著名的"翻译之原则",将其阐释为:成功的译作应能体现原作的全部优点,洞察原作的全部推理,最终领悟原文的全部美。翻译理论家阿诺德(Matthew Arnold)主张译诗应力戒矫饰,力求欣畅之气韵以保持原著的神采为本,翻译的实践在一定程度上取决于译者对文学作品"真值"(truth values)的审美感知。[2,P11]毛荣贵(2005)、刘宓庆(2019)等认为中国的译学与中国传统美学一直有着一种天然的联系。中国古典美学的语言意象论、美与善相统一的美学思想等对国内的翻译研究和实践产生了重大的影响。

美学与翻译研究的结合促进了翻译学的发展。"把美学分析应用到翻译中去,有助于实现译文与原文的美学特征的等值,这是比单纯的语义对等更高层次的等值。"[3,P15]在方梦之主编的《译学辞典》中,翻译美学被定义为:"揭示译学的美学渊源,探讨美学对译学的特殊意义,用美学的观点来认识翻译的科学性和艺术性,并运用美学的基本原理,提出翻译不同文体的审美标准,分析、阐释和解决语际转换中的美学问题。"[4,P296]翻译中的审美问题具体来说"包涵审美客体(原作品,译文作品)的审美构成、主体(译者和读者)的能动作用、审美主体和客体与接受者之间的关系、翻译中审美再现的手段和类型、翻译美学的标准等"[2,P2]刘宓庆(2019)把源语和目的语看作审美客体,把译者看作审美主体,在主客体的动态作用中构建起了翻译美学的基本框架。翻译美学的审美主体即译者。翻译美学中的审美客体是语言包括语言的形式系统(语音、文字、词语和句段等)和非形式系统("情"与"志"、"意"与"象"等)。译者的审美情感或者审美评价不是任意形成的,而是在实践的基础上形成的,具有相对稳定性。审美主体与审美客体是两个不能分离的概念。作为审美主体,译者对原作这一审美客体进行能动的反映,同时,主体也受客体的制约,译者不能脱离原作进行审美评价。

2 术语翻译的审美维度

在《翻译美学导论》中,刘宓庆提出:从翻译美学的观点来看,除了机器翻译以外,任何语际转换活动都是一种审美活动,其中包括艺术语言转换和非艺术语言转换。任何题材的语际转换都具有而且必然处在特定的审美心理结构中。[5,P269] 翻译美学的研究对象可以涵盖所有文体的翻译,而且不排斥对任何一个语言层级的美学问题审视,因此术语翻译也是翻译美学审视的一个方面。

美学与翻译的最直接联系是语言,术语翻译与美学的直接连接点也是语言,且主要集中在语音、文字、词语上。术语的语言构成形式主要是词语,是语言系统中的一个基础层级。术语与普通词语的不同之处在于每个术语的语言符号都指代一个专业概念,是一个知识单元。每一个学科领域都有其核心术语,这些核心术语形成了学科的核心术语系统,并以此构成该学科的专业知识和概念的主要框架。对核心术语概念知识的了解是掌握一门学科总体知识的关键。术语表征的概念和知识都与认知相关。术语的命名或定名触及了语言与意义、语言与世界的关系问题,涉及复杂的思维活动过程。这种思维活动结果的外在表现即是术语的外在语言符号。为了对术语有更加全面和清晰的了解,现代术语学对术语的研究通常从三个维度进行,即认知维度、语言维度和交际维度。这三个维度来自卡布雷关于术语研究提出的门的理论。"卡布雷(2003)提出门的理论,这个隐喻代表了访问、分析和理解术语单元的可能途径。她把一个术语单位看作一个多面体,有三个维度:认知维度,语言维度以及交际维度。每个维度都是一个单独的门,可以通过它了解术语单元。"[6,P249] 术语翻译的实质是术语的二次命名,是在对术语的全面认知和理解的基础上展开的语言转化实践活动。术语翻译是一种跨语言转换实践活动,自然也处在特定的审美心理结构中,因此术语翻译受到翻译美学思想的影响。术语翻译审美活动中的客体是源术语与术语译名;审美主体是术语译者和术语译名使用者。术语翻译主体对术语和术语译名的理解和选择受其审美思想的影响,是一种语言审美活动和翻译审美活动。术语翻译审美活动建立在主客体统一的、动态的美学原则基础之上。对术语翻译的审美活动可以从以上卡布雷提出的认知和理解术语的三个维度,即认知维度、语言维度和交际维度展开。

2.1 术语翻译的认知审美

术语翻译即术语的二次定名是一种跨语言转换实践活动,是一种与思维紧密相关的活动。术语翻译审美活动的外在表现是术语的语言形态,内在的形式是审美主体的思维活动即认知活动。术语译者是术语翻译审美活动的主要审美主体。术语译者认知审美的主要对象是源术语和术语译名的语符形式和知识内容。译者作为审美主体发挥主观能动性,充分调动审美心理机制,在对源术语的认知活动中利用缜密科学的思维对源术语的知识内容进行精确的把握。刘宓庆提出审美主体的审美心理机制包括"情""知""才""志"等方面。术语译者还要发挥其审美主体的主观能动性,在审美心理机制的作用下对术语译名进行相应的选择或创造出新术语译名,保证术语译名的名实相符。在术语译名名实相符的基础上,还可以运用美学原则对术语的语符表达进行优化。信娜提出:"术语汉译时,译者应利用汉语优美的动态节奏感及汉字'立像以尽意'的审美特质,通过选词择字、结构优化赋予译语术语一定的形式美,以更好地实现术语翻译的目的。"[7,P70]在对汉语术语英译时也应如是,在选词时应考虑符合译入语使用者思维习惯的、具有形式美的译语术语。

作为术语翻译的另一个审美主体,术语译名使用者的审美期待对术语译名的接受和确立起着不可忽视的作用。术语和术语译名的"顾名思义性"就是指术语译名的使用者作为另一审美主体可以用最直接最省力的方式理解术语,也就是说用轻松愉快的认知方式了解术语的概念和知识内涵。Pennington 认为,社会认知第一个原则就是省力原则:人类在认知付出时总是想省力,也就是说人类其实是一个认知吝啬者。[8,P5-7]根据这一社会认知原则,对于术语译名使用者来说不用费太多力气进行术语的理解和认知,自然是最好的。

2.2　术语翻译的语言审美

　　翻译审美活动从语言的形式系统入手,从语音、文字、词语等不同审美层级着眼讨论审美客体的审美信息。术语翻译审美活动中的审美客体包括源术语和术语译名。术语不是特殊的词,而是具有特殊功能的词。术语在语言层面也是普通词汇,因此字词层面的翻译美学与术语翻译的关联最为紧密。"'字'和'词'分别是汉语和英语的天然语言单位。"[9,P169]在翻译审美中,词是语言中能承载审美信息的最重要的基本单位,因为词是字、语素和音节的"三结合体",也就是形、义、音三者的结合体,因此它的审美信息承载能力非常强。词能够全面地、有效地体现语言符号的基本特征,并为生成语言美感创造条件。[5,P111]术语翻译的语言审美主要包括语音、文字和词语层级的审美。

　　术语翻译的语音层级审美指的是语言的声律美。声律美就是在听觉上给人一种愉悦感,即美感。汉语和英语都有音美的修辞手段可以使用,如汉语中的声母韵母搭配、平仄、语调等。"汉语的声母、韵母可分别形成双声、叠韵,而平仄相间,有助于形成婉转、起伏跌宕的乐音。""声母与韵母的有机结合加上声调构成音节……双声、叠韵分别起到'缠绵连续'、'婉转回环'的音韵效果。""声调是汉语高低音律的基础,声调高低配置有序,其本质表现为音高。'不同音高的调配,就形成高低律……使音高调配,产生"对立交错、相间相重、抑扬顿挫"的审美效果。'……汉语四声中的平声响亮、悠扬,听起来铿锵悦耳,上声曲折、婉转,去声短促、强劲有力。"[10,P149]双音叠韵具有一定的音美功能,如汉语中的"蜘蛛""枇杷"等;英语中也有类似的词,如filp-flop,tip-top等。英语讲求押韵,除了韵脚外,还有首韵、谐音、修辞性混杂音等音美手段。[5,P190]因此在进行术语翻译时要力求在目标语中再现源术语的声律美。

　　术语翻译的文字和词语层级审美不像文学语言那样有太多的留白和模糊处理。术语是呈现清晰、精确、简洁之美的一种语言符号。术语的文字形态审美是直观性和简洁性。直观性可以诉诸直接的形态示意,如丁字尺(T-square)、之字路(Z-curve road)、U 形槽(U-slot)等。简洁性可以使用如汉语的四字词语、英语的缩略词,以及使用一些修辞手段,如转义及隐喻等来实现术语语言形态表达上的简洁凝练。术语翻译语言层级审美的语音审美、文字审美和词语审美并不是分开的,最完美的状态是术语翻译在语言层面审美上既能满足音美的要求又能满足形美的要求。

2.3 术语翻译的交际审美

术语是为了便于专业交流而产生的专业词汇,只有在交流中被使用才有其作为术语的价值。为了满足交际活动的需求,术语应该便于记忆和使用,即从交际审美层面来讲,语用的便捷性就是术语的语用美。萨捷尔从术语学角度指出:"为了交际的有效性,我们能假定三种目标或属性:(1)经济性。信息应该尽量简洁,且不影响意向和知识内容的传输。经济性不是简单地简洁化传输的策略,而是在信息传输过程中减少各方面的努力程度。(2)精确性。信息应该尽可能准确地传达预期内容。精确性是指表达形式与明确的知识领域的关联。(3)适当性。适当性与意图密切相关。恰当的信息应该使接受者能够准确地定位话语主体的知识领域,并以尽可能有效的方式达到目的。"[11,P105]在术语翻译中译者须将这些原则考虑进去。在适当的专业交际场合,术语语言形式上的经济性和意义表达的准确性能够便于使用者记忆和传播,有利于专业交际目的的顺利达成,符合术语交际的有效性要求。从接受美学的视角来看,术语译名应该符合目标语读者的审美期待,在翻译过程中译者要尽力实现源语文本作者、译者和读者三者之间的视域融合。术语语言表达上的精确、简洁和使用的便利性之间可以相互促进。

3 术语翻译的审美标准与审美再现方法

3.1 术语翻译的审美标准

根据以上对术语翻译审美三个维度的分析,我们可以提出相应术语翻译的审美标准。

术语翻译的审美标准在三个审美维度上分别为:认知审美的名实相符、顾名思义、认知省力;语言审美的音美、形美;交际审美的易记忆、利传播,即语用便捷美。

应该指出的是,术语翻译与新术语的定名在不同阶段强调的美学关注点不同。在定名初期或是第一次翻译术语时会较多关注认知审美,希望寻求名与实相符,即能比较直观表现术语内涵意义的语言结构。而当术语进入交际使用阶段后,术语和术语译名语言表现上的音美、形美以及语用便捷美会引起更多的关注。术语的语言形态最初形成时不一定能达到使用中的便捷美,但会逐步地简化到最方便沟通的语言样态。这就是美学在起优化作用,也体现出术语翻译审美的动态性。

3.2　术语翻译的审美再现方法

术语译者作为术语翻译审美主体,其主要任务除了认识和鉴赏源术语与译名的美之外,还要完成将源术语的美转换成译语的美的审美再现活动。审美再现是把美学分析和标准应用到翻译中指导翻译实践,用美学原则对翻译进行优化的实践活动。"只有把美学原则和价值运用得越自然准确,我们的翻译作品才能越和谐准确……翻译需要美学范畴作指示,体现在翻译活动过程的始终。只有在美学价值观下的翻译,才能实现语际翻译的信息与价值的完整传递,也是最高层次的翻译。"[12,P68] 术语翻译只有在美学价值的关照下才能取得较为理想的效果。

为了使术语翻译获得良好的效果,必须了解审美客体的属性,审美客体的审美构成,审美形式系统中的语音审美信息、文字审美信息、词语审美信息等。分析这些审美信息,并通过合理的方法保留或优化源语的美学特征。翻译审美再现的基本要求就是在双语可译性的限度内:充分保留源语的概念内容,充分保留源语的行文形式体式,充分保留源语的形象描写手段(包括物象选择、形象描写、修辞手段),充分保留源语的风格要素,并保证审美主体的个人才情得到充分发挥。[13,P88] 在术语翻译活动中将审美主体和客体相统一,既发挥审美主体的能动性,又发挥审美客体的制约性。

一般情况下,如已有的术语译名已被广泛接受和使用时,采用双语约定式的对应转换。刘宓庆先生在《翻译美学导论》中谈到审美表现的专业性问题时提出:专业术语是专业上的约定式表达法基础,译者必须密切注意严格按照双语约定对应式转换,除非是新词语,否则不应"另起炉灶"。源语中的专业术语必须采用准确的双语约定式(一般以权威的专业辞典或书刊为依据),而且必须"一以贯之",不应一词二译。这一点也正是基础层级关系到"信"的审美原则要求。[5,P257-258]但如果没有约定式的表达法或是现存术语译名并不能达到以上的审美标准,就需要用美学对术语译名进行再优化。这也体现了翻译美学的动态性。对于未有译名的术语,在术语翻译时从翻译美学的角度来说就是要进行审美再现的工作。因此术语翻译的审美再现分为对已有译名的术语翻译进行优化以及为新术语提供符合审美标准的译名。"如果译文的美学特征与原文的相差悬殊,则预示着翻译过程的失败。"[3,P14]

3.2.1 术语翻译的认知审美再现方法

术语翻译的认知审美标准是名实相符、顾名思义、认知省力。只有获得最佳的认知效果,作为交际者的译者和读者才能全面理解源术语的知识内容。对译者而言才能做出准确的译名选择和富有创造性的翻译,进行精确的逻辑思维推理,以传达出源术语的精准美。术语汉译中使用汉语的形声造字法可以实现认知审美再现。"形声造字法是在象形、指事、会意的基础上产生的,其造字能力很强,现已成为现代汉语创造新字的一种主要方法……有的行业性术语在吸收过程中渗透出该行业工作者的创造与心血,比如化学物质与人们生活相隔甚远,为了缩短化学物质与广大民众之间的距离,有关专家、学者尽量依照汉人因形见义的思维特点,采用形声造字法创造新字来给化学名词定名。形声字声符(声旁)标记源语术语的语音,形符(形旁)揭示原术语的语义,新造字往往能产生积极的'望文生义'的心理联想,从而更清楚地表达化学名词表述的内容。"[10,P145]模仿描写对象形态的形译方法如丁字尺、之字路、U 型槽等都具有较强的图像直觉功能,是认知省力型术语翻译最好的例证。

为了实现术语翻译的认知审美标准,术语翻译还可以采用仿译、转义、隐喻等方式实现审美再现。术语仿译是把源语术语概念意义或字面意义等表层含义与其构词成分相对应的一种直译方法。仿译是翻译外来术语的最主要的方法,仿译词具有见词明义特点。术语仿译一般适用于语义和构词透明度明显的术语,如词缀词、复合词、短语词。一些新术语在开始译介阶段常采用仿译加释义的方法凸显语义透明性和准确性,随着时间的推移以及人们逐渐理解熟悉,这类译名常常以仿译见长。如汉译英语术语 black hole 采取仿译加注:"黑洞","蓝牙"仿译自 blue tooth 并加注而成。[14,P30]除了仿译法之外,转义方法也是实现术语翻译认知审美再现的一种较为常用的方法。转义词的使用能传递比一般词汇更多的语义容量,因为转义词的含义容量相当于是包含了本义词以及其附加成分。转义词有更大的语义容量,表达上也就变得更加简洁。生成术语时常常借助某一通用词表示的事物与某一科技事物,或被命名的客体之间某种特征的相似性,即在术语化过程中,通用词中描述与被命名客体相似的外形、功能、性质、动作、方位、结构、层次等义素被保留下来,作为通用词基本义转向专业术语专门意义的前提与桥梁……根据普通词与专业术语之间的形状相似进行术语构词;carrier(搬运工→运载工具)→carrier rocket(运载火箭)则是根据普通词与术语之间的功能相似进行术语构词;mother(母亲→母体)→mother machine(工作母机), sister(姐妹→同类型物)→sister metal(同类型金属)则是根据普通词与专业术语之间的性质相似进行术语构词。[10,P151]另一种能实现术语翻译认知审美再现的翻译方式就是隐喻。利用隐喻方式构成的术语具有丰富的语义内涵,通常透过与我们日常生活中所熟悉的客体之间的相似点被体现出来,从而通俗形象地解释术语所称谓的科学概念。如计算机科学中使用的术语 firewall 防火墙、mouse 鼠标、windows 视窗、menu 菜单等等。术语翻译的认知审美再现结合了人类知识认知的规律,用形象化、联想义、转喻、隐喻等再现方法实现受众的认知省力。

3.2.2 术语翻译的语言审美再现方法

在语言维度术语的审美标准是:音美、形美。要达到音美就需要对术语进行语音加工。对语音要素如元音、辅音、声调、语调进行加工,达到音美的效果。术语译者结合词语的形和义,采用音位对比、音节对比、超音段音位对比等方法,以达到语言美的效果。术语的音美主要体现在词语的易于发音、清脆、简短、有节奏等。汉语简洁凝练的四字词语常常被作为术语使用,如南京云锦中的"通经断纬""异花逐色""过管挖花"等,读起来有节奏感,能体现出术语的音美。这种术语就是在"优美声调中容载了明确精到的意涵"[5,P192]。

在术语的英译汉过程中,我们应尽量利用汉语的音美手段使术语展现出音美。例如遵循平仄交替出现的规律,使得术语节奏分明,高低交错,抑扬顿挫,读起来顺口,听起来富于乐感,如 recursion(递归)、adjunction(附接)、assimilation(同化)等。[10,P149]除此之外,双声叠韵在现代汉语构词中运用十分普遍,是一种增强音韵美的构词手段。在术语的英译汉中也常常使用这种方式来实现音美。如 patient(受事)、pharyngeal(咽音)、parole(言语)、linearity(线性)等术语的定名体现了双声形成的整齐韵律美;base(词基)、input(输入)、ambiguity(歧义)、imperative(祈使式)等术语的定名体现了叠韵形成的婉转、回环韵律美;而 agent(施事),register(语域)的定名却是双声叠韵的综合运用,不但发音响亮,而且节奏明快,读起来朗朗上口,极具音韵美,易让人接受。[10,P149-150]术语汉译英时,在采用音译法的时候要特别注意目的语的发音习惯,力求使译文的发音悦耳。Kongfu 比 Gongfu 容易发音,前者听起来比后者更柔和悦耳一些。

术语语言层面的审美再现,在汉译英时可以采用词缀构词法。"通过词缀和复合词的方式,从基本词干中创造词和词组,有助于术语的统一,从而使命名更加恰当。词缀和复合模式的一致使用创造了可用于解释新信息甚至系统地指定新概念的识别模式。"[11,P113]词缀法如 heater("heat+er")加热器等;复合法 cooling tower 冷却塔等。术语英译汉语言层面的审美再现可以通过审美优化来完成。"术语汉译时,在传递意义的基础上,译者可有意优化汉字搭配,将主体的审美意图赋予之,使译名结构达到整体规整与局部变化的有机结合,将语言的简约性与内容的深刻和谐置于一个精美的语言结构形式中,实现和谐美。"[7,P72]在术语英译时,我们也可以用词缀构词的方式进行翻译。可将南京云锦中的一些术语,如常用图案格式"团花""满花""散花"以词缀法和复合法的方式进行翻译,"团花"可译为 rotfloral pattern。这正如傅兰雅将英语里的金属元素和化学元素用中文的构词方法创造出了一系列译名如"铁、铜、锌"等和"氯、氧、氢"等相似。这些术语的翻译非常成功且一直沿用至今,保持了稳定性,并且这种术语译名具备派生功能。除此之外,在认知审美中提到的转义法和隐喻都可以再现术语语言形态的简洁凝练美。

3.2.3 术语翻译的交际审美再现方法

术语翻译的美学再现就是为了促进交流、实现术语的语用价值,因此术语翻译交际维度的审美标准是易记忆、利传播。何敏在谈到科技翻译美学的时候提出:"美学的根本目的是促进交际,交际的最高境界是实现美学,两者相互包含,又互为补充,只有综合利用交际翻译法和翻译美学思想才能实现高质量的科技翻译。"[15,摘要ⅲ]术语翻译亦是如此。为了达到术语交际的有效性,在术语翻译时需要用美学对其语言形式进行优化。"交际翻译理论认为在表达形式上,可以对源文本进行重构,充分发挥目标语言的优势。"[16,P10]除对语言形态进行调整以适应交际目的之外,在术语翻译中还要将语用因素考虑进去,注重语用美的再现。"在翻译过程中将多种翻译目的和意图整合的同时,将美学翻译融为一体,进一步整合,不仅关注原文的各种语用因素,而且将原文的美学意识创造性地再现。"[17,P18]在英语中为了达到术语交际的有效性,常常会使用首字母缩略语或将缩略语作为交际中使用的术语形式。"当今信息化时代,全球的联系和沟通已经离不开英文字母词,比如电子邮件的发件人和收件人都是英文字母词,但我们不能拒绝。英文字母词能够在各种场合频频出现,是英文字母词对使用者具有美感引力。"[18,P49]汉语也是采用浓缩的方式将术语简化方便使用,如"阿尔兹海默症"俗称"老年痴呆症",在实际使用中被简化为"老年痴呆";"神舟五号飞船"在口语交际中被简化为"神舟五号"甚至"神五"等等。生活中这样使用术语名称的例子数不胜数。术语如果不符合语用便捷美就很容易被淘汰。

历史上术语翻译大家严复先生翻译的众多译名中有很多被淘汰,没有被沿用下来,其中一个很重要的原因应该就是这些术语未能被大众便利地使用,失去了其交际功能,而最终变成了死术语。语言的使用价值应该是最重要的价值,不被使用的术语就会变成死术语。众多实例表明术语和术语译名在进入交际场景时,语用便捷美起到了关键性作用。

需要指出的是术语翻译所使用的不同审美再现方法之间的关系是相辅相成的,彼此间相互关联。在实际的术语翻译实践中这些审美再现方法都是融为一体的。这些审美再现方法可以对术语翻译的质量进行优化,使术语的译名符合术语翻译的审美标准,有利于术语译名在交际中被广泛接受和使用,从而进一步提升术语译名使用的规范化水平。

结语

本文综合了翻译美学和术语学的相关理论对术语翻译进行了美学维度的探讨。翻译美学对术语翻译的实践和理论研究能起到一定的指导作用,而美学在术语翻译研究中的应用又进一步深化了翻译美学的研究。术语翻译审美活动可以从认识术语单元的三个维度展开,即认知、语言和交际维度。术语翻译审美活动包括了术语翻译的认知审美、语言审美和交际审美。三个不同维度的术语翻译审美活动有其各自的审美标准。在术语翻译实践中,为达到这些审美标准,译者应采用相应的术语翻译审美再现方法。需要指出的是,不同的审美再现方法在术语翻译实践中是相互融合的。不同的审美再现方法共同作用,最终一起实现美学思想对术语翻译的优化作用,提升术语翻译的质量和规范化水平。

参考文献

[1] 王少爽.译者术语能力探索[D].天津:南开大学,2012.

[2] 谢华.翻译美学的文化考量[D].上海:上海外国语大学,2011.

[3] 吴文安.试论翻译与美学[J].山东外语教学,2003(5):11-15.

[4] 方梦之,张顺梅,贺显斌,等.译学辞典[M].上海:上海外语教育出

版社,2003.

　　[5] 刘宓庆. 翻译美学导论[M]. 北京:中译出版社,2019.

　　[6] FABER P, MONTERO-MARTÍNEZ S. Terminology[M]// VALDEÓN R A, VIDAL A. The Routledge handbook of spanish translation studies. New York:Routledge, 2019:247-266.

　　[7] 信娜. 术语翻译形式美探求[J]. 江苏外语教学研究,2015(2):70-73.

　　[8] PENNINGTON D C. Social Cognition[M]. London:Routledge, 2000.

　　[9] 潘文国. 汉英语对比纲要[M]. 北京:北京语言文化大学出版社,1997.

　　[10] 黄兵. 英语术语的汉语定名研究[D]. 武汉:华中师范大学,2016.

　　[11] SAGER J C. A Practical Course in Terminology Processing[M]. Amsterdam:John Benjamins Publishing Company,1990.

　　[12] 孙腊枝. 论翻译的美学原则[J]. 国际关系学院学报,2006(2):65-68.

　　[13] 王建国. 刘宓庆著《翻译美学导论》(修订本)述评[J]. 民族翻译,2009(1):87-90.

　　[14] 沈群英. 术语翻译的直接法和间接法[J]. 中国科技术语,2015(4):27-32.

　　[15] 何敏. 论科技翻译的美学性[D]. 北京:北京外国语大学,2013.

　　[16] 沈立军. 交际翻译理论指导下的英汉翻译实践报告——以《国际教育学百科全书》(节选)为例[D]. 成都:四川师范大学,2018.

　　[17] 王志娟. 论语用翻译和美学翻译的整合[J]. 上海翻译,2007(3):13-18.

　　[18] 刘楚群. 语言文字规范理念若干思考[J]. 中国社会语言学,2014(1):43-52.

电工电子英语术语的命名特征及汉译策略①

梁　红　李浩宇

（哈尔滨工程大学）

1　引言

在"互联网+"的大背景下，信息化和智能化是当前科学发展的方向，中国电工电子技术的创新与应用推动了很多行业的信息化发展，也给国家的经济发展带来巨大的动力。与此同时伴随着国际科学技术交往的频繁，电工电子英汉翻译需求逐年增加。电工电子技术是将电力与信息化、电子化的技术相互结合，通过创新技术将其进行很好的融合，进而发展成为当前的电工电子技术。[1]电工电子包容广泛，但其中"电工""电子"因其共用一套现代电学概念体系，故而在术语学研究中不能将二者割裂看待。术语（term）是表达一定专业知识领域概念的词或词组，具有如下特征：系统性；定义性（大多数术语）；无情感色彩；修辞中性。[2]作为科技英语的一个分支，电工电子专业英语中具有大量的术语用以指称该专业知识领域概念，具有极强的专业性，因此如何在待译文档中正确识别和翻译电工电子术语成为摆在译者面前的一道难题，但是目前学界对此的研究与讨论不多，为此本文基于部分文献翻译语言服务实践，对电工电子英语术语的命名特征及汉译策略进行分析，以期为未来电工电子英语文档的汉译提供一定的参考。

---

①　基金资助：中央高校基本科研业务专项基金重点项目(3072021CF1206)"海事文献翻译研究与实践"；哈尔滨工程大学高教研究重点项目"新文科背景下的翻译硕士人才培养模式"。

2　电工电子英语术语的命名特征

电工电子术语用以准确指称该科学技术专业领域的科技概念,凝集了该科技学科领域体系知识的关键词,经过漫长的发展逐渐形成了对于本领域的科学概念体系的系统化指称。正确翻译电工电子术语的前提是在文本中正确识别和提取出术语,而识别术语的前提是对于电工电子术语的命名特征有一定的了解。基于一定文献翻译实践,笔者得出电工电子英语术语的命名特征主要包括冠名术语、日常词汇术语化和缩略语术语等。

2.1　冠名术语

冠名术语(eponimic term)是指把科学家的名字授予他的科学"产儿",当然也有冠之以地名、事物或者事件名的情况,大多数冠名术语的构词方法都是"人名+上位概念词",从语用角度看具有纪念意义。[3]例如电阻的单位Ohm,中文译名"欧姆",用以纪念德国物理学家欧姆,欧姆发现了电阻中电流和电压的正比关系。又如 Hall effect,用以指称当电流垂直于外磁场通过半导体时,载流子发生偏转,垂直于电流和磁场的方向会产生一附加电场,从而在半导体的两端产生电势差的现象,中文等值术语为"霍尔效应",这一现象是美国物理学家霍尔在 1879 年研究金属的导电机制时发现的。再如Helmholtz coil 用以指称一种制造小范围区域均匀磁场的电子器件,中文译名"亥姆霍兹线圈",是由德国物理学者亥姆霍兹以自己的姓氏加上位概念词"线圈"称名的冠名术语。

2.2　日常词汇术语化

日常词汇是相对专业词汇而言的,指某个民族所有成员在社会和日常生活中共同掌握和普遍使用的词汇,是民族语言最基本的组成部分。[4]日常词汇对科技英语产生影响最为明显的途径就是词汇的术语化。[5]日常词汇术语化的过程即是词语脱离日常语域而进入专业语域并指称专业领域科学概念的过程。例如 interrupt 在日常词汇中意为"插嘴,打断,使暂停",而进入电工电子的专业领域后,用以指称电力电子领域"用户通过某种方式向 CPU 请求为自己服务,CPU 收到请求后,暂时中止正在执行的程序,转而去处理为用户服务的程序,处理完后继续执行原来的程序的过程"的科学概念,中文等值术语是"中断"。又如电工电子术语 harmonic,在日常语域中的意义为"和声",而在电工电子科学领域指称"对周期性非正弦交流量进行傅里叶级数分解所得到的大于基波频率整数倍的各次分量"的概念,中文等值术语为"谐波"。再如电工电子英语术语 common mode signal 中,common 和 mode 均来自日常词汇,在日常语域分别用以指称"常见的;公共用地"和"模式"的概念,而进入电工电子专业科学语域中,语义发生变化,common mode signal 用以指称"从一个系统的一对输入端看,信号的极性和电流的方向均相同"的信号,中文等值术语为"共模信号"。这种本民族语言中已有的日常词汇的术语化的特殊语言现象,可以产生语义上有理据的专业词汇,但并未产生新的语音形式,而是形成了一个新的概念意义。通过这一过程日常词汇缩小或扩展了意义范围,并可以与其他日常词汇或专用词汇产生新的意义联系。[6]日常词汇术语化产生的术语因其形成过程中并未产生新的语言形式,在面向翻译的术语管理中往往较难识别,这就需要译者具有一定的知识储备。

2.3　缩略语术语

词语缩略是把较长的、结构较固定的语言单位缩略成较短的语言单位(词或者短语),用较短的语言单位代替较长的语言单位所表示的内容,这个较短的语言单位就叫缩略语。[7]缩略语的成因主要有人类认知能力的限制、语言的省力原则和语言的经济原则等。[8]冗长术语在使用中往往会被简化,从而构成大量的简短形式和缩略形式。在电工电子英语中,许多使用频次较高的术语,都产生了缩略语作为其等值术语。例如,AC 是 alternating current 的缩略语,中文等值术语为"交流电"。又如,DC 是 direct current 的缩略语,中文等值术语为"直流电";再如 I/O channel 由 input/output channel

缩略而来,中文译名为"输入/输出通道"。

3 电工电子英语术语的汉译策略

根据奥地利著名术语学家维斯特提出的术语模型,术语的形成过程被定义为:客体(object)经过概念化(conceptualization)而形成概念(concept);概念是反映客体的思维方式,概念经过指称化(designation)后成为术语(term)。当不同民族的人们用各自的语言描述同一个客体时,他们实际是在描述由客体概念化而产生的概念。[9]概念与思维对象的对应关系的确定,为实现全球性的相互理解奠定了基础。[10]而术语的翻译涉及同样的概念在不同语言中思维对象指称符号的转换;术语翻译策略是指双语术语转化的特定途径、程序、方式等。在翻译阶段,译者必须从根本上解决对等问题,也就是要找到对应语或选择最合适的词。[11]对于不同命名方式的术语往往要采取对应的或是综合的适当翻译策略,基于翻译实践并根据上文中对于电工电子术语命名特征的分析和概念对等的原则,笔者总结分析得出电工电子英语术语的常用汉译策略包括直译法、意译法、音译法和变译法。

3.1 直译法

"直译法是指根据原词的实际含义译成对应的汉语术语。"[12]直译法既注重术语内容,即所指称概念的对等,又注重术语形式上的对等。因其具有概念明确、易懂易记的优点,被广泛用于科技术语的翻译中。大部分电工电子术语的翻译都采取直译的翻译策略。例如对于上文提及的以缩略语方式命名的术语,一般采取将缩略语还原后直译的翻译策略。例如,AC 在翻译中先还原成原词语 alternating current,而后采取直译的翻译策略译为交流电。又如,电子电工术语 D/A converter 在翻译中先将缩略语部分还原,而后对于还原后的等值术语 digital-analog converter 采取直译的翻译策略,译为数-模转换器。在术语翻译中,采取直译的翻译策略可以实现双语术语组成语言单位之间的相互对应,并在内容传递的基础上达到语法形式的等值,双语术语因此可以达到最大程度的对等,符合术语翻译的准确性要求。

3.2 意译法

"术语意译,指据概念内涵将原文术语译成汉语术语。"[13]某些词汇在从日常词汇语域进入专业词汇语域进而术语化的过程中,词义发生一定变化,对于这种术语往往要采取意译的汉译策略。例如,bridge 在日常词汇中词义是"桥",而在电工电子领域术语化之后词义根据语境发生一定变化,就要采取意译的翻译策略,中文等值术语是"电桥"。又如 path 在日常词汇中,语义是"小路",而进入电工电子领域的专业语域并术语化后,所指称的概念发生了变化,翻译时要根据概念的内涵采取意译的翻译策略,译为"通路"。再如 port 在日常词汇中的语义为"港口",在电工电子领域术语化后,也采取意译的翻译策略,译为"端口"。基于语境的考量,对术语采取意译的翻译策略可以使得上下文语意更加连贯,同时也增强了术语本身的系统性和定义性。

3.3 音译法

即根据术语的发音,选择与发音相似的汉字作为该英语术语的汉语译名,以代表该术语的技术概念的一种翻译方法。[14]这种用于音译的汉字不再有本身的原义,只保留其语言和书写形式。[15]对于前文研究的冠名术语,一般对于其中的科学家姓名采取音译的翻译策略,即遵从"名从主人"的一般原则。例如前文提及的电阻单位 Ohm 音译为"欧姆",Helmholtz coil 音译为"亥姆霍兹线圈"等。又如电工电子术语 Kirchhoff laws,翻译时对于冠名术语中的科学家姓名也采取音译的翻译策略,译为"基尔霍夫定律"。对人名冠名术语采取音译翻译策略,可以达到纪念意义层面上的双语术语语用等效,同时术语音译可以增强语言符号所指层面的对等,另由于双语间语音均可转写,也可保证术语翻译的准确性。

3.4　变译法

黄忠廉教授认为,变译"是译者根据特定条件下特定读者的特殊需求,采用增、减、编、述、缩、并、改、仿等变通手段摄取原作有关内容的翻译活动"[16]。术语变译是指译者在某些特定条件下用译语非术语形式转化源语术语以求双语术语信息量等同的智能活动和语际活动。其依据是术语称名的阶段性及语言符号能指与所指的非对称性。术语的变译并非内容的变换,而是变换概念的表达视域,目的是追求译语术语的流畅通顺,达到奈达提出的"动态对等"原则,以符合译语的语言规范和表达习惯。在电工电子英语术语的汉译中,经常要应用变译的翻译策略。例如,电工电子专业科学术语 grid 在日常语域中意为"方格、网格",但在电工电子专业科学语域中用以指称"电子管中位于阴极和阳极之间用以控制电子流的电极"这一概念,其结构呈网格状,电子就是从其中的空隙穿过,"栅"在汉语中有"起阻挡作用的直立的竹木"之意,有"阻挡,控制"的隐喻意义,符合所指称概念的"控制电子流"的功能内涵,故根据形象思维和隐喻思维,采取变译的翻译策略将 grid 译为"栅极"。又如,电工电子术语 laser,是 light amplification by stimulated emission of radiation 的缩略语,用以指称"原子中的电子吸收能量后从低能级跃迁到高能级,再从高能级回落到低能级的时候,所释放的能量以光子的形式放出,被激发出的光子束"这一较为复杂的概念,曾有人将其译为"激射光辐射放大""光受激辐射放大""受激光辐射放大""光量子放大""受激发射光""莱塞"等,前后有过十几种译名,钱学森教授建议定名为"激光",很快就统一了这一术语的定名。[17]究其原因,变译后的"激光"相较于音译"莱塞"具有现象产生原理的隐喻意义,更加符合术语的内部理据,体现了术语的定义性和系统性,同时相较于较长的解释性翻译,"激光"这一术语更符合术语形成的语言经济原则和省力原则。

4　结语

"术语是科技翻译的灵魂,在翻译软件和机器翻译引擎不断成熟的当下,如何解读篇章中的术语和生成交流性强的专业话语仍然是科技译者需要不断思考和总结的课题。"[18]而部分译者对专业性较强的电工电子领域术语往往不够熟悉,为此本文从术语翻译的两个基本步骤,即术语的识别和翻译出发,分析了电工电子英语术语的命名特征和汉译策略,得出电工电子英语术语主要存在冠名术语、日常词汇术语化和缩略语术语等命名特征,并基于电工电子英语术语的命名特征提出直译法、意译法、音译法和变译法等术语汉译策略,为日后译者对于电工电子专业英语科技文本的汉译提供一定参考。同时术语翻译相关研究对于新文科大背景下的大学外语教学改革具有一定参考价值;对于非外语专业学生,可作为切入点促进其从通用英语到专门用途英语和学术英语的教学转向,以提高教学针对性,助力国际学术交流;对于外语专业学生,可作为不同门类学科界限的突破点,促进复合型外语人才培养,也切合新文科应具备的超学科视野理念。

参考文献

[1]鞠文武.电工电子技术的多领域应用研究[J].企业技术开发,2018,37(8):87-88,94.

[2]孟令霞.从术语学角度看术语翻译[J].中国科技翻译,2011,24(2):28-30,44.

[3]刘青,温昌斌.中国术语学概论[M].北京:商务印书馆,2015.

[4]李丹.日常词汇汉译术语化机制[J].中国科技翻译,2013,26(2):1-4,47.

[5]李丹.日常词汇翻译术语化类型考[J].中国科技翻译,2012,25(1):9-11,5.

[6]赵亘,朱建华.专用语词汇和共同语词汇的相互影响——以德语计算机专业词汇为例[J].中国科技术语,2009,11(5):22-27.

[7]黄元龙,刘宇红.试论缩略语的理据:省力原则[J].河南理工大学学报(社会科学版),2009,10(3):442-447.

[8]张治国,杨玲.缩略语成因之探究[J].山东外语教学,2003(2):

22-24.

[9]郑安文.基于术语学视角的体育专有名词翻译研究——从synchronized swimming 的更名及汉译谈起[J].中国科技术语,2018,20(5):32-36.

[10]费尔伯.术语学、知识论和知识技术[M].邱碧华,译.北京:商务印书馆, 2011.

[11]卡布雷,朱波,张梦宇.术语和翻译[J].中国科技术语,2020,22(4):31-35.

[12]文军,李培甲.航空航天英语术语翻译研究[J].广东外语外贸大学学报,2011,22(3):27-31,42.

[13]黄忠廉,胡远兵.术语全译策略系统——术语汉译研究[J].中国科技翻译,2008,21(4):28-32.

[14]李孟华.浅析科技术语的翻译[J].陕西师范大学学报(哲学社会科学版),2003,32(S2):280-283.

[15]杨跃,马刚.实用科技英语翻译研究[M].西安:西安交通大学出版社,2008.

[16]黄忠廉.变译理论研究类型考[J].外语学刊,2011(6):101-104.

[17]冯志伟.语言规划的重要领域——术语学[J].北华大学学报(社会科学版),2009,10(3):37-46.

[18]冷冰冰.新材料英语术语的使用特点及翻译对策[J].中国科技翻译,2021,34(1):1-4.

浅析俄语医学术语的常见
构词手段及翻译方法

刘沫宣　孟令霞　孟　欣　郭丽媛

（牡丹江师范学院）

1　医学术语的定义

　　术语通常是指在特定知识领域中使用的专业词汇,语言学家阿赫马诺娃在《语言学术语词典》中指出术语是表达专业概念和指称专业对象而创造的科技语言中的词或词组。[1,P474]术语在现代词汇学中起着重要作用,因为它有助于形成新的词汇单位、描述特定知识领域的对象,也在传播特定领域知识过程中扮演重要角色。医学领域的活动与成果需要借助语言来描述,这也就衍生出人类用来表达相关事物的医学术语,医学术语被概括定义为:用来专门描述疾病、手术程序、解剖和卫生领域等科学概念所运用到的专业词汇。医学术语与普通词汇不同的是,医学术语是一个自然形成的行业术语体系,有其自身固有的特点,而普通词汇指称的是一般事物或现象。

2　俄语医学术语的常见构词手段及翻译方法

　　俄语医学术语的常见构词手段有形态构词法、语义构词法和句法构词法。

2.1 形态构词法

形态构词法是俄语中最典型的构词方法。这种方法通过添加词缀来产生新词,也是俄语构词中最能产、最积极、最具派生能力、最重要的构成新词的方法。形态构词法中的前缀法与后缀法是按照一定的俄语构词规律来创造新词的,构词能力强,使用范围广。

在俄语医学术语的构词手段中,前缀法的能产性较强,常见的前缀有 анги-, анизо-, цикл-, эндо-, анти-, гипер-, экто- 等。例如:

1) бактери-表达"细菌, 微生物"之意, 如 бактериофаг(噬菌体), бактерицид(杀菌剂),бактериальный(细菌的, 由细菌引起的)等。

2) дакри-指的是"泪", 或"与泪有关的东西", 如 дакриоаденит(泪腺炎), дакриоцистит(泪囊炎)。

3) пневмо-在医学术语中有三种意思:"气;呼吸;肺"。例句:"В настоящее время пневмония — одно из самых распространенных инфекционных заболеваний." 译文:当今肺炎是最常见的传染病之一。其中 пневмония 取前缀 пневмо-的"肺"之意, 直译为"肺炎"。根据前缀 пневмо-的意义,我们在翻译 пневмоплеврит 一词时,可直译为"肺胸膜炎", 而 пневмоманометр 则直译为"呼吸压力计"。

4) миел-含有"脊髓, 髓"的意义, 如 миелит(脊髓炎), миелобласт(髓细胞,原粒细胞)。

5) аден-具有"腺"的意义, 如 аденотом(增殖腺切除器), аденология (腺学)。

6) пот-表达"出汗;汗液"之意, 如"Потница более известна как тепловая сыпь. Это небольшие шишки, которые появляются на коже." 译文:"痱子像湿疹一样较为常见。痱子是皮肤上出现的小水泡。"译文中采取直译的翻译手法,将 потница 译为医学术语"痱子"。потница 的前缀与"汗"有关,如果译者熟练掌握词缀构词法并结合直译法可更精准翻译医学术语的疾病名称。

7) амф-表示"两侧,两端;两性"之意,如 амфикрания (两侧头痛), амфибластула(两级囊胚),амфигамия(两性生殖)。

8) эсте-表示"感觉"之意,如 эстезиология (感官学,感觉学), эстезиометр(触觉测量器)。

9)экзо-表示"外部的,外源的;在外"之意,如 экзоскелет (外骨骼), экзофтальм(眼球突出,突眼)。

10) гема-,гемо-,гем-表示"血,血液;血红素"之意,гемоглобин(血红蛋白),гематин(正铁血红素,血色素),гематолог(血液学家,血液病学家), гематология(血液学,血学)。

11)гипер-,гипо-分别表示"过多、过高"和"过少、过低"之意,由此构成的派生术语有 гипервитаминоз(维生素过多症),гипосекреция(分泌不足)。例句:"Именно поэтому гиповитаминозы у детей требуют своевременной диагностики, выяснения причин." 译文:"因此患有维生素缺乏症的儿童需要及时诊断、明确病因。"其中 гиповитаминоз 借助前缀 гипо-"过少"之意直译为"维生素缺乏症"。

运用后缀法构成的医学术语在俄语医学术语中也占有相当大的比例,常见的后缀有-оз,-оид,-ол,-ин,-он,-аз,-ом 等。例如:

1)-дактил 表示"指,趾",如 полидактилия(多指,多趾)。

2)-эктомия 常用来表示医生用医疗器械对病人身上进行的切除、缝合等治疗,有"切除术"的意思,如 мастэктомия(乳房切除术),пневмонэктомия(肺切除术)。

3)-версия 这一后缀有"转变,变换"的意思,如 антеверсия (前倾), ретроверсия(后倾),ретроверсия матки(子宫后倾)。

4)-оз 一般用于称名疾病,如 дерматоз(皮肤病),остеохондроз(骨发育不良症,骨软骨病),артроз(关节病)。

5)-ит 表示"炎症",称名发炎的病症类型,如 аденит(淋巴结炎,腺炎), неврит(神经炎),ринобронхит(鼻支气管炎)。

6)-логия 表示"……学",如例句:"Какие есть отделения в больнице?

Гематология, урология, эпидемиология, хирургия, кардиология и ортопедия и т. д. "译文:"医院有哪些科室？血液学,泌尿学,流行病学,外科学,心脏病学及矫形外科学等。"在该例句中,借助后缀-логия 的"……学"之意直译医学专业即可。

7)-ома 表示"肿瘤;肿大,肿"之意,如 саркома(肉瘤),тератома(畸胎瘤),мезотелиома(间皮瘤)。

8)-птоз 表示"下垂"之意,如 нефроптоз(肾下垂),гастроптоз(胃下垂),блефароптоз(睑下垂)。

9)-целе 表示"囊突,突出"之意,如 гидроцеле(阴囊水囊肿,水囊肿),варикоцеле(静脉肿,精索静脉肿)。

由形态构词法产生的医学术语数量巨多,在翻译这类词汇时译者可借助词缀判断意义并进行翻译。

2.2　语义构词法

词的语义发展是构造新词的主要方法,其中隐喻就是语义构词法中最常见的手段之一。从认知的角度,在术语范畴内使用隐喻手法人们能够直观地接受概念、认识概念。借助隐喻手法,根据医学病状、器材与常见事物之间的相似性对词进行称名,使得隐喻映射事物的特征更突出。

俄语医学术语的隐喻命名可分为三类:动植物隐喻,颜色隐喻,实体隐喻。

动植物隐喻是根据病症、器官等与动植物某一特征的相似性来称名该术语。

1) заячьи глаза(眼睛不能闭拢,俗称"兔眼病")。例句:Заячий глаз — такое патологическое состояние, при котором невозможно полное смыкание глаз.

译文①:兔子的眼是一种病态现象,病症表现为眼睛不能完全闭合。

译文②:兔眼病是一种病态现象,病症表现为眼睛不能完全闭合。

译文①与译文②的不同之处在于 заячйи глаз 的翻译,译文①采用逐词翻译,只是将词的原意表达清楚,并没有放到句中分析,译文略显生硬。译文②采用增译的翻译技巧,加"病"字,符合疾病名称,易于被读者接受,且其中也使用词类转换的翻译技巧,原文是"形容词+名词",在翻译时变为"疾病的名称+名词",更符合医学术语文本翻译规则。

2)заячья губа(唇裂),这是一种先天性畸形的病症,称名的缘由在于上唇裂开的外形与兔子的唇部相像,俗称"兔唇"。

3)свинка(痄腮),之所以用"小猪"这一动物命名,是因为民间称痄腮为"猪头风"。

4)бронхиальное дерево(支气管),直译该术语为"支气管的树",实则术语中"树"与气管、支气管还有肺叶支气管所组成的形状相似,采用减译法更为恰当。减译是从原文出发,根据需要在译文中减少一些语言单位的全译的方法,所以该术语译为"支气管"更合乎常理。

5)адамово яблоко(喉结)。例句:Адамово яблоко у женщин однозначно есть,иначе они не смогли бы издать ни звука.

译文①:女人至少要有一个亚当的苹果,否则她们无法发声。

译文②:女人至少要有一个喉结,否则她们无法发声。

译文①与译文②的差异在于 адамово яблоко 这一专业术语的翻译。这里需加以描述的是,该术语的形成借用了亚当与夏娃之间苹果引发的故事来隐喻:亚当吃苹果的时候上帝意料之外地出现,亚当很着急,被苹果噎到而来不及吞咽,卡在咽喉中,由此变成了喉结。而译文①直译的翻译方法略显晦涩,这种翻译方法会造成"因形损意"的误译,因此采用意译法是译者的主要选择之一,如译文②流畅明晰地传达原文意思。

颜色隐喻指人们通过颜色的相似性来认识和理解医学术语中的抽象概念。

6)светло-голубой(青光眼,绿内障)。例句:Светло-голубой имеет генетическую склонность и семейную агрегацию.

译文①:明亮-天蓝色的有遗传倾向和家族聚集性。

译文②:青光眼有遗传倾向和家族聚集性。

светло-голубой 是由青光眼的患病现象进行术语称名,指患病后眼球晶体呈蓝色浑浊样子。译文①采用直译的翻译方法难以被读者理解,且医学术语中无法找到此类疾病名称,而译文②借助意译法,既不拘于原文单词,又表达了符合汉语逻辑的译文,做到了忠实原文的原则。类似的颜色隐喻还有:желтуха(黄疸病,病毒性肝炎)、лейкемия(白血病)、бронзовый болезнь(艾迪森氏病,青铜色皮肤病)等。

实体隐喻,指的是俄语医学术语中借助具体的事物来隐喻抽象的概念。

7)кровяной ручей(血流),ручей 的词典释义为"小溪,小河;轧槽",该医学术语借助小溪的流淌状态像血液循环一样,成为该术语隐喻构成的基础。

8)коленная шапка(膝盖骨)。例句:Коленная шапка прикрепляется к сухожилию четырехглавой мышцы.

译文①:膝盖的帽子与股四头肌相连。

译文②:膝盖骨与股四头肌相连。

其中,译文①的翻译只停留在单词上,直译"膝盖的帽子"不合乎汉语的表达,没有精准地表达出原文的意思。译文②根据上下文,借助"帽子"这一物体形似膝盖骨,进而采用意译法译为"膝盖骨",使医学术语规范化,避免了误译现象。

9)желчный камень(胆结石,胆石症),该术语直译为"胆的石头",中文无相应疾病名称,且容易产生歧义,胆结石的"石"并非真正的石头,而是形似,所以运用意译法翻译。

10)глазная яма(眼窝,眼眶),яма 有"坑,穴,凹处"之意,这里若直译为"眼睛的坑"会产生医学术语误译现象,为避免这种现象,译者需掌握隐喻法,将"坑"形象化,眼睛的凹陷处实则译为"眼窝"更贴切。

语义构词在医学术语构词法中占有特殊地位,译者在进行此类医学术语翻译时可运用音译法、增译法。这些翻译方法可使译者在正确理解原文的基础上,正确地表达原文传递的语义信息。

2.3　句法构词法

句法构词法适用于由两个及以上的术语构成的医学词汇,这使得医学术语更完整地、清晰地反映医学概念的内容及病症。句法构词法常见的形式有:双成分术语,三成分术语。

双成分术语是指名词充当术语核心成分,并加修饰成分的术语词组。如:"形容词＋名词",органическая дисфония(器官性发音困难),органическая 有"器官的;本质的;神经控制的"之意,дисфония 有"发音困难"之意,在翻译此术语时,应先结合实际选取形容词的意思,采取直译法将其译为"器官性发音困难"更易于读者理解,而不是"神经控制的发音困难"。相似构词还有:легочная артерия(肺动脉)、клеточная протоплазма(细胞质)、венечная вена(冠状静脉)等。

词组术语具有稳定性的特征,其中三成分术语在俄语医学术语中所占比例较大,"形容词+名词+名词"这种构词模式是比较具有代表性的。如:варикозное расширение вен(静脉曲张),варикозное 表示"静脉曲张的"之意,расширение 表示"扩张"之意,вена 表示"静脉"之意,直接翻译的译文为:静脉曲张的静脉的扩张,不仅烦琐,还不符合汉语表达习惯。因此采取减译,即"减形不减意",简洁明了,符合医学术语特点。相似构词还有:повышеное давление крови(高血压)、инфекционный гепатит собак(狗传染性肝炎)、асептический миокардит новорожденных(新生儿无菌性心肌炎)。

由上述例子可看出,有的医学术语采取直译法更为贴切,有的选用减译法更符合汉语的表达方式。这些翻译方法是为了避免译者在传递信息时出现误译现象。

3　结语

在翻译时译者需要熟知俄语构词方法,并总结医学术语翻译技巧,如形态构词法中常用直译法,意译法更适用于语义构词法,句法构词法可适当采用减译法。值得注意的是,在俄语医学术语汉译过程中,医学术语自身固有专业性、单义性、学科性等特征,只有结合行业领域,医学术语的汉译才能做到准确无误。准确的医学术语翻译能够在中俄两国医学领域的合作中起到辅助作用,这就需要译者采用有针对性的翻译技巧,不断提升翻译水平。

参考文献

［1］АХМАНОВА О С. Словарь лингвистических терминов［M］. 2-е стереотипное. Москва：Едиториал УРСС, 2004.

［2］陈晓棠. 医学俄语术语特点及翻译策略［J］. 中国科技术语,2019,21(5):28-32.

［3］王红. 医学俄语隐喻术语的命名解析［J］. 中国科技术语,2014,16(1):18-22.

［4］姜颐. 严复"信达雅"翻译标准"信"的探析［J］. 长江丛刊,2020(11):47-48.

［5］段其伟,张瑜. 医学英语术语构词的理据特点及其范畴变化［J］. 教育教学论坛,2017(25):74-75.

［6］杨艳玲,肖秀英,肖世娥,等. 浅谈英汉医学翻译实践［J］. 河北北方学院学报,2005,22(3):75-76.

［7］王红,李咏梅,朱研,等. 俄语医学术语的构成研究［J］. 医学信息,2011,24(8):5256-5258.

［8］李迪. 关联理论视角下的医学英语汉译——以牙科英语文本为例［D］. 长沙:湖南师范大学,2014.

［9］李一峰. 俄语构词学的术语概念体系研究［D］. 哈尔滨:黑龙江大学,2017.

［10］谢沁怡. 俄语体育术语的语言学研究［D］. 上海:上海外国语大学,2019.

［11］БЛЭК М. Метафора［C］// АРУТЮНОВА Н Д, ЖУРИНСКАЯ М А. Теория метафоры. Москва：Прогресс, 1990：153-172.

浅析中医术语的俄译问题

孟 欣

（牡丹江师范学院）

1 中医术语翻译的现状

1.1 中医术语俄译成果较少

在查阅中医术语的翻译文献时，能够很明显地发现，研究中医术语英译的文献占据一大部分比例，而研究中医术语其他语种翻译的文献寥寥无几。例如，1991 年世界卫生组织西太平洋地区发布的《针灸经穴名称国际标准化方案》，2004 年全国科学技术名词审定委员会发布的《中医药学名词》，2008年世界中医药学会联合会出版的《中医基本名词术语中英对照国际标准》等等，这些方案、标准等都提出了中医术语在翻译成英语时应遵循的原则、采取的方法，规定了部分中医术语的译文。

但要想推动中医文化在世界范围内的发展，只有英文译本是远远不够的。现阶段，无论在中国网站还是在俄罗斯网站上，搜索中医术语的俄语译文，结果显示可供查阅的资料数量不多，且相对零散、不成体系，这给非英语为母语的外国人了解中医文化造成了很大困难。一些外国学者在研究中医理论时，不得不借助英文资料，然而中医术语的英译研究还没有完全成熟，部分英文译文不是中医术语的等值翻译，且部分术语在英译的过程中不可避免地存在源语内涵丢失的现象。因此外国学者在利用英文译本研究中医的时候，并不能掌握中医术语本身所包含的全部含义及外延，或者在理解过程中会产生偏差,这一现象使中医文化的传播产生了阻碍。为了使中医文化能够更加充分地融入世界文化、被更多人了解,中医术语各语种的翻译研究都应该受到重视,中医术语的俄译研究也是值得中俄两国学者共同探索的领域。

1.2　中医术语翻译研究领域不平衡

目前,中医术语翻译的文章大部分都发表在医学类或翻译类的期刊上,大部分是医学专业或翻译专业学者的研究成果,这些文章中鲜少有融合语言学知识来指导翻译的,缺乏相应的语言学理论依据。然而术语的翻译问题也可以看作是语言学研究领域的一部分,中医术语的翻译处于医学、语言学、术语学、跨文化交际学等多学科的交叉领域。如果学者仅掌握一方面的知识,仅从自身专业的角度出发来看待中医术语的翻译问题,那么会有很大的局限性,在遇到障碍时难以找到恰当的办法克服。如果在翻译时没有语言学家的参与,就很难准确地把握术语的要求,很难判断译出的语言是否规范,没有语言学理论的指导,会导致译出的术语不标准,造成中医术语外译系统的混乱,不利于国外学者研究中医。

1.3　中医术语翻译研究方向较单一

过去很长一段时间,且直到现在,中医术语翻译的研究热点都集中在中医术语不同译文的对比、某些具体中医术语的翻译、中医术语的翻译方法和翻译策略,以及某一翻译思想指导下的中医术语翻译问题等方面。我国古代的人民,特别是接受过教育的知识分子,普遍追求文字的文学性,在意文字表达的意境和美学功能,在此背景下诞生的中医文化包含着我国独特的传统文化,蕴藏着我国古代深刻的哲学思想,兼具医学性和文学性,也有许多中医术语的名称使用各种修辞手段来增添文采。因此,笔者认为,在翻译中医术语时,对文化的透彻了解是不可避免的。从文化视域出发,分析中医术语翻译与文化之间的联系、中医术语使用的修辞手段等也能够提高中医术语翻译的准确度。中医术语的翻译研究不应该局限于某些固定的研究方向,应该探索更全面、更多层次的研究领域,拓宽研究范围,从而完善中医术语的翻译,推动中医术语翻译的发展。

2 中医术语在俄译过程中存在的具体问题

中医术语的外译问题越来越引起学者们的重视,中医术语的俄译也在中俄两国学者的共同努力下向前发展,然而在探究其发展历程时,仍可以发现存在着一些亟待解决的问题。

2.1 中医术语的俄语译文含糊不清

中医术语翻译的准确性是保证中医术语翻译质量的前提,但在查阅当前已有的中医术语的俄语译文时,能够发现有一些术语的译文并不是十分准确,导致这种现象的原因有很多。

一方面,起初有一些中医术语的俄译活动并不是由专业的学者进行的,这些译文可能过于冗长,重复性地解释了源语的内涵,或者为了传递源语完整的内涵,解释性的话过多;也可能过于简短,表达含糊不清,让读者不明所以。这些译文不符合术语的制定标准,不是专业领域学者精心挑选的结果。

另一方面,术业有专攻,一些学者能够很好地掌握自己专业领域内的知识,但对其他领域的知识了解不够深入,由此产生的译文可能存在某些偏差甚至错误。比如,在俄语中存在"指小表爱"的情况,一个词的指小形式往往与该词在意义上是等同的,但在情感上存在差异。在俄语的医学术语中,词的指小形式与该词的意义却未必等同。"胃"的俄语为 желудок,其指小形式是 желудочек,后者的另一种意思是"室",俄语中的 левый(правый)желудочек 指的是"左(右)心室"。不熟悉俄语的人,在翻译时可能会忽略这种情况,造成译文的错误。

此外,制定术语要尽量简洁和清晰,而中医术语是传统文化和医学结合的产物,往往具有丰富的内涵和文化底蕴,修辞手段的使用增添了中医术语的文学性,同时降低了它的科学性,译者不能只简单按照它的表面意思进行翻译,否则其内涵难以表达清楚,译者应该准确理解术语的真实含义及其外延,因此将这些术语词汇翻译到与我国文化环境和思维方式不同的俄罗斯社会中,必然存在种种阻碍。且中医术语要想在俄语已有的医学术语中找到与之相对应的词汇总是很困难,这种"空缺"现象一直是翻译的难题,需要译者对中俄两国文化有一定的接触与了解。"三焦"就是中医里特有的术语,三焦为六腑之一,和其他脏腑一样,是一个具有综合功能的脏器,为分布于胸腹腔的一个大腑,分为上焦、中焦、下焦,其生理功能有运行水液、通行元气等。[1,P62] 有一些译者将三焦译为 три обогревателя 或者 тройный обогреватель,其中 обогреватель 的意思是"加热器,保温箱",译者在翻译的时候可能是根据三焦的功能,从俄语中寻找对应词来翻译的。然而,обогреватель 并不是医学术语,读者对该词的理解可能与译者想传达的意思有偏差。这种译文也十分片面,三焦的概念相对抽象,有许多中医学专家将其认为是一种无形的器官,它有很多功能,仅仅用 три обогревателя 或者 тройный обогреватель 来表达这一术语,既不能让读者一目了然地明白这个词的含义,又不能传达出中医蕴含的文化特色,最重要的是,将三焦这个术语原本的内涵缩减了。

2.2　中医术语的俄译标准不一

任何学科都要有一套专门的术语系统来解释该学科的概念,术语标准和原则的确立是规范术语翻译的保障。中医术语不管是在翻译成俄语,还是在翻译成其他语言的过程中,普遍存在的问题都是缺乏固定统一的标准。术语也是以颁布文件的方式确定下来的,但是中医术语的俄语译文并没有相应的标准和语料库,学者们在翻译的时候,没有既定的翻译标准可以参考,也没有语料库可以借鉴,他们对中医术语的翻译有各自不同的见解,因此产生了不同的译法,出现了"一词多译""多词一译"等混乱现象,影响了中医术语俄语译文的稳定性。

在研究中医术语俄译问题之前,笔者以为只有一些深奥术语的翻译会存在这样的现象。但是在查阅资料的时候,笔者发现这样的现象十分普遍。

就拿中医里最常见的"针灸"举例,"针灸"有很多种译文,也有很多种译法。采取音译法翻译的译文中,最常用的是 Чжэнь-цзю,俄罗斯学者 Овечкин Александр Михайлович 在著作 «Основы чжень-цзю терапии» 中,将针灸音译为 чжень-цзю。[2,P15] 此外,还有很多学者用意译的方法进行翻译,如存在 иглотерапия、иглоукалывание、прижигание、акупунктура 等译文,这些译文都是根据俄语中已有的词翻译的。此外,也有人把针灸翻译为 дайте инъекции,其中 инъекции 属于医学术语,意为"注射",这个译文就是从针灸治疗的方法和过程的角度来翻译的。这样的例子还有很多,如"阴阳",有人译为 Янь-ян,也有人译为 Инь-Ян;"经络",有人译为 Цзин-ло,也有人译为 каналы(管道)и коллатерали(侧支)等等。

理想的术语追求单义性,追求一一对应,这些混乱的现象和不成熟的翻译会让读者在理解中医术语时产生困惑,不利于中医术语的规范使用和广泛传播。现在中医术语的英译开始逐步规范化,存在以文件的形式确定下来的标准译文,但是俄译还没有标准,中医术语俄译标准的确立需要学者在翻译实践中进一步探索和规范。

2.3　中医术语的俄译缺乏文化底蕴

不同学者在翻译中医术语时有不同的落脚点,总体来说可以分为两种,一种是以掌握中医知识为导向的,一种是以传播中华文化为导向的。中医已经发展了几千年,是自成一家的一门学科,具有深厚的文化底蕴和丰富的文化内涵,但由于学者对中医本身缺乏正确的认识等种种原因,对中医术语的翻译长期以第一种导向为主,学者们从医学实用性的角度翻译中医术语,希望国外学者能认识到并肯定中医的医学价值,而忽视了其中所包含的传统文化思想。另外,要想推进中医文化国际化发展,就要从文化视域翻译中医术语。

2.4　中医术语的俄译缺乏系统性和理论性

一个领域内的所有术语,都应该处于一个结构分明、层次清晰的术语系统内,且彼此有关联的术语之间要存在逻辑相关性。单个术语,必然是某个术语系统的成分,它的特征、使用规范等会受到该术语系统的制约。目前,中医术语的俄译研究缺乏这种系统性,且呈现出重实践、轻理论的倾向。首先,中医术语俄译的热点在于讨论翻译的具体方法和策略,或者某一翻译理论的指导作用,没有从宏观角度深入分析术语翻译的系统性,对中医术语俄译理论体系的关注和总结偏少。其次,不同专业领域的学者在研究时从各自不同的角度总结翻译思想和翻译理论,且这些翻译研究多借鉴的是翻译学的理论,因此中医术语的俄译缺乏广泛认同的理论。术语学这一学科自身的系统性就相对薄弱,术语的系统更需要专业学者构建。没有系统性理论的指导,中医术语的俄语译文就会相对散乱,那么翻译的研究水平就难以提高,进而影响学科的发展和研究,所以中医术语的俄译需要构建系统的理论体系,完善这一学科的系统性和理论性。

3　中医术语俄译问题的解决策略

中医术语的俄译取得了一定的成绩,但同时存在着不少问题:俄语译文含糊不清,标准不一,缺乏文化底蕴,缺乏系统性和理论性等。我们分析了现状及存在的问题,就要思考解决策略来克服这些困难。

3.1　规范中医术语的译文

中医术语非常独特,要想做到完全准确地翻译十分困难,但我们要争取其准确度的最大化。术语并不是孤立的存在,术语有其界定范围、制定标准、属性、功能等等,译者在翻译中医术语时,要掌握一定的术语学知识,还要深入分析中医术语的内涵及外延,切忌望文生义,了解源语是准确翻译译文的前提。

在翻译过程中,我们要正确地借用俄罗斯的医学术语,如果俄语当中已经存在与中医术语准确对应的词汇,我们可以直接借用,不能根据自己的意愿随意创造新词。但如果找不到对应的词,可以根据实际情况采用音译、意译等翻译方法进行翻译,在必要时可以创造新词。俄语中,有很多构词手段,例如添加各种词缀、成词等,可以多利用这些手段根据俄语已有词汇派生新词,也可以将已有的音译词作为词素构造新词,这样可以大大减少中医术语翻译的困难,且译出的术语容易被人理解,方便术语的归类和术语系统的建立。

要注意,术语形成的过程也是使用者不断纠正、逐渐接受和使用的过程,一些已有术语可能并不符合术语的规范,甚至存在一些语法、形式错误等等,但这些术语已经被大众接受并使用,即已经成为约定俗成的语言,那么不用强行规范这些术语,可以直接使用。

在术语形成的初始阶段,就应该小心谨慎,尽量保证创造的术语的准确性,且能被大众所接受,当然术语也需要被不断地规范,总而言之,规范的术语译文对于中医的传播和流行有至关重要的作用。

3.2　加强学科间的交流合作

由于中医术语的俄译研究位于不同学科的交叉领域,跨学科的合作是不可避免的,每一门学科的作用都是不可忽视的,不同学科的学者应该积极寻求合作。中医术语的俄译首先应当基于中医学自身,必须保证中医术语的译文在医学领域内是方便使用的、是有价值的,不能过于重视中医术语译文的其他作用,而忽略了中医本身。其次,在翻译时也要与其他学科融会贯通,要用语言学、术语学、翻译学、跨文化交际学等领域的知识翻译术语。对于已有的中医术语的俄语译文,一些不同领域的学者可能会有不同的观点和译法,这需要学者共同探讨,确定一个最佳的译文。笔者认为语言学和术语学在翻译中医术语时有不可替代的作用,尝试从语言学和术语学的角度研究中医术语的俄译,可以产生一种全新的翻译角度和翻译思路,创建新的理论框架指导翻译活动。因此在进行中医术语俄译活动时,必须加强不同学科之间的交流讨论。

3.3　创建统一的标准和系统的理论体系

当前中医术语俄译标准不一,且缺乏系统的理论体系,这需要相关领域内的专家学者共同探讨和研究。目前中医术语的俄译标准还没有确定下来,可以从整个学科或者某一分支学科的对比研究入手,总结中医术语俄译的标准,从对比研究的角度入手有利于从总体把握中医术语外译的现存成果,提取不同学者的观点,归纳出普遍适用的标准。术语库的建立对一个学科的研究发展也有重要作用,应该重视术语库的建立和中医术语汉俄双语词典的编写。理论体系是对该学科系统的、全面的总结,理论体系的研究可以更加有效地指导和规范中医术语俄译实践,为学者的研究提供新思路,完整的中医术语俄译理论体系能够引领中医术语俄译的发展方向,促进中医术语俄译整体的协调发展。

3.4 扩展研究方向,重视文化内涵

现如今,中华优秀传统文化得到创造性转化、创新性发展。在翻译中医术语时除了要传递医学信息,还要展现中华民族的文化、历史、哲学思想等,中医术语的俄语译文应该简洁明了,通俗易懂,又不失文化内涵。不同国家的语言不可能完全对应,中医里有很多术语不能在俄语中找到对应的词汇,因此译者在翻译的时候不得不考虑中俄两个国家在语言系统、术语制定、思维方式等方面的文化差异,译出高质量的中医术语译文。

当前,中医在世界范围内的认可度和接受度越来越高,笔者根据自己的研究,提出一些粗浅的看法及建议,希望有更多的学者投入精力和时间,解决中医术语俄译现存的问题,加快推进中医术语的俄译进程,完善中医术语翻译体系,创造出更丰硕的成果,弘扬中医文化。

参考文献

[1]王键.中医基础理论[M].2版.北京:中国中医药出版社,2016.

[2] ОВЕЧКИН А М. Основы чжень-цзю терапии [M]. Саранск: Голос, 1991.

[3]陈海燕.浅析中华思想文化术语翻译中的难点[J].中国翻译,2015, 36(5):13-17.

[4]陈斯歆.文化视阈下中医术语英译的原则与策略[J].上海翻译，2017(3):51-56,94.

[5]陈晓棠.医学俄语术语特点及翻译策略[J].中国科技术语,2019,21(5):28-32.

[6]陈雪.我国传统学科术语外译研究:回顾、反思与展望[J].中国科技术语,2021,23(1):29-35.

[7]都立澜,刘艾娟,陈铸芬,等.2000—2012年中医术语英译研究现状及分析[J].中医教育,2015,34(2):6-11.

[8]顾震宇.浅议中医术语翻译标准化[J].成功(教育),2009(7):283-284.

[9]司高丽."一带一路"背景下中医药翻译的问题分析与对策研究[J].中医研究,2019,32(6):42-46.

[10]孙丽丽.2010—2019年中医术语翻译研究现状分析[J].科技视界,2020(10):211-213.

[11]王忠亮.关于中医药术语的俄译问题[J].外语学刊(黑龙江大学学报),1993(6):46-51.

[12]王忠亮.关于中医中药俄译问题[J].中国翻译,1994(5):24-26.

[13]徐凯萌,吴婵,毛梦瑶.俄语中医学词汇的规范及推广[J].文化创新比较研究,2020,4(3):114-115.

[14]徐丽,张喆,闵玲,等.中医术语英译标准的回顾与前景[J].西部中医药,2021,34(3):158-161.

[15]严瑶,周敏康.基于对《中医基本名词术语中西对照国际标准》研究的中医术语西班牙语翻译分析[J].中国科技术语,2021,23(3):68-74.

[16]张千,吴青,凌武娟,等.2008—2017中医翻译对比研究现状及展望[J].世界中医药,2019,14(3):633-637.

[17]张钧.术语和相关专业知识对译文的影响——以中医文本俄译汉为例[J].现代语文(学术综合版),2017(11):157-159.

"利水渗湿"中药功效术语英译探析

刘 月¹ 童 意¹ 周 畅² 贾德贤²

(1. 北京中医药大学人文学院;2. 北京中医药大学中医学院)

从宏观层面而言,中药的功效是在中医药理论指导下对于药物治疗和保健作用的高度概括,是药物对于人体的医疗作用在中医学范畴内的特殊表达形式。具体而言,功效特指单味药对疾病防治的基本作用,区别于复方作用。[1]但目前中药功效术语的英译存在译本不规范的情况,如"利水渗湿"中"利"和"渗"的翻译就存在各种译本。为了改善这方面的问题,笔者参考张廷模中药功效规范化表述的建议,选取茯苓、猪苓、泽泻、薏苡仁这四味以"利水渗湿"为主要功效的中药,并以"利水渗湿"在不同辞典、词典等的英译版本作为研究对象,试对该部分功效术语的英译进行简要辨析和规范总结。

1 "利水渗湿"中药功效术语的中文内涵

1.1 "利水渗湿"相关概念阐释

水之与湿,异名而同类,均为人体津液代谢障碍的病理产物。[1]弥漫散在者为湿,凝积停蓄者为水,二者无本质区别,也难以截然划分,故常合称。"利水渗湿"是指药物通过通利小便、消除水湿以治疗水湿病症的功效。其中,能使水湿之邪缓缓渗透,进入水道形成尿液排出体外被称为"渗湿";而使水道通利,排尿流畅,尿量增多被称为"利水"。[1]可见"渗湿"主要强调水湿之邪缓慢渗入水道、形成尿液的过程,而"利水"强调尿液形成后排出体外的过程,二者存在作用强弱与缓急之别。

1.2 "利水渗湿"相关中药内涵挖掘

1.2.1 茯苓

甘、淡,平。归心、肺、脾、肾经。[2,P189]关于茯苓,《神农本草经》云:"味甘,平……止口焦舌干,利小便。"[3,P33]《证类本草》云:"味甘,平,无毒……止消渴,好睡,大腹淋沥,膈中痰水,水肿淋结,开胸腑,调脏气。"[4,P348]《汤液本草》云:"气平。味淡。味甘而淡……伐肾邪,小便多能止之,小便涩能利之……虽利小便而不走气。"[5,P94-95]《本草求真》云:"色白入肺,味甘入脾,味淡渗湿,故书皆载上渗脾肺之湿,下伐肝肾之邪。"[6,P144]历代本草文献所载,茯苓味甘而淡,可以广泛调节脏腑水液代谢以渗湿,并兼具利小便之功。现代药理研究证明,茯苓中的茯苓素等具有一定利尿活性,且作用持久、无明显副作用,同时茯苓能降低上焦水饮内停大鼠肺组织中水液潴留,改善大鼠上焦水饮内停症状。[7;8;9]

综上所述,茯苓虽然具有类似现代医学的利尿作用,但主要作用为将体内多余水湿汇聚,运到肾脏以形成尿液,从而改善水液潴留,促进尿液的排出。可见茯苓仍以渗湿作用为主,兼利水之功,且缓和持久,较为安全。

1.2.2 猪苓

甘、淡,平。归肾、膀胱经。[2,P190]关于猪苓,《神农本草经》云:"味甘,平……利水道。"[3,P33]《证类本草》云:"味甘、苦,平,无毒……利水道。"[4,P389]《汤液本草》云:"气平。味甘苦、甘寒。甘苦而淡,甘重于苦,阳也。无毒……除湿,比诸淡渗药大燥,亡津液,无湿证勿服。"[5,P94]《本草求真》云:"性虽有类泽泻,同入膀胱肾经,解热除湿,行窍利水,然水消则脾必燥,水尽则气必走,泽泻虽同利水,性亦类燥,然咸性居多,尚有润存。"[6,P153]《本草纲目》云:"甘,平,无毒……利水道……治渴除湿……泻膀胱。开腠理,治淋肿脚气,白浊带下,妊娠子淋胎肿,小便不利。"[10,P1444]历代本草文献载猪苓主要通过利水道、泻膀胱以达利水之效,且多认为其性燥易伤阴。现代研究证明猪苓中的甾体类成分能通过拮抗醛固酮产生利尿作用,其提取液亦可显著增加大鼠尿量,呈剂量依赖性;同时猪苓对肾脏有较好保护

作用。[9;11;12]

综上所述,猪苓专攻利水,主要通过利尿作用使水湿之邪所形成的尿液排出体外,且具有保护肾脏的作用。

1.2.3 泽泻

甘、淡,寒。归肾、膀胱经。[2,P191]关于译泻,《神农本草经》云:"味甘,寒……消水……久服……面生光,能行水上。"[3,P42]《证类本草》云:"味甘、咸,寒,无毒……消水,养五脏,益气力,肥健,补虚损五劳,除五脏痞满,起阴气,止泄精、消渴、淋沥,逐膀胱三焦停水。"[4,P171]《汤液本草》云:"气平。味甘。甘咸寒。味厚阴也,降也……除湿之圣药,治小便淋沥,去阴间汗。无此疾服之,令人目盲……其功尤长于行水。"[5,P65-66]《本草求真》云:"甘淡微寒,能入膀胱气分,以泻肾经火邪,功尚利水除湿。"[6,P147]历代本草表明泽泻药性沉降,通过利小便以除湿、行水利水。现代研究证明泽泻醇提物及水提物均有较好的利尿作用,且95%醇提物对大鼠肾脏功能具有双重作用,小剂量$(2.5,5,10 \text{ mg} \cdot \text{kg}^{-1})$时具有利尿作用,大剂量$(20,40,80 \text{ mg} \cdot \text{kg}^{-1})$时具有抗利尿作用;[9;13;14]但对于泽泻是否存在肾毒性仍存在争议,一般认为泽泻具有潜在的肾毒性,不科学合理服用可引起水电解质等紊乱。[14;15]

综上所述,泽泻也通过利尿实现利水作用,大剂量时还会出现抗利尿作用,并有潜在肾毒性。

1.2.4 薏苡仁

甘、淡,凉。归脾、胃、肺经。[2,P190]关于薏苡仁,《神农本草经》云:"味甘,微寒。主治筋急拘挛,不可屈伸,风湿痹,下气。"[3,P60]《证类本草》云:"味甘,微寒,无毒……除筋骨邪气不仁,利肠胃,消水种,令人能食。"[4,P170]《本草求真》和《本草纲目》亦载上述功效。历代本草所载薏苡仁主治筋脉拘挛,在利水渗湿方面主要通过健脾以渗湿。现代研究发现薏苡仁具有改善离子和物质转运功能的效果,从而改善胃肠动力和转运功能来促进体内水液输布。[16;17]

综上所述,薏苡仁主要通过健脾来促进体内留驻的水湿运化,促进尿液的形成,具有渗湿作用。

由此可见，这四味药虽都可"利水渗湿"，但具体作用各不相同。其中，茯苓以"渗湿"为主，兼具"利水"之功，作用稳定持久且无明显副作用；猪苓和泽泻通过"利水"排出体内水湿之邪，但猪苓作用更强，而泽泻具有潜在肾毒性；薏苡仁的作用为"渗湿"，且作用较弱。

2 常见"利水渗湿"英译

本文选用七部目前已公开出版的中医药术语词典辞书，以及两本常用中药学英文教材作为英译版本的语料来源，对"利水渗湿"的相关功效术语英译进行汇总，主要包括"利水渗湿"治则的英译术语以及茯苓、猪苓、泽泻、薏苡仁四味中药"利水渗湿"功效的翻译；同时分别以"利"和"渗"为关键词进行英文核心动词的提炼，在表1的基础上统计出各关键词的相应功效术语在对应语料中的出现频次，相关汇总列表如下。为方便整理和检索，对不同语料来源的文献进行下列编号。

①李振吉的《中医基本名词术语中英对照国际标准》[18]；②帅学忠、陈大舜、贺又舜的《汉英双解常用中医名词术语》[19]；③谢竹藩、谢方的《新编汉英中医药分类词典》[20]；④方廷钰、嵇波、吴青的《新汉英中医学词典》[21]；⑤杨明山的《精编常用中医英语字典》[22]；⑥Nigel Wiseman 和冯晔的 *A Practical Dictionary of Chinese Medicine*[23]；⑦江滨、杜同仿的《汉英临床中药药典》[24]；⑧唐德才、寻建英的英汉双语版《中药学》[25]；⑨常章富、贾德贤和 James Bare 的 *Chinese Materia Medica*[26]。

表 1　"利水渗湿"相关功效术语英译版本汇总

语料来源	中文术语	英文翻译	出现频次
①	利水渗湿	promoting urination and draining dampness	2
②	利湿	excreting damp	1
③	利水渗湿	inducing diuresis to drain dampness	1
④	利水渗湿	urine excretion to strain off dampness	1

续表

语料来源	中文术语	英文翻译	出现频次
⑤	渗湿	draining damp	1
	利(水)	promote	1
⑥	利水渗湿	disinhibiting water and percolating dampness	6
⑦	利水渗湿 (茯苓、猪苓、泽泻)	promote diuresis, expel pathogenic damp	3
	利水渗湿(薏苡仁)	promote diuresis and expel pathogenic damp	1
⑧	利水渗湿 (茯苓、泽泻)	promote diuresis to resolve dampness from the lower energizer	2
	利水渗湿 (猪苓、薏苡仁)	promote diuresis to resolve dampness	4
⑨	利水渗湿 (茯苓、薏苡仁)	drains dampness, promotes urination	2
	利水渗湿(猪苓)	promotes urination and drains dampness	1
	利水渗湿(泽泻)	drains dampness	29

表 2 "利"相关动词及频次统计

语料来源	关键动词	出现频次
①⑤⑦⑧⑨	promote	72
②④	excrete *	16
③	induce	4
⑥	disinhibit	28

表 3 "渗"相关动词及频次统计

语料来源	关键动词	出现频次
①③⑨	drain	37

---

　　* 由于《新汉英中医学词典》中"利"采用 excrete 的名词形式 excretion,故在提炼"利"的关键动词时仍将其纳入 excrete 范围,后续在英译分析时将分别从 excrete 和 excretion 两种词性角度分析。

续表

语料来源	关键动词	出现频次
⑧	resolve	6
⑦	expel	4
⑥	percolate	12
④	strain	2

通过上表可知,在翻译表达"利(水)"时多使用动词 promote,excrete, induce,disinhibit;而在表达"渗(湿)"时多用 drain,resolve,expel,percolate 和 strain。接下来将主要从词汇本身的英文内涵进行分析。

3 "利""渗"相关英译分析

3.1 "利"相关英译分析

3.1.1 promote

释义:to help something to develop or increase; support or actively encourage (a cause, venture, etc.); further the progress of;意为"鼓励,促进,增进"。[27] 例句为:"Fertilizer promotes leaf growth."(肥料促进叶子的生长。)[28] 所以 promote 强调对过程或作用的增强之效,为泛指,不能体现出"利"的作用强度。

3.1.2 excrete(名词形式 excretion)

释义:(of a living organism or cell) separate and expel as waste (a substance, especially a product of metabolism);意为"排泄"。[28] 明显,excrete 多指机体生理性的代谢产物排泄,是机体主动排泄的过程,与"利"这种病理性治疗过程不太符合。

excretion 为 excrete 的名词形式,亦不太符合"利"的含义。

3.1.3 induce

释义:to cause a particular physical condition;意为"诱发(某种身体反

应）"，例句为："Patients with eating disorders may use drugs to induce vomiting."（患有进食障碍的人可使用药物催吐。）[27] 而 diuresis 的释义为：increased or excessive production of urine；表示"尿液增多或过多"。[28] 故 induce diuresis 可表达"利尿"的含义，且作用较强。

3.1.4　disinhibit

释义：make（someone or something）less disinhibited；意为"使不拘谨或不受限制"。[28] 如："As well as disinhibiting me, he educated me."（他既让我变得大方了，也教育了我。）从构词法角度分析，disinhibit 为 inhibit 加上否定前缀 dis-构成，仅表示否定含义，而不强调行为的主动性，与药物主动"利"水的功效特性不符。

3.2　"渗"相关英译分析

3.2.1　drain

释义为：cause the water or other liquid in（something）to run out, leaving it empty, or dry；意为"流干，沥干"。[28] 例句为："We drained the swimming pool."（我们把泳池排干了。）可见 drain 强调比较彻底地排干，宾语多为液体或含液体的物体。

3.2.2　expel

释义为：to force air, water, or gas etc. out of your body or out of a container；意为"（排出）空气、水、气体等"。[27] expel 强调将机体内部的水液等排出体外，排出的力度很强，也比较彻底。

3.2.3　percolate

释义为：if liquid, light, or air percolates somewhere, it passes slowly through a material that has very small holes in it；意为"（液体、光或空气）渗透，滤出"。[27] percolate 强调液体、空气等顺着自身自然升降的方向慢慢渗开，比较符合"渗"的缓慢和柔和之性。

3.2.4　resolve

释义为：to separate into parts, or to separate something；意为"分解"。如

"This mixture will resolve into two separate compounds. "（这种混合物将分解成两种不同的化合物。）[27]可见 resolve 强调对物质的提取或对混合物的分解，不太符合"渗"的含义。

3.2.5 strain

释义为：to separate solid things from a liquid by pouring the mixture through something with very small holes in it；意为"滤，过滤"。[27]例句为："When you've boiled the cabbage, strain off the water through a colander. "（把卷心菜煮开后，用滤锅把水滤掉。）strain 强调滤干物体中的非液体成分，只留下固体成分，不符合"渗"的含义。

4 "利水渗湿"相关药物功效术语的翻译建议

结合上述词汇的英译分析和这四味中药具体的中药功效和性能，笔者对这四味药"利水渗湿"功效术语的翻译建议如下。

4.1 茯苓

茯苓主要以"渗湿"功能为主，其"利水渗湿"功效术语为"功+功"的表述，为并列关系，在英译时用 and 连接。在选词方面，选用 induce 和 expel 强调其"利水渗湿"作用温和持久的特点；同时，考虑到茯苓的药代学特点和实际促利尿功效，在"利水"名词选择方面选用 diuresis 表达其功效之强。[29;30]综上，建议茯苓的"利水渗湿"功效术语译为 expel dampness and induce diuresis。

4.2 猪苓

猪苓主要通过利尿的功能来排出体内多余水湿之邪，其"利水渗湿"功效术语为互文逻辑关系，侧重表达"利水"之功，体内水湿之邪的排出为其效，功效之间为因果关系，在英译时用 to 连接。在选词方面，选用 induce 和 expel 分别表达其"利水"功能之强和药效结果，并选用 diuresis 进一步突出强调其"利水"作用。综上,建议猪苓的"利水渗湿"功效术语译为 induce diuresis to expel dampness。

4.3　泽泻

泽泻的功效分析类似猪苓,不同点在于泽泻具有潜在肾毒性和双向利尿作用,故选用 induce 和 drain 表达其利尿作用之强与其药效结果可能存在副作用。综上,建议泽泻的"利水渗湿"功效术语译为 induce diuresis to drain dampness。

4.4　薏苡仁

薏苡仁在这四味药中为平泻药,其"利水渗湿"功效术语为互文逻辑关系,侧重表达"渗湿"之功,故单独选用 percolate 强调其健脾"渗湿"之功。综上,建议薏苡仁的"利水渗湿"功效术语译为 percolate dampness。

5　讨论及小结

随着中医药现代化与国际化发展进程的日益加快,中医药对外翻译与传播的重要性愈发凸显,中医药术语翻译的规范性也受到越来越多的关注。但是,对于中医药术语规范性的研究不应该只局限于英汉语言文字层面的对应。鉴于中医药术语具有医学术语和文化术语的双重属性,应在文化、医学和语言等多角度、多方面深入挖掘理解后进行英译工作,从而有效避免由于中药功效术语一词多义、多词一义等现象导致的翻译不当的问题。

因而,在从事中药功效术语的翻译和规范化工作时,更应追根溯源,综合药物的药理药性等方面进行多元辩证思考,为翻译的规范化做铺垫,为后续临床等实际应用夯实基础。

最后,由于中药功效术语的个性化翻译仍在起步研究阶段,本文仅以"利水渗湿"的部分相关功效术语为例做了有限尝试,期待后续进一步研究,为中医药术语的翻译做出更多贡献。

参考文献

[1] 张廷模.中药功效学[M].北京:人民卫生出版社,2013.

[2] 钟赣生.中药学[M].4版.北京:中国中医药出版社,2016.

[3] 尚志均.神农本草经校注[M].北京:学苑出版社,2008.

[4] 唐慎微,尚志均,郑金生,等.证类本草[M].北京:华夏出版社,1993.

[5] 王好古,张永鹏.汤液本草[M].北京:中国医药科技出版社,2011.

[6] 黄宫绣.本草求真[M].上海:上海科学技术出版社,1959.

[7] 李斌,冉小库,孙云超,等.茯苓对脾虚水湿内停大鼠的健脾利水药效物质研究[J].世界中医药,2015,10(12):1859-1867.

[8] 邓桃妹,彭代银,俞年军,等.茯苓化学成分和药理作用研究进展及质量标志物的预测分析[J].中草药,2020,51(10):2703-2717.

[9] 赵宇辉,唐丹丹,陈丹倩,等.利尿药茯苓、茯苓皮、猪苓和泽泻的化学成分及其利尿作用机制研究进展[J].中国药理学与毒理学杂志,2014,28(4):594-599.

[10] 刘衡如,刘山永.本草纲目:新校注本上下册[M].北京:华夏出版社,1998.

[11] 陈晓梅,田丽霞,郭顺星.猪苓化学成分及药理活性研究进展[J].菌物学报,2017,36(1):35-47.

[12] 王天媛,张飞飞,任跃英,等.猪苓化学成分及药理作用研究进展[J].上海中医药杂志,2017,51(4):109-112.

[13] 张慧娟,龚苏晓,许浚,等.泽泻药材的研究进展及其质量标志物的预测分析[J].中草药,2019,50(19):4741-4751.

[14] 刘珊珊,郭杰,李宗艾,等.泽泻化学成分及药理作用研究进展[J].中国中药杂志,2020,45(7):1578-1595.

[15] 邓红,吴纯启,江涛,等.肠道微生物组及其在中药药理毒理研究中的应用[J].中国药理学与毒理学杂志,2016,30(9):975-982.

[16] 李晓凯,顾坤,梁慕文,等.薏苡仁化学成分及药理作用研究进展

[J].中草药,2020,51(21):5645-5657.

[17] 韩晓春,吕佳槿,顾良臻,等.脾虚湿阻证大鼠肠道离子转运功能差异及薏苡仁作用[J].北京中医药大学学报,2020,43(7):583-591.

[18] 李振吉.中医基本名词术语中英对照国际标准[M].北京:人民卫生出版社,2008.

[19] 帅学忠,陈大舜,贺又舜.汉英双解常用中医名词术语[M].2版.长沙:湖南科学技术出版社,2005.

[20] 谢竹藩,谢方.新编汉英中医药分类词典[M].2版.北京:外文出版社,2018.

[21] 方廷钰,嵇波,吴青.新汉英中医学词典[M].2版.北京:中国医药科技出版社,2013.

[22] 杨明山.精编常用中医英语字典[M].上海:复旦大学出版社,2013.

[23] WISEMAN N, FENG Y. A Practical Dictionary of Chinese Medicine [M]. Brookline: Paradigm Publications,1998.

[24] 江滨,杜同仿.汉英临床中药药典[M].合肥:安徽科学技术出版社,2013.

[25] 唐德才,寻建英.中药学[M].上海:上海中医药大学出版社,2003.

[26] CHAHG Z F, JIA D X, BARE J. Chinese Materia Medica[M].北京:人民卫生出版社,2011.

[27] 英国培生教育出版亚洲有限公司.朗文当代高级英语辞典:英英·英汉双解[M].5版.北京:外语教学与研究出版社,2014.

[28] Definitions, Meanings, Synonyms, and Grammar by Oxford Dictionary on Lexico.com[Z/OL].[2021-10-28].https://www.dictionary.com/.

[29] 李森,谢人明,孙文基.茯苓、猪苓、黄芪利尿作用的比较[J].中药材,2010,33(2):264-267.

[30] 唐丹丹,陈丹倩,程显隆,等.3种利尿中药化学成分的体内外分析方法研究进展[J].药物分析杂志,2015,35(3):377-382.

Metaverse 汉译辨正

——兼谈新术语译者的素养与责任①

朱 军¹ 王 静²

（1.安徽工业大学；2.马鞍山学院）

引言

2021年"元宇宙"当选为年度十大热词之一。如今,从人工智能、网络游戏、风险投资、远程教育、智慧医疗等领域的专业人士到普通大众,大家都在谈论"元宇宙"这一时髦话题。但具体什么是"元宇宙"？可谓人言人殊,众说纷纭。究其原因,一是 "元宇宙"技术本身尚处于发展的初级阶段,其内涵尚未形成定论;另一方面是该术语的翻译问题。"元宇宙"这一译名听起来气势恢宏,让人浮想联翩,但人们也很难从语符层面领会其真实意义,造成不同的人使用它表达的愿景各异。"元宇宙"译自英文 Metaverse,该译文在学界已经引起广泛的争议。支持该译名的学者认为它是"中华文化经典概念的重生"[1],反对者认为该译文令人费解和误解,[2,P49]除了气场宏大、吸引眼球外,没有任何意义。[3,P12]术语是学科知识的浓缩和载体,对于学科知识的生产、传播及大众化普及至关重要。笔者认为,Metaverse 行业尚在发展的初级阶段,亟待以翻译学、术语学和计算机科学等领域为视角开展译名大讨论,以期推动该术语翻译的统一与规范化。本文拟对 Metaverse 一词进行概念溯源,以正本清源,把握其概念演变历程,并结合语义溯源对"元宇宙"

① 本文系安徽省高校科学研究重点项目"中国古建筑术语翻译现状与优化策略研究"（项目编号:2022AH052702）阶段性成果。

这一译名进行分析和辨正,进而提出建议的译名。

1 Metaverse 概念溯源

1982 年,美国科幻小说家威廉·吉布森(William Gibson)在他的科幻小说 *Burning Chrome*(《全息玫瑰碎片》)中创造了 Cyberspace(赛博空间)一词,该词随着小说 *Neuromancer*(《神经漫游者》)的风靡而得到普及。该词是由 Cybernetics 和 space 组合而成。Cybernetics 一词是 1948 年美国控制论学者维纳在《控制论》一书中使用的术语,它兼具“控制”和“信息”二义。受到人们对电子游戏沉迷的启发,吉布森借助 Cyberspace 来表达一个由电脑生成的虚拟世界。

1984 年,美国计算机科学家贾伦·拉尼尔(Jaron Lanier)提出 Virtual Reality(虚拟现实)术语。到底什么是虚拟现实?拉尼尔本人从不同角度为虚拟现实总结出 52 个定义,尽管各界对于“虚拟现实”的含义是见仁见智,但通过电脑头盔等设备,让人进入电脑创造的虚拟空间已经是广为接受的核心理解。因虚拟现实设备研发的进步,2016 年被称为“虚拟现实元年”。目前,业界生产的让人能够进入并沉浸在三维空间的 VR 眼罩、VR 手套等设备已经成熟并规模化量产。虚拟现实的商业化和普及主要还是在娱乐与社交领域。

Metaverse 一词出自美国小说家尼尔· 史蒂芬森(Neal Stephenson)1992 年出版的科幻小说 *Snow Crash*(《雪崩》),汉语译者郭泽把它译为“超元域”。现实社会的人通过耳机和目镜与电脑终端连接,就能进入这个与现实世界平行的虚拟空间。在这个“超元域”里的每一个人都有一个数字身份,即“化身”(Avatar),人们可以幻化成自己理想人格的模样,现实世界里其貌不扬、不修边幅的人也可以化身为气宇轩昂、衣着考究的精英。这里,人们可以超越时空的阻隔而自由交往、娱乐、生产、消费。与 Cyberspace 和 Virtual Reality 对虚拟世界的强调不同,Metaverse 更加注重的是虚拟世界与现实世界的交互性。2021 年,微软推出 Microsoft Mesh 协作平台,不同地理空间的人们可以进行全息式的共享和协作以及虚拟数字人的大规模应用等标志性事件助推 Metaverse 概念的内涵和外延还在不断演化和延展。目前,Metaverse 是以云计算(Cloud Computing)为算力基础,以物联网(Internet of Things)、人工智能(Artificial Intelligence)和区块链(Blockchain)等为关键技术,来构建增强现实(Augmented Reality)、虚拟现实(Virtual Reality)、混合现实(Mixed Reality)等虚实结合的人机交互环境。它的应用已不再局限于沙盒游戏(Sandbox Game)、大型多人在线角色扮演游戏(MMORPG)等虚拟高仿真沉浸式体验场景,在能源、教育、医疗、农业、金融、地产等传统产业的广阔应用前景也已开启。因此,虚实结合、虚实融合、虚实共生是 Metaverse 最典型的特征,汉语译名在概念层面应对此有所体现,以便更加准确传达其内涵。

2 Metaverse 语义溯源

从词汇学的角度而言,Metaverse 一词是由拼缀法构成的合成词,即前缀 meta-,加上 universe 的词尾-verse 构成。将(uni)verse 译为"宇宙"(如"元宇宙")或"域"(如"超元域")语义均透明,不易产生误会,因此争议不大。该词翻译的最大争议来自以"元"来翻译前缀 meta-。当前,"元宇宙"作为 Metaverse 的汉语译名已经大行其道,大有约之以命、一锤定音、习非成是之趋势。事实上,国内学者辜正坤(1998)[4]、钟书能(2003)[5]早已撰文指出将 meta-这一英文前缀翻译为汉语的"元"造成的以讹传讹和汉语概念释义的混乱。让我们从词源入手,先来看 meta-这个前缀的含义。根据韦氏在线词典,meta-作为前缀有以下主要义项:(1)occurring later than or in succession to: after;(2)situated behind or beyond;(3)later or more highly organized or specialized form of;(4)change: transformation;(5)more comprehensive: transcending → usually used with the name of a discipline to designate a new but related discipline designed to deal critically with the original one。[6]义项(1)和(2)意为"在……之后",前者表示序列上,后者表示位置上,如亚里士多德的 *Metaphysics* 被认为是在其 *Physics*(《物理学》)之后的著作,在中国被意译为

"形而上学"。义项(3)指"后来的、更加有组织或特殊的形式"。如植物学名词 metaxylem 被译为"后生木质部",指初生木质部中不同于原生木质部的一部分。义项(4)意为"改变、变形",如 metamorphosis 的汉译为"变形,彻底改变"。metabolism 被译为"新陈代谢",指生物体把食物变成能量和其他生长必需的元素的化学过程。义项(5)用在学科名称之前,意在"对原有学科进行批判性的审视",如 metapolitics(理论政治学/哲学政治学)、metapsychology(后设心理学/精神分析后设心理学)、metamathematics(哲理数学)等也不宜不加分析而一概译为"元政治学""元心理学""元数学"等。

再来看看汉语中"元"的含义。《说文解字》:"元,始也。"[7,P3]《古汉语常用字字典》:"①头。②开始,第一。③善。"[8,P507]《现代汉语词典》:"①开始的;第一②为首的;居首的③主要;根本④元素⑤构成一个整体的。"[9,P1608]根据以上词义溯源可见,meta-词缀与汉语的"元"无法形成语义对等关系,因为"元"在汉语中的意思是"头""开始的;第一""为首的,居首的",而 meta-表示"后""改变""超越"等含义。另据史蒂芬森造词组构,"Metaverse = Meta+Universe",可以认为 Metaverse 是一个超越现实世界的更广阔的虚拟世界。然而,超越的前提是蕴含,即 meta 义项(5)所谓,more comprehensive。因此在语义上说,Metaverse 一词涵盖了现实与虚拟两个世界也是充分的。

根据以上概念及语义溯源和行业发展态势分析可见,Metaverse 早期侧重于表示一个超越的、虚拟的世界,是人们可以沉浸其中,进行游戏、娱乐、思考的境地。如今,随着互联网技术的发展,Metaverse 必须与资本、技术、市场等相结合才能向纵深发展,而影视娱乐、社交媒体、医疗、经济、农业等实体经济行业与领域也需要借助虚拟现实技术来实现创新发展。鉴于此,我们借鉴钱学森把 Virtual Reality 翻译成"灵境"的妙笔,将(uni)verse 译为"境",将 Metaverse 译为"虚实境",以重点传达其虚实融合的本质特征。下文详述该译文的术语学理据。

3　Metaverse 汉译为"虚实境"之术语学理据

术语翻译是译者发挥主观能动性,在目的语中重新命名的过程。在原术语的概念、语符和交际等诸多特征中,译者要传递或突出哪些特征,最终取决于其作为术语的本质属性。[10]

3.1 符合术语的单义性属性

现代术语学认为,一个术语只表述一个概念,同一个概念只用同一个术语来表达,[11,P35]否则会引起歧义,造成理解混乱,不利于学科知识的建构和传播。"元宇宙"一词高度抽象,语义不透明,造成"一千个使用者眼中有一千个元宇宙"的局面,进而在行业领域导致了"万物皆可元宇宙"的现象,容易造成投资者盲目入局和投资泡沫化等后果。把 Metaverse 译为"虚实境",意为"虚境"和"实境"的交织,读者可以直接把握其虚实相通、虚实融合的特点,有效避免各种主观臆测。

3.2 符合术语的系统性属性

术语的系统性要求"同一系列概念的术语,其命名应体现出逻辑相关性"[11,P40],即同一系列术语间能够做到相互指涉、相互支撑,形成逻辑自洽的体系。将 Metaverse 译为"虚实境",易于体现其与领域内的相关技术概念和术语的逻辑相关性,如扩展现实(Extended Reality)、增强现实(Augmented Reality)、虚拟现实(Virtual Reality)、混合现实(Mixed Reality)等都是与"虚实境"相关的关键技术。另外,领域内其他以 meta-为前缀的词也可以循着这一思路翻译与命名,如在"虚实境"的架构下,Metahuman 译为"虚拟人"或"虚拟数字人",比译为"数字人"更能体现命名的系统性。

3.3 符合术语的理据性属性

术语的理据性指:"术语的学术含义不应违反术语结构所表现出来的理据,尽量做到'望文生义'、'顾名思义'。"[11,P36]。术语翻译首先要考虑译文是否符合源语的语义内涵理据,确保准确性。[10,P166]根据上文的语义溯源,汉语的"元"字主要表示"主要;根本"等意,不能体现英文 meta-的"后;超越"等语义内涵,是翻译中的"假等义"(False Friends)。汉语"实"表示实在、实境,而"虚"与之相对,表示虚无、超越,用"虚实境"来翻译 Metaverse 不仅在语义上是贴合的,而且能让读者顾名思义。

4　新术语译者的素养与责任

借助新一代互联网、人工智能及虚拟现实行业的发展,"元宇宙"这一译名大行其道、蔚然成风,如果学界不及时对该译名发起广泛讨论和辨正,它很有可能会像"经济""封建"等译词一样,以讹传讹,在汉语中固化下来,成为"约定俗成"的表达,最后形成相关的术语系统,"牵一发而动全身",变得明知其误而无法纠正。因此,新名词的翻译对于译者,尤其是首译者来说,可以成为"首译之功",令译者引以为豪,恰如严复自信地标榜:"物竞、天择、储能、效实诸名,皆由我始。"[12,P1322] 其更大的意义在于恰切的翻译会对学科知识的引进、传播、接受产生积极影响。反之,错误与苟且的译语,如"常凯申"(Chang Kai-shek)、"门修斯"(Mencius)等,不仅贻笑翻译史,而且贻害学科史和科学史。可见,新名词译者的素养之重要,责任之重大。

新术语译者除了要具有扎实的双语功底外,还应对语言学、术语学、翻译学和相关领域的专业知识等都有深入的理解,能熟练地运用。在翻译新名词时,译者首先要利用自己的语言、专业和百科知识对其做出准确的理解,如果不能理解其含义、功能及运作机制,则应进一步咨询专家,或利用术语库、互联网进行查证。结合利用语言学和术语学知识对原术语进行语义溯源和概念溯源得出的结论,充分考虑术语命名的原则和要求,给出理想的译名。鉴于新术语定名的困难和复杂性,对于尚无定名的新名词可以"将自己的译名与原术语名一起列出"[13,P153],以供使用者在没有"前理解"的情况下准确把握译语的含义。

新术语的翻译要求译者有更高的责任感和职业伦理。当前,翻译尤其是应用翻译的市场化和产业化发展迅猛,在出版社、翻译公司及其他赞助人的高压下,译者时间紧、任务重,各种"赶译""抢译"现象泛滥,导致新名词误译频频发生。译者应在中国翻译协会《译员职业道德准则与行为规范》框架下,以平等的契约精神主张自己的权利,并本着对行业、对原文、对译文、对赞助人、对读者、对知识传播负责的态度做好翻译工作。同时,自觉维护汉语的纯洁性和逻辑性,[14]拒绝"元宇宙"式的无中生有和另起炉灶。坚决反对"短、平、快""一名之立,旬月踟蹰"倡导的审慎原则是新名词译者永远的精神灯塔。

5 结语

在"元宇宙"这一译语在汉语中尚未"根深蒂固"之时,在"虚实境"行业继续发展及其概念内涵不断演进之际,开展译名汉译大讨论意义重大,因为规范、统一的译名对学科和行业的发展至关重要。译者对翻译事业、行业领域、赞助人、读者等负有切实的伦理责任。在某一术语汉译正式定名之前,为了科学和审慎起见,在实际操作中可以采取三种处理办法:一是在汉译旁括号标注出原术语,以供读者对照理解,如"虚实境(Metaverse)"。二是采取"零翻译"的策略,在汉译名确定之前暂时使用原文单词。根据刘建明的研究,Metaverse一词目前在德语、法语、俄语等语言中多采用"零翻译"方法,直接使用英文原词。[3,P11-12]三是采用音译加注的方式,让语义在使用中不断丰满,等待时间及使用者的检验和筛选。

参考文献

[1] 顾俊玲. 科技新术语的翻译原则——以"元宇宙"为例[N]. 中国社会科学报,2022-05-24(3).

[2] 邓璐璐,张政. Metaverse 译名探析[J]. 中国科技术语,2022,24(3):49-53.

[3] 刘建明. 科技大国"元宇宙"研究观点述评[J]. 中国广播电视学刊,2022(6):11-17.

[4] 辜正坤. 外来术语翻译与中国学术问题[J]. 北京大学学报(哲学社会科学版),1998,35(4):45-52.

［5］钟书能. 翻译中的语义溯源［J］. 中国翻译,2003,24(2):73-75.

［6］Merriam-Webster Dictionary ［Z/OL］.［2022-07-22］. https://www. merriam-webster. com/dictionary/meta.

［7］许慎,李恩江,贾玉民. 说文解字［M］. 喀什:喀什维吾尔文出版社,2002.

［8］王力,岑麒祥,林焘,等. 古汉语常用字字典:中华人民共和国成立70周年珍藏本［Z］.5 版. 北京:商务印书馆,2019.

［9］中国社会科学院语言研究所词典编辑室. 现代汉语词典［Z］.7 版. 北京:商务印书馆,2016.

［10］魏向清. 人文社科术语翻译中的术语属性［J］. 外语学刊,2010(6):165-167.

［11］冯志伟. 现代术语学引论［M］. 增订本. 北京:商务印书馆,2011.

［12］王栻. 严复集(第五册)［M］. 北京:中华书局,1986.

［13］魏向清. 论大众翻译时代译者的术语意识与素养——从莫言诺贝尔文学奖评语中的术语翻译谈起［J］. 外语学刊,2016(1):150-153.

［14］李长栓. Provisional Agenda 是"临时议程"吗？——论开创性译者的责任［J］. 东方翻译,2018(5):69-75,87.